倭国末期政治史論

中田興吉 著

同成社

目次

第Ⅱ部　身分と冠位からみた政治構造

第Ⅲ部　外交からみた政治構造

序にかえて

現在の日本列島のかつての中心的な地域は、中国や朝鮮半島の史書に早くから倭ないし倭国と記され、自らも倭ないし倭国と称してきていたが、天智二年（六六三）の白村江の敗戦を契機として、「日本」と改称していく。その最も早い文献史料は『新唐書』日本伝咸亨元年（六七〇）条の記事であり、「後稍習夏音、悪倭名、更号日本」と記されている。

もっとも最近報告された百済人祢軍の墓誌（拓本）には「日本」に行ったと記されており（王連竜「百済人祢軍墓誌考論」『社会科学戦線』二〇一一年七月号）、『日本書紀』によればそれは天智四年九月のことである。そうであれば、天智二年の白村江の敗戦を受けて、時の政府が国号を変更しようとしたことを受けたものと考えられる。しかしながら、国号の変更は相手国が認めてはじめてかなうことから、直ちに変更が完了したとは言い切れないが、白村江の敗戦後、国号を「倭」から「日本」に変更する意図があったのである。

この国号「日本」の成立する直前の倭国の政治構造を扱ったものが本書である。かつて拙著『倭政権の構造　王権篇』、『倭政権の構造支配構造篇』上・下（いずれも岩田書院、二〇一四年）において六世紀初頭頃までの倭国の構造について論じたが、本書はこれに続く段階、具体的には六世紀末の崇峻朝から、一部天武朝までの政治構造を論じたものである。

当然のことではあるが、政治全般を扱ったものではなく、第Ⅰ部「王家と氏族からみた政治構造」、第Ⅱ部「身分と冠位からみた政治構造」、第Ⅲ部「外交と政治からみた政治構造」に分けて論じることとした。

第Ⅰ部の「王家と氏族と政治からみた政治構造」においては、当該時期においては王家と豪族の政治的な関係がいかに推移したのかという視点に立って、当該時期の政治運営における王家と豪族の関係がいかに展開したのかを論じた。

第Ⅱ部の「身分と冠位からみた政治構造」は第Ⅰ部とも関わるが、王家は氏族との違いをいかに規定しようとしたのかという視点から、冠位制について論じたものである。これとの関連で天皇号の成立についても論じたが、付章として「天皇」の語がみえる野中寺弥勒菩薩半跏像銘文についても考察した。

第Ⅲ部の「外交と政治からみた政治構造」においては、当該時期の外交を主導したのは誰であったのかということに焦点をあてて、誰が当該時期の政権運営を掌握していたのかについて論じた。

これらを通して、当該時期の政治構造を考えたのであるが、それぞれの分野においても、すべてのことを扱っているわけではなく、通説と私見がさほど異ならない分野については論の対象から外している。

なお、いずれも相互に密接に関わるところがあり、したがって部分的に重ならざるを得なかったところがある。この点、ご寛恕いただきたい。

なお本書ではとくに断らない限り、

『日本書紀』……国史体系本

『隋書』・『旧唐書』・『新唐書』……中華書局版

『三国史記』……朝鮮史学会版

『上宮聖徳法王帝説』……日本思想大系2『聖徳太子集』所収家永三郎校注『上宮聖徳法王帝説』（岩波書店、一九七五年）

『聖徳太子伝暦』・『上宮聖徳太子伝補闕記』……藤原猶雪編聖徳太子奉賛会監修『聖徳太子全集』第二巻（臨川

書店、一九四四年）

によっている（返り点の有無もこれによる）。したがって史料引用に多少の不統一が残る体裁となっているが、この点もご寛恕いただきたい。

第Ⅰ部　王家と氏族からみた政治構造

第一章　崇峻殺害前後の政治状況と蘇我氏

問題の所在

崇峻天皇は欽明天皇と蘇我稲目の女小姉君との間に生まれ[1]、用命天皇の死後、即位する[2]。この即位が疑われている[3]が、天皇記・国記の編纂が推古朝になされていることからして崇峻の即位を虚構するには時間的に早過ぎよう[5]。ところで『日本書紀』は崇峻五年（五九二）十月条において[4]、

有レ献二山猪一。天皇指レ猪詔曰。何時如レ断二此猪之頸一。断二朕所レ嫌之人一。多設二兵仗一有レ異二於常一。

とし、十一月条において、

馬子宿祢詐二於群臣一曰。今日進二東国之調一。乃使二東漢直駒一弑二于天皇一。或本云。東漢直駒。東漢直磐井子也　是日。葬二天皇于倉梯岡陵一。或本云。大伴嬪小手子恨二寵之衰一。使二人於蘇我馬子宿祢一曰。頃者。有レ献二山猪一。天皇指レ猪而詔曰。如レ断二猪頸一何時断二朕思人一。且於二内裏一。大作二兵仗一。於レ是馬子宿祢聴而驚之。

と、大臣であった馬子宿祢＝蘇我馬子が東漢直駒に命じて崇峻を殺させたと記す。また『日本書紀』推古即位前紀においても「天皇（崇峻）為二大臣馬子宿祢一見レ殺」と、馬子が崇峻を殺したことを記している。

この事件後、炊屋姫＝額田部皇女が即位して推古天皇となるのであるが、天皇が馬子によって殺されても、王位は王族から離れることはなく、臣下の手に渡ることはなかった。馬子が天皇を殺したのであるから、その勢力は王権を

凌ぐとも考えられるが、何故に馬子は即位しなかったのであろうか。

これについては、王位は前王と皇女の間に生まれた者が継ぐとの慣習、換言すれば特定の王族のみが即位する慣習ができていて、それが作用したとみる見解(6)や、王家あっての蘇我氏という観念が醸成されていたからであるとの見解(7)が提出されている。

この即位をめぐる問題を考えるにあたって注目されるのは、『日本書紀』武烈即位前紀に、

（仁賢）十一年八月。億計天皇崩。大臣平群真鳥臣。専ニ擅国政一。欲レ王ニ日本一。陽為ニ太子一営レ宮。了即自居。触レ事驕慢。都無ニ臣節一。

と、平群臣真鳥が仁賢天皇亡き後、王として振る舞おうとしたとあることである。この記事がどこまで真実かは大いに疑問があるもの(8)の、この記事よれば、結局、真鳥は大伴氏によって倒され、武烈が即位することとなるのであるが、この真鳥の行為がこの際問題となろう。この真鳥の行為を天皇位を継ぐことができるのはその天皇の近親者のみとの慣習が成立していない段階の行為としてとらえることもできようが、真鳥と馬子の態度の差は大きい。

以下、何故、崇峻が馬子によって殺害されたのか、またその崇峻殺害後に馬子が即位しなかったのかなどについて、前後の政治状況をも含めて検討することとしたい。

一　崇峻と蘇我馬子

まず、崇峻天皇が何故、冒頭に掲げた詔を発したかである。詔における「朕所レ嫌之人」が蘇我馬子という確証もないはずであるが、何故に馬子は崇峻殺害に及んだのであろうか。これについて具体的に記したものがないが、崇峻と馬子の間にかねてから確執があり、それが馬子の行動をよび起こしたと考えられないであろうか。

その確執の一端は崇峻のキサキからうかがうことができる。『日本書紀』は崇峻元年三月条において「立二大伴糠手連女小手子一為レ妃」との記事を掲げている。通常の場合、まず立后記事が記され、それに続けて妃以下の記事が配されるのであるが、崇峻の場合、小手子以外にキサキ(9)は記されていない(10)。このことは異例に属し、崇峻のおかれた特殊な立場を暗示する。

このことに加えて『日本書紀』崇峻五年十一月是月条は

東漢直駒偸二隠蘇我嬪河上娘一為レ妻。河上娘。蘇我馬子宿祢女也。

との記事を掲げている。「蘇我嬪」とされている以上、河上娘は崇峻のキサキの一人であろうが、河上娘は注記によれば馬子の女である。当時、蘇我氏の影響下に入っていた大伴氏(11)の女を「妃」とし、蘇我馬子の女を「嬪」としているのであるが、嬪は令ではキサキの末端に位置する身分であり、蘇我馬子に対する崇峻の態度を暗示しているのではないか。後掲の表1に明らかなように、欽明天皇以降、蘇我氏はその血統に連なる女性をキサキとして天皇に嫁がせている(12)が、他の臣下出身のキサキの序列が蘇我氏出身のキサキの序列を凌ぐことはなかった。にもかかわらず、ここでは大伴氏出身の女性よりも下位に位置づけられているのである(13)。

このキサキの序列が当時、形成されていたのか否かということは疑うに足る。河内祥輔氏は王位継承者を産んだ女性が皇后とされる傾向にあることを指摘(14)し、また遠藤みどり氏は当時、キサキの序列は形成されていないとする(15)。王位継承者を産んだ女性が皇后とされる傾向にあることは認められることであり、そのことは誰が皇后となったかについてはその出自と切り離して考える必要のあることを示す。しかし皇后に先立つ大后制がすでに展開されている(16)こと、また皇子についても大兄とされる者とそうでない者の別が生じていることからして、何らかの序列がキサキにも形成されつつあった可能性は否定できない。そうであれば、以前かつては蘇我氏出身のキサキは他の氏族出身のキサキよりも上位に属する表現がとられていたのに、何故ここでは大伴氏出身のキサキと同格ないし下位に属すると表現されたかが問われるのである。

あるいは『日本書紀』崇峻五年十一月条に「東漢直駒偸㆓隠蘇我嬪河上娘㆒為㆑妻」とあることがこれに関係するかもしれない。キサキが臣下の者に偸《ぬす》まれることなどあってはならないと考えた『日本書紀』の編者がその偸まれた女性をキサキの末端に置くことによって天皇の品位を保とうとしたとも考えられるが、しかしそのような確証はない。とすれば、馬子と崇峻の関係が反映された結果のことであると考えられる。この点、加藤謙吉氏は崇峻が人心を失って孤立していたので、即位後の崇峻に梃子入れするために馬子が河上娘を送り込んだとする[17]。確かに崇峻に対して何らかの梃子入れは必要と考えられるが、しかし「嬪」とされていることからして逆の見方も可能ではないのか。馬子は崇峻に梃子入れすることもあって当初から河上娘をキサキの一人として送り込んでいたが、崇峻は彼女を馬子の女であることを理由に大伴氏の女よりも寵愛しなかった可能性がある。このことを汲み取って『日本書紀』は「嬪」としたのではないか。実際に「嬪」とされていたか否かは別に、河上娘を大伴氏の女よりも軽い存在として遇することを通して、崇峻は馬子に対する思いを暗に示していたのであろう。

このように崇峻のキサキのあり方から、崇峻と馬子の関係はあまり良好なものとはいえなかったと考えられるのであるが、何が原因であったのか。この問題を考えるにあたってまず注目されることは、崇峻の同母弟穴穂部皇子[18]が馬子によって殺害されていることである。『日本書紀』敏達十四年（五八五）八月条によれば、穴穂部が敏達の殯宮に押し入ろうとしたこと、また「天下」をとらんとしたものの、支持する者なく、また『日本書紀』崇峻即位前紀用明二年（五八七）五月条・六月条によれば物部氏に一時、用命後継者として推されており、そのこともあって馬子の先制攻撃を受けて殺害される人物である。崇峻にしてみると、兄が馬子によって殺害されたのであり、このことの故に、崇峻は馬子に対して全幅の信頼をおくことができなかったのではないか。

次に注目すべきは、冒頭の「頃者。有㆑献㆓山猪㆒。天皇指㆑猪而詔曰。如㆑断㆓猪頸㆒何時断㆓朕思人㆒」との記述である。崇峻には意のままにならないことがあったのである。先にも記したように、これが馬子のためであるとは明記されていないから、馬子のために思うに任せないことがあったとは断定出来ないが、崇峻の思い描いた策が馬子のために実行されなかったことが多かったのではないか。

この点、野田嶺志氏は「大和国家」の全国諸地域に対する開発・進出のニューリーダーとして、従来の豪族にかわって指導権を握りつつあり、この急進性のために大和地域の諸勢力との対立を激化させたとみている[19]。これによれば、崇峻と馬子は相容れない仲であった可能性があるが、しかしそれは崇峻の幼少期の名や天皇名に「泊瀬部[20]」あるいは「長谷部[21]」と「部」がついていることからの推測にすぎず、その名は養育先の氏族に「部」がついていたことに由来するものであり、崇峻の開発姿勢などとは別のことである以上、従うことはできない。

しかし崇峻の意図と馬子の意図は本来的にかみあわないものであったのではないか。加藤謙吉氏は政治的な観点から、馬子は敏達天皇と皇后広姫との間に生まれた押坂彦人大兄皇子[22]に対抗させるためにかねてより泊瀬部皇子すなわち崇峻を温存していたとみているが[23]、だからといって政治方針まで同じであったかは、別の問題であろう。

皇子時代の崇峻がどれほどのことを構想していたか不明であるが、しかし物部氏が倒された後、炊屋姫と群臣に推されて即位する。すなわち『日本書紀』は対物部戦終了後のこととして、

炊屋姫尊与㆓群臣㆒。勧㆓進天皇㆒。即㆓天皇之位㆒。以㆓蘇我馬子宿祢㆒為㆓大臣㆒如㆑故。卿大夫之位亦如㆑故。

と記している[24]。群臣の意向は馬子の意向を反映したもの、もしくは馬子の意向そのものであろうが、その結果、常に政治面においては馬子に主導権を握られ、思うに任せなかったのではないか。

以上からすると、崇峻が皇子時代から描いていた構想も、馬子に封じられ、これに対する不満から、馬子の女をキサキとしたものの、馬子に対する反発から大伴氏出身の女よりも寵愛しなかったと考えられるのである。

なお、篠川賢氏は用命朝以降、炊屋姫が敏達皇后として王権の一部を担っており、崇峻朝には崇峻と炊屋姫による

王権の分掌形態がとられていたと説く[25]。しかしそれがどの程度のものであったかは不明であり、『隋書』倭国伝開皇二十年（推古八年＝六〇〇）条が「上」が所司に其の風俗を訪わしめたところ、使者が「倭王以天為兄、以日為弟、天未明時出聴政、跏趺坐、日出便停理務、云委我弟[26]」と応えたと記していることからすると、推古が政治にどこまで関心を寄せていたか不明としなければならない。皇后として政治を執った可能性はあるが、限定的で、分掌ということまで考えがたいのではないか。その意味ではやはり、崇峻が馬子と政治を執る体制にあり、その崇峻はその方針をめぐって馬子と対立していたと考えられるのである。

ここに崇峻の不満の一端をみることができるが、その不満がより先鋭な形で偶然に口から漏れたのであり[27]、それが馬子に伝わり、先制攻撃を受けることとなったのである[28]。

二　炊屋姫と馬子

この馬子による先制攻撃を炊屋姫が事前に知っていたのであろうか。さらにいうならば、ともに計画したのであろうか。篠川賢氏は崇峻殺害は馬子の独断ではなく、炊屋姫・馬子と崇峻の対立が背景にあるとする[29]。これによれば炊屋姫が殺害計画に関与していた可能性もあることになる。しかし注意しておかなければならないことは、崇峻の即位は先にみたように炊屋姫が承認したことを受けてのことであった。炊屋姫も承認して即位した崇峻の殺害を承認するには、よほどの失政などが必要であろう。しかし『日本書紀』からはそのようなことをうかがうことはできない。

この点、加藤謙吉氏[31]は先にふれたように崇峻が人心を失って孤立していたとみている[30]。その根拠を崇峻の人物評が残されていないことと、即日に葬られたことに求めているのであるが、崇峻が孤立しているかにみえても、それが馬子との政治方針をめぐる対立に起因している場合、どこまで人心を失って孤立していたといえるかは不明である。したがって馬子が事前に炊屋姫に殺害計画を打ち明け、その許可を得るなどといったことはなかったものと考える。その意味では崇峻殺害は偶然に端を発したものであったのである。[32]

　では炊屋姫は事件後、馬子の行為を承認したのであろうか。馬子の責任が問われていないことからして、承認したとしかいえないが、注意されることは、『日本書紀』推古即位前紀が、

当二于泊瀬部（崇峻）天皇五年十一月一。天皇為二大臣馬子宿祢一見レ殺。嗣位既空。群臣請二渟中倉太珠敷（敏達）天皇之皇后額田部皇女（炊屋姫）一。以将レ令二践祚一。皇后辞譲之。百寮上レ表勧進至二于三一。乃従之。因以奉二天皇璽印一。冬十二月壬申朔己卯（八日）。皇后即二天皇位於豊浦宮一。

と記していることである。『日本書紀』によれば崇峻が殺害されたのは十一月己巳＝三日のことであるから、事件後一月たらずして炊屋姫が群臣の推挙を受けて即位したことになる。『日本書紀』舒明即位前紀が記す推古亡き後の後継者指名における群臣会議と大臣蘇我蝦夷の振る舞い、すなわち後継者指名に三ヶ月を要し、また蝦夷が彼の案に反対する一族の境部摩理勢を討滅して後継者指名に至ったことからすると、大臣であった馬子が容認しない限り、崇峻の後継者指名の群臣会議はまとまらず[33]、一月にしての群臣推挙を受けての炊屋姫の即位はなかったものと考えられる。このことからすると、馬子は直ちに炊屋姫を推挙し、群臣を承知させたのであろう。

　炊屋姫にしてみると、偶然とはいえ、かつて自ら擁立した崇峻が馬子に殺されたのであるから、その立場は否定されたのである。この点、篠川賢氏は先に少しふれたように崇峻殺害は馬子の独断ではなく、炊屋姫・馬子と崇峻の対立が背景にあるとし、当時、王族の最大の権力者であった炊屋姫が馬子を責めることはしなかったと説いている[34]。しかし、こと崇峻殺害に関しては、炊屋姫が同調していたことを裏付ける積極的な史料がみあたらない。かつて炊屋姫が穴穂部皇子と宅部皇子の殺害を承認した[35]ことからすると、炊屋姫が崇峻殺害を意図したと考えられないではないが、穴穂部とそれに同調した宅部殺害については、穴穂部皇子が炊屋姫に対する無礼を働き、また天下を取ろうとし

たとも記されており[36]、その理由を推測することができる。このことからすると、崇峻殺害を決心するには、崇峻がよほどの失態をしでかす必要があるが、しかしそれがうかがわれない以上、炊屋姫が崇峻殺害を意図したとまでは考えられない。

そうであれば、崇峻殺害は犯罪であり、処罰しなければならない行為である。当時の王族構成から考えて、またかつて穴穂部皇子と宅部皇子の殺害を承認していることからして、その処罰遂行の中心には炊屋姫が位置することが求められたと考えられる。しかし炊屋姫は馬子を処罰しなかったのである。

この理由であるが、炊屋姫と敏達との間に生まれた竹田皇子の動向が関わると考える。すなわち崇峻亡き後、その有力な後継候補者としてはこの竹田の他に、敏達とその当初の皇后息長真手王の女広姫との間の押坂彦人大兄皇子、用命天皇とその皇后穴穂部間人皇后との間の厩戸皇子[37]がいた。もっとも、押坂彦人は何らかの事情で力を失いつつあったようで[38]、その意味では厩戸が竹田の有力な対抗者となる。この厩戸が即位したとなると、竹田の即位の可能性はなくなる。さらに崇峻には妃小手子との間に蜂子皇子がいた[39]。彼も成長するならば、有力な王位継承候補となる可能性がある。竹田の即位を望んでいた炊屋姫の前に、偶然に馬子による崇峻殺害事件が発生したのである[40]。

この突然の状況の下に、彦人、厩戸の即位を阻むため、炊屋姫は自ら即位し、推古天皇となるのであるが[41]、この時、炊屋姫は馬子を利用しようとしたのではないか。すなわちその子竹田を将来即位させるために、馬子を味方につけることとし、それと引き換えに馬子の行為を不問に付すというのである。より率直にいうならば、彦人は何らかの事情で力を失いつつあったから問題はないが、厩戸が問題である。加藤謙吉氏は馬子は厩戸を推したが、竹田の有力な対抗者であったために、これには炊屋姫が抵抗したと説く[42]。炊屋姫は将来の竹田の即位に備えて、馬子を利用しようと考えたのではないか。

ここで注目されることは、『日本書紀』には推古朝に馬子がその職位を確認されたとの記事がない一方で、推古初年からの厩戸の登用記事が存在することである。

馬子がその職位を確認されたとの記事がないことについて、平林章仁氏は大臣任命記事を各天皇紀筆録者の意向で削除や造作ができるほど軽いものではなかったとする。[43] しかし馬子の職位確認がなされたことは記録されていないのである。両者が当初から妥協し、即位したのであれば職位確認儀式も行われるはずであるが、それがみえないのである。これをいかに考えるかであるが、推古はいずれ馬子が彼女をも倒す危険性を感じていたためと平林章仁氏はみている。[44] その可能性は否定しないが、それよりも二人の妥協を隠蔽するためであった可能性が高いのではないか。崇峻が殺害されたことに対して王族は馬子に報復したいと意識した可能性がある。しかし推古にとっては、馬子と密約して将来の竹田の即位にかける方が、得策である。それで馬子を免責することと引き換えに、将来の竹田即位の支援を求めたのである。ただし馬子は天皇を殺した人物であり、そのような人物に政治の実権を握らせたままにすることは憚られる。それで、職位確認をしなかったのではないか。

ところで厩戸の登用について、平林章仁氏は推古は馬子を抑えきることができず、王族の助力を必要とし、皮肉にも厩戸を登用し、馬子を牽制させたのではないか、とみている。[45] これによれば以上の私見とは異なって、推古は馬子を抑えようとし、厩戸の助力を仰ごうとして厩戸を登用したことになる。また加藤謙吉氏は、大臣独裁をカモフラージュしようとの馬子の意図のもとに、厩戸中心の政治が推古朝の当初には展開されたととらえている。[46] しかしこのように考えるにあたって問題となることは厩戸の登用がいつからなされたのかということである。

『日本書紀』推古元年（五九三）四月条は、

立㆓厩戸豊聡耳皇子㆒為㆓皇太子㆒。仍録㆓摂政㆒。以㆓万機㆒悉委焉。

と、厩戸豊聡皇子が摂政したと記している。これが事実ならば、厩戸が推古朝の開始とともに登用されたこととなる。しかしこの厩戸の立太子ならびに摂政記事には疑問が呈されている。直木孝次郎氏は『日本書紀』の立太子記事のあり方からして、この記事は信用がおけないとする(47)。そもそも推古の即位自体、推古と敏達との間に生まれた竹田の将来の即位をにらんだ行為で、厩戸を即位させないためであったと考えられることに注目するならば、推古朝開始直後からの厩戸の登用は考えがたいことといわなければならない。

したがって厩戸の登用はこれよりも遅いと考えられるのであるが、『日本書紀』は推古九年二月条において、

皇太子初興㆓宮室于斑鳩㆒。

と宮を興したことをことを記している。荒木敏夫氏は王位継承に関わる有力王族の長子ないしはそれに準じた者が皇子宮を経営し、それが後の東宮につながるとみている(48)が、厩戸が宮を興したことの背景には、推古九年にその地位が推古から公認されたことがあろう。すなわち、竹田は『日本書紀』推古三十六年九月条から夭逝していることが知られるが、その死亡時期は厩戸の宮の建設時期からして推古八年ないし九年のことではなかったか。すなわち、竹田の死去するまで、推古は竹田を後継者とするつもりであったが、それが叶わなくなり、これまで遠ざけていた厩戸を後継者とすることを決心し、このことを背景として厩戸は宮を建設したのである。

以上のようにとらえるならば、厩戸の登用は推古九年頃からのことであり、それまでは大臣馬子に政治を委ねていたのであり、その馬子には竹田の支援を求め、崇峻殺害については不問に付したのである。

三　馬子と王族・豪族

推古は将来、その子竹田皇子を即位させたいとの個人的な理由によって馬子を免責したと考えられる(49)のであるが、では他の王族は何故、馬子を免責したのであろうか。当時推古が王家のなかで最有力であったから、その意向に従ったとも考えられるが、何故天皇が殺害されたのに、その一族が馬子を免責したのであろうか。

この問題を考えるにあたっては、当時の有力王族がどのような状態にあったかをみておく必要がある。まず注目されるのは、用明天皇の死去にともなって発生した蘇我氏と物部氏との争い時の皇子たちの行動である。

『日本書紀』崇峻即位前紀用明二年七月条は、

蘇我馬子宿祢大臣勧㆓諸皇子与㆒群臣㆒。謀㆑滅㆓物部守屋大連㆒。泊瀬部皇子。竹田皇子。厩戸皇子。難波皇子。春日皇子。蘇我馬子宿祢大臣。紀男麻呂宿祢。巨勢臣比良夫。膳臣賀拕夫。葛城臣烏那羅。倶率㆓軍旅㆒進討㆓大連㆒。大伴連嚙。阿倍臣人。平群臣神手。坂本臣糠手。春日臣闕㆓名字㆒。倶率㆓軍兵㆒従㆓志紀郡㆒到㆓澁河家㆒。……

と記す。これによれば、泊瀬部・竹田・厩戸・難波・春日の各皇子が蘇我氏の側に立って参加していたのである。またこの物部戦には参加したとは記されていないが、押坂彦人大兄皇子がいたのである。

この他にも皇子は存在する。今、欽明天皇以降のキサキと皇子をまとめると次の表1のようになる。

表からうかがわれるように竹田・厩戸の祖母は蘇我稲目の女であり、蘇我氏と血縁関係にあるが、難波・春日の母は春日臣仲君の女老女子夫人であり、蘇我氏と血縁関係はない。難波・春日は『新撰姓氏録』によれば、それぞれ複数の氏の祖とされていることからして、当時は生存している可能性が高い。二人は対物部戦に参加していたから、その兵を保持していたと考えられるが、その規模は不明である。また押坂彦人も先にふれた母の出自からして蘇我氏と血縁関係はないが、その彦人は大兄とされていることからして、有力な王位継承候補者の一人であった[50]。

彼らは同族の崇峻を殺害した馬子を免責したのである。蘇我系の皇子が免責したことには一応、納得できるものがあるが、非蘇我系の皇子は何故免責したのであろうか。

これについては馬子に報復しようとした時、王位継承も絡んで、蘇我系の皇子が馬子につく可能性があることをまずあげることができよう。馬子と蘇我系の皇子が結束すれば彼らに勝ち目はなく、王位継承の可能性どころか、穴穂部皇子のように身に危険が及ぶことが想像されたのではないか。

表1　『日本書紀』にみる欽明天皇から崇峻天皇のキサキと皇子

天皇	キサキ（父）	皇子（崇峻朝に○は生存が確認される者、●は死亡、△は対物部戦参加）
欽明	皇后石姫（宣化） 妃稚綾姫（宣化） 妃日影皇女（宣化） 妃堅塩媛（蘇我稲目） 妃小姉君（蘇我稲目） 妃糠子（春日日抓臣）	箭田珠勝大兄●　訳語田渟仲倉太珠敷尊● 石上皇子 倉皇子 大兄皇子●　臘嘴鳥皇子　椀子皇子　石上部皇子　山背皇子　櫻井皇子　橘本稚皇子 茨城皇子　葛城皇子　泥部穴穂部皇子● 泊瀬部皇子● 橘麻呂皇子
敏達	皇后広姫（息長真手王） 夫人老女子夫人（春日臣仲君） 夫人菟名子（伊勢大鹿首小熊） 皇后豊御食炊屋姫尊（欽明）＊1	押坂彦人大兄○△ 難波皇子△　春日皇子△　大派皇子○ ― 竹田皇子○　尾張皇子
用明	皇后穴穂部間人皇女（欽明）＊2 嬪石寸名（蘇我稲目） 嬪広子（葛城直磐村）＊3	厩戸皇子○△　来目皇子○　殖栗皇子　茨田皇子 田目皇子 麻呂子皇子（当麻公の先）
崇峻	妃小手子（大伴糠手連）＊4	蜂子皇子

＊1　母は蘇我稲目の女堅塩媛
＊2　母は蘇我稲目の女小姉君
＊3　広子にはキサキの別が記してないが、嬪に続けられているので、嬪とした。なお、広子は『上宮聖徳法王帝説』では葛木当麻倉首比里古之女伊比古郎女、『古事記』では当麻倉首比呂之女飯之子とされる。
＊4　『日本書紀』或本は嬪とする。

また、蘇我氏には多くの同族がいたことも、これに関係したのではないか。先にみたように、『日本書紀』は対物部戦には紀男麻呂宿祢・巨勢臣比良夫・膳臣賀拖夫・葛城臣烏那羅が馬子とともに軍旅を率い、また、大伴連噛・阿倍臣人・平群臣神手・坂本臣糠手・春日臣闕名が軍兵を率いて物部氏に迫ったとするが、紀男麻呂宿祢、巨勢臣比良夫、膳臣賀拕夫、葛城臣烏那羅はいずれも建内宿祢に連なる氏族である。すなわち『古事記』孝元天皇の段には建内宿祢の男子七人は諸氏の祖とみえているが、まとめると、

波多八代宿祢…波多臣、林臣、波美臣、星川臣、淡海臣、長谷部君

許勢小柄宿祢…許勢臣、雀部臣、軽部臣

蘇我石河宿祢…蘇我臣、川邊臣、田中臣、高向臣、小治田臣、桜井臣、岸田臣

平群都久宿祢…平群臣、佐和良臣、馬御織連

木角宿祢…木臣、都奴臣、坂本臣

葛城長江曾都毘古…玉手臣、的臣、生江臣、阿芸那臣

若子宿祢…江野財臣

となる。この同族系譜が現実にどれだけ機能していたかは不明なところがあるが、[51]馬子にこれらの氏が助力した場合、かなりの兵が馬子のもとに結集することとなろう。

　では馬子個人はどれほどの兵を動員できたのであろうか。私兵をどれほど有していたかは不明であるが、注目されることは冒頭でみたように崇峻殺害を東漢直駒に命じていることである。このことは馬子が東漢直駒を意のままに駆使することが可能であったことを示す。また時代は降るが、『日本書紀』皇極三年（六四四）十一月条は、

蘇我大臣蝦夷児入鹿臣双三起家於二甘檮岡一。称二大臣家一曰二宮門一。入鹿家曰二谷門一。……家外作二城柵一。門傍作二兵庫一。毎レ門置二盛レ水船一。木鈎数十一以備二火災一。恒使下力人持レ兵守上レ家。大臣使下長直一於二大丹穂山一造中桙削寺上。更起二家於畝傍山東一。穿レ池為レ城。起レ庫。儲レ箭。恒将二五十兵士一繞レ身出入。名二健人一曰二東方儐従者一。氏氏人等入侍二其門一。名曰二祖子孺者一。漢直等全侍二二門一。

と、蘇我蝦夷・入鹿が漢直らをして家の守衛にあたらせていたことを記している。さらに、乙巳の変において、入鹿の屍が大臣蝦夷のもとに返された後、漢直等が「摠二集眷属一擐レ甲持レ兵。将下助二大臣一処設中軍陣上」[52]としたとみえることも注意されるところである。このことは東漢氏やその眷属がそれぞれ数十人を率いて馬子とともに行動する可能性があったことを示す。

　ところで皇子や豪族は個人的にどれだけの兵を動員できたのであろうか。大化前代において個人がどの程度の兵を

動員していたかということについて、主なものを『日本書紀』に拾うと次の表2のようになる。

　これからすると、一人の皇子や豪族が私的に動員できる兵は少なくとも、数十人はいたのではないか[53]。それが何人か集まって混成軍を形成したのであり、多い時には数万[54]にも及んだのである。

表2　『日本書紀』にみる個人の兵力動員

年　月	事　項
仁徳即位前紀	大山守皇子、数百の兵を領いて太子を討とうとする
履中即位前紀	平群木菟宿祢等三人の兵、多く、精兵数百の倭直吾子籠を圧倒
雄略　七年　八月	物部兵士三十人を遣わし、吉備下道臣前津屋と族七十人を誅殺
雄略　十三年　八月	小野臣大樹が敢死士一百を領て、播磨国の人文石小麻呂を討つ
清寧即位前紀	吉備上道臣等、星川皇子を救はむと思い、船師四十艘を派遣
武烈即位前紀	大伴連、数千の兵を将て、路に儌へて、鮪臣を乃楽山に戮す
継体　九年　二月	物部連、舟師五千を率て、帯沙江に詣る
継体二十一年　六月	近江毛野臣の率いる衆六万を筑紫磐井が遮る
欽明　十七年　正月	筑紫火君、勇士一千を率いて百済王子を衛送
用明　二年　七月	物部守屋の資人捕鳥部万、一百人を率いて難波宅を守る
皇極　二年十一月	山背大兄の奴三成、数十の舎人と出でて拒き戦う

　これに関して注目されるのは後世のことではあるが、東宮職員令舎人監条である。それによれば、六〇〇人の舎人が東宮のために配されているのである。また軍防令給帳内条には一品から四品の親王には一六〇人から一〇〇人の帳内、一位から従五位の者には一〇〇人から二〇人、太政大臣から大納言には三〇〇人から一〇〇人の資人が給されることとなっている。時代や制度も違うことから一概にいえないが、有力な豪族は影響下にある中小の豪族を自由に動かすとともに、物部守屋の「資人」の存在例からして側近の私兵や従者に囲まれ、その側近の私兵や従者の数は数十人規模であったのではないか。そして皇子は自由に動かすことのできる豪族をもたないものの、自由に動かすことのできる私兵や従者をもち、その数は多い場合には一〇〇人に及んだのである。

　蘇我系の皇子や同族が多く、しかもそれぞれがかなりの兵を動員できる以上、また推古が免責した以上、馬子の責任を問うことなどできなかったといえるのではないか。

四　馬子と王位

ところで、馬子は炊屋姫を即位させたのであるが、何故、自ら即位しなかったのであろうか。先にふれたように、それがどこまで真実であるかは疑わしいものの、仁賢亡き後の平群真鳥は王たらんとしたのである。しかし馬子は何故、即位しようとしなかったのか。

一つには馬子の即位に反対する勢力を力で押さえ込むことに自信がもてなかったからではないか。確かに蘇我系の皇子や同族がいた。しかし彼らが必ずしも馬子の側に立つとは限らないことが予想されたのではないか。

蘇我系の皇子からみてみよう。注意されることは、殺された崇峻の母が蘇我稲目の女小姉君であることである。姉妹間にある母から生まれた皇子であっても、こと即位については対立し、結局は悲劇的な結末を招いた大津皇子の「謀反」(55)を忘れてはならない。崇峻天皇の母は小姉君であるから、その子茨城皇子と葛城皇子が反馬子の動きを取らないとも限らず、その場合、それに同調する蘇我系皇子が現れる可能性もある。

さらに注意しなければならないことは、蘇我氏と血縁関係にない多くの氏族も存在することである。『新撰姓氏録』は大和国に皇別一八氏、神別四四氏、諸蕃二六氏、河内国に皇別四六氏、神別六三氏、諸蕃五五氏、摂津国に皇別二九氏、神別四五氏、諸蕃二九氏を載せている。蘇我系か非蘇我系かは別として、一氏が仮に三〇人の兵を動員できる体制にあったとして、その一部を敵とした場合であっても、困難な状況におかれる可能性がある。

また馬子がその兵力の質に自信がなかったことも関係するのではないか。先にかなりの兵を動員できることをみたが、しかしその質に自信がなかったのではないか。すなわち対物部戦において『日本書紀』崇峻即位前紀用明二年七

月条は、

大連親率三子弟与二奴軍一。築二稲城一而戦。……其軍強盛。塡レ家溢レ野。皇子等軍与二群臣衆一怯弱恐怖。三廻却還。

と記す。この物部軍の強さのため「皇子等軍」と「群臣衆」は退却を余儀なくされるのであるが、当時の馬子の軍が決して卓越していたといえないことを示している。物部軍が討滅された今、相対的に馬子の軍が強力化した可能性はあるが、絶対的な軍事力をもっていないと馬子は認識し、即位しようとまでは考えなかったのではないか。

馬子は自らを守るために天皇を殺害するに至ったが、推古から免責されることで処罰を免れることができたにすぎないのではないか。即位までしたとなれば、どのような反撃をされるか不安な状況下に置かれていたのである。それ故、馬子は即位しようなどとは考えもしなかったと考えるが、これを王位は特定の王族が継ぐ慣習が形成されていたからであるとか、また、王家あっての蘇我氏という観念が醸成されていたからであると説くことは可能であろうか。

王位は特定の王族が継ぐ慣習が形成されていたとの考えから検討したいが、河内祥輔氏は先にふれたように王位は前王と皇女の間に生まれた者が継ぐとの慣習があったと説く[56]。これによれば、馬子には即位資格がないこととなる。確かに即位しようとした豪族は先にみた仁賢天皇亡き後の平群氏、更に豪族と言い切れるかは微妙であるが、武烈天皇亡き後の継体天皇以外、存在しない。また慣習が形成されていたとしても、それが絶対的なものであったかは検討が必要であろう。その場合、注目されることは、後世においてではあるが、自らの居処を「宮」、墓を「陵」、自らの子を「王子」と呼ばせた蘇我蝦夷・入鹿の存在である[57]。この記事の信憑性には疑問があるが[58]、権力のもとではそれまでの慣習を否定しているのである。とすると、慣習云々は当時の蘇我氏の状況にあわせただけの説であるにすぎないこととなる。何より崇峻殺害がこれを物語る。慣習に則していえば、天皇を臣下の者が殺すということは前例のないことで、その慣習を馬子は破ったのである。となると、慣習のもとに馬子が即位しなかったといえないことは明らかであろう。したがってこの慣習が王権を成熟させ、その結果として馬子が即位しなかったととらえることはできない。

また王権あっての蘇我氏という観念であるが、長山泰孝氏は王のキサキとして娘をいれることにより、一人卓越した立場を確保できたとし、王権あっての蘇我氏であったと説いた(59)。これとは別に王権内部で実務をこなすことにより、蘇我氏の勢力が拡大されたことも認めなければならない。しかし、後の冠位十二階において蘇我氏が冠位を授与する側にまわっている(60)ことは、これが常に機能するものではないことの一端を示している。「冠位の上に立つ蘇我氏」＝「王権を利用しつつ群臣の上に立つ蘇我氏」と把握することは可能であるが、冠位を授与する側であることは、群臣の上に立つ支配者であることを望んだ結果を反映している。

馬子が崇峻殺害後に即位しなかったのは、当時の政治状況に由来するものであり、慣習などによる制約に由来するものではなかったのである。特定の王族が即位するという慣習とか、王権あっての蘇我氏との観念に由来するととらえるのは、結果論にすぎない。馬子の即位は王族全体を敵に回す危険性があり、また慣習を破ったことに対する豪族の反発を招き、蘇我氏を滅ぼしかねない危険性があったからである。その危険性を認識していたがために、馬子は即位を回避したのである。

小　結

以上をまとめると、

一、崇峻天皇と蘇我氏の間には確執があり、そのことから崇峻天皇が思わず発した言葉が馬子をして自衛のために崇峻殺害に走らせた。

二、しかしその罪を問われることはなく、その背景には、まず崇峻の後に即位した推古天皇がその子竹田皇子の文援を馬子に期待したことがあった。また馬子と他の王族が牽制しあったこともこれに関係する。

三、馬子が天皇殺害後に即位しなかったのは、諸勢力の反発を抑えるだけの力を有していなかったことを認識していたためである。

馬子が即位しなかったことについて、当時の慣習に起因するなどと説くことは、蘇我氏が置かれた状況にあわせただけの説であるにすぎないことを確認しておきたい。

註

(1)『日本書紀』欽明二年三月条。
(2)『日本書紀』崇峻即位前紀。
(3) 野田嶺志「崇峻暗殺の真相は何か」(『古代の天皇と豪族』高志書院、二〇一四年、初出一九八二年)。
(4)『日本書紀』推古二十八年是歳条。
(5) その天皇記・国記を『日本書紀』編纂過程において改変し、崇峻の即位を虚構するのは、時間的に無理であり、即位したとみて問題はない。
(6) 河内祥輔『古代政治史における天皇制の論理』(吉川弘文館、一九八六年) 三三一～三三六頁。
(7) 遠山美都男「馬子と聖徳太子」(黛弘道編『古代を考える　蘇我氏と古代国家』吉川弘文館、一九九一年)・『大化改新』(中央公論社、一九九三年) 五三頁。
(8) 平群氏の台頭を笹山晴生氏は「「たたみこも」平群の山」(『奈良の都』吉川弘文館、一九九二年) において、平群氏の台頭は六世紀末、加藤謙吉氏は「大夫制と大夫選任氏族」(『大和政権と古代氏族』吉川弘文館、一九九一年) において、六世紀中葉以後のこととする。とすれば、五世紀末ころおける平群氏の活躍はあり得ないこととなる。
(9) 天皇の配偶者には後宮職員令によれば后・妃・夫人・嬪の別があり、後宮職員令妃条は妃二員、四品以上、夫人条は夫人三員、三位以上、嬪条は嬪四員、五位以上としている。これらを総称する場合、キサキとする。

(10) 崇峻元年三月条に小手子以外が記されていないことは、子がなかったためと考えられている。なお、後述するように嬪が別に存在する。
(11) 加藤謙吉「蘇我氏の発展過程」(『蘇我氏と大和王権』吉川弘文館、一九八三年)。
(12) この背景には、加藤謙吉氏が説いているように、かつての葛城氏がキサキを入れていた慣習を蘇我氏が葛城氏の後継者として引き継いだことがあろう(前掲註(11)論文)。
(13) もっとも先にみたように『日本書紀』崇峻五年十一月条所引或本は「大伴嬪」とするから、同格の可能性はある。
(14) 河内前掲註(6)書、三一頁。
(15) 遠藤みどり「大后制の再検討」(『古代文化』六三―二、二〇一一年)・「令制キサキ制度の成立」(『日本歴史』七五四、二〇一一年)。
(16) 拙稿「立号要請と王権」(『倭政権の構造　王権篇』岩田書院、二〇一三年、初出二〇〇四年)・「大王と大后」(同前書、初出二〇〇七年)。
(17) 加藤謙吉「蘇我氏指導体制の確立とその推移」(前掲註(11)書)。
(18) 『日本書紀』欽明二年三月条は欽明と小姉君との子について、第四子を泥部穴穂部皇子、第五子を泊瀬部皇子＝崇峻と記している。
(19) 野田前掲註(3)論文。
(20) 『日本書紀』は欽明二年三月条において泊瀬部皇子とし、崇峻紀において「泊瀬部天皇」とする。
(21) 『古事記』は欽明天皇段において「長谷部若雀命」、崇峻天皇段において「長谷部若雀天皇」とする。
(22) 『日本書紀』敏達四年正月条。なお、広姫はこの年の十一月に死去する(『日本書紀』敏達四年十一月条)。
(23) 加藤前掲註(17)論文。
(24) 『日本書紀』崇峻即位前紀用明二年八月条。
(25) 篠川賢「律令制以前の王族」(『日本古代の王権と王統』吉川弘文館、二〇〇一年)。
(26) 『日本書紀』は推古三十四年五月条において馬子の死亡記事、推古三十六年三月条に推古の死亡記事を掲げ、この時推古は七五歳とする。馬子の死亡記事が記されていないが、『扶桑略記』は七六歳とする。「弟」が文字通り、年下のものをさすならば、馬子は兄にあたり、該当しない。

(27) なお前之園亮一氏は、この詔は創作された可能性が高いとする（「蘇我氏の同族」、黛編前掲註（7）書）。しかし、このようにみてくると、必ずしもそうはいい難いのではないだろうか。

(28) なお、河内祥輔氏はこの問題を後継者に厩戸皇子が決定されたために傍系であった崇峻の役割は終わりをとげ、譲位が行われない以上、その生命が断たれたとする（前掲註（6）書、四九頁）が、後述するように厩戸が後継者に決定されたのは竹田皇子の死後のことと考えられる以上、従うことはできない。

(29) 篠川前掲註（25）論文。

(30) 加藤前掲註（17）論文。

(31) 人物評が残されていないことについては、臣下に倒されたことを以て、敢えて記載されなかったとみる可能性を指摘しておきたい。

(32) ただし、馬子は殺害決行の直前に計画を炊屋姫に知らせた可能性はある。炊屋姫が知らされたその時は、すでに計画が進行している時であり、止めようもなかったと考える。

(33) 倉本一宏氏は大臣はマヘツキミの代表であり、合議体の主宰、外交の責任者であったとする（「氏族合議制の成立」〔『ヒストリア』一三一、一九九一年〕）。

(34) 篠川前掲註（25）論文。

(35) 『日本書紀』崇峻即位前紀用明二年六月条は馬子が炊屋姫を奉じて佐伯連丹経手等に詔して殺害を命じたと記している。

(36) 『日本書紀』敏達十四年八月条。同様に用命元年五月条にも殯宮にいる炊屋姫を姧そうとしたとある。

(37) 『日本書紀』用命元年正月条。

(38) 『日本書紀』からは崇峻朝以降、登場しない。死去したとも考えられるが、その子舒明天皇の生年が崇峻五年に求めうる（『日本書紀』は推古十三年十月死去したことを記す。その崩年は記していないが、『皇胤紹運録』や『一代要紀』は四九歳とする。これによれば崇峻五年生誕となる）ことから、その頃までの生存は確認できる。そうであれば、病床に就き、後継

郵便はがき

料金受取人払郵便

麹町支店承認

8124

差出有効期限
平成31年２月
15日まで

102-8790

104

東京都千代田区飯田橋4-4-8
東京中央ビル406

株式会社 **同成社**

読者カード係 行

ご購読ありがとうございます。このハガキをお送りくださった方には今後小社の出版案内を差し上げます。また、出版案内の送付を希望されない場合は右記□欄にチェックを入れてご返送ください。 □

お名前《ふりがな》　　歳　　男・女

〒　　TEL

ご住所

ご職業

お読みになっている新聞・雑誌名

〔新聞名〕　　〔雑誌名〕

お買上げ書店名

〔市町村〕　　〔書店名〕

愛読者カード

お買上の
タイトル

本書の出版を何でお知りになりましたか？

イ．書店で　　ロ．新聞・雑誌の広告で（誌名　　）
ハ．人に勧められて　　ニ．書評・紹介記事をみて（誌名　　）
ホ．その他（　　）

この本についてのご感想・ご意見をお書き下さい。

注文書

年　月　日

書　名	税込価格	冊　数

★お支払いは代金引き替えの着払いでお願いいたします。また、注文書籍の合計金額（税込価格）が10,000円未満のときは荷造送料として410円をご負担いただき、10,000円を越える場合は無料です。

者争いから脱落せざるを得なかったとも考えられる。

(39)『日本書紀』崇峻元年三月条。なお『聖徳太子平氏伝雑勘文』(藤原猶雪編聖徳太子奉賛会監修『聖徳太子全集』第二巻、臨川書店、一九四四年)は、この他に長谷部王＝泊瀬部＝崇峻は用明皇后と多米王との間に生まれた佐富女王との間に葛城王、大伴奴加之古連の女古弖古郎女との間に波知乃古王がいたとする。

(40)このようにとらえると、崇峻が在位し続けることによって竹田皇子の即位の可能性は否定されることになり、それで炊屋姫は馬子と手を結び、崇峻殺害を画策したのではないかと考えることになる。しかし殺害後、非蘇我系の押坂彦人大兄が即位することにでもなれば、かえって竹田が即位する可能性はなくなる。したがってそのような画策はしなかったものと考える。

(41)井上光貞「古代の皇太子」(『日本古代国家の研究』岩波書店、一九六五年)。なお小林敏男氏は、王家の権威の低下を伝統的なヒメの力を借りて対処しようとしたこともこれに関係するととらえている(「女帝考」〈『古代女帝の時代』校倉書房、一九八七年〉)。

(42)加藤前掲註(17)論文。

(43)平林章仁「蘇我馬子とその儀礼」(『蘇我氏の実像と葛城氏』白水社、一九九六年)。もっとも平林氏は正式には儀礼が必要であったが、天皇の許諾さえあれば大臣として活動できたとみている。

(44)平林前掲註(43)論文。

(45)平林前掲註(43)論文。

(46)加藤前掲註(17)論文。

(47)直木孝次郎「厩戸皇子の立太子について」(『飛鳥奈良時代の研究』塙書房、一九七五年)。

(48)荒木敏夫『日本古代の皇太子』(吉川弘文館、一九八五年)一〇三〜一〇四頁。

(49)加藤謙吉氏は前掲註(17)論文において、崇峻即位に先立つ穴穂部皇子と宅部皇子の殺害承認と崇峻即位における彼女の推挙から、炊屋姫がかねてから王家において絶大な力を形成していたとみている。これにはまた用明皇后が用明の死後、再婚していて(『聖徳太子平氏伝雑勘文』は用明皇子の多米王は父の死後、庶母間人孔部王を娶って佐富女王を産んだとある）、炊屋姫に対抗できる権力を失っていたことも作用したとする。

(50)　井上前掲註（41）論文、門脇禎二『「大化改新」論』（徳間書店、一九六九年）第二章二節。なお、崇峻殺害当時の生死は『日本書紀』に登場しないことから判然としないが、彦人の子舒明は『日本書紀』によれば舒明十三年（六四一）に死去している。この時の年齢が記されていないが、『本朝皇胤紹運録』などは四九歳とする。数えであれば、推古元年（五九三）生まれ、満年齢であれば、崇峻五年生まれとなる。とすると、崇峻殺害後も生存していた可能性がある。

(51)　津田左右吉氏は七世紀前半に蘇我氏が系譜を作成したとし（『日本古典の研究』（下）岩波書店、一九五〇年）一一三頁、直木孝次郎「神功皇后伝説の成立」（『日本古代の氏族と天皇』塙書房、一九六四年）らもこれと同様であるが、岸俊男氏は七世紀後半の藤原氏の手によるとする（「たまきはる内の朝臣」〔『日本古代政治史研究』塙書房、一九六六年〕）。この岸氏の説によれば、各氏が蘇我氏の同族として機能することは望むべくもなくなる。また、前之園亮一氏は前掲註（27）論文において、蘇我氏が炊職や膳職を支配下に置いたことが先の同族系譜形成につながったとするが、その場合であってもどの程度、その同族を掌握していたかは不明といわなければならない。

(52)　『日本書紀』皇極四年六月戊申条。

(53)　壬申の乱において大伴吹負は天皇のもとに従っている兄に代わって軍を招集しようとするが、「一・二族及諸豪傑」を招いて数十人を組織したとあること（『日本書紀』天武元年六月丙戌条）も参考となろう。

(54)　『日本書紀』天武元年七月庚寅朔条には、天武が数万の衆を倭へ向かわしめたとある。

(55)　『日本書紀』朱鳥元年（＝六八六年）九月条。

(56)　河内祥輔前掲註（6）書、三三一～三三六頁。

(57)　『日本書紀』皇極三年十一月条。

(58)　日本史研究会古代史部会「「大化改新」への分析視角」（『日本史研究』八三、一九六六年）。

(59)　長山泰孝「古代貴族の終焉」（『古代国家と王権』吉川弘文館、一九九二年、初出一九八一年）。

(60)　黛弘道「冠位十二階の本質」・「冠位十二階の実態と源流」（ともに『律令国家成立史の研究』吉川弘文館、一九八二年）、拙稿「冠位十二階の制定とその特質」（本書第二篇第一章、初出二〇一六年）。

第二章　皇子の政治参加

問題の所在

天皇＝王[1]の後継者候補としては、その皇子＝王[2]と天皇の兄弟、すなわち先代の天皇の皇子などが考えられるが、彼らは政治に関与していたのであろうか。

天皇位を直系の皇子や天皇の兄弟に継承するのであれば、彼らに機会をとらえてある程度の経験を積ませておくことも必要である。これを通して皇子等は現実の政治と主体的に向きあうことがあったとしても不思議ではない。

したがって将来即位する可能性のある皇子等には政治経験を積ませることがあったと推定されるのであるが、これには政策審議・決定への参加と、その執行への関与が考えられる。それぞれに恒常的な形態のものと、臨時的なもの、すなわち一時的な職務遂行の形態のものとがあるが、後者は王権の未熟な段階から展開されたもので、王の代理として事の処理を行う性格が強く[3]、そこに主体性を認めることは難しい。すなわち皇子の政治経験にはつながるものの、政策審議・決定と直接結びつかず、また主体性が認められないことから、有力臣下の臨時の職務遂行との境界が曖昧である。政治との関与という視点からすると、それは受動的なそれで、能動的なものでなく、将来に備えての政治経験とは距離をおくものである。

それで以下、恒常的な皇子の政治関与がいかなるものであったのかについて考えることとしたい。

一　皇子の政治参加

まず注目されるのが継体朝から「大兄」をその名の一部とする皇子の登場である。[4]『日本書紀』継体七年（五一三）十二月条は継体天皇が「勾大兄」に対して、

宜レ處二春宮一。助レ朕施レ仁。翼レ吾補レ闕。

と詔したことを記している。ここに単なる天皇の後継者候補としての皇子としてではなく、天皇を翼《たす》け闕《あやまち》を補う存在、すなわち輔政する存在として、その名の一部に「大兄」を含む皇子が登場したのである。[5]

この輔政について、荒木敏夫氏は大兄とされなかった皇子でも輔政していたことを強調した。[6] また遠山美津男氏は、伴造・部民制による貢納・奉仕を総括していた大王は生前に王位を譲渡することができなかったため、将来に備えてそのいくつかを複数の大兄に分掌させたとし、部民制の充実など執政上の特別な構造にもとづくものがその背後にあったことを強調した。[7] 一方、小林敏男氏はこの皇子による輔政を重視し、輔政した長子が大兄とされたとみている。[8] この小林説を受けて私も輔政した長子のなかからとくに大兄とされる皇子が登場したと論じたことがあるが、[9] 皇子さらには大兄は輔政していたのである。

しかし前稿においては、この輔政の内容については詳しく分析しなかった。そこでこの大兄も含めた皇子の輔政が具体的にいかなるものであったのかを検討することからはじめたいが、表3は六世紀を中心として、推古朝までに政治に関与した皇子の事例を『日本書紀』から拾ったものであり、続けて掲げた表4は皇子の動向に関わりなく、当該時期における重要事項をまとめたものである。

これをみて注意されることは、皇子が常に政治に関与していたとは限らないことである。その典型的な例が表3の①と表4のAの継体六年十二月の一連の記事である(10)。まず、Aにおいて百済の使者の四県割譲を求めた表の提出があり、同時期に百済に遣わされていた穂積臣押山の、四県は百済に近いから百済と合体させるのがよいとの奏に接した

表3　六世紀を中心とした政治に関与した皇子の事例

年　月	内　容
①継体　六年十二月	勾大兄皇子、百済への任那四県割譲承認を知り、これを改めようと日鷹吉士を遣わし、百済の使者に申し入れるも、相手にされず
②　七年十二月	勾大兄皇子に輔政を命ず
③　八年　正月	勾大兄皇子、妃のために屯倉設置を天皇に奏す
④欽明二十三年　六月	太子らに任那を滅亡させた新羅に対する雪辱を詔
⑤　三十二年　四月	皇太子に任那復興を詔
⑥敏達　元年　五月	皇子と大臣とに高麗の使者の所在を問う
⑦　四年　二月	皇子と大臣とに任那のことを懶懈るなと詔
⑧　十四年　三月	橘豊日皇子に任那の政を勧め修むべし
⑨用明　二年　四月	穴穂部皇子、仏教受容の議の最中に法師とともに参内
⑩推古　元年　四月	厩戸豊聡皇子、録摂政らしむ
⑪　二年　二月	皇太子と大臣とに三宝興隆を詔
⑫　十年　二月	来目皇子を新羅を討つ将軍に任命
⑬　十一年　二月	皇太子らを召して来目皇子の死を告げ、悲しむ
⑭　四月	当麻皇子を新羅を討つ将軍に任命
⑮　十一年十一月	皇太子、諸大夫に仏像を恭拝する者を求める
⑯　十二月	皇太子、大楯などを作ることを請う
⑰　十二年　四月	皇太子、憲法十七条を作る

大伴大連金村がそのように継体に奏した結果、四県割譲が決定された。しかし①によれば勾大兄皇子はその会議に出席しておらず、後に四県割譲の決定を知った勾大兄は日鷹吉士を自己の判断の下に百済の使者のもとに遣わし、そのことの撤回を申し入れさせたものの、相手にされなかったのであった。

何故、勾大兄は四県割譲の承認といった重要な外交問題を扱う場に不在であったのであろうか。将来即位

表4　重要事項＊

年　月	内　容
A継体　六年十二月	穂積臣押山の奏に接した大伴金村が百済への任那四県割譲を奏したことにより、百済への任那四県割譲が決定される
B　二十一年　六月	大伴金村らに筑紫磐井を伐つことを命ず
C　二十三年　四月	任那王、大伴金村に任那救援を訴え、金村、その旨を奏す
D宣化　元年　五月	蘇我稲目らに詔して筑紫の屯倉に穀を運ばせる
E欽明　元年　八月	大伴金村らに新羅を伐つ方策を尋ねる
F　十三年　十月	群臣に仏教受容の是非を歴問
G　二十三年　六月	太子らに任那を滅亡させた新羅に対する雪辱を詔
H敏達　四年　二月	皇子と大臣とに任那のことを懶懈るなと詔
I用明　二年　四月	群臣に仏教受容の是非を議さしめる
J崇峻　四年　八月	群臣に任那再建の是非を尋ね、救援を決定
K推古　八年　二月	天皇、任那救援を決意
L　八年	遣隋使の派遣（『隋書』倭国伝）
M　九年十一月	新羅を攻めることを議る
N　十一年十二月	嶋大臣とともに厩戸皇子、冠位制定（『法王帝説』）

＊　とくに断らない限り、『日本書紀』により、『日本書紀』以外の事例の場合は内容欄の末尾に示した。

する可能性の高い皇子であったとしても、幼少である場合などは、その見識が不十分であることなどから、政治に関与できないことは当然である。しかし勾大兄の場合、その後にとった①の行動からしてみても、またその年齢からしても[11]、さらに翌年に輔政を命じられていることからしても、十分に重要政策決定の場に出席し得るだけの見識は備えていたはずである。にもかかわらず、その場に不在であったのである。この点については、「前有ニ縁レ事不一レ関レ賜レ国。晩知ニ宣勅一。驚悔欲レ改」とあることからして、所用があって出席できなかったことが原因するようであるが、そうであるにせよ、ここで注意されることは、重要な政策が勾大兄の不在のままに決定されていることである。

これについて、北康宏氏は「外交という国政上の重要案件に関する意思決定においては、大連たる大伴金村と共に「大兄皇子」が「関わる」はずであったこと、両者のコンセンサスのもとで奏宣が行われて然るべきであったことを示している」と説いている[12]。これによれば勾大兄には大連と協議する場が別に設けられていたことになる。確かに「不レ関レ賜レ国」とあることは、その決定に関与すべき存在であったことを示すかのようにみえる。しかし大連との事前の協議までを意味するのであろうか。百済が四県割譲を申し入れてきていたことは勾大兄も知っており、これに反対すべきことを天皇に提言する予定であったが、それがかなわないままに承認されてしまったことを示すにすぎないのではないか。

注意したいことは、この当時は、勾大兄が輔政すべきことを命じられる以前のことであったことである。そのような皇子に大連と協議することまで求められていたのであろうか。勾大兄不在のままに重要事項の決定がなされたということは、そのような政策決定の場に皇子の出席がどの程度必要不可欠なこととして意識されていたのかという問題を提起するものである。換言すれば、当時においては皇子が政策審議・決定の場に出席することがそもそも認められていたのかということである。

当時、政策審議・決定がいかなる場で行われたかも問題であるが[13]、政策決定にあたっては用命二年（五八七）のIなどのように天皇が「議」を求めることがあった。この「議」を求めることは、有力臣下を一堂に集めて意見を聞いて政策を決定しようとしたものと考えられるから、そこに皇子の出席も想定されないではない。しかしこの「議」について佐藤長門氏は、漢代以降における皇帝の意思形成の一助としての合議が用意されていたとの吉川真司氏の提言[14]をもとに、㈠群臣の有する参議・奏宣権は王の意思形成のために用意されたものであり、王の決定を支配者層全体で保証するための、いわば権力構造上導かれた権限と位置づけることのできるもので、㈡それ自体が王権の一部を構成するもので、㈢当時を首長制社会と位置づけた上で、互酬と再配分として把握すべきものととらえている[15]。「議」には天皇と群臣との間の互酬と再配分の意味が込められていたのである。とするならば、皇子は「議」の正式な構成要員たり得ず、ためにその「議」への皇子の出席は必要なこととはされず、仮に出席が認められたにしても、発言が許されていたかについては疑問が残るのである。[16]

継体二十一年のBはその典型的な一例であろう。『日本書紀』継体二十一年六月条は、

天皇詔二大伴大連金村。物部大連麁鹿火。許勢大臣男人等一曰。筑紫磐井反掩。有二西戎之地一。今誰可レ将者。大伴大連等僉曰。正直仁勇通二於兵事一。今無レ出二於麁鹿火右一。天皇曰。可。

と記し、反逆した筑紫磐井を征討する将軍を誰にするのがよいかを継体が尋ね、物部大連麁鹿火に決定したとするのみで、重大事件であるにもかかわらず、勾大兄も含めて、皇子が関与した形跡がみえないのである。[17]皇子は天皇と臣下の間で展開される政治の場の正式な構成員として認識されておらず、そのために関与できなかったのではないか。

欽明天皇が仏教を受容すべきか否かを尋ねた欽明十三年十月のFと、同様に用明天皇が仏教受容の是非を尋ねた用明二年四月の⑨の記事からもこのことをうかがうことができる。Fでは欽明が仏教受容の是非を群臣に歴問しているのであるが、その記事には大兄とされた皇子も含めて皇子が一切登場していないのである。もっとも『日本書紀』欽明十三年四月条はこの時のこととして箭田珠勝大兄皇子の死を記しており、「議」に出席できるだけの成長した皇子がいたのか危ぶまれる。したがってこのFを措くとしても、しかし⑨では、その「議」に皇子が参加していた形跡がみえないのである。当時は彦人大兄皇子、さらに皇位に野心を抱いていた穴穂部皇子、さらに翌年に用明の後を継ぐことになる泊瀬部皇子（＝後の崇峻天皇）が存在していたにもかかわらず、「議」に参加していた様子が記されていないのである。かろうじて穴穂部については、仏教受容の是非をめぐる「議」が展開されている最中に法師をともなって参内したことが記されているのみなのである。彦人大兄は敏達と息長真手王の女広姫との間に生まれた[18]いわゆる敏達系の皇子であり、当時の政局を主導していた蘇我氏と対立関係にあったことによるとも考えられるから、これを措くとしても、他の皇子の発言が記されていないことは、「議」に参加した皇子が存在しなかったことを示すものである。

また敏達元年（五七二）五月の⑥の場合も注意される。この記事から即位前の敏達天皇が欽明三十一年（五七〇）に到着した高句麗の使者の動向を気にかけていたことが知られる。しかしそれについて発言する機会がなく、即位してようやくそれが実現しているのである。敏達は欽明十五年ないし二十九年に立太子したと『日本書紀』に記されていることから、欽明三十一年には後継者と目されていたようであるが、発言の機会が与えられていなかったことに注意しておきたい。

さらに注意しなければならないことは、常に「議」を経て政治方針が決定されていないことである。通常は天皇とその側に伺候していた大連や大臣などとの限られた協議によって政治方針が決定されたのであり、必ずしも群臣による「議」を経た上で決定されたわけではないのである。そのことの一例として先にみたAを掲げることができよう。大伴金村の奏にもとづいて直ちに四県割譲が決定されたようにみえ、「議」を経た上で決定された形跡はみえない。このことは恒常的な「議」の場がそもそも用意されていないことを示し、Ⅰのような事例は特異なことで、「議」の開催は特別・臨時的なものであると考えられるのである。

したがって皇子が当初から政治に関与することは、前提とされていなかったといえよう。皇子は天皇と同居していないために、とくに召されない限り、もしくは天皇と偶然にせよ会する機会が生じなかった場合には、天皇に対して政治に関する発言をすることはできなかったのではないか。皇子は偶然に得た数少ない機会を通して輔政していたにすぎなかったと考えられるのである。

①はその意味では例外的である。百済割譲を決定したであろう重要な場に居合わせなかったにもかかわらず、それに異を唱え、皇子が独自に介入したことは特異なことであったといわなければならない。大臣や大連は常に天皇の側に伺候、ないし常に召されて政治を協議するが、皇子はそのように伺候することはなく、政治からも構造的に疎外されていたが、時に政治に関わることのできるだけの権能を備えていたといえよう。しかもそれは一端機能するや、独

自に使者を派遣してその意志を伝えていることからうかがわれるように、かなりの権限も認められる場合もあったと想定されるのである。[27]

二　大兄とされた皇子の政治参加

このように、将来即位する可能性のあった有力な皇子であっても、何かの折に天皇と会してその意見を述べることがあった程度で、ほとんど政治に関与する機会が与えられていなかったものの、その一方では、かなりの権限も時には付与されていたと考えられるのであるが、この状態を一歩進めたのが②の大兄として輔政せよとの記事であろう。大臣や大連のように常に天皇のもとに伺候し、発言するわけでなく、偶然に天皇と会する機会があった時、天皇が許す範囲において考えを述べる程度であった皇子の権能を一歩進め、特定の皇子を大兄とし、その大兄とした皇子には積極的に天皇と会し、助言することを求めたのである。[28]別稿[29]で述べたように、継体七年六月の五経博士段揚爾が来日するが、[30]これによって部民制に通じる制度などの全く新しい統治技術や知識が伝えられ、[31]その施行が迫られるなかで、継体は従来の体制では対応できないことを察知し、これまで活用してこなかった王族の輔政を仰ごうとしたのである。[32]しかし継体は前王権と系譜を異にしていたため、[33]頼りとする王族は存在せず、頼ることができたのはその皇子のみであった。このことが皇子に対する恒常的な輔政要求、すなわち大兄の創設につながったのである。

数少ない機会を通して輔政してきていた皇子のなかから、一人選ばれて大兄とされた皇子は、何か気づいたことがあれば直ちに天皇のもとに赴き、積極的に提言できる権能を与えられたのである。皇子が自己の意志で天皇のもとに赴き、提言することは、当時として奇異なことであったが、それをなし得ることを大兄の目にみえる権能としたともいえよう。[34]

注意されることは、その大兄とされた皇子であっても、すべてのことにその権能を振るい得たわけではなかったことである。先にふれたように筑紫磐井の反逆という国家の一大事件にいかに対処するかということを協議したBに、勾大兄皇子は出席した形跡がないのである。このことは輔政を命じた②の記事の信憑性を疑わせることにもなるが、しかし輔政のあり方こそが問われるべきなのである。すなわち、輔政の内容は政策決定に関して天皇の諮問に応えることや助言すること、使者などとして臨時に天皇の代理として事にあたることであったのであり、全面的に政治に関与することまでを意味しなかったのである。大兄とされた皇子がおかれたとはいえ、政治は天皇と群臣に拠ったのである。その天皇を裏で支えるのが大兄とされた皇子であり、そのために公然と天皇のもとに参内し、政治に関わることに発言できるようになったものの、あくまでも助言を中心とするのである。大兄とされた皇子であっても、特別な場合を除いては天皇と群臣による政治の場には出席せず、仮に出席したとしても、発言は控えたと考えられるのである。

この点、注意されることは④〜⑦が皇太子[35]ないし大兄とされた皇子が政治協議の場に出席していることである。おそらく②を受けた結果であろうが、注意したいことは、皇太子に単独で（⑤）、または大臣とともに（④・⑥・⑦）政策の実行が命ぜられていることである。このことは②を受けて大兄とされた皇子の地位が向上し、政治の場への参加も認められるに至ったことを反映したものであろう。

しかし先にふれたように政治全般に関わっているわけではない。⑥の場合、皇子（おそらく押坂彦人大兄皇子）にも高句麗よりの使者の所在を尋ねておきながら、皇子の発言の記録がなく、またその使者のもたらした国書を読む場にも皇子がいた形跡がないことが注意される。『日本書紀』の記述が一貫性を欠いただけである可能性はあるものの、皇子が政策決定の場に常に参加していない他の例と比較すると、とくに奇異なことではないのである。したがって②を受けて皇子が天皇のもとへ参内した折、偶然に大臣と皇子とが同席することとなり、結果として皇子も関わることとなったものと考える。それは偶然のことであったのであり、これに続く⑦も同様であり、また⑨でも同様に考えられる。大兄とされた皇子も含めて、皇子は「議」が行われる場に同席していなかった可能性が高いのである。

ところで北康宏氏は大兄について、年長者たる天皇の長子が核となって諸皇子を結集させ、王族の宗主権を担う存在と位置づけている(36)。そうであれば、大兄とされた皇子と政治関与との関係はやや薄れることとなる。しかし大兄とされた皇子を諸皇子の結集の核とするということであれば、まず問題となることは、諸皇子の結集の核としては必ずしも長子が適任とは限らないことである。長子以外の皇子が適任となる場合も想定されるのではないか。結集の核となることを期待して長子を大兄としたととらえるならばこの点を克服できるが、しかし波平恵美子氏が母を異にする同性キョウダイは母系的には異なる集団に属するライバルと説いていることが注意される(37)。異母キョウダイはライバルであり、それを結集させることは、他の異集団と争う時に可能であるにすぎない。舒明の大兄に古人大兄皇子と中大兄皇子がいるが、二人がライバル関係にあった（この点については後述する）ことからして、大兄を皇子の結集の核ととらえることができないことを示すものと考える。

その意味では、天皇の皇子による輔政を受けたいとの意志の上に設置された存在が大兄であり、年長から来る経験にもとづいて複数のキサキの生んだそれぞれの長子(38)のなかから選ばれ、その輔政という経験のなかから、結果として宗主権を担う場合があったものと解しておきたい。

三　厩戸皇子の政治参加

推古朝以前には、通常の場合、皇子が政治に関与することは認められず、ただ大兄とされた皇子や特別に許された皇子が特別な場合に限って認められたにすぎなかったのであるが、では推古朝においてはいかになったのであろうか。

⑩がこの場合、問題となる。『日本書紀』推古元年（五九三）四月条は、

立二厩戸豊聡耳皇子一為二皇太子一。仍録二摂政一。以二万機一。悉委焉。

と、厩戸豊聡皇子＝厩戸皇子が「録二摂政一。以二万機一」し、悉く委ねられたと記しているのである。これが事実ならば、皇子が政治に関与することが公然と認められたこととなる。

しかしこの厩戸の立太子以下の記事には疑問が呈されている。直木孝次郎氏は『日本書紀』の立太子記事のあり方からして、この記事は信用がおけないとする(39)。そもそも推古天皇の即位自体、敏達天皇との間に生まれた竹田皇子の将来の即位をにらんだ行為で、厩戸を即位させないためであった可能性が高い(40)ことに注目するならば、この直木氏の見解は認められるものである。事実、『上宮聖徳法王帝説』は、

・少治田宮御宇天皇之世。上宮厩戸豊聡耳命。嶋大臣。共輔二天下政一。而興二隆三寶一。起二元興四天王等寺一。制二爵十二級一。

・小治田天皇御世乙丑年五月、聖徳王与二嶋大臣一。共謀建二立仏法一。更興二三宝一。即准二五行一定二爵位一也。

と記しており、これらによれば厩戸は馬子と共同して、「少治田宮御宇天皇」＝推古を輔政していたのである。『日本書紀』の「録二摂政一。以二万機一。悉委焉」との記事は馬子と共同していた以上、事実を反映したものではない。

したがって⑩を除外すると、厩戸との関わりで注意されるのは⑫と⑭である。新羅を討つ将軍に彼の弟来目皇子と当麻皇子が任命されているのである。これについては厩戸が対新羅外交を指揮した結果を反映したものと考えられているが(41)、そうであるならば、政治に皇子が関与していたこととなる。

これについては『日本書紀』が推古九年二月条において「皇太子初興二宮于斑鳩一」と記していることが注意される。『日本書紀』が推古三十六年九月条において、推古がその死後は竹田の陵に葬るべしと遺言したと記しているこ

とからして、竹田は夭逝していたことが知られるが、『日本書紀』はその死去した年月を具体的に記録していない。これについて直木孝次郎氏は竹田の死の下限を厩戸の弟来目が撃新羅将軍となった推古十年とする[42]。推古もこの竹田が死去した段階で厩戸を後継者候補と認め、このことを受けて厩戸が「宮」を建設することとなったのであろう[43]。石母田正氏はこの「宮」の建設を厩戸の万機総摂のはじめと推測しているが[44]、この「宮」の建設を重視するならば、推古九年二月以前に竹田が死去し、そこでやむなく推古は厩戸を後継者候補と認めることを決心したのであり、以後、政治に関与することを認めたといえよう。

これ以前に厩戸が主体的に政治に関与した形跡がみえないのは、政治への関与を認められていなかったためであろう。すなわち、Lの六〇〇年の遣隋使派遣やKの推古八年の任那救援については、どのような経緯でそれが決定されたか『日本書紀』は記しておらず、厩戸がどう関わったかは不明であるが、推古からいまだ後継者として認められていない立場上、関与することが許されていなかったのではないか。その立場が認められた後の推古九年の新羅征討を議したMや推古十一年の冠位十二階[45]を制定したNとは事情が異なるのである。竹田の生存中は他の皇子がそうであったように、厩戸が推古と会うこともほとんどなかったのではないか。それが竹田の死後に変化し、MやNなどに関与することになったのであろう。

厩戸の推古九年以降の政治面における主体性発揮は従来みられなかったものである。最初に大兄とされた勾大兄にしても重要事項決定の場にすべて出席していた形跡は認められないのであり、そのことからすると大兄とされた皇子であっても、何か思うところがあれば参内し、天皇に助言する機会を与えられた程度の権能を認められていたにすぎなかったのである。しかし今、より積極的な地位を厩戸は認められ、恒常的に政治に関与し、主体的に政策決定を行いうる権能を認められたのである。推古が女性であり、『隋書』倭国伝開皇二十年条に「倭王以天為兄、以日為弟、天未明時、出聴政跏趺坐、日出便停理務、云委我弟」とあることからうかがわれるような、神秘的な性格の持ち主であったことがこれに寄与したのかもしれないが、ここに後継者候補と認められた厩戸の公然たる政治関与への道が開かれたのである。

しかし注意を要することは、厩戸が推古朝の後半からは同じように行動し続けていないことである。平林章仁氏は推古朝の主要記事から馬子と厩戸の関係を分析した結果として、厩戸は前半に活躍するものの、後半にはその活動は衰えるが、馬子は逆に前半は事務的に大臣として仕事をこなしていたにすぎないものの、後半には積極的な姿勢をとると説いている。(46) また加藤謙吉氏は、厩戸は当初、馬子の庇護のもと、竹田の死後、一〇年ほどは王族の代表として主体性を発揮し、執政するものの、次の時期には馬子が田村皇子（＝後の舒明天皇）と結ぼうとしてその女法提郎媛を田村と結婚させたことにより、馬子に疎外され、政治参加も次第に形式的となっていくことになったと説いている。(47)

舒明天皇は『日本書紀』舒明二年正月条によれば、宝皇女を皇后とし、その間に葛城皇子＝中大兄皇子などをもうけ、また蘇我馬子の女法提郎媛との間に古人大兄皇子をもうけているが、『本朝皇胤紹運録』（群書類従本による）は「推古元年癸丑降誕。天皇元年己丑正月即位。三十七。十三年辛丑十月十二日崩。四十九。」とし、推古元年の生まれで、四九歳で死去したと記している。これによれば推古二十年頃に法提郎媛と結婚していても問題はない。とすれば、先の加藤氏のように馬子が田村と結ぼうとしてその女を田村と結婚させ、古人が誕生したことによって、馬子が次第に厩戸を疎外していったために、厩戸が政治から離れることとなったものと考えられる。ここに厩戸に与えられていた権能、すなわち、公然と臣下と共に政治に関与することのできる権能は、後継者としての地位が脅かされたことによって消滅する方向に向かったのである。

四　厩戸皇子以後の皇子の政治参加

1　政治から距離をおく大兄

となると、問題は厩戸の長子である山背大兄皇子の政治関与である。山背は大兄を冠して登場するが、大兄として政治に関与できたのであろうか。

この問題を考えるにあたってまず解決しなければならないことは、いつ山背が大兄とされたかである。それまでの大兄は天皇の長子にあたる存在であるが、長子であれば誰もが大兄と称したわけではなく、輔政経験を積むなかで有能と認められた者に対するものである(48)。この称は王族相互の自薦による自発的な称か、天皇が与えた公的な称であるかであるが、最初に登場した大兄が天皇の輔政依頼から発したことからして、天皇が与えた公的な称であることを示している。しかし以後、明確な任命記事ないし就任記事がないことからして、しだいに周囲から条件を満たしたとみなされた者が大兄と称される場合などもあったと考えられ、天皇の長子であるとともに輔政者の中心的な存在に与えられた称である。山背大兄の場合、輔政者の中心的な存在の一人であったとしても、天皇の長子ではないことから異例であるが、その山背に大兄の称が認められたのは推古朝のことであろう。天皇の長子がその条件ということであれば、舒明の長子ではないことからして舒明朝になってからのこととは考えられないからである(49)。そのことは推古朝においても同じであるが、しかし父の厩戸が「法王大王」などと称されたこと、その厩戸を輔けていたならば、一応、条件を満たすことになる。

ところで、このようにみた場合、大兄とされる存在を皇子結集の核としてとらえることはできないこととなることが注意される。北康宏氏は先にふれたように大兄を年長者たる天皇の長子が核となって諸皇子を結集させ、王族の宗主権を担う存在と位置づけたが[50]、竹田の死後、推古の皇子の生存が確認できず[51]、したがって結集させるべき皇子が存在しなくなっていることとなる。皇子の結集を王族結集の核としてとらえるならば、この点を克服できるが、しかし厩戸が健在の折には、その王族結集の核は厩戸自身が担っていることが問題となろう[52]。その意味では輔政者の中心かつ天皇長子が大兄であるとはいえ、山背は天皇長子に該当しない点、異例であるが、厩戸の輔政という観点から従来の大兄の枠内でとらえることができる。

しかし、厩戸が馬子によって疎外されたことを引き継いだためか、山背は大兄とされたものの、政治に関与した形跡が認められない[53]。馬子に押さえ込まれたといってもよいが、政治から距離をおいた大兄となったのである。山背が大兄とされた当初は、まだ厩戸が健在でその厩戸を輔政したことから、輔政するという側面を受け継いだものの、その厩戸が政治から距離をおいたことを受け継ぐ形で、推古朝晩年からは山背大兄は次第に政治から距離をおくこととなり、単に有力な王族の一人に近い存在になったのである。

舒明朝においても山背は当初、周囲から引き続き大兄とされる[54]。しかし先にふれたように、舒明と天皇位を争ったことから、また厩戸の晩年の政治姿勢を引き継いで、輔政とは関係がなくなったのである。推古から舒明に変わったことによって、皇統の変化が生じることも注意される。舒明はその即位前紀によれば、敏達と非蘇我系の息長真手王の女広姫との間に生まれた押坂彦人を父とし、敏達皇女糠手姫を母として生まれている。ここに蘇我氏の女を母とする蘇我系の皇統から、非蘇我系の皇統への転換がおきたのである（後掲の図1参照）。後世において五世までを重視する皇親制度[55]が展開されるが、これからうかがわれるように、皇親の範囲自体も誰が即位するかにより変わるのであり、皇親の中心的な存在そのものも、天皇の交代によって変化する場合があったのである。北氏は先にふれたように大兄制を王族の宗主権を担うシステムと位置づけたが、皇統の変化によって宗主権とも切り離される場合があったのである。

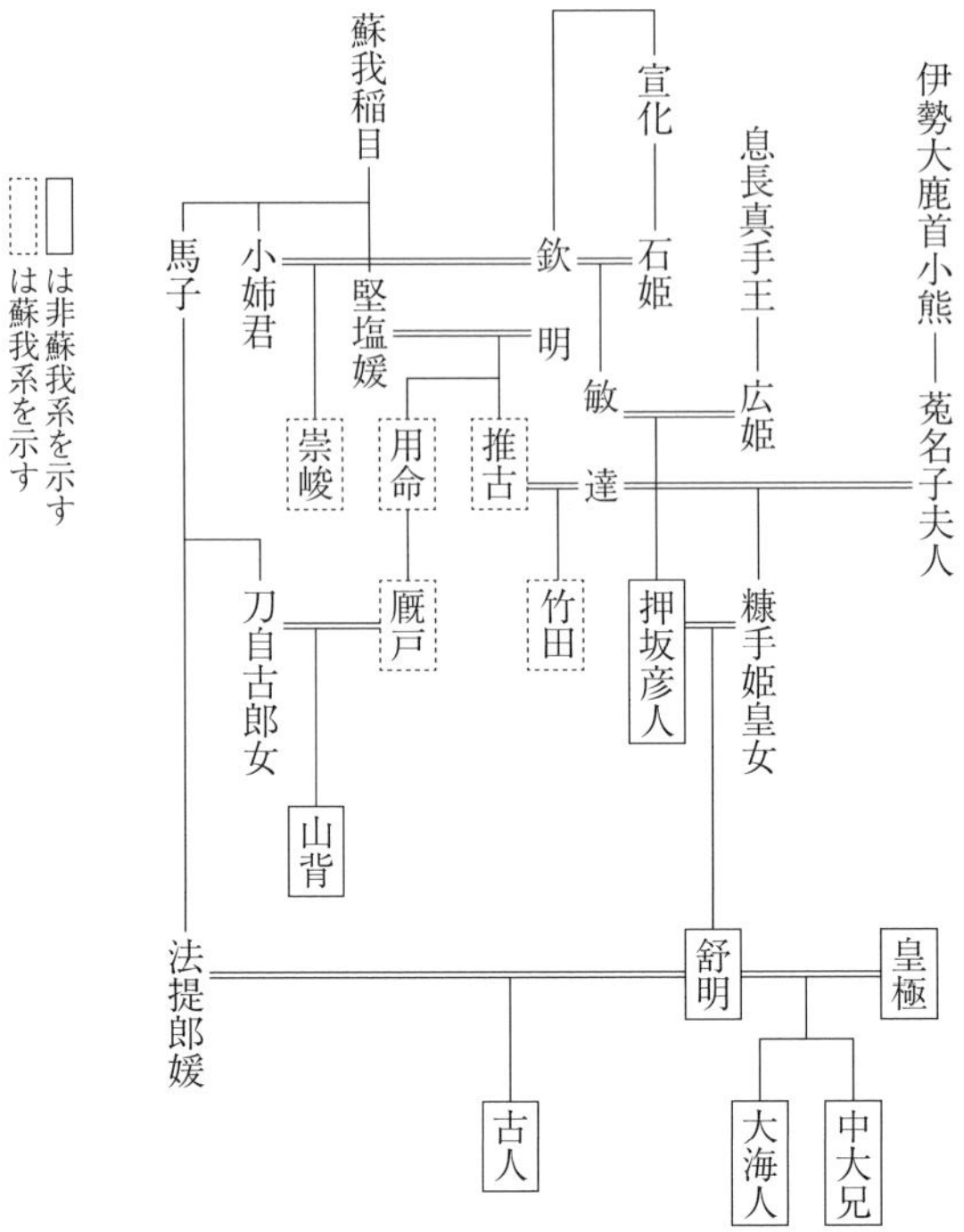

図１　蘇我系から非蘇我系への皇統の転換

すなわち、敏達系に属する舒明の即位は用命以来の蘇我系王族と異なり、それ故、皇親の動向に変化をもたらすものであった。舒明の即位当初は、山背は引き続き大兄とされていた。しかし山背が蘇我氏と大和川水運などの掌握をめぐり、対立を深めたこと(56)、また舒明と馬子の女法提郎媛との間に生まれた古人皇子の成長にともない皇親の中心者たるべきは舒明の長子とされ、それに蘇我氏が異を唱えなかったこと(57)によって、古人が新たに大兄とされたのである。なお、『日本書紀』は古人が大兄とされてなお、山背が入鹿に襲われて死去したことを記した皇極二年十一月条まで引き続き大兄として記しているが、これは先の大兄皇子の場合と同じように、山背が推古朝において大兄とされたことにより、山背大兄皇子として登場させたことを引き継いだものであろう。

2　輔政者から天皇位後継者へ

ここで注意しなければならないことは、この古人の時から、輔政者としての大兄から天皇位を将来継ぐべき存在としての大兄に変化したのではないかということである。すなわち、推古朝晩年から大兄は政治とは距離をおいていたのであるが、古人は輔政という視点から大兄とされたのではなく、舒明の後継者としての視点から大兄とされた可能性があるのではないかということである。この輔政から距離をおいたということについては、古人が大兄として政治に関与した形跡がないことからうかがうことができる。その古人の政治的な行動として認められるのは、入鹿殺害の場となった三韓の進調の場に列席していたこと[58]、乙巳の変後の皇極退位を受けての後継者指名会議に列席していた[59]ことにすぎない。前者については外国使節迎接儀式への参列であり、それは広い意味での政治関与といえなくはないが、しかし注意されることは古人が三韓の進調の場に列席していたのは、殺害対象の一人として招かれていたためとの見解が存することである[60]。また後継者指名会議ということであれば、蘇我氏の後援を失ってはいるものの、舒明の長子としては当然のことである。とすると古人は大兄とされても政治に関与することができなかった山背を引き継いでいたといえよう。

政治に関与しないとなると、なぜ大兄とされたのかであるが、天皇位を後継させるためである。推古亡き後、蘇我蝦夷が強く推したこともあって舒明天皇の即位をみることになった[61]のであるが、この時のことからすると、舒明が蝦夷の意向を汲んで蘇我氏の血統を引く古人を大兄とし、その後継者としての地位を周囲に認めさせようとしたのではないか。『日本書紀』皇極二年十月条は、

蘇我臣入鹿独謀レ将下廃二上宮王等一而立二古人大兄一為中天皇上。

と、入鹿が将来、皇極の後に即位すべき人物を上宮王＝山背から古人に変更しようとしていたと記しているが、その準備のために古人を大兄としたのである。

このように古人の時から大兄は輔政から切り離され、天皇位を継ぐべき存在と化したと考えたのであるが、孝徳即位前紀が乙巳の変後に皇極が退位したことを受けて後継者決定会議が開催され、その場において古人が軽皇子から「大兄命」と称されたと記していることが注意される。(62)この時まで、大兄には実質的に天皇位を後継する者としての意味が古人の「大兄」には込められていたのである。

このように考えて新たに問題となることは、では何故、舒明の後継者が古人ではなく、舒明の皇后であった宝皇女＝皇極となったかである。古人は大兄とされてはいたが、舒明の死後、即位できなかったのである。それならば大兄と天皇位の後継とは直結しないといわなければならないが、それには舒明の皇后で、舒明の後に即位した宝皇女＝皇極の意向が作用したと考える。舒明の死後、古人の即位が自然であったが、そこに皇極が介入し、その息子の葛城皇子（＝中大兄皇子）を将来即位させる意図の下に、古人に代わって自らが即位したのである。このために古人は舒明後継者として大兄とされたものの、舒明の死後、即位できなかったのである。しかし依然として天皇位を継ぐ有力な候補者であり、「大兄命」と称される存在であったのである。

この天皇位を後継する存在としての大兄は中大兄にも引き継がれる。いつから中が大兄と称されたのかであるが、この場合、乙巳の変が関係しよう。舒明の後を継いで即位した皇極からすると古人は長子ではなくなることから、大兄と称することは本来的な意味あいから離れる。そうであるならば皇極即位とともに中が大兄とされてしかるべきであるが、しかし先にふれたように中はなおその時一六歳であり、また蘇我氏の後継者についての意向もある。すなわち先にふれたように蘇我氏の血統を引く古人の擁立を蘇我氏が考えていたのであるが、そうであれば、純粋に非蘇我系の中を後継候補者とすることは憚れ、この時点で中を大兄とすることはできなかったのであった。その意味では、蘇我氏が健在である限り、古人は天皇位後継者としての側面から大兄であり続け、「大兄命」と称される存在であったのである。舒明の後継者としての視点からの、すなわち天皇位を後継する者として大兄の持続である。その蘇我氏が乙巳の変で倒されたことによって舒明の後継者、さらにいえば敏達系の後継者としては中がふさわしいと考えられ、孝徳天皇の下で中が大兄とされることになったのである。天皇位を継ぐべき者としての観点によるものである以上、大兄は輔政から切り離され、また現天皇の長子という束縛からも解放されたのである。

天皇位を継ぐべき者としての観点から大兄とされた中は、孝徳の下にあることを受け入れ、孝徳朝前半においては政治にほとんど関与した形跡がない[63]。唯一、『日本書紀』大化二年三月条の皇太子奏は政治に関与していたことを示すが、しかしこの皇太子奏が中が使者を出して天皇の諮問に返答したものであることに注意したい[64]。政策審議・決定などに関与することはなく、天皇とは個人的に折衝するのみであったことを示すものである。この他の例として大化元年九月に起きた古人皇子の謀反の処理があるが[65]、これは乙巳の変時の武力行使の継続例と考えられ[66]、その他の重要な政策審議決定の場には出席した形跡がないことが注意される。あくまでも、天皇と孝徳朝からおかれることとなった左右大臣[67]（以下、孝徳朝以前の大臣＝オホオミと区別し、これ以後は左右大臣とする場合や史料からの引用した場合を除いて「大臣」と表記する）などに政治を任せ、異論がある時にも天皇に奏するという形をとったものと考える。

しかし中大兄は、孝徳朝後半から孝徳と対立し、政治に積極的な姿勢をみせる。それを示すのは、一つは独自の外交方針をとったことであり[68]、今一つは孝徳の反対を押し切っての難波から飛鳥への帰還である[69]。孝徳は即位にともない宮を飛鳥から難波に遷していたのであるが、中大兄は難波から飛鳥への帰還を強行したのである。これは孝徳政治否定の一環であり、それは孝徳の次に誰が天皇位を継承するかということとも絡む問題であり[70]、したがって皇子の政治関与という点では厩戸皇子以来の例外的なことといわなければならない。

しかし孝徳の死後に再祚した斉明朝においては、中大兄が政治に関与するということがみえない。この点に注目するならば、孝徳晩年の中大兄の政治関与は、あくまでも中が孝徳と天皇位を争ったことから来た例外的なことであったといえよう。

3　輔政する皇子の再登場

皇子が政治に関与しないということに変化が起きるのは天智朝からである。天智天皇の同母弟である大海人皇子（＝後の天武天皇）の政治参加がまず特筆される。『日本書紀』天智三年（六六四）二月条は、

天皇命二大皇弟一。宣下増二換冠位階名及氏上民部。家部等事上。

と、大皇弟である大海人皇子がいわゆる甲子の宣を発したとある。これは天智の弟としての立場での関与であると考えられるが、皇子が政治に関与しているのである。

この原因としては、孝徳朝の開始とともに置かれた左右大臣の動向が関係しよう。注意されることは、『日本書紀』がこの三ヶ月後の天智三年五月条において、

是月。大紫蘇我連大臣薨。

と、「大臣」であった蘇我連の死を記していることである。『続日本紀』天平宝字六年（七五八）九月条に「後岡本朝大臣大紫蘇我臣牟羅志」とあることから、「後岡本朝」＝斉明朝から蘇我連が「大臣」の地位にあったことが知られるが、甲子の宣の出された二月にはすでに健康が悪化していて、「大臣」蘇我連の出仕がままならず、大海人が彼に代わって宣した可能性がある。

そうであったとしても皇子の政治関与として注意されるが、しかし大海人が宣した背景には蘇我連の病とは別に原因するものがあったのではないか。このように考えて注意したいことは、『日本書紀』が斉明朝から天智九年にかけては、「大臣」の任命記事やその職務遂行記事を記載せず、ただその死亡記事を載せるのみであることである。たとえば『日本書紀』は斉明四年（六五八）正月条において、

左大臣巨勢徳太臣薨。

と左大臣の死を記すのみで、その後仕の任命記事を掲げていないのである。この徳太の死を受けて就任したと思われる蘇我連についても、『日本書紀』は天智三年五月条においてその死を記すのみで、その任命記事を掲げず、これは蘇我連の後任記事がないことに通じるものである。このことは「大臣」の地位の低下を予想させるが、そのことは蘇我連を単に「大臣」とすることとともつながる。

孝徳朝開始とともに、それまでの一人の大臣体制から、原則として左右各一人の「大臣」体制が敷かれ、それは継続されたのであるが、(71)『公卿補任』は白雉二年に右大臣大伴長徳が死去したと記す。しかしその後任がおかれた形跡はない。このことからして「大臣」は一人となったと考えられるが、しかし巨勢徳太は左大臣として就任したことから、左大臣としてあり続け、そのことは右大臣がいずれ補充されることを意味していた。しかし徳太の後任の蘇我連は単に「大臣」とされているのみであることが注意される。このことからして、以後、一人の体制とされたと考えられるのであり、その一人の「大臣」がいかなる職務を遂行したのかを記したものがないのである。記録から漏れたにすぎない可能性もあるが、当時の「大臣」には孝徳朝における左右大臣のような活動がみられないのである。名誉職的な「大臣」に転化せしめられたと考えられるが、これは政策審議・決定に氏族が関与することを抑止しようとした姿勢を反映したものではないか。この氏族の抑止姿勢に、「大臣」蘇我連の健康問題もあって、大海人の政治参加がなされたのである。これまでの政治のあり方からしてきわめて特異なことであったが、しかしこれを契機として皇子が政治に関与していくこととなることに注意したい。

それを象徴するのは大友皇子の太政大臣就任である。『日本書紀』天智十年正月条は

以二大友皇子一拜二太政大臣一。以二蘇我赤兄臣一為二左大臣一。以二中臣金連一為二右大臣一。以二蘇我果安臣。巨勢人臣。紀大人臣一為二御史大夫一。

と、天智の皇子大友の太政大臣任命を掲げている。この太政大臣就任が大海人と大友の後継者争いに起因するとして[72]も、皇子が太政大臣として直接政務を執る体制が敷かれたのである。天智はこのように皇子の政治参加を公然と開始したのである。[73]

この天智の死後、周知のように壬申の乱が起きる。これにより近江朝廷執行部を構成していた有力氏族は没落するが、このために天武朝においては政策審議・決定やその執行を担当していた人材の不足が生じる。それを補うために、まず王族の登用が開始されることとなる。『日本書紀』天武四年（六七五）三月条に「諸王四位栗隈王為二兵政官長一」とみえ、また天武五年九月条には「筑紫大宰三位屋垣王」とあるが、諸王を執政官として任命するとともに、これらの諸王に冠位が準備されるのである。[74]

ここに諸臣が公然と政治に関与する体制が敷かれたのであるが、さらに天武十二年二月には、

大津皇子始聴二朝政一。[75]

と、皇太子ではない皇子が国政に関与することが認められるのであり、これ以降、皇子の政治関与が開始されることとなるのである。

小結

天皇と群臣による政治体制にいかに皇子が関与することになったかを、輔政の内容がいかなるものであったのか、また大兄の性格が途中で変化したとの視点にもとづいて概観したが、まとめると、

一、当初、皇子は政治に関与することは控えめであり、通常は天皇とその側に伺候する大臣・大連が政治の中心にあり、時折、群臣が協議する「議」が開催されたが、その「議」の場に皇子が出席することはなかった。皇子の

政治への関与は主に天皇と出会った時に、助言する程度のものであった。

二、これを一歩進めて、恒常的に助言する機会を与えられた皇子が大兄であるが、その大兄にしても「議」に出席することはなく、天皇のもとに公然と出向く事ができたものの、政策決定・審議などの場に出席することまではなお難しく、陰で天皇に助言する形をとっていた。これによって以後、少しずつ皇子の政治関与の場は広がることになったが、しかしなおそれは特別の場に限られていた。

三、これに変化をもたらしたのが厩戸皇子である。推古の産んだ竹田皇子の死後、その地位を認められた厩戸は政策審議・決定さらにその執行に関与することが許され、独自に政治と取り組むことができた。これには推古が女性であり、神秘的な性格の持ち主であったことが関係しよう。

四、しかし厩戸も蘇我氏に疎外されていくにしたがい、政治から身を引くこととなる。厩戸の子山背は大兄とされたが、山背は厩戸の晩年の政治との関わりを引き継ぎ、政治に関与することはなかった。推古の死を受け、敏達系の舒明が即位する。この舒明から大兄とされたのは蘇我系の母をもつ古人皇子であった。その古人が大兄とされたのは、輔政との観点からではなく、天皇位を引き継ぐ存在としての観点によるものであり、晩年の厩戸・山背の政治姿勢を引き継いで、政治に関与することはなく、政治は蘇我氏に委ねられる。その蘇我氏が倒されてから、中が天皇位を引き継ぐ存在として大兄とされたが、孝徳朝前半には政治に関わることはなく、天皇と個人的に折衝するのみで、政治は天皇と左右大臣によって行われた。孝徳朝後半には中大兄は天皇位をめぐって孝徳と対立し、そのことから政治に積極的に関与したが、一時的な現象であった。

五、しかしこの皇子が政治に関与しない体制は、斉明朝において左右大臣の地位の抑制が図られたこともあって、天智朝において天智天皇弟大海人皇子、天智の長子大友皇子の活用がはかれることとなる。これをさらに推進したのが天智の死を契機として発生した壬申の乱であり、この乱によって近江朝廷の側についていた有力氏族が没落し、このことにより、かつては有力氏族が担ってきた執政官に諸臣や皇子が就くことになり、以後、皇子の政治参加が定着することとなった。

となる。

厩戸皇子の政治関与、欽明朝以降の大兄のあり方を見直す必要のあることを確認して本章を終えることとしたい。

註

(1)「天皇」号の定着は飛鳥浄御原宮原令以降のことであるが、本章では『日本書紀』を中心に分析するため、『日本書紀』の表記にもとづいて「天皇」とする。

(2)『日本書紀』は天皇の男子を「皇子」、『古事記』は「王」と表記するが、本章は『日本書紀』を中心に分析するため、「皇子」を用いる。

(3) ヤマトタケルの遠征譚はその典型である。注意されることは、遠征の是非については意見を問われていないことである。

(4) 井上光貞氏は「古代の皇太子」(『日本古代国家の研究』岩波書店、一九六五年)において、その初例を仁徳の「大兄去来穂別皇子」に求めたが、直木孝次郎氏は「厩戸皇子の立太子について」(『飛鳥奈良時代の研究』塙書房、一九七五年)において、この「大兄」は地名の「大枝」によるものとし、継体の皇子「勾大兄」を初例とする。井出久美子氏は「「大兄制」の史的考察」(『日本史研究』一〇九、一九七〇年)において「大兄」の初例を用明の「大兄皇子」と異論があるものの、『日本書紀』継体七年十二月条の「勾大兄」に輔政を命じた背景まで考えた場合(この点については、拙稿「王の後継者候補」〔『倭政権の構造　王権篇』岩田書院、二〇一四年、初出二〇〇九年〕を参照されたい)、継体の「勾大兄」を初例とみなしてよかろう。

(5) 輔政命令を受ける以前には単に「勾皇子」とされていたが、輔政命令を受けてから「大兄」をその名の一部に付されることとなったものと考える。なお『日本書紀』はその名を記すにあたっては輔政命令を受ける以前であっても「勾大兄皇子」とし、統一して記したと考える(この逆の例については、後述する)。

（6）荒木敏夫『日本古代の皇太子』（吉川弘文館、一九八五年）第一章第三節「ヒツギノミコと王位継承」。
（7）遠山美津男『大化改新』（中央公論社、一九九三年）五七～五八頁。
（8）小林敏男「大兄制と輔政」（『古代女帝の時代』校倉書房、一九八七年）。
（9）拙稿前掲註（4）論文。
（10）『日本書紀』継体六年四月条に「遣㆘㆓穂積臣押山㆒使㆗於百済㆖」とみえ、また同十月条には「哆唎国守穂積臣押山」とある。
（11）『日本書紀』安閑二年十二月条はその崩年を七〇とするが、『日本書紀』本文のいうとおりに継体の治世が二五年として逆算すると、継体六年には勾大兄皇子の年齢は三七歳である。
（12）北康宏「冠位十二階・小墾田宮・大兄制」（『日本史研究』五七七、二〇一〇年）。
（13）平林章仁氏は「敏達天皇系王族と広瀬郡」（『七世紀の古代史』白水社、二〇〇二年）において、王政の部門の多くは分担した中央氏族の邸宅や交通の要所に分置した司でなされたとみている。
（14）吉川真司「律令太政官制と合議制」（『日本史研究』三〇九、一九八八年）。
（15）佐藤長門「倭政権における合議制の機能と構造」（『歴史学研究』六六一、一九九四年）・「倭王権の転成」（鈴木靖民編『日本の時代史二　倭国と東アジア』吉川弘文館、二〇〇二年）。
（16）「議」がこのようなものであったとすると、天皇から「議」を求められなかった場合、群臣は自由に発言できなかったと考えられ、その延長として皇子の発言も制約されていた可能性がある。
（17）『日本書紀』の記載例からして、大兄は重要人物であるから、同席していたのであれば、最初にその名が記されているはずである。
（18）『日本書紀』敏達四年正月条。
（19）『日本書紀』欽明三十一年四月条・同六月条。
（20）『日本書紀』欽明十五年正月条。
（21）『日本書紀』敏達即位前紀。
（22）この両者の違いについて、中山薫氏は「敏達即位前紀の立太子年について」（『続日本紀研究』三九六、二〇一二年）において、欽明在位三二年説（『日本書紀』）と欽明在位四一年説（『上宮聖徳法王帝説』）にもとづくものであり、また、欽明紀の筆者と敏達紀の筆者が異なっていたことによると説いている。
(23) なお、敏達が高句麗の使者の所在を尋ねた場に大臣とともに皇子（おそらく押坂彦人大兄皇子）もいたと記されているが、この皇子の政治との関係については後述する。
(24) 天皇が最終的に決定したことには公然と反対できないが、「議」を経ていないため、決定されたことに対して不満を抱く者も出現する。先のAの場合、大伴金村の奏にそって継体が四県割譲を決定したのであるが、百済に四県割譲を承認したこと告げる使者に任命された物部麁鹿火は、その妻にいさめられて使者を辞退している（『日本書紀』継体六年十二月条）。このことは異論を唱える者もいたことを示すが、①の勾大兄はその一人である。また後に物部尾輿が大伴金村のこの行動を批判していること（『日本書紀』欽明元年九月条）、また『日本書紀』継体六年十二月条は流言として大伴金村と穂積押山が「百済之賄」を受けたと記していることは、天皇と大伴金村によって決定された四県割譲に不満を抱く者がいたことを示すものである。
(25) このことから敷衍すると、大臣、大連にしても恒常的に出仕することはなく、召されて天皇と協議するのが通常で、それで決着がつかない場合や、当初から天皇が「議」を求めたい場合などにおいては、その他の有力氏族を集めて意見を聞いたのではないか。
(26) 天皇も妻問婚を行い、皇子はキサキの下で養育され、成長することによる。
(27) しかし先にふれたように、それは正規の手続きを経ていないので、政権全体の意志とはみなされず、有効に機能しない場合もあったのである。
(28) あるいは③はそれを利用しての訴えであるかもしれない。
(29) 拙稿前掲註（4）論文。
(30) 『日本書紀』継体七年六月条。
(31) この五経博士の来日は百済が倭国に軍事支援を期待してのことであったとの山尾幸久氏の説（『古代の日朝関係』塙書房、一九八九年）三一三〜三一六頁に従う。

(32)　拙稿前掲註（4）論文。
(33)　『日本書紀』継体即位前紀は父を「誉田天皇五世孫」（『古事記』も同様）、母振媛を「活目天皇七世之孫」とするのみで、前政権との系譜関係を示していない。なお、この継体が即位した背景については拙稿「継体朝出現の背後」（前掲註（4）書）を参照されたい。
(34)　用命二年の⑨の穴穂部皇子の例は、皇子も時に天皇のもとに赴くことがあることを示すが、これはこのような大兄の行動に触発され、有力皇子にもそれが許されるようになった可能性のあることを示す。
(35)　荒木敏夫氏は皇太子そのものの成立は七世紀末ととらえている（『日本古代の皇太子』吉川弘文館、一九八五年、第二章第二節）。従うべきであるが、『日本書紀』の記載による。
(36)　北前掲註（12）論文。
(37)　波平恵美子「民俗としての性」（坪井洋文他日本民俗文化大系第10巻『家と女性―暮しの文化史―』小学館、一九八五年）。なお氏が、異母キョウダイの結婚が行われる理由の一つとして、父系的には同一集団に属するが、母系的には異集団であり、父系と母系の双方を承認し、しかも外婚制をとる社会では父が同じでも母が異なる異性キョウダイは母系的には別々の集団に属するゆえ通婚可能の相手とみなされると説いていることも注意される。
(38)　井上光貞氏は、複数の配偶者がいたから、それぞれの配偶者の長子が大兄たり得たと説いている（前掲註（4）論文）。
(39)　直木前掲註（4）論文。
(40)　井上前掲註（4）論文。なお小林敏男氏が、崇峻五年に起きた天皇弑逆にみられる王家の権威の低下に対して、伝統的なヒメの力を借りて対処しようとしたこともこれに関係したととらえている（「女帝考」『古代女帝の時代』校倉書房、一九八七年）ことが注意される。恐らく双方が関係するであろう。
(41)　井上光貞氏は「推古朝外交の展開」（『井上光貞著作集』第五巻、岩波書店、一九八六年、初出一九七一年）において、まず出兵を予定しないで外交により任那問題を解決しようとしたが、隋の高句麗出兵を受けて強硬な出兵策が出され、それが力を得たために、にわかに派兵することとなり、政治の最高責任者であった厩戸はやむなくその兄弟を将軍としたと説いている。

（42）直木前掲註（4）論文。

（43）皇子による「宮」の建設について、荒木敏夫氏は「皇子宮」が後に「東宮」に展開することになったと説いている（荒木前掲註（6）書、第二章第一節）。

（44）石母田正『日本の古代国家』（岩波書店、一九七一年）三二一頁。

（45）『日本書紀』は冠位十二階制定の主体を示していないが、先の『上宮聖徳法王帝説』から厩戸が関与していたことが知られる。もっともこの冠位制定の時期については、『隋書』倭国伝や『上宮聖徳法王帝説』の記事にもとづいて、もう少し遅れた推古十三年五月であることが若月義小氏によって指摘されている（『官位制の成立と官人組織』吉川弘文館、一九九八年）七八～八八頁。従うべき見解であろう。なお、このような論法ではLの遣隋使派遣の主体も厩戸の可能性があることとなるが、しかし右に触れたようにその立場が微妙な時期にあることは、その可能性が低いことを示す。

（46）平林章仁「蘇我馬子とその儀礼」（『蘇我氏の実像と葛城氏』白水社、一九九六年）。

（47）加藤謙吉「蘇我氏指導体制の確立とその推移」（『蘇我氏と大和王権』吉川弘文館、一九八三年）。

（48）拙稿前掲註（4）論文。

（49）『釈日本紀』巻一四術義十所載『伊予国風土記』逸文にみえる「道後温泉碑」には「法王大王」とあり、また法隆寺金堂の薬師如来像光背には「東宮聖王」、『聖徳太子平氏伝雑勘文』所引『上宮記』逸文には「法大王」とある。

（50）北前掲註（12）論文。

（51）推古は竹田の他に尾張皇子ももうけている（『日本書紀』敏達五年三月条）が、『上宮聖徳法王帝説』や『天寿国繍帳』に聖徳が尾治王の女と結婚して子どもをもうけたとあるのみである。

（52）この厩戸の死後に大兄とされたのであれば、王族結集の核となり得るが、その場合、これまでと違い天皇の長子ではないから、大兄とされたかは疑問となる。また推古がその後継者として後の舒明がふさわしいと考えていたこと（『日本書紀』推古三十六年三月条・舒明即位前紀における遺詔）からしても、山背を王族結集の核と位置づけたかは疑問とすべきであろう。

（53）なお、舒明四年十月に唐より高表仁が使人として来日するが、その高表仁は目的を達せずして翌年正月に帰国する。そのことを『旧唐書』列伝第一百四十九上東夷倭国条は「与二王子一争レ礼、不レ宣二朝令一而還」と記すが、『通典』巻一百八十五辺防一倭には「王」と礼を争ったとする。舒明の皇子に当時、成熟した者がいない状態であることからして、厳密には「王」の方に妥当性があろう。してみると、「王子」よりは「王」に該当性があり、であれば山背ないし大派となる可能性が高い。しかしそれはあくまでも唐よりの使者の応対といった特別なことであり、また成熟した皇子が存在しなかったためであり、恒常的なことではないものと考える。

(54) なお、山背は入鹿に襲われて死去する時まで引き続き大兄として『日本書紀』に記されるが、これは先の大兄皇子（＝橘豊日皇子）の場合と同じように、山背が推古朝において大兄とされたことにより、古人が大兄とされてなお、山背については大兄を付して記し続けたことによるものと考える。

(55) 『続日本紀』大宝二年（七〇二）五月辛未条は訴訟の場における「五世王」に対する特例、同大宝三年十二月甲子条は「皇親五世王」などの歴名を提出することになったことを記している。

(56) この大和川水運などの掌握であるが、平林章仁氏は、上宮王家は大和川北岸の斑鳩地方に進出し、難波へのルートを掌握し、またその水運をも掌握していたが、蘇我氏は廐戸の死後、自らこれを掌中に入れようとして山背と対立したとし（「敏達天皇系王族と広瀬郡」〔『七世紀の古代史』白水社、二〇〇二年〕）、また志水正司氏も大和川北岸の斑鳩地方に展開していた上宮王に対抗するために、大和川南に位置する広瀬郡に進出していた敏達系と馬子は連合したとみている（「飛鳥と斑鳩」〔黛弘道編『古代を考える　蘇我氏と古代国家』吉川弘文館、一九九一年〕）。

(57) 後述するように、『日本書紀』は入鹿が後継者を上宮王＝山背から古人に変更しようとしていたと記している。

(58) 『日本書紀』皇極四年六月条。

(59) 『日本書紀』孝徳即位前紀。

(60) 遠山美都男『大化改新』（中央公論社　一九九三年）Ⅳ章。

(61) 『日本書紀』舒明即位前紀。

(62) 山背の場合と異なり、『日本書紀』に大兄と記され続けたわけではなく、そこに実質的な意味があったのであるが、これには蘇我氏が倒された直後であることが関係しよう。

(63) 通説では当初は、退位した皇極がなお影響力をもち、その意を受けた中大兄が主導権を握っていたとみているが、しかし門脇禎二氏（「「大化改新」から壬申の乱へ」〔『「大化改新」史論』下巻、思文閣出版、一九九一年、初出一九八一年〕）や金鉉球氏（「孝徳天皇と中大兄皇子の権力闘争と三国連合体制の後退」〔『大和政権の対外関係研究』吉川弘文館、一九八五年〕）は東国国司の査定などが最終的に孝徳に拠ることから当初から孝徳が実権を掌握していたとみている。

(64) 薗田香融「皇祖大兄御名入部について」（『日本古代財政史の研究』塙書房、一九八一年、初出一九六八年）。

(65) 『日本書紀』大化元年九月条。この他、大化五年三月に中大兄のもとに石川麻呂が中大兄殺害をもっているとの情報が寄せられているが、しかしそれを処理しているのは孝徳であることが注意される。

(66) 遠山美都男氏は前掲註（60）書Ⅲ章において中は軍事的資質に恵まれていたことにより、乙巳の変に参加し、この時の古人の謀反の時にもそのことから関係したとし、また同書の結章において中は有能ではなかったのではないかと説いている。

(67) 『日本書紀』孝徳即位前紀。

(68) この点については、拙稿「孝徳朝の外交とその主導者」（本書第Ⅲ部第三章）を参照されたい。

(69) 『日本書紀』白雉四年是歳条は、「太子奏請曰。欲㆔冀㆓遷于倭京㆒。天皇不㆑許焉。皇太子乃奉㆓皇祖母尊。間人皇后㆒并率㆓皇弟等㆒。往居㆓于倭飛鳥河辺行宮㆒。于㆑時公卿大夫。百官人等皆随而遷。由㆑是天皇恨欲㆑捨㆓於国位㆒。令㆑造㆓宮於山碕㆒」と記している。

(70) 孝徳の後、その息子有馬が継ぐか、それとも中大兄が継ぐかである。

(71) 左右大臣が死去した時、暫く空席となることがあるが、ほどなくして空席は補充されている。『日本書紀』は孝徳五年三月条において左大臣阿倍麻呂、右大臣石川麻呂が相次いで死去したとし、同年四月条においてその後任が任じられたと記している。

(72) 早川庄八「律令太政官制の成立」（『日本古代官僚制の研究』岩波書店、一九八六年、初出一九七二年）。

(73) なお、ここでは左右大臣制に復活している。これは「大臣」を二人とすることによって、大友皇子の即位を支援してもらいたいとの天智の意志によるものであろう。

(74) この点については、拙稿「天智・天武朝の冠位―冠位の名称のあり方と王族―」（本書第Ⅱ部第四章）を参照されたい。

(75) 『日本書紀』天武十年二月条は草壁皇子の立太子を記している。

第三章　推古朝末・舒明朝の政界と蘇我氏

問題の所在

厩戸皇子(1)は、竹田皇子の夭逝後、推古天皇から後継者として認められ、蘇我馬子とともに推古を輔政する。(2)そのことを『上宮聖徳法王帝説』は、

少治田宮御宇天皇之世。上宮厩戸豊聡耳命。嶋大臣。共輔二天下政一。而興二隆三寶一。起二元興四天王等寺一。制二爵十二級一。大徳。少徳。大仁。少仁。大禮。少禮。大信。少信。大義。少義。大智。少智。

と記し、また、

小治田天皇御世乙丑年五月、聖徳王与二嶋大臣一。共謀建二立仏法一。更興二三宝一。即准二五行一定二爵位一也。

と記す。しかし厩戸は推古三十年（六二二）に死去する。(3)

その厩戸亡き後の政界はいかに展開したのか。またこれ以後の舒明朝の政界はどのように展開したのであろうか。以下、蘇我氏の動向を中心として検討することとしたい。

一　推古朝末期の政界

1　新羅出兵

『日本書紀』推古三十一年七月条は、

新羅遣二大使奈未智洗爾一。任那遣二達率奈未智一。並来朝。仍貢二仏像一具。及金塔并舎利。且大灌頂幡一具。小幡十二条一。……是時。大唐学問者僧恵斉。恵光。及医恵日。福因等並従二智洗爾等一来之。於レ是。恵日等共奏聞曰。留二于唐国一学者。皆学以成レ業。応レ喚。且其大唐国者法式備定之珍国也。常須レ達。

と記し、続く推古三十一年是歳条において、

ア新羅伐二任那一。任那付二新羅一。イ於レ是。天皇将レ討二新羅一。謀及二大臣一。詢二于群卿一。ウ田中臣対曰。不レ可二急討一。先察レ状以知レ逆。後撃之不レ晩也。請試遣三レ使観二其消息一。エ中臣連国曰。任那是元我内官家。今新羅人伐而有之。請戒二戎旅一。征二伐新羅一。以取二任那一付二百済一。寧非レ益レ有二于新羅一乎。オ田中臣曰。不レ然。百済是多二反覆一之国。道路之間尚詐之。凡彼所レ請皆非之。故不レ可レ付二百済一。カ則不二果征一焉。

と、新羅が任那を占領したこと（ア）、それに対して天皇が大臣や群卿に新羅を討たんとして大臣に謀り、群卿に詢ったこと（イ）、これに対して、田中臣は急いで討つべからずといい（ウ）、中臣連国は新羅を征伐して任那を百済に付けた方が得策であるといい（エ）、これに対してさらに田中臣が反論し（新羅を伐って任那を）百済に付けてはならないといい（オ）、結局この田中臣の発言が通り、新羅征討は行われないこととなった（カ）。

　そこで、

爰遣二吉士磐金於新羅一。遣二吉士倉下於任那一。令レ問二任那之事一。

と、新羅に吉士磐金を派遣するとともに、吉士倉下を任那に派遣し、任那のことを問うこととなる。この一方で密かに境部臣雄摩侶・中臣連国を大将軍とする軍が派遣される。

これに続く推古三十一年十一月条には、

磐《キ》金。倉下等至レ自二新羅一。時《ク》大臣問二其状一。対《ケ》曰。新羅奉レ命以驚懼之。則並差二専使一。因以貢二両国之調一。然見二船師至一。而朝貢使人更還耳。但調猶貢上。爰《コ》大臣曰。悔乎。早遣レ師矣。時《サ》人曰。是軍事者。境部臣。安曇臣。先多得二新羅弊物一之故。又勧二大臣一。是以未レ待二使旨一而早征伐耳。

とある。これによれば、新羅・任那に派遣されていた磐金・倉下が帰国したこと（キ）、また彼らに対して大臣が諮問し（ク）、それ対して、新羅は「専使」を差して「両国の調」を貢じようとしていたのに、倭国の軍が来たのをみて、朝貢使人は引き返したが、ただ、調は貢上されると報告する（ケ）。これを聞いた馬子は軍を早く派遣したことを嘆くのであるが（コ）、「時人」は境部臣と安曇臣が先に新羅から「弊物」をもらっていたために馬子に勧めて使者の帰国を待たずに征伐軍が派遣されたというのである（サ）。

この一連の記事については疑問が提出されており、日野昭氏は、この不自然な配置について分析を行っているが[4]、井上光貞氏は岩崎本『日本書紀』が右の記事を推古三十年のこととしていることなどから、推古三十一年条の記事は推古三十年のことであるとした上で、年紀についても七月に新羅が奈末智洗爾らの派遣を決定し、その十一月に大唐学問者僧恵斉・恵光等が帰国し、唐に通うべき事を奏したとみている[5]。また鬼頭清明氏は推古三十一年是歳条と七月条はそれぞれ出典を異にする記事で、是歳条はその年紀が怪しいとし、東アジアの国際情勢から新羅征討が推古三十一年にあったかは疑問とする[6]。これについて私はそれが推古三十年か三十一年かは不明であるが、七月に新羅が奈末智洗爾等を派遣し、仏像を献じたが、この時、学問僧等がともに帰国し、唐に通うべきことを奏したと考えている[7]。

ここで問題としたいことは大臣であった馬子の態度である。馬子は当初から新羅征伐を主張したのか、また境部臣・安曇臣との関係はいかなるものであったのか。日野昭氏は馬子も武断派とみた上で、(8)馬子は後に軍派遣の軽挙を後悔せざるを得なかったと説いているが、(9)ここでまず問題となることは、田中臣の発言が馬子の意を受けてのことであったのかである。もしそうであれば、馬子を武断派と決めつけることはできず、馬子は軍を派遣する意志はなかったものの、境部臣等に勧められてやむなく軍の派遣を承認したこととなる。

そこで田中臣と蘇我氏の関係をみたいが、『古事記』孝元天皇の段には建内宿祢の男子七人は諸氏の祖とみえている。これによれば蘇我石河宿祢の後裔に蘇我氏とともに田中臣が位置づけられていることが注意される。この田中臣は天武十三年（六八四）十二月に小治田臣、櫻井臣、岸田臣等とともに朝臣姓を賜っているが、(10)『新撰姓氏録』（佐伯有清『新撰姓氏録の研究　本文篇』〔吉川弘文館、一九六二年〕による。以下同じ）右京皇別には、

田中朝臣

　武内宿祢五世孫稲目宿祢之後也。

とあり、蘇我稲目の後裔氏族である。同様に小治田朝臣、櫻井朝臣、岸田朝臣も『新撰姓氏録』においては稲目宿祢の子孫とされているが、しかし『蘇我石川両氏系図』（群書類従本による）に稲目の子どもとしてみえるなかに、該当する人物がみあたらないことに注意したい。すなわち、稲目の子どもとして掲げられているのは大臣島子（＝馬子）、欽明妃堅塩媛、同小姉君、境部摩理勢、用命妃石寸名のみなのである。稲目ないし馬子の頃に蘇我氏の影響下に置かれることとなった田中臣等が同族関係を擬制した結果であろう。その意味では田中臣の発言は馬子の意を受けての発言である可能性もあるのである。

その田中臣が先のように発言した背景には何があったのかということが問われるが、注目されるのは『日本書紀』推古二十九年是歳条である。それには、

新羅遣㆓奈末伊彌買㆒朝貢。以㆓表書㆒奏㆓使旨㆒。凡新羅上㆑表。蓋始㆓于此時㆒歟。

とあり、新羅の使者の来倭記事が記されている。この年には新羅が唐に使者を派遣し、丁重に扱われている。[11] ここに新羅と唐との親密な関係が開始されることになるのであるが、それが推古二十九年に派遣されてきた新羅の使者、ないしは推古三十一年七月に派遣されてきた新羅使またはそれとともに帰国した大唐学問者僧等から、新羅と唐の関係も伝えられた可能性がある。

ところでこの大唐学問者僧が新羅使とともに帰国しているのであるが、使節の帰国ルートは派遣先の国が決定することであるとの金鉉球氏の説[12]を考慮するならば、そこに倭国と新羅の関係を注視している唐の意向が反映されているといえよう。さらに大唐学問者僧のなかの医恵日等が「其大唐国者。法式備定之珍国也。常須レ達」と奏していることも注意される。このことが馬子の脳裏を掠めていたのではないか。これを受けて田中臣が発言した可能性が高いと考える。

しかし境部臣の行動が注目される。「時人」がいうには、境部臣と安曇連は新羅が先に関係者に多くの「弊物」を贈っていることから、軍を率いていくことになれば、多くの「弊物」を得ることができると考えて急ぎ海を渡ったのである。これによれば境部臣と安曇連は馬子の意向とは別の思惑にもとづいて行動したこととなるが、その境部臣は蘇我氏と同族なのである。

『聖徳太子伝暦』舒明天皇元年（六二九）条に「大臣（＝蝦夷）叔父蘇我境部臣垸瀬」とあり、境部臣垸瀬＝摩理勢は蝦夷の叔父にあたると記されており、また先の『蘇我石川両氏系図』にも稲目の子の一人とされている。この摩理勢と将軍となった境部臣雄摩侶との関係は不明であるが、加藤健吉氏は蘇我氏が外交掌握の一手段として、自己の勢力圏内にある軽衢に所属する境部集団の統括者の地位を一族の摩理勢に振りあてたことにより、蘇我氏系境部氏が誕生したとみている。[13] 蘇我氏と同族ではあるが、大臣馬子とは異なった考えのもとに行動したといえよう。

この境部氏・安曇連の行動が中臣連国の言に発していることが注意される。中臣連の言は新羅に対して強硬なのである。彼は後に境部臣雄摩侶とともに征新羅軍の大将として渡海するのであるが、中臣連の発言は境部臣さらに安曇連の意向に沿っていたのではないか。その安曇連は天武十三年十二月に宿祢姓を賜る(14)が、境部臣と安曇連がいつ結びついたかは不明である。しかし境部臣と安曇連が新羅からの「弊物」を受けることを目的として出兵しようとし、この両者の意向を受けて中臣連が新羅に対して強硬な発言をしたのではないか。目の前の利益に追われての言であったのであり、中臣連自身、大将として出兵していることが注意される。馬子や田中臣の大局的な考えと相容れない考えをもつグループが馬子に対抗していたのである。

2　葛城県領有要求

ここに馬子と田中臣と、それにやや距離を置く境部臣と中臣連・安曇連の構図がみてとれる。しかし新羅戦略がうまく運ばなかったことは、この構図に変化をもたらすこととなる。『日本書紀』推古三十二年十月条は、

大臣遣㆓安曇連㆒。闕㆑名。阿倍臣摩侶二臣㆒。令㆑奏㆓天皇㆒曰。葛城県者。元臣之本拠也。故因㆓其県㆒為㆓姓名㆒。是以冀之。常得㆓其県㆒以欲㆑為㆓臣之封県㆒。於㆑是。天皇詔曰。今朕則自㆓蘇我㆒出之。大臣亦為㆓朕舅㆒也。故大臣之言。夜言矣夜不㆑明。日言不㆑晩。何辞不㆑用。然今当㆓朕之世㆒。頓失㆓是県㆒。後君曰。愚癡婦人臨㆓天下㆒。以頓亡㆓其県㆒。豈独朕不㆑賢耶。大臣亦不㆑忠。是後葉之悪名。則不㆑聴。

と記し、大臣＝馬子が安曇連と阿倍臣を天皇のもとに遣わして葛城県を得たいと申し出たものの、天皇はこれを許さなかったとある。馬子が安曇連、阿倍臣を使者としているのであるが、このことは何を物語るのか。

安曇連からみてみよう。先の新羅出兵の件では安曇連は境部臣と結び、馬子とやや隙があったが、ここでは馬子の意向の下に動いているのである。これについては、先の新羅出兵が、一時的に成果を上げたものの、結局失敗に帰し、「時人」から誹りを受けることとなった。それで境部臣と行動をともにすることをやめて、馬子とともに行動す

ることにしたのではないか。

では阿倍臣はどうか。阿倍臣は『日本書紀』孝元七年条によれば、孝元天皇の第一子大彦命は阿倍臣・膳部臣・阿閉臣・狭狭城山君・筑紫国造・越国造・伊賀臣等の始祖であるが、政治の表舞台に登場するのは宣化元年のことである。『日本書紀』宣化元年二月条は、

以二大伴金村大連一為二大連一。物部麁鹿火為二大連一。並如レ故。又以蘇我稲目宿祢為二大臣一。阿倍火麻呂臣為為二大臣一。

と、阿倍火麻呂が大夫に任じられたことを記す。『日本書紀』には崇峻即位前紀において、

以二蘇我馬子宿祢一為二大臣一如レ故。卿大夫之位亦如レ故。

とあるのを別とすれば、他に大夫任命記事がないことからすると、いわゆる大夫層のなかで筆頭格であったことを示す。

この阿倍氏について、志田諄一氏は新嘗祭、服属儀礼といった宮廷の食物供献儀礼に関わり、そのことから天皇に近侍する氏族の統率者となり、やがて軍事・外交面にも活躍するに至ったとし、さらに天皇近侍の氏族の統率者という立場から、宣化朝頃から同じように台頭し、ついには政権を掌握し、いわゆる官司制を推進した蘇我氏とも結びついたとみている[15]。阿倍臣はこのような氏族であったのであるが、それが馬子の意を受けて安曇連とともに葛城県の領有を天皇に願い出たのである。これは天皇により拒否されたが、大夫筆頭格の阿倍臣も馬子の意向の下に動くに至っていたことを物語る。

馬子の前に、境部氏は別としてどの氏族も異を唱えがたい状況に置かれていたのである。

二　馬子の死と推古後継者指名会議

1　推古の遺言

『日本書紀』推古三十四年五月条によれば、この時、馬子は死去する。その直後の朝廷に大臣とされる人物の姿はみえない。しかし『日本書紀』舒明即位前紀には推古の後継者を決定するにあたり大臣である蝦夷が後継者決定会議を開催したとある。蝦夷は馬子の子であることから直系相続が行われ、そのことから、ほどなくして蝦夷は大臣として臨んだのであろう。

ところでこの蝦夷の大臣就任についてであるが、当時、兄弟相続が広範に行われていた。したがってこれに不満をもつものが蘇我氏にあったとして不思議ではない。いま改めて蘇我氏の系図をたどると図2のようになる。

先に述べたように摩理勢はすでに蘇我氏から離れ、境部姓を称しているが、境部姓を名乗った以上、馬子の死後、蘇我氏の当主たり得ないが、大臣の地位については不明である。馬子の死後、摩理勢は大臣として臨もうとした可能性を否定できないが、しかしそれは叶えられなかった。また、倉麻呂にしてみると、兄弟相続によって大臣の地位を継ぐことは可能である。しかし後を継いだのは蝦夷であった。これに不満をもつ摩理勢、倉麻呂（＝倉摩呂）は蝦夷に不満を抱いた可能性はある。

それがかいまみえるのは推古の後継者決定会議においてである。『日本書紀』推古三十六年三月条によれば、この時、推古は死の直前、田村皇子（後の舒明天皇）と山背大兄皇子（厩戸皇子の男）をそれぞれ召して遺言する。田村に対しては、

昇二天位一而経二綸鴻基一。馭二万機一以亭二育黎元一。本非二輙言一。恒之所レ重。故汝慎以察之。不レ可二軽言一。

と遺言したとし、また山背大兄に対しては、

汝肝稚之。若雖二心望一而勿二諠言一。必待二群言一以宜レ従。

と遺言したとある。(16)

王位継承候補の適格要件として、村井靖彦氏の説く二〇歳以上と、河内祥輔氏の説く天皇と皇女との間に生まれた皇子(18)との条件を考慮に入れた場合、年齢的にはそれぞれ問題はないと考えられるが、山背については父が即位していないこと、また後掲の図2からうかがわれるように、母も蘇我氏の出であり、適格要件を欠いている。田村も父が即位しておらず、やはり適格要件を欠いている。推古の呼び寄せた二人にしてこの様子なのであり、適格要件を満たす人物は他には存在せず、敢えて推古は適格要件に近いと考えた二人を最期の枕元に呼び寄せて遺言したものと考えられる。

この遺言が『日本書紀』の記すとおりであれば、田村を推した可能性が高いが、それは後述する大伴鯨の言葉にも表わされている。当時の大伴氏は蘇我氏の影響下に置かれていることを思うと、この大伴連の言をそのまま受け取ることはできないが、しかし遺言は田村を推している可能性があるのである。(19)

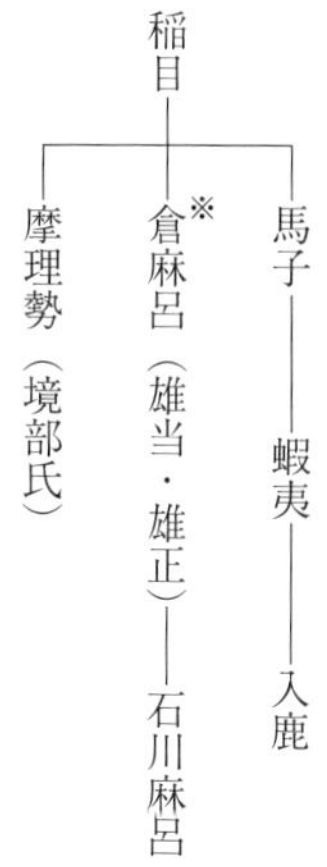

図2　『蘇我石川両氏系図』（群書類従本による）による蘇我氏系図

※　蘇我倉麻呂については、『日本書紀』舒明即位前紀に「蘇我倉麻呂更名雄当」とあり、『公卿補任』孝徳天皇段の右大臣蘇我石河麿について「馬子大臣之孫。雄正臣之子也」とされている。これによれば倉麻呂は蝦夷の兄弟となる。

このように考えた場合、なぜ推古が田村を推したかが問われる。推古・山背・田村の系図を示すと図3のようになるが、推古は欽明天皇と蘇我稲目を父とする堅塩媛との間に生まれており、(20)蘇我系の人物であるが、敏達天皇が最初に皇后とした息長真手

王女広姫(21)が死去した(22)ことを以て皇后とされ、敏達との間に竹田皇子と、彦人大兄皇子と結婚した小墾田皇女等をもうけている(23)。田村は彦人大兄を父とし、敏達と伊勢大鹿首小熊の女菟名子夫人との間に生まれた糠手姫皇女（更の名田村皇女(24)）を母として生まれており(25)、蘇我氏との直接の血縁関係にない。厩戸は、欽明と蘇我稲目の女堅塩媛との間に生まれた用明天皇(26)と堅塩媛の同母弟穴穂部間人皇女(27)との間に生まれた(28)が、蘇我馬子の女刀自古郎女と結婚し、山背をもうけている(29)。してみれば推古と山背は蘇我氏と血縁関係にあり、田村は非蘇我系の人物であったといえよう。

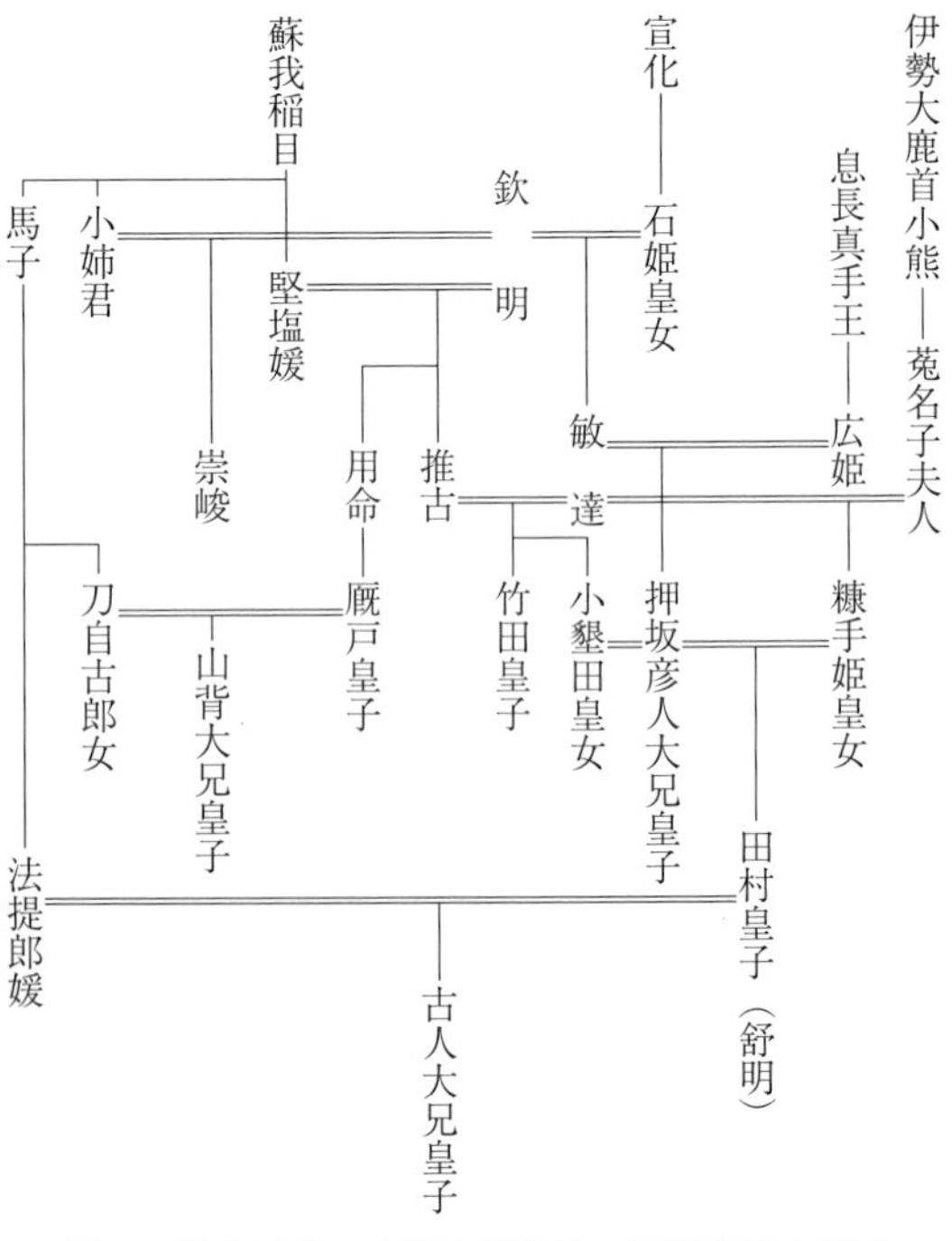

図3　推古天皇・山背大兄皇子・田村皇子の系図

その推古は血縁関係のない田村を推したのである。何故であろうか。これを記したものはないが、後に遺言が誰を後継者としたかについての論争のなかで、山背の天皇位に対する固執がうかがわれる。天皇位であるから、それは誰にでも共通する可能性はある。しかし田村の態度と比較すると、かなりの固執といってよい。このことが以前から山背の態度に現れていたのではないか。大兄(30)を付されて称されている以上、推古と会う機会もあったのであろう。その折に推古はこの山背の態度をみて、まず天皇にふさわしくないと考えたのではないか。

また厩戸がかつて竹田のライバルであったことも関係するのではないか。すなわち崇峻天皇が馬子によって弑逆された後に推古が即位するが[31]、この理由の一つとして考えられることは、当時の難局を乗り切るために推古の即位が要請されたことである[32]。今一つの理由は当時、崇峻の後継候補者として厩戸と推古と敏達の間に生まれた竹田、さらに彦人大兄の三人がいたが、その子竹田の将来の即位を期待した推古が他の二人を即位させまいとして自ら即位したことにある[33]。その竹田は夭逝してしまうが[34]、崇峻の弑逆後、直ちに竹田が即位できなかったのは厩戸がいたためと考えた推古は、厩戸に対してよい感情をもちえず、それが厩戸の子の山背に持ち越され、そのことが関係したのではないか。

しかしその遺言は誰を後継者とするかについては明言しておらず、確認を必要とするものであった。また後継者を指名する慣習もなかったこともこれに輪をかけた。それで指名会議が開かれることとなったのであるが、『日本書紀』舒明即位前紀はこれに先立って蝦夷が、

　大臣独問二境部摩理勢臣一曰。今天皇崩。無レ嗣。誰為二天皇一。対曰。挙二山背大一兄為二天皇一。

と、境部摩理勢に後継者は誰がよいかを尋ねたところ、山背との返事があったとする。おそらくそれは蝦夷の意向と違ったものであり、それで会議を開いて摩理勢の意向に立ち向かおうとしたのであろう。そのことを『日本書紀』は、

　九月。葬礼畢之。嗣未レ定。当レ是時蘇我蝦夷臣為二大臣一。独欲レ定二嗣位一。顧二畏群臣不一レ従。則与二阿倍麻呂臣一議而聚二群臣一饗二於大臣家一。

と、大臣であった蝦夷が一人定めたのでは皆が従わないことを恐れたためとする。横田健一氏は蝦夷は優柔不断で、推古後の会議で決断することができなかったとみているが[35]、叔父摩理勢の意向を抑えるには他の賛同者を必要としたためであろう[36]。

その会議において、

大臣令二阿倍臣一語二群臣一曰。今天皇既崩無レ嗣。若急不レ計。畏有レ乱乎。今以二詎王一為レ嗣。天皇臥レ病之日。詔二田村皇子一曰。天下大任。本非二輙言一。爾田村皇子慎以察之。不レ可レ緩。次詔二山背大兄王一曰。汝独莫二諠譁一。必従二群言一慎以勿レ違。則是天皇遺言焉。今誰為二天皇一。

と、蝦夷は阿倍臣をして推古の遺言の内容を説明させ、その上で、誰を天皇とすべきかを尋ねる。阿倍麻呂に遺言の内容をまず説明させたのであるが[37]、それは遺言の行われた場にいた者から得たものであろう[38]。

この阿倍臣の問いに対して、当初は問に答える者もいなかったが、再三の呼びかけに応じて

大伴鯨連進曰。既従二天皇遺命一耳。更不レ可レ待二群言一。

と大伴鯨が「天皇遺命」に従うべきと答え、その意を問われて、天皇が田村に「天下大任也。不レ可レ緩」と遺言したことは田村を指名したことに他ならないとし、これには、采女臣摩礼志・高向臣宇摩・中臣連弥気・難波吉士身刺が賛意を示す。しかし許勢臣大摩呂・佐伯連東人・紀臣塩手は山背大兄皇子を推し、また蘇我倉摩呂臣は、

唯蘇我倉摩呂臣更名雄当。独曰。臣也。当時不レ得二便言一。更思之後啓。

と、発言を避けるのである。

この会議の内容を漏れ聞いた山背は蝦夷のもとに三国王・櫻井臣和慈古を派遣し、なぜ血縁関係のない田村を推すのか尋ねる。答えに窮した蝦夷は改めて阿倍臣・中臣連・紀臣・河邊臣・高向臣・采女臣・大伴連・許勢臣をよんで山背の問いを紹介するとともに、遺言は田村の即位を示しているとして、阿倍臣等を山背のもとに派遣し、説得させる。しかし山背は納得しない。山背は改めて遺言は山背をさしていると主張して三国王と櫻井臣を阿倍臣等に添えて遣わして返事を待とうとする。そこで蝦夷は再度紀臣と大伴連を遣わして三国王等の説得を試みるが、成功しない。蝦夷は翌日、阿倍臣・中臣連・河邊臣・小墾田臣・大伴連を派遣して説得にあたる。また蝦夷は境部臣に誰が天皇となるべきかを改めて問うが、境部臣はすでに答えているといって大いに怒って立ち去る。

この会議が紛糾している合間をぬって馬子の墓がつくられるが、摩理勢は無礼を働く。すなわち、蘇我氏の諸族等が集まって馬子の墓を造るために「次《やど》」りしたが、摩理勢は墓所の廬を壊して蘇我の「田家」に退り、墓をつくることに仕えなかったのである。大臣は身刺君勝牛・錦織首赤猪派遣して誨すも従わず、摩理勢は泊瀬王の宮に住む。この泊瀬王は同記事に泊瀬中王ともされ、厩戸と膳部加多夫古臣との間に生まれた長谷王のことであるが、摩理勢とあること一〇日余りにして病を発して死去してしまう。このこともあって摩理勢は結局殺され、ここに境部の後援を得られなくなった山背は孤立し、田村が即位することとなるのである。

当初、蝦夷・阿倍臣・大伴連鯨・采女臣摩礼志・高向臣宇摩・中臣連弥気・難波吉士身刺が一つのグループであり、これに対するグループは山背・境部氏・許勢臣大麻呂・佐伯連東人・紀臣塩手・三国王・櫻井臣和慈古であるが、時間の経過とともに蝦夷グループに中臣連・紀臣・河邊臣・高向臣・采女臣・大伴連・許勢臣がつくこととなる。倉麻呂は中立姿勢をとったのであるが、板挟み状態にあったのであろう。結局、蝦夷が制したのである。

2　蝦夷の田村皇子推挙の理由

推古天皇の後継者決定会議で蝦夷は田村皇子を推したのであるが、背景に何があったのか。推古の遺言に従っただけなのか。

この理由について横田健一氏は田村に恩を売ったとする[39]。山背大兄という有力な後継者候補がおり、それを押しのけての即位であった。蝦夷は同族の境部摩理勢を討ってまで田村を推したし、また大兄とされていたいわば最有力者の山背を差し置いて田村を推したのである。しかも舒明の父はすでに死去しており、ために蝦夷は崇峻・推古の即位時以上に恩を売ることとなる。しかし平林章仁氏は難波へのルートの掌握という経済的視点から説いている。大和川を通って難波に通じるルートの奈良県側の要地として斑鳩が位置するが、㈠平群郡斑鳩にはかつては平群氏、物部氏が進出し、物部氏は大和川水運掌握の結果としてこの地に影響力をもっていたが、物部氏が滅亡した後、蘇我氏系王族が進出し、結果として上宮王家が斑鳩進出をはたしたとし、さらに㈡上宮王家は大和川北岸の水陸交通の要衝を掌握し、対外交渉を進め、先進文物の優先的摂取を図り、これにより上宮王家独自の経済基盤の構築、独立した政権基盤の創設をめざし、天皇をだしうる王家としての自立を可能としたとし、㈢蘇我氏はかつては厩戸皇子と協調することにより、ルートを確保していたが、しかし厩戸の死後は自らこれを掌中に入れようとし、上宮王家と対立することになったとし[40]、また、㈣蘇我氏と血縁関係のない敏達系は広瀬郡に進出することにより、蘇我氏ならびにその王族の動きを制することとし、広瀬郡の開発・掌握をめざしたが、㈤さらに大和川水運の掌握をも視野に入れたものの、それには斑鳩の上宮王家が障害となり、そこで蘇我氏と結んだとし、㈥蘇我氏が田村に恩を売ることで蘇我氏の大和川水運の掌握も容易になるとみてのことであると説く[41]。

同様に志水正司氏は、山背大兄が蘇我氏から排除されたのは山背の威勢が大きかったためであるとした上で、敏達系が広瀬郡に進出していて、その広瀬郡は大和川の南側に位置し、その対岸には斑鳩が位置し、また蘇我氏の本拠一つ曽我を流れる曽我川が大和川に合流する地点でもあるとし、河川により蘇我氏の本拠と関わり、斑鳩をおさえる上宮王家に連合して対処するために田村を擁立したと説いている[42]。

このように、斑鳩地方の上宮王家に対抗する意図もあって蝦夷は田村を推したととらえられているのであるが、しかし難波ルートの掌握については、理解できないことはないがその確証がなく、また敏達系との連合についても、敏達系と蘇我氏が広瀬郡の開発をめぐって対抗関係にあることに釈然としない。広瀬郡を手中に入れようとすると蘇我氏は敏達系を抑止せざるを得なくなるからである。

このように経済的な理由では完全に説明できないのであるが、政治的な理由も関係したのではないか。山背が即位した場合の政治的得失と、田村が即位した場合の得失を蝦夷が考慮した結果、山背ではなく田村を推すことにしたものと考える。

山背がいかなる政治を志向していたかは不明であるが、蝦夷にとって警戒すべき人物であったのではないか。馬子は当初、冒頭でみたように厩戸とともに推古を輔政したのであるが、次第に厩戸を政界から遠ざけることに成功する。平林章仁氏は推古朝の主要記事から馬子と厩戸の関係を分析した結果として、厩戸は推古朝後半にはその活動は衰えるとし(43)、また加藤謙吉氏は、馬子がその女法提郎媛を田村と結婚させたことにより、馬子に疎外され、政治参加も次第に形式的となっていくことになったと説いている(44)。法提郎媛と田村の結婚がはたして厩戸の疎外につながるかは、馬子の女刀自古郎女が厩戸に嫁いでいることから疑問が残るが、厩戸が政界から身を引いたことは事実であろう。このことを山背は蘇我氏によってひきおこされたと考え、蘇我氏に不満をもっていた可能性はある。そのような人物が即位すると、蝦夷にとっては困ることとなろう。また、境部氏を除いて氏族をその影響下に置き、自由に政治を執る体制を構築していたが、それに異を唱えられる可能性もある。それ故、田村を推したと考える。

3　境部摩理勢と山背

では山背大兄と、彼を推した摩理勢との関係はいかなるものであったのであろうか。

先にふれたように、蝦夷の父馬子の兄弟が、蘇我氏から分立して蘇我境部臣を名乗ったのであるが、では何故、推古天皇の後継者決定会議において対立したのであろうか(45)。もとは同族であることを思えば、その利害は共通するはずである。実際、推古三十一年に新羅征討将軍が任命された時、大徳境部臣雄摩侶、小徳中臣連国がともに大将軍に任じられており、馬子と境部氏がとくに対立しているとはみえない。

蝦夷と摩理勢が対立に至った理由の一つに蘇我氏の宗主権をめぐる確執があるのではないか。先にふれたように推古三十四年五月に馬子は死去するが、当時は必ずしも父子相続とは限らず、兄弟相続も行われていた。このことからすると、馬子の死後を誰が継ぐかで対立した可能性がある。その蘇我氏の宗主権は蝦夷がつぐこととなったが、しかし摩理勢には不満であり、それは蝦夷と摩理勢の確執にとどまらず、蘇我倉摩呂にも及んだのではないか[46]。そしてこのことが、推古の後継者を誰にするかということと結びついた可能性がある[47]。

ここで想起されるのは、蘇我氏と物部氏間での政界における主導権をめぐっての対立が、用明亡き後の天皇を誰にするかの争いに発展した例のあることである。かねて蘇我氏と物部氏はその方針をめぐって、ことあるごとに対立を深めていたのであるが、そこに用明の後継者問題が発生したのである。崇峻即位前紀によれば、物部氏は当初、穴穂部皇子を推していたが[48]、それに対してその擁立を阻むために蘇我氏が先制攻撃し、穴穂部と彼に親しかった宅部皇子を殺害するに至るのである。ここに蘇我氏と物部氏は衝突することとなり、結局、蘇我氏が勝利し、その蘇我氏などの推挙により崇峻が即位したのであった。

このように誰を天皇とするかということが、氏族の主導権争いとも関連することがあったのであるが、蘇我氏の後継者をめぐる確執が、誰を天皇とするかということと結びついたのではないか。すなわち先にふれたように馬子はその娘法提郎媛を田村と結婚させたが、加藤謙吉氏は、その背景として馬子が田村と結ぼうとしたためと説いている[49]。田村が即位することになれば、それを推す蝦夷の力はますます強化され、蘇我氏に対抗してきた境部氏の地位が低下することを意味する。このことからすると、蝦夷と摩理勢はかねてから蘇我氏の宗主権をめぐって対立を深めていたのであるが、そこに推古の後継者問題が勃発し、そこで二人はそれぞれ自らに有利になると考えた後継者を推したのである。蝦夷は田村を推し、摩理勢が山背を推したのであるが、それは蘇我氏の宗主権、ひいては政界の主導権をめぐる争いに他ならなかったのである。倉摩呂はどちらにつくべきか、決しがたく、後継者指名会議では発言を控えたのである。

結局摩理勢は殺され、蝦夷は田村皇子の即位にこぎ着けることとなる。

三　舒明と蝦夷

では舒明天皇の即位後、蝦夷と舒明の関係はどのように展開したのであろうか。

平林章仁氏は、舒明は父彦人が失脚したのは馬子のせいと考え、それに対する反感、さらには奈良県西南部をめぐる確執もあり、それ故、蘇我氏と協調せず、職位の確認もしなかったが、これは続く皇極天皇にも受け継がれたとみている[50]。両者の確執が継続されたとみているのであるが、いま敏達朝からの皇極朝にかけての天皇の主体的な行為を『日本書紀』から拾うと表5のようになる。

天皇が主体的に行動したとの記録が舒明朝においては他と比較して少ないことが注意される。これについては抹消された可能性が指摘されている[51]が、しかしその抹消した理由がみあたらない。すなわち、『日本書紀』編纂時はこの舒明天皇の系統をひく天皇の時代であり、その意味では舒明の業績を誇張することはあっても削除するとは考えられない。したがって『日本書紀』が記していないのは真実を反映したものである可能性が高いといえよう。

その『日本書紀』において、舒明が明確に主導した政策としては百済大宮・大寺の造作しかない。すなわち舒明十一年七月条に、

詔曰。今年造二大宮及大寺一。則以二百済川側一為二宮処一。是以二西民一造レ宮。東民作レ寺。便以二書直県一為二大匠一。

とあるのみであり、他に舒明の主体性が明確にうかがわれるものは記されていないのである。

ただ一例、注目されるのは『日本書紀』舒明八年七月条に、

大派王謂二豊浦大臣一曰。群卿百寮朝参已懈。自レ今以後卯始朝之巳後退之。因レ鍾為レ節。然大臣不レ従。

とあることである。大派王は敏達と夫人春日臣仲君の娘老女子夫人の間にできた皇子であり[52]、舒明の父押坂彦人大兄

表5　天皇の主体的行為表

年	月	事項
敏達　元年	五月	高句麗からの使節への一連の対応
二年	八月	送高句麗使吉備海部直難波への一時的処遇決定
三年	七月	送高句麗使吉備海部直難波を断罪
	十月	蘇我馬子を白猪屯倉に派遣
四年	二月	任那のことを懈るなと皇子と大臣に詔
六年	二月	日祀部・私部設置
	五月	大別王と小黒吉士を百済への使者となす
十年	閏二月	蝦夷魁帥綾糟等を召して恭順を求める
十二年	七月	任那復興策を求めて日羅を召す
	是歳	阿倍目臣等を遣わし、日羅に国政を問う
	是歳	日羅殺害者の処分を詔
十四年	二月	馬子の仏教信奉を許可
	三月	仏法停止
用明　二年	四月	仏法信奉の是非を群臣にはかる
崇峻　四年	八月	任那復興の是非を問う
推古　二年	二月	三宝興隆を詔
七年	四月	四方に地震の神を祭らせる
八年	二月	任那救援を欲す
	是歳	新羅・任那に使者、新羅を撃つ将軍の帰還を命令
九年	三月	高句麗・百済に使者派遣し、任那救援を求める
	十一月	新羅を攻めることを図る
十年	二月	新羅を撃つ将軍に軍衆を授ける
十二年	正月	冠位十二階を施行
	九月	朝礼の改正を詔

皇子の異母兄弟にあたる。その大派王が豊浦大臣すなわち蝦夷に「群卿百寮」の朝参のあり方がよくないとして、改正すべきことを申し入れたのである。この申し入れには先例があり、憲法十七条は「八曰」として「群卿百寮。早朝晏退」云々といい、その規律が質されている[53]。それを大派王は繰り返したのであるが、蝦夷に拒否されてしまうのである。この申し入れの背後に舒明の意向が働いていた可能性があるが、しかし舒明はそのことを直接蝦夷に伝えなかったのであり、仮にこの大派王の申し入れが大派王の自発的なものだとした場合、舒明が何もいわないことに業を煮やしたためのこととなる。いずれにしても舒明は天皇として振る舞っていないのである。

このような舒明の態度は蝦夷との関係によるのではないか。舒明は蝦夷に政治執行を一任したため、『日本書紀』には舒明の主体的行為ないし態度が記されなかったのである。

十三年	四月	元興寺の仏像などの作成を詔
十四年	七月	皇太子に勝鬘経を講かせる
十五年	二月	壬生部を定む
	二月	神祇を祭い祀ることを詔
三十一年	是歳	新羅を撃つことをはかる
三十二年	四月	僧正・僧都を任じて僧尼の検校を詔
三十六年	三月	後継者遺言
舒明十一年	七月	大宮及び大寺の造作を詔
皇極　元年	二月	大臣に詔して高句麗・百済・新羅に使者派遣
	九月	大寺を造るために近江と越の丁を発せしめ、諸国に船舶を造らせ、また宮室を造る丁を発す
二年	十月	国司に詔

＊天皇の主体性が明らかなものに限り、外国への使者派遣なども天皇の行為が明確なもののみとした。使者派遣など、天皇以外が決定した場合が考えられるためである。

これについては、まず即位を強く推してもらったということがある。それと引き換えに蝦夷に政治運営の実を与えたのではないか。このことが舒明の主体的行為の少なさとなって現れたのであるが、一方では蘇我氏に警戒していたのであろう。かつては大臣とともに大連がおかれていた。この大連は天皇側近者の代表としての意味があり、自ずと有力氏族の代表としての意味あいをもつ大臣を牽制することとなり、天皇はそのことを通して主体的にふるまうことができた。しかし用明の死をきっかけとして物部氏が倒された[54]ことにともなってその大連がおかれなくなる。このため、用命の後を受けて即位した崇峻が大臣を制することは困難となっていったのではないか。しかもその蘇我氏は即位に協力してくれた人物である。大臣を制することは困難となりつつあったのであり、それを制しようとした崇峻は弑逆されたのであった。その大臣が推古後継者決定に口を挟み、舒明の即位に至ったとすれば、天皇は大臣に遠慮せざるを得ず、もし従わなかったならば、弑逆される恐れを抱いたとしても不思議ではない。

これらがあいまって、舒明は蘇我氏に一任し、主体的に行動しなかったのである[55]。しかし不満は抱いていたのであろう。そのことが平林章仁氏の説いているように舒明による職位の不確認となり、この蘇我氏に対する反感は皇極にも受け継がれたのである。

小結

推古朝末期において、蘇我馬子は他の氏族に対する影響力を強化したが、同族の境部摩理勢とは対立する。その摩理勢は蘇我系の系統を引く山背大兄を推古天皇の後継者として推すが、馬子の後を継いだ蝦夷は政治的・経済的な理由から非蘇我系の田村皇子を推す。結局、田村が即位し、舒明天皇となったのであるが、舒明は蝦夷に推されたこともあって蝦夷に反感を抱きつつも、蝦夷が主導する政治にとくに口を挟まなかったのであった。このことは舒明皇后であった皇極天皇に受け継がれたのであった。

政治・経済と臣下が誰を天皇とするかということが結びつき、またそのことによって即位した天皇がいかなる環境におかれたかを示す事例と位置づけられる。

註

(1)　厩戸王、聖徳太子などとも記されるが、特別の場合を除いて本章では厩戸皇子とする。

(2)　この点については拙稿「推古朝前半の外交とその推進者」(本書第Ⅲ部第一章、初出二〇一二年)・「皇子の政治関与」(本書第Ⅰ部第二章)を参照されたい。

(3)　『日本書紀』は推古二十九年二月条にその死を掲げるが、「天寿国繡帳銘文」や「法隆寺金堂釈迦像銘文」・『聖徳太子伝私記』・「法起寺塔婆露盤銘」は推古三十年とする。

(4)　日野昭『日本古代氏族伝承の研究』(永田文昌堂、一九七一年)一五九〜一六四頁。

(5)　井上光貞「推古朝外交政策の展開」(『井上光貞著作集』第五巻、岩波書店、一九八六年、初出一九七一年)。

(6)　鬼頭清明「推古朝をめぐる国際的環境」(『日本古代国家の形成と東アジア』校倉書房、一九七六年、初出一九七二年)。

（7）拙稿「乙巳の変前夜における倭国の外交と蘇我氏」（本書第Ⅲ部第二章）。
（8）日野前掲註（4）書、九四頁。
（9）日野前掲註（4）書、一六〇頁。
（10）『日本書紀』天武十三年十二月条。
（11）『旧唐書』東夷伝新羅条（以下、『旧唐書』新羅伝とする。以下同様）は武徳四年（六二一）に新羅が遣使朝貢したところ、高祖は使者に「親労問之」するとともに使者を派遣し、璽書などを賜うと記している。
（12）金鉉球「多面外交の交代と蘇我氏の危機」（『大和政権の対外関係研究』吉川弘文館、一九八五年）。
（13）加藤健吉「蘇我氏の本拠とその出自」（『蘇我氏と大和王権』吉川弘文館、一九八三年）。
（14）『日本書紀』天武十三年十二月条。
（15）志田諄一「阿倍氏」（『古代氏族の性格と伝承』雄山閣、一九七一年）。
（16）同様の記事は『日本書紀』舒明即位前紀にもみえる。
（17）村井靖彦「王権の継受」（『日本研究』一、一九六四年）。
（18）河内祥輔『古代政治史における天皇制の論理』（吉川弘文館、一九八六年）第一章第一節。
（19）加藤謙吉「蘇我氏の発展過程」（前掲註（13）書）。
（20）『日本書紀』欽明二年三月条。
（21）『日本書紀』敏達四年正月条。
（22）『日本書紀』敏達四年十一月条。
（23）『日本書紀』敏達五年三月条。
（24）『古事記』は宝王、亦の名は糠代比売王とする。
（25）『日本書紀』舒明即位前紀。
（26）『日本書紀』用明即位前紀。
（27）『日本書紀』欽明二年三月条。

(28)『日本書紀』用明元年正月条。
(29)『上宮聖徳法王帝説』は「又聖王、蘇我馬古叔尼ノ女子、名をば刀自古郎女トいふを娶きて生める児は、山代大兄王ソ」と記している。
(30) この大兄については、小林敏男「大兄制と輔政」(『古代女帝の時代』校倉書房、一九八七年)、拙稿「王の後継者候補」(『倭政権の構造【王権編】』岩田書院、二〇一四年)を参照されたい。
(31)『日本書紀』推古即位前紀。
(32) 小林敏雄氏は当時の朝廷が難局を乗り切るために推古の有するヒメの力を借りようとしたことが即位の要請につながったとみている(「女帝考」小林前掲註(30)書)。
(33) 井上光貞氏はいわば中継ぎとして即位したととらえ(「日本古代の女帝」『日本古代国家の研究』岩波書店、一九六五年)、小林敏男氏は中継ぎができたか不明であるとする(小林前掲註(32)論文)が、推古がその子竹田に皇位を継がせたいと思っていたことは否定できないと考える。
(34) 竹田が夭逝したことを『日本書紀』は直接記していないが、推古三十六年九月条は夭逝したことを前提とした記事である。
(35) 横田健一氏「蘇我本宗家の滅亡と大化改新」(黛弘道編『古代を考える　蘇我氏と古代国家』吉川弘文館、一九九一年)。
(36) 候補者の一人が有力であれば、おのずと決定され、群臣はそれを承認するのみであったと考える。
(37) すでに阿倍氏は推古朝末期には蘇我氏の意向の下に動いていることからすると、この時も蝦夷の意向に沿って動いていた可能性がある。
(38)『日本書紀』舒明即位前紀には、山背は遺言の内容について「近侍諸女王及采女」も知っていると蝦夷の使者に答えたと記されている。
(39) 横田前掲註(35)論文。横田氏は遺詔には逆らえなかったと考えられないことではないとしながらも、遺詔は周知されたものではないことから、その意味では恩を売ったとみている。
(40) 平林章仁「聖徳太子と敏達天皇系王族」(『七世紀の古代史』白水社、二〇〇二年)。

(41) 平林章仁「敏達天皇系王族と広瀬郡」（前掲註（40）書）。
(42) 志水正司「飛鳥と斑鳩」（前掲註（35）書）。
(43) 平林章仁「蘇我馬子とその儀礼」（『蘇我氏の実像と葛城氏』白水社、一九九六年）。
(44) 加藤謙吉「蘇我氏指導体制の確立とその推移」（前掲註（13）書）。
(45) なお、この年紀については、推古三十年のこととの指摘がなされている（井上前掲註（5）論文）。
(46) 蘇我倉摩呂については『公卿補任』が孝徳天皇段において蘇我山田石河麿について「馬子大臣之孫。雄正子臣之子也」と註するが、『蘇我石川両氏系図』では、稲目の子である。倉摩呂は馬子亡き後、その後継者となった蝦夷に全面的に従うということはなかったようであり、そのことが後継者決定会議において発言しなかったことにつながったものと推測される。
(47) あるいはこのことを念頭に摩理勢が山背を推したので、蝦夷が田村を推した可能性がある。
(48) 『日本書紀』の崇峻即位前紀の記事には曖昧なところがあるが、当初は穴穂部皇子を推していたものの、最後で見限った可能性がある。
(49) 加藤前掲註（44）論文。
(50) 平林前掲註（43）論文。
(51) 野田嶺志「蘇我一族の没落」（『古代の天皇と豪族』高志書院、二〇一四年、初出一九八二年）。
(52) 『日本書紀』敏達四年正月条。
(53) 『日本書紀』推古十二年四月条。
(54) 『日本書紀』崇峻即位前紀。
(55) 平林前掲註（43）論文。

第四章　乙巳の変の首謀者とその動機

問題の所在

周知のように、いわゆる乙巳の変は皇極四年（六四五）六月に蘇我入鹿が殺害され、それをきっかけとして蘇我本宗家が滅亡した事件である。その後、皇極が退位し、その弟軽皇子（以後、即位前のことは軽、即位後は孝徳とする）が中皇子等[1]の辞退を受けて即位することとなり、いわゆる大化改新を迎えることとなるのであるが、一連の出来事のすべてが必ずしも明らかになっているわけではない。後述するように事件の首謀者、その動機、事件後の推移や評価などについては、見解が多岐に分かれている現状にある。

そこで本章では、事件の首謀者が誰であったのかをまず明らかにし、ついでその動機は何であったのかを明らかにすることによって、事件が何故発生したのかを考えることとしたい。

一　乙巳の変後の権力の所在

まず、蘇我本宗家が倒された乙巳の変の後、誰が権力を掌握していたのかということからみてみよう。これの解明が、乙巳の変の首謀者が誰であったかを解明する際に重要な糸口を与えてくれるのではないかと考えるからである。

これについては、

（ア）中と孝徳

（イ）名目的な天皇孝徳のもとに皇太子中が権力掌握

（ウ）孝徳

（エ）孝徳と石川麻呂

に論が分かれている。

（ア）は坂本太郎氏の説いたところであり、当初二人は緊密な提携関係を結んでいたとするものである。(2)（イ）は北山茂夫氏が展開したもので、滅亡事件は中を中心とし、鎌足がこれを支えて起こされたが、事件後の政局は中・鎌足と孝徳・阿倍麻呂、両者を結ぶ石川麻呂という三極構造を呈した。阿倍麻呂は守旧派の防壁となる一方で、天皇と実権者中などとの乖離を埋める関係にあったが、彼の死後石川麻呂が天皇に近づき、実権者中を刺激した。このため中は石川麻呂を倒すとともに左右大臣を任命し、孝徳を追いつめたとする。(3)（ウ）は門脇禎二氏が述べたもので、孝徳は新政権の実権を掌握しており、当初は皇極の政治方針を引き継ぐものの、大化二年（六四六）八月の品部廃止詔からは皇極・中の思惑とは別に独自の政策をとりはじめ、大化五年四月の新大臣任命により大王権力を確立する。具体的には親新羅・唐路線、白雉改元、難波長柄豊碕宮の造営着手などであるが、結果として次第に皇極・中と対立したとする。(4)（エ）は篠川賢氏が述べたもので、大化二年三月の皇太子奏も押坂彦人の御名入部などの献上に消極的であった中に孝徳が献上を催促したことを受けたものであり、孝徳に実権があったとする。さらに皇太子奏に続けて蘇我氏の遺産処分がなされた形跡がみえないことから、石川麻呂の事件への関与を主張し、その石川麻呂の滅亡後に中の地位が上昇していることから、改革は石川麻呂が主導していたとする。(5)

いずれが妥当かを考えるにあたって注目されるのは、孝徳朝末期に孝徳が「国位」を捨てる寸前に追い込まれる出来事が起きていることである。『日本書紀』白雉四年（六五三）是歳条によれば、それはまず中が倭京へ遷居することを孝徳に願い出たことに端を発する。孝徳はこの願いを許さなかったが、しかし中は母の皇祖母尊（＝皇極）、孝徳皇后間人、さらに公卿大夫や百官の人等を率いて飛鳥河辺行宮への遷居を強行する。『日本書紀』は続けて「由レ是。天皇恨欲レ捨二於国位一」とするが、「国位」を捨てようとしたのは、それを恨んでのことであった。この背後には権力の所在が孝徳から中へと移行しつつあると孝徳が認識したことがあろう。もし中が孝徳以上の権力を当初から保持していたのであれば、倭京への遷居を孝徳に願い出る必要はなく、また、孝徳も遷居に対して「国位」を捨てようとするほどに恨むこともなかったと考える。孝徳が恨んだのは、それまで掌握していた権力が手元を離れ、中の行動を抑止できなくなったと感じたからであろう。それまでは表面的にしろ、孝徳は大王として権力を掌握していたのであり、中といえども孝徳をないがしろにすることはできなかったのである。

　では、皇極の退位後は誰が権力を掌握していたのであろうか。このように考えて注目されるのが大化二年三月の皇太子奏である。『日本書紀』には、

　皇太子使レ使奏請曰。……現為明神御八嶋国天皇問二於臣一曰。其群臣連及伴造。国造所レ有昔在天皇日所レ置子代入部。皇子等私有御名入部。皇祖大兄御名入部。（謂二彦人大兄一也。）及其屯倉。猶如二古代一而置以不。臣即恭承レ所レ詔。奉答而曰。天無二双日一。国無二二王一。是故兼二并天下一。可レ使二万民一。唯天皇耳。別以二入部及所封民一簡二宛仕丁一。従二前処分一。自余以外。恐私駆役。故献二入部五百廿四口。屯倉一百八十一所一。

とみえているが[6]、先にふれたように篠川賢氏は押坂彦人の御名入部などの献上に消極的であった中に孝徳が献上を催促したものであり、それへの返答が皇太子奏であるとする[7]。これによれば、孝徳が中の上に位置していたこととなる。また門脇禎二氏はこの皇太子奏は臣連伴造及び王子等に分有されていた蘇我本宗家滅亡後の遺領・遺民をいかに

処理すべきかを孝徳が中に諮問したことに対する返奏であるとみた上で、(8)しかしこの皇太子奏はどこまで採用されたか不明であるとする。(9)皇太子奏がいかなる契機でなされたのかという点においては篠川氏と門脇氏の見解は異なるものの、中が権力を掌握していなかったという点においては共通しているのである。皇太子奏がこの後いかに処理されたのか不明ということは、孝徳が権力を掌握していたことを物語るものであろう。

　このことに関して注目されるのは難波豊碕宮への遷都である。『日本書紀』は大化元年十二月条に「天皇遷二都難波長柄豊碕一」と、難波豊碕宮への遷都のあったことを記す。しかし白雉元年十月条には「為レ入二宮地一所二壊丘墓一及被レ遷人者。賜レ物各有レ差。即遣二将作大匠荒田井直比羅夫一立二宮堺標一」とあり、また白雉二年十二月条に「天皇従二於大郡一遷二居新宮一。号曰二難波長柄豊碕宮一」とあることから、門脇禎二氏は大化元年十二月条の記事を疑い、まずは隣接した外交の官舎に遷り、内廷と外廷の統一を目指し、独自の執政体制を固めた白雉年間から難波長柄豊碕宮の造営にのりだしたが、それを主導したのは孝徳とみている。(10)いつから難波豊碕宮の造営が開始されたかであるが、難波宮跡の北西に位置する場所からの出土木簡に「戊申年」＝大化四年と記したものがあることが注意される。(11)このことは、難波豊碕宮への遷都計画が白雉以前から存在し、その着工もなされており、大化四年には完成に近づきつつあったことを示すのではないか。恐らく『日本書紀』の遷都記事の掲げられている大化元年十二月には遷都計画が公にされたのであり、『日本書紀』編者はそれを遷都そのものとしてしまったのであろう。(12)

　孝徳の軽時代の宮は和泉ないし摂津に営まれていたと推定されているが、(13)これによれば孝徳は即位後しばらくしてその本拠地に近いところに遷都しようとしたのであり、それは権力の所在を明確にする行為に他ならなかったのである。さらに即位直後に大臣に施政方針などを述べていることなども注意されるところである。『日本書紀』大化元年七月戊寅条には「天皇詔二阿倍倉梯万侶大臣。蘇我石川万侶大臣一曰。当下遵二上古聖王之跡一而治中天下上。復当三有レ信可レ治二天下一」とあり、施政方針を二人の大臣に伝えたとある。また翌己卯条には二人の大臣に「大夫与二百伴造等一に「以レ悦使レ民之路」を歴問すべきことを詔したとみえている。孝徳は即位当初、退位した皇極の意向の下に動いていたと門脇禎二氏はみているが、[14]そうだとするならば、このようなことはなされないのではないか。儀式的なことで実質的な意味あいはないとも受け取れるが、政権を掌握したことにともなっての行為で、皇極時代の施政方針とは異なる路線を歩む意志のあることを背景になされたものである。そして実際、皇極時代とは異なり、詔を用いた天皇の意思表示が激増するのである。[15]さらに先の二つの詔に続けて石川麻呂が「先祭二鎮神祇一。然後応レ議二政事一」と返奏している[16]ことも注意されるところである。孝徳の行き過ぎを諫めようとしたと受け取れないことはないが、しかしそれも孝徳が権力を掌握していたからこそのことではなかったか。

仮に退位した皇極の意向が背景にあり、実権が中にあったとみる場合、注意されることは、推古が厩戸皇子に対して「為二皇太子一。仍録二摂政一。以二万機悉委一」[17]とし、また皇極が斉明として再祚するにあたって中に「悉以二庶務一、委二皇太子一。皇太子、毎レ事諮決、然後施行」[18]としていることとの差である。中が孝徳からそのように位置づけられたとする痕跡はみあたらないのである。当時は皇太子制そのものが成立していない[19]とみるにせよ、推古・斉明両朝における皇太子への権力付与状況と、孝徳朝における皇太子の権力の所在の差は歴然としているのである。

以上からみると、孝徳は即位当初から権力を掌握していたといえよう。門脇禎二氏は当初は退位した皇極に遠慮していたかのようにとらえているが、遠慮はしていたとしても当初から権力を掌握していたのである。この点、八木充氏はこの孝徳の即位を白雉からとみている。[20]その論拠は、㈠難波長柄豊碕宮の造営や遷都は先の『日本書紀』白雉二年十二月条などから白雉元年前後から具体化されたと考えられること、㈡『日本書紀』白雉元年四月条の新羅貢調記事に「或本云。是天皇世。高麗。百済。新羅三国。毎レ年遣レ使貢献也。」とあるが、朝鮮三国の同時朝貢記事は『日本書紀』の即位年に多く、また白雉元年条に「是天皇世」とされていること、㈢『新唐書』日本伝には「永徽初、其王孝徳即位。改元曰二白雉一」とあることなどによる。

しかし㈠については先述したように難波宮跡出土木簡に「戊申年」と記したものがあることが問題となる。遷都計画は孝徳の即位当初から孝徳の主導のもとに立案され、着工されていたと考えられるのである。㈡であるが、単純に『日本書紀』編者が大化元年の記事に対して付すべき箇所を間違えただけのことであろう。というのも、白雉元年四月には新羅の貢調はみえるものの、高麗、百済についての記述はみえないのである。しかし『日本書紀』大化元年七月条には「高麗。百済。新羅。並遣レ使進レ調。百済調使兼二領任那使一。進二任那調一」と、三国が揃って登場しているのである。三国同時の使者派遣が珍しいにせよ、白雉元年には新羅の貢朝しか確認できないことに注意すべきであろう。㈢については「永徽」は唐高宗が六五〇年から用いた元号であり、八木氏の説くようにこれによれば白雉に孝徳が即位したこととなる。しかし唐への使者派遣は舒明二年（六三〇）八月の次が白雉四年五月になることに注意する必要がある。孝徳即位や白雉改元はこの白雉四年の遣使によって唐にはじめて知らされたもので、そのために『新唐書』日本伝のような記述がなされたととらえるのが自然と考える。

以上から孝徳即位は『日本書紀』のように大化元年のこととみても問題はなく、その意味では、孝徳は即位当初から権力を掌握していたといって差し支えないものと考える。

二　軽と入鹿打倒

以上、孝徳が即位当初から権力を掌握していたことを確認してきたのであるが、このことは即位前の軽が蘇我本宗家打倒に深く関わっていたことを反映したものと考える。中が蘇我本宗家打倒の中心人物であったが、『日本書紀』孝徳即位前紀にみるように中が譲った結果として孝徳が即位したのであれば、孝徳は中に遠慮して権力を完全に掌握することはできなかったと考えられるからである。このように考えて注意されるのは、先の皇太子奏に加えて斉明朝における中の位置づけである。先にふれたように斉明が再祚するにあたって庶務を中に委ねたこともあってか、詔による指令は少ない。中に権力が委ねられていたため、斉明が詔を用いて指令しなくても政権の意志は実行に移されていたのである。しかし孝徳朝には多くの詔が用いられているのである。詔のすべてが事実かは疑問ではあるが[21]、孝徳が権力を掌握し、直接指令しようとしていたことを反映したものであろう。

このことは蘇我本宗家打倒の中心に軽が位置していたこと、それにともない皇極退位後に権力を掌握したことを示すのではないか。

ところでこのように考えるにあたって問題となることは、中の位置づけである。『日本書紀』皇極四年六月戊申条は中が入鹿殺害後に法興寺に入り、「城」として備えた時、「凡諸皇子。諸王。諸卿大夫。臣連。伴造。国造」が「悉皆随侍」し、また己酉条が蝦夷が入鹿の死を知って「天皇記。国記。珍宝」を焼こうとした時、船史恵尺が「国記」をもちだし、中に「奉献」したとする。これらのことは中にある種の権力が付与されていたことを示している。しかし中が即位しなかったことからすると、蘇我本宗家打倒のために中に付与されていた権力を超越した権力が存在し、それは軽のもとにあったと考えられるのではないか。

では何故、軽は蘇我本宗家を倒したのであろうか。このことに関して注目されることは、皇極二年に上宮王家が討滅される事件が起きるが[22]、『鎌足伝』はこれに先立つ十月のこととして、入鹿が「与二諸王子一共謀、欲レ害二上宮太子之男山背大兄等一」して「山背大兄……方今、天子崩殂、皇后臨レ朝。心必不レ安。焉無レ乱乎。不レ忍二外甥之親一、以成二国家之計一」といったところ、「諸王然諾」したと記していることである[23]。諸王に軽が含まれることは『上宮聖徳太子伝補闕記』に癸卯年（皇極二）十一月十一日[24]のこととして、宗我大臣、入鹿、軽王、巨勢徳太、大伴馬甘、中臣塩屋枚夫ら六人が「発二悪逆一、至レ計二太子子孫一。男女廿三王無レ罪被レ害」とみえていることから明らかである[25]。軽は何故入鹿の主導した上宮王家討滅事件に参加したのであろうか。

これについて篠川賢氏は、上宮王家討滅事件は権力集中体制・軍事体制をめざす朝鮮半島諸国の動向に触発されてひき起こされたもので、権力集中体制などの構築のためにはその経済力を奪う必要があったからとし、これには軽と蘇我本宗家の利害が一致していたとみている[26]。これによれば、上宮王家の存在が国家整備に障害となるために軽は入鹿とともに上宮王家を討滅させることとなったのであるが、この点、遠山美都男氏は皇極譲位を視野に入れて行動をともにしたとする[27]。すなわち、王位継承問題あるいは女帝の存在が支配層の懸案であり、古人大兄を推す入鹿と軽が合流して将来の王位継承に障害となる山背大兄を討滅したとみるのである[28]。しかし後の乙巳の変にともなう皇極の退位は偶然であり[29]、仮に退位がなされたとしても、乙巳の変以前の段階では舒明の息子古人大兄と中が存在している以上、軽が王位継承を視野に入れていたというのはやや非現実である。また篠川氏の説くように[30]王位継承のみを目的としていたのであれば、上宮王家のすべてを討滅の対象とする必要がないことも注意される[31]。その意味では篠川説の方に分があると考えるが、しかし軽と入鹿はともに全く同じ動機の下に行動したのであろうか。

入鹿にとっては古人大兄の擁立がその理由であろうが、軽には別の理由があったのではないか。軽が舒明・皇極とともに敏達系に属することが注意される[32]。平林章仁氏は上宮王家の斑鳩進出は敏達系の広瀬郡進出に対抗するものとみているが[33]、敏達系と上宮王家は対抗関係にあったのである。とすれば、上宮王家の存在は軽にとっては経済面で、入鹿にとっては古人大兄擁立にとって障害をなすものだったのである。

それで軽は上宮王家討滅事件に参加したのであるが、しかし討滅事件後は次第に身の危険をも感じはじめたのではないか。上宮王家討滅事件後、入鹿の古人大兄擁立にとって皇極の存在が障害となることは明らかで[34]、皇極がいかに王位に就いているからといってその身が安全ではないことは崇峻の例からみて明らかであり[35]、ましてその弟である軽については、入鹿の意志遂行にあたって障害になると感じられたならば、山背大兄と同じ運命をたどることとなることは予想されるところである。これを察知した軽が、先手を打って入鹿打倒ひいては蘇我本宗家打倒に動いたのではないか。

この点、路線の違いが生じたと篠川賢氏は説く。すなわち、上宮王家討滅事件では利害を一致させた入鹿や軽であったが、それが分裂して乙巳の変が起きたとするのである。(36) しかし軽は当時、政権を動かすほどの地位にあったのであろうか。そのような地位にあったのであれば、路線の違いも起こり得るであろうが、しかし当時の軽の行動は鎌足との交友を除いて『日本書紀』に全く記載されておらず、政権から離れていたといわざるを得ないのである。このことからみると、単純に路線の違いが生じたとか分裂したなどということはできず、軽が身の危険を感じて先手を打って入鹿打倒に動いたものと考える。

注意されることは、『鎌足伝』が（ア）舒明の死にともなって皇后が即位したが、王室衰微し、鎌足が密かに慷慨していたこと（二八～二九行）、（イ）そのころ鎌足は軽と親交を深めたものの（二九～三四行）、（ウ）しかし大事を謀るに足らずとし、鎌足は中へと乗り換える（三八～四三行）が、（エ）その後、上宮王家討滅事件が起き（四三～五四行）、（オ）入鹿の「暴慢」が行われた（五七～五八行）としていることである。王室衰微の時点での「大事」が何を指すか不明であるが、入鹿殺害までも含むのであろうか。とすると鎌足は入鹿殺害をかねてから漠然と考えてはいたが、当時の軽にはその心が無かったこととなる。この後、軽は入鹿と上宮王家討滅を決行するのであるから、これは当然のことではあったが、しかし上宮王家討滅後は身の危険を感じ、入鹿打倒を決心したのである。

三　入鹿打倒における軽と鎌足

以上、身の危険を感じた軽が入鹿打倒へ動いたことをみたのであるが、はたして軽は入鹿打倒の中心に位置していたのであろうか。問題は他にも動いた人物が存在しなかったのかということであり、またそれはいかなる動機によるものだったのかである。

そこで改めて入鹿打倒計画の中心に位置していた首謀者は誰であるかをみると、その見解は、

（1）中と鎌足

（2）軽

（3）軽と石川麻呂

に分かれており、またその動機についても、

（a）蘇我本宗家の専横―国家形成の障害除去

（b）外交路線の違い

（c）王位継承をめぐる争い

（d）蘇我氏の内部分裂

に分かれているのが現状である。

まず入鹿打倒の首謀者からみてみよう。これを明らかにすることによって、その動機も見出せると考えるからであるが、中と鎌足なのであろうか、それとも軽なのであろうか。石川麻呂も関係するのであろうか。『日本書紀』や『鎌足伝』はいずれも中と鎌足を中心に記述している。(37)これにより、先の坂本太郎氏と同様に、関晃氏や田村圓澄氏も二人が中心に位置していたとみている。すなわち中と鎌足は二人で権力奪取と国政改革の計画を練り、石川麻呂の娘を中の妃に納れて謀議に誘い、(38)更に佐伯部子麻呂等を引き入れたとみるのである。

しかし中が遠山美都男氏(40)の説くように軍事資質にのみ優れていたとすると、(39)やや疑問となってくる。当時の中が二〇歳に達したばかりであることを思うと、いかに軍事的資質に富んでいたとしても、身辺以外から襲撃実行部隊をかり集め、宮中で暗殺を決行することは至難の業であろう。それには経験に富み、また、宮中で自由に行動しうる人物

の関与が必要であり、そのような人物を組織できるだけの経験者が中心と考えざるを得ない。また『鎌足伝』においては、「謀」を述べているのは鎌足であり、中は鎌足に「願陳二奇策一」というのみで、みずからの意見を表明していない(41)ことも注意されるところである(42)。

したがって中が計画の首謀者であったとは考えられない。では鎌足が首謀者であったのか。『鎌足伝』は鎌足が軽と接近した後、「皇子器量、不レ足三与謀二大事一」とし、それで中と接近したとしている(43)が、先にみたように「大事」が入鹿殺害を意味するとすると、早くから入鹿殺害を構想していたこととなる。また先の「謀」に加え、先述したように石川麻呂の参加が必要と中に説いたと『日本書紀』や『鎌足伝』にみえていることも注意されるところである。これらによれば、入鹿襲撃の組織を形成する段階には、鎌足が中心的な役割を果たしていたといえよう。

これをみると鎌足が計画に深く関与していたこととなる(44)。鎌足は入鹿殺害を早くから計画していたと考えられるが、しかしそれが明確な形をとるのは山背殺害後のことであろう。軽が山背殺害後は身の危険を感じて入鹿打倒を考えたことに触発され、単なる漠然とした計画から具体的な計画へ昇華させたのではないか。門脇禎二氏の説くごとく、鎌足と同じような中級官人を集めたとしても動くことのできる範囲が限られていたことも、これに関係しよう(45)。いかに鎌足が計画を練っていたとしても、それの実現性が乏しい以上、計画の実現は望むべくもないが、軽が入鹿殺害を決心した時点で、それは具体的な計画となるのである。

ここで注意されることは、鎌足と軽の関係である。いったん軽のもとを離れて中と結びついたとあるものの、しかし、鎌足は南淵請安に君臣秩序を重んじる「周孔之教」を学んでいるのである(46)。とすると、軽との関係は決して途絶えることはなく、密かに続いていたのではないか。ここに鎌足のかつての計画は軽の計画と一致し、具体化されるべき計画へと昇華したのである。そうであれば、軽が計画の中心に位置していたといえるのではないか。確かに『鎌足伝』によれば軽は鎌足から「器量、不レ足三与謀二大事一」と評価され、「更欲レ択レ君、歴二見王宗一」されもしたのであるが、『日本書紀』にはそのことが明記されていないことが注意される。

軽が最後まで計画の中心に位置していたためではないか。篠川賢氏は㈠中が大化新政権の中心では皇極退位の理由がはっきりしないとし、㈡軽が即位した以上、計画の中心に位置していたのは軽であり、㈢蘇我本宗家の滅亡は蘇我氏の内部分裂によるものであり、そのことは蘇我本宗家の遺産処分記事がないことからうかがえるとし、石川麻呂の関与を強調する。そして㈣軽と石川麻呂が親密であることからして乙巳の変は軽と石川麻呂による政変であり、新政権の中心にあったのは両者とみている。[47] また遠山美都男氏も入鹿打倒に関わった人物が軽と密接な関係にあったことを説き、中心に軽が位置していたとみている。[48] 篠川説は後述するように石川麻呂の参加が当初からだったとは必ずしもいえないという問題点を抱え、また遠山説は軽の宮の所在地を和泉郡にあるとみて構成されており、この点が違っている[49]と事件参加者の組織形態が違ってくる[50]という問題点を抱えているが、両氏はともに軽が計画の中心に位置したとみているのである。

しかし遠山氏、篠川氏はともに軽が中心であることを強調するあまり、鎌足を軽視しすぎているのではないか。鎌足がその「大事」決行のために軽以外に王族を求める動きをみせている[51]ことを、もう少し重視する必要があると考える。その鎌足の行動であるが、かねてより入鹿の専横を嘆いていた[52]ことからみると、当初から入鹿の打倒を構想していたのではないか。しかし先にふれたように三島退去時に交わった軽は、入鹿の打倒までは計画していなかった。それで鎌足は中と結ぶ動きをみせたのであるが、先の遠山氏の説くように中が問題を抱えているのであれば、入鹿と対峙する上で中心となる王族として軽に頼るより仕方なかったともいえよう。[53] 先にふれたように「周孔之教」を学んでいたことも関係しよう。

鎌足が入鹿の専横を嘆いていたことからみると、鎌足の目的は入鹿の打倒であり、山背大兄殺害後、軽が入鹿打倒を決心した以上、軽とともに行動することに抵抗はなかったものと思われる。そこでまず入鹿打倒のために「勢門之佐」を求め、入鹿と「相忌」[54]む仲であった石川麻呂を見出したのである。[55]しかし石川麻呂にただちに計画をすべて打ち明けたとは考えられない。石川麻呂はかねてから軽と相知る関係にあり、その娘の乳娘を通して結ばれてもいたのであるが[56]、しかしそれは有力者同士の一般的なつながりを通してのもので、蘇我本宗家に対する行動を共にできるほどの仲であったかは別の問題であろう。石川麻呂が入鹿と「相忌」む仲であり、蘇我本宗家に対して反発していたとしても、当初から入鹿打倒を相談できたとまでは考えられない。彼も蘇我氏の一員であることを思えば、反入鹿陣営に完全に取り込んでからでないと計画の全貌を打ち明けることはできなかったと考えるのが自然であろう。決して先に形成されていた軽と石川麻呂との結びつきを利用して計画に引き込んだのではないであろう。石川麻呂の計画への参加はすでに軽と中と鎌足によって基本的な路線が確立された段階のことではなかったか。

注意されることは、鎌足が中に石川麻呂の娘との婚姻を勧めていることである。[57]中と石川麻呂の娘との婚姻は、石川麻呂が反入鹿陣営から接近をはかられた段階のことではなかったか。その時期であるが、『日本書紀』皇極三年正月条には南淵先生の許に通う途中に婚姻を結ぶことを提案したとある。しかし『家伝』は山背襲撃（皇極二年十月）後のこととしている。いずれが正しいかであるが、吉川敏子氏は、持統の生まれは『本朝皇胤紹運録』に「孝徳元降誕」とあることなどから、婚姻は皇極四年のこととする。[58]これに対して加藤謙吉氏は持統同母姉大田皇女の存在[59]からして、それよりも早く婚姻がなされていたとし、大田皇女が斉明七（六六一）年正月に大伯皇女を産んでいることからして、皇極二年ないしそれ以前に生まれたと推定する。[60]しかし大田皇女の生年そのものを明記したものがないために、彼女が何歳の時に大伯皇女を産んだかとの推定をもとに婚姻の年が導かれているに過ぎず、あまり根拠があるとはいえない。その意味では皇極三年の頃とみてよいのではと考える。吉川説に近いが、大田皇女の存在からして持統生年より一年繰り上げるのである。[61]この婚姻を通じて石川麻呂の反入鹿姿勢を確認できた段階で、入鹿の打倒計画を徐々に告げていったのであり、最終的に入鹿襲撃を告げたのは襲撃の直前になってからのことであろう。そのことは

『日本書紀』皇極四年六月甲辰条が「中大兄密謂二倉山田麻呂臣一曰。三韓進レ調之日。必将使三卿読二唱其表一。遂陳下欲レ斬二入鹿一之謀上。麻呂臣奉レ許焉」としていること、また『鎌足伝』も同様に記す（九一〜九三行）が、「策既定矣」と、最終計画案がなったとしていることから明らかであろう。

この直前になってからの告知は、石川麻呂が入鹿と「相忌」む仲であるといっても、ともに蘇我氏の一員である以上、たやすく計画を告げることは危険であるからである。おそらく計画を練っている間に宮中での入鹿襲撃が一番確実であり、また中をも含む襲撃実行部隊の安全も得られるとの見通しがはっきりしてきたためであり、その宮中での行動を円滑に行うに便利な人物が必要と認識され、鎌足は石川麻呂に行き着いたのであろう。すなわち石川麻呂抜きでは計画を完遂することが難しいことを知って、鎌足は彼を中との婚姻を通じて引き込み、そのことを通じて反入鹿陣営の一員としての意識を次第に鮮明にさせ、それを確認した上で入鹿襲撃の最終計画を決行の直前になって告げたのであろう。

軽はこの鎌足の動きをどの程度察知していたのであろうか。恐らく襲撃の実行部隊の拡大としか認識していなかったのではないか。軽はあくまで自分が計画の中心にいると信じ、鎌足と結ぶ一方、鎌足が改めて引き込んだ石川麻呂をも重視したのではないか。ここに二重のラインが形成されていたのである。一つは軽を中心とするものであり、今一つは軽を頂点に抱くものの、鎌足が独自に形成したものである。この二重のラインのもとに、勢力が結集し、入鹿襲撃計画を実行することとなったのである。

四　入鹿打倒の口実

二重のラインのもとに勢力が結集したのであるが、その勢力を結集する際の口実、入鹿打倒の口実として軽と鎌足は何を訴えたのであろうか。先に入鹿打倒の動機として（a）蘇我本宗家の専横―国家形成の障害除去、（b）外交路線の違い、（c）王位継承をめぐる争い、（d）蘇我氏の内部分裂が主な説であるとしたが、（d）を別にすると誰が誰を引き込むかによって何を主として訴えるかが違っていたのではないか。蘇我本宗家の専横でも外交でも味方に引き入れるに都合のよい口実を選択して説いたものと思われる。例えば鎌足が石川麻呂を引き入れるにおいては蘇我本宗家の専横よりも外交を口実に用い[62]、中を引き込む場合には蘇我本宗家の専横を口実にする、といった具合ではなかったか。先の二重のラインはそれぞれの思惑により独自に動き、その結果、蘇我本宗家の専横が説かれたり外交路線の変更が説かれたりしたのではないか。

とすると、問題は軽の動機と鎌足の動機であるといえよう。軽の動機であるが、先に述べたように、入鹿に対する先制攻撃にすぎない。いわば保身のためである。入鹿による古人大兄擁立の計画があり、皇極の在位を認めないことは将来、軽の身に危険が及ぶことを意味し、それを察知しての先制攻撃である。この場合、（c）との関係がでてくる。遠山美都男氏は軽が古人大兄と入鹿を倒し、それを契機に生前譲位を実現させ、軽が即位する計画のもとに入鹿襲撃がなされたとし、これには阿倍麻呂と石川麻呂も加わったとみている[63]。しかし生前譲位を期待できたかは不明であり、しかもそれがなされたとしても軽が即位できたかは疑問である。『日本書紀』孝徳即位前紀は皇極の推挙にもかかわらず中が辞退したので軽に即位を要請したが、しかしその軽は古人を推し、その古人の辞退により軽が即位するに至ったとする。これならば軽はかなりの確率で即位できる資格があったこととなる。しかし、軽が即位できる可能性はそれほど高くはなかったのではないか。

先にふれたように当時の中が成人に達していることは、舒明の直系後継者として即位する資格のあることを意味する。加えて古人大兄も舒明の直系後継者として存在しているのである。古人は蘇我本宗家を失ったとはいえ、なお皇極退位の場に参列し、中と軽の辞退の後、軽から即位を促されてもいるのである[64]。入鹿襲撃に成功するならば、この古人は後ろ盾を失うこととなるからその即位はあり得なくなるとしても、中が母子の関係から推挙され、即位する可能性もあったのであり、[65]『日本書紀』によれば実際にその推挙は行われたのである。この場合、軽にとって頼みとなるのは兄弟相続の慣行である。しかし軽にとっての弱点は、兄弟相続といっても姉皇極との間の兄弟相続が通常の兄弟相続と趣を異にしていることである。となると、軽はたやすく即位できる状況にはなく、軽は古人と中二人の動向に左右されざるを得なかったのである。退位の前例がないことは大きな障害であるが、仮に退位がなされたとしても、さらに多くの障害があったのである。とすれば口実として（c）は成立しがたいといえよう。

では（b）はどうか。これは蘇我本宗家の外交路線に反対する一派が起こしたとみるものであるが、しかしこれについては蘇我本宗家の外交路線がはっきりと確定されておらず、ために各論がだされる現状にあることが問題である。すなわち石母田正氏は、乙巳の変は親百済派の蘇我本宗家と、唐の朝鮮半島問題介入強化を受けて親新羅・唐路線をとろうとする中一派との対立から発生したとみる。[66]これに対して山尾幸久氏は逆に唐・新羅寄りの政策をとろうとした蘇我本宗家に対して、百済と親しい軽がクーデターを起こしたとみる。[67]一方、鬼頭清明氏は六四二年の百済の旧任那地域の占領を前にして、なおも任那の調にこだわる蘇我本宗家と、それを放棄してでも百済・新羅からの朝貢維持を図り、半島での抗争から中立の立場をとろうとする中一派の抗争とみる。[68]また、西本昌弘氏は親新羅外交を復活するために百済外交に固執する蘇我本宗家を倒したとみることはできず、倭は一貫して親百済政策をとっており、六四二年の東アジアの大変動を契機に内政・外交にわたる改革を志向したが、この方針に反する行為をとろうとした蘇我本宗家を討滅したとみる。[69]

蘇我本宗家が百済寄りであったのか、そうではあったが唐・新羅に接近しようとしたのかで論が分かれ、また蘇我本宗家が仮に山尾氏や西本氏の説くように唐・新羅に接近しようとしたとしても、百済を完全に切り捨てようとしたわけではないことに注意する必要があろう。このように（b）の外交からとらえようとする場合、問題が複雑化するのであるが、軽が外交に関心を抱いていたとした場合、参考となるのは即位後の外交策である。先にみたように孝徳が即位直後から権力を掌握していると考えられる以上、これには即位前の意向が反映されている可能性は高い。その即位後の外交であるが、注意されるのは『日本書紀』大化元年七月条にみえる三国使の来朝に対する態度である。新羅にはとくに記録するところがなく、高句麗に対しては単に「相継往来」すべきことを告げただけであるのに、百済に対しては「可㆕具題㆔国与㆓所㆑出調㆒」とし、さらに使者に「明報」すべきことを命じ、最後に趣旨を徹底させるために三輪君東人等を派遣することを告げているのである。そして新羅には大化二年九月に高向黒麻呂を派遣し、任那の調の廃止と質の貢上を促すのである(70)。百済にはやや厳しい態度がとられているといえようが、このことは大化年間には新羅からの使者が六回に対して百済からのそれは二回、新羅への使者派遣が三回に対して百済へのそれが一回にすぎないことと対応する(71)。

　これをみる限りでは、孝徳は新羅寄りの外交方針をとっていたといえる。しかし白雉以降、百済を重視したかのような事例のあることも注意される(72)。これについて八木充氏は、白雉以降、孝徳が権力を掌握したとし、そのことが百済重視の外交につながったことを強調している(73)。しかし先にみたように当初から孝徳が実権を掌握していたのであるから、百済重視策が孝徳によるものであれば、それは孝徳自身の路線変更によるものとなる。

　とすると孝徳は当初は百済に厳しかったものの、白雉年間からは百済寄りに姿勢を変更したこととなる。このような路線の変更があったとなると、即位前の軽は親百済であったが、即位とともに親新羅方針をとり、それをさらに白雉以降は元に戻したとも考えられ、孝徳の外交方針は定めがたいこととなる（この孝徳朝の外交についての私見は本書第Ⅲ部第三章を参照されたい）。

　加えて即位前の軽がどの程度、政権の外交方針決定に関与していたか不明であること、また、軽が留学生と親しい(74)としても、個人的なものか、その思想にまで踏み込んだものかは不明であること、仮に後者としても君臣秩序を重視する思想に興味を抱いたとみることができても、具体的な外交方針の決定に際してどの程度の影響を受けたのかは疑問であることが問題である。さらに外交路線の対立が蘇我本宗家打倒と関係づけられて説かれてもいるのであるが、蘇我本宗家の具体的な外交方針が確定できていない上に、軽が即位後、いかなる外交方針のもとに活動したのかはいえても、即位前の軽が蘇我本宗家の外交政策をどのように評価していたかは不明な状況にあるといわなくてはならない。その意味では外交は関係者を引き込むための口実とはなったとしても、根本的な原因とまではいえないのではないか。

軽が政治一般に対する感慨にもとづき、蘇我本宗家の外交を否定したことはあり得る。その場合、留学生との関係から唐よりの外交姿勢ひいては新羅よりの外交姿勢はあり得るが、しかし蘇我本宗家も新羅よりの外交をとった可能性があり、決め手とはならないであろう。

笹川尚紀氏は阿倍麻呂が大夫会議において議長的役割を果たしており、大夫層でのなかでも有力者であったが、舒明の百済宮への遷御にともなって阿倍氏と舒明の関係が密接化し、この結果、阿倍氏と蘇我本宗家の関係が疎遠なものとなり、このために蘇我本宗家の孤立化が進んだとみている[75]。この孤立化した蘇我本宗家は各方面から反感を買っていたのであり、その反感者を結集させるにあたり、様々な口実が駆使されたのではないか。

五　鎌足の行動の背景

では何故、鎌足は独自の動きをみせてまで蘇我本宗家を倒そうとしたのであろうか。この鎌足について『日本書紀』皇極三年正月条は「以二中臣鎌子連一拝二神祇伯一。再三固辞不レ就。称レ疾退二居三島一。于レ時軽皇子患レ脚不レ朝。中臣鎌子連曾善二於軽皇子一。故詣二彼宮一而将レ侍レ宿」とし、『鎌足伝』は「及二崗本天皇御宇之初一、以二良家子一、簡授二錦冠一、令レ嗣二宗業一。固辞不レ受、帰二去三嶋之別業一」したとし、続けて「俄而崗本天皇崩。皇后即位。王室衰微、政不レ自レ君。大臣窃慷慨之。于レ時、軽皇子、患脚不レ朝。大臣、曽善二於軽皇子一。宿故、詣二彼宮一而侍宿。相与言談、終夜忘レ疲」とする。[76]ともに三島に退去していた時に軽と親交を深めたとある。

その三島退去の時を『日本書紀』は皇極三年とし、『鎌足伝』は舒明即位時とするが、吉川敏子氏はこれに疑問を投げかけている。[77]すなわち、鎌足は『鎌足伝』では推古二十二年（六一四）生まれで、天智即位二年（六六九）に五六歳で死去したことになっているが、[78]これによれば舒明元年には一六歳で、宗業を嗣ぐのは無理であること、また『鎌足伝』では三島退去の前に旻のもとで周易を学んだとみえるが、[79]『日本書紀』によれば旻の帰国は舒明四年（六三二）のことであるから、[80]舒明四年以降に宗業を辞して三島へ退去したこととなるとして、『鎌足伝』の「及崗本天皇御宇之初」は「及後崗本天皇御宇之初」または「後崗本天皇御宇之初」のこととするのである。これに対し笹川尚紀氏は宗業は単に神祇関係を指すのみで、『鎌足伝』のままでよいとする。[81]これによれば神祇に関わる宗業から離れるにすぎない。実際『鎌足伝』は「大臣性仁孝、聡明叡哲、玄鑑深遠。幼年好レ学、博渉二書伝一。毎読二太公六韜一、未四嘗不三反覆二誦之一」とし、[82]宗業以外の方面にも興味をもっていたことを示す。

いずれが適切かであるが、これに関して注意されるのは、『鎌足伝』が先にみたように旻のもとで鎌足が周易を学んでいたとしていることである。横田健一氏はこの教えのなかには革命的な部分も含まれており、また、『鎌足伝』の記事から賢人登用思想を鎌足はもっており、このことも「門閥・豪族」の代表である蘇我本宗家打倒と関係したとする。[83]

このことが大いに関係したと考えるが、さらに宗業についたとしても、中臣氏の代表とはなりがたい状況があったことも関係したのではないか。今『中臣氏系図』（群書類従本による）によってその系譜を示すと以下のようになる。

御食子については「供奉小治田并岡本二朝廷」「氏上」、国子については「供奉岡本朝廷」「氏上」、糠手子も「供奉

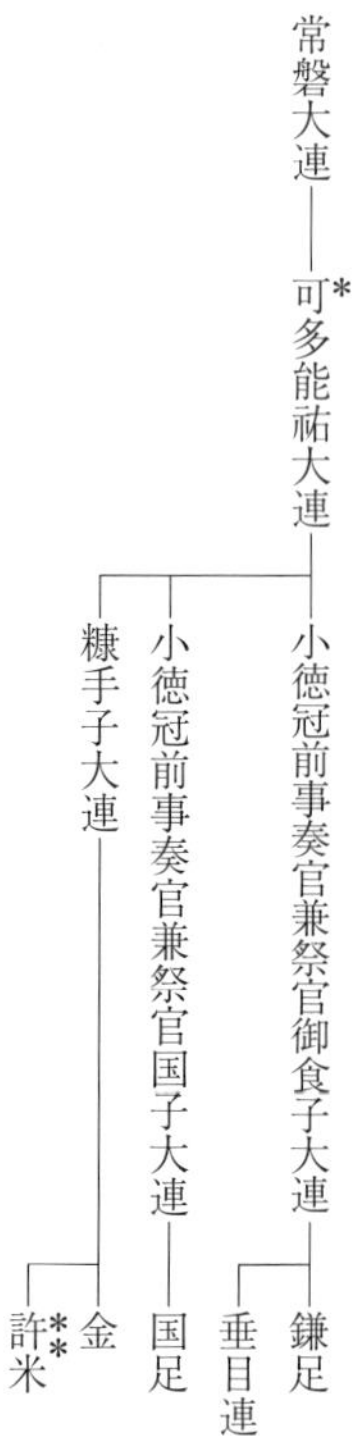

＊　可多能祜は可多能祜・可多能古ともされる。
＊＊　許米は『系図』裏書きによる。

図4　群書類従本『中臣氏系図』による鎌足の系譜

飛鳥宮御宇伊賀志比足姫天皇朝廷」との注記が付されているが、中臣氏は大夫として活躍しうる家系である。(84) しかし、鎌足個人についてみるとその出自が怪しいのである。田村圓澄氏は鎌足の子孫の藤原氏の祭神などからして常陸の中臣氏の出であろうとする。(85) とすれば「美気祜卿之長子」(86) とあっても、父御食子の跡を嗣げるかは不明で、幼年に学んだことを活かし、政界への志を抱いていたのではないか。

もっとも、その祭神から常陸とどの程度関わるのかについては疑念も寄せられている。(87) したがってこの点は保留するとしても、遠山美都男氏が兄弟相承が原理として働いていた当時、中臣氏の宗業を鎌足が嗣ぐことは慣行に反し、叔父を差しおいて族長位を嗣ぐことの無謀を知って三島へ退去し、当地方の中臣氏を掌握することにより将来中臣氏の族長になる日に備えたとみていることが注意される。(88) 当時の鎌足が氏上として活躍できるかには疑問な点もあったのである。(89)

いずれにしても中臣氏は蘇我本宗家の前には無力であり、また鎌足にしても、氏上となることが難しい以上、政界で活躍することはおぼつかないことであった。これらのことがあいまって軽に加担したのではないか。鎌足にしてみれば、氏姓制にもとづく蘇我本宗家が存在し、氏姓制を変えようとしない以上、仮に氏上となったとしても政治の舞台で活躍できることは限られる。そこでいかに蘇我本宗家を倒すかを考えたのであろう。旻に革命思想と深い関わりをもつ周易を学んだこと自体、彼の将来に対する悲観を反映したものではなかったか。

その意味では（e）として鎌足の功名心を掲げることもできるのではないか。『日本書紀』は「憤下蘇我入鹿失二君臣長幼之序一。挟中闚二闇社稷一之権上」した鎌足が「歴二試‐接於王宗之中一。而求レ可レ立二功名哲主一。便附二心於中大兄一」したとする。[90]これに対して『家伝』は山背が殺されてから中が鎌足に蘇我本宗家を倒す方法を尋ねたとする。[91]先にふれたように蘇我本宗家打倒の中心に軽が位置するとすると、この蘇我氏の専横が動機となったとする点は問い直されなければならないが、先にふれたように（a）は口実として求めるには都合のよいものであり、結果論として述べられるものであろう。

鎌足は軽の下で、その意志を受けつつ、いろいろな理由でもって蘇我本宗家打倒への参加を説いたのではないか。[92]そのことを通して政界での活躍を描いていたとするならば、（e）が現実的な意味をもってくるのである。

小　結

以上、乙巳の変前後の政治権力の所在から、変の首謀者、その動機について考えてきたのであるが、

（一）乙巳の変以後、権力は一貫して孝徳のもとにあり、そのことから乙巳の変は即位前の軽の計画による。

（二）軽は山背大兄殺害時は入鹿とともに行動するが、殺害後は身の危険を感じて蘇我氏打倒を計画する。

（三）鎌足は当初から入鹿の殺害を構想していたが、軽に接近した当初、軽は入鹿殺害までは考えておらず、鎌足は失望して中と結ぶ動きをみせる。

（四）しかし軽が山背殺害後、入鹿殺害を計画したので、鎌足は軽とともに行動する。ここに軽を中心としつつも、鎌足の独自の路線も生じたが、しかしあくまで計画の中心は軽にあった。

（五）鎌足は石川麻呂の助力なしに計画達成の難しいことを知り、中と石川麻呂の婚姻を勧めることにより陣営に引き込んだ。しかし石川麻呂に最終計画を打ち明けたのは入鹿襲撃の直前であった。

（六）軽を中心として鎌足が行動し続けたのは、中の力量不足や南淵請安に君臣秩序を重んじる「周孔之教」を学んだこともあるが、入鹿を倒さなければ、政界での活躍がおぼつかないことがあった。

とまとめることができる。

あくまでも乙巳の変は軽の入鹿に対する先制攻撃が中心となって計画されたもので、これに鎌足の政界進出の野望が加わって成功したものである。残された課題もあるが、それの解明は別の機会に譲ることとし、この点を確認してひとまず論を終えることとしたい。

註

（1）中が大兄を付して「中大兄」とよばれるようになったのは古人大兄の死亡後（『日本書紀』大化元年九月条）のことである可能性が高いが、単に中とする。

（2）坂本太郎「大化改新」（『坂本太郎著作集』六、吉川弘文館、一九八八年、初出一九三五年）三五五頁。

（3）北山茂夫「蘇我倉山田石川麻呂の事件の一考察」（『続万葉の世紀』東京大学出版会、一九七五年）。なお、田村圓澄氏（『藤原鎌足』塙書房、一九六六年、七七頁）や石母田正氏（『日本の古代国家』岩波書店、一九七一年、一六二頁）もこれとほぼ同様に中が実権を掌握していたとみている。

（4）門脇禎二「「大化改新」から壬申の乱へ」（『東アジア世界における日本古代史講座』五、学生社、一九八一年）。

（5）篠川賢「乙巳の変と「大化」の新政権」・「蘇我石川麻呂討滅事件」（ともに『飛鳥の朝廷と王統譜』吉川弘文館、二〇〇一年）、「乙巳の変と蘇我倉山田石川麻呂」・「乙巳の変と「大化」の新政権」（ともに『日本古代の王権と王統』吉川弘文館、二〇〇一年）。

（6）『日本書紀』大化二年三月壬午条。

（7）篠川前掲註（5）「蘇我石川麻呂討滅事件」。

（8）門脇禎二「いわゆる中大兄献上の「入部」について」（小葉田淳教授退官記念『国史論集』同記念事業会、一九七〇年）。
（9）門脇前掲註（4）論文。
（10）門脇禎二「いわゆる「難波遷都」について」（赤松俊秀教授退官記念『国史論集』同記念事業会、一九七二年）。なお、後述するように八木充氏も大化元年の遷都を疑っている。
（11）『木簡研究』二二（二〇〇〇年）。
（12）この計画が公にされた直後から中心部の工事が着工されたのであり、大化四年には周辺部に及び、白雉元年の記事は、その周辺部の工事に関するものであろう。
（13）軽の本拠の軽の宮について、遠山美都男氏は和泉郡にあったとし（『大化改新』中央公論社、一九九三年、第三章）、笹川尚紀氏は三島郡に近い地にあったとする（「皇極朝の阿倍氏」『史林』八七―一、二〇〇四年）。
（14）門脇前掲註（4）論文。なお、氏は大化二年八月己酉の詔から独自の政策を採りはじめるとみている。
（15）改新詔に代表される信憑性をめぐる問題は存在するが、そのような改革とは直接結びつかない分野においても増えている。これは鎌足が政権に加わったことによる天皇の意志発露形態の変化（田村前掲註（3）書、八一～八三頁）によることもあろうが、何よりも天皇の意志の発露の増加が注意される。
（16）『日本書紀』大化元年七月庚辰条。
（17）『日本書紀』推古元年四月条。
（18）『鎌足伝』（沖森卓也他『藤氏家伝』吉川弘文館、一九九九年）による）一五七～一五八行（以下、単に『鎌足伝』に続けて行数のみを記す）。
（19）荒木敏夫『日本古代の皇太子』（吉川弘文館、一九八五年）第二章二節は、皇太子制は飛鳥浄御原令によって成立したとみている。
（20）八木充「乙巳の変後の政権構成」（『日本古代政治組織の研究』塙書房、一九八六年）。なお、門脇禎二氏も孝徳の「新政」は白雉年間が主であったとみている（前掲註（4）論文）。

（21）改新虚構論に立てば、当期の詔は事実を反映したものではなくなる。しかし、改新と直接関わらない分野においての詔も多く、また前後の政権と比較して格段に多くの詔が発布されていることに注意する必要があろう。
（22）『日本書紀』皇極二年十一月条。『鎌足伝』五三〜五四行。
（23）『鎌足伝』四四〜五二行。もっとも『家伝』五二行は続けて「但恐三不レ従、害及二於身一。所二以共許一也」とする。
（24）『日本書紀』は皇極二年十一月朔日とする。
（25）『聖徳太子伝暦』にも癸卯年十一月に「宗我大臣児林臣入鹿」や「致奴王子児名軽王」ら六人が「発二悪逆計一。太子子孫男女廿三人王无レ罪被レ害」と、同様の記事がみえている。
（26）篠川前掲註（5）『飛鳥の朝廷と王統譜』一二八頁。なお氏はこの利害を一致させた入鹿や軽が分裂して乙巳の変がおきたとみている（一二九頁）。
（27）遠山前掲註（13）書、二〇九〜二一三頁。
（28）『日本書紀』皇極二年十月条には「蘇我臣入鹿独謀。将下癈二上宮王等一。而立二古人大兄一為天皇上」と入鹿が古人擁立を計画したとみえる。
（29）遠山美都男氏は世代内継承原理が働いていたとし、そのことからして皇極譲位があれば次は軽が王位継承できるとする（前掲註（13）書、四二〜四八頁）が、世代内継承原理自体、必ずしも鉄案とはいえず、疑問である。その理由の一端を示すと、世代内継承原理は現象を説明するためにもち出されたものであるが、その原理が当時存在していたことを明言した史料がなく、また、世代交代を行うに十分な資格者が存在していたのにもかかわらず世代内継承が優先されたのかが解明されていないことにある。
（30）篠川前掲註（5）『飛鳥の朝廷と王統譜』一二八頁。
（31）『上宮聖徳太子伝補闕記』や『聖徳太子伝暦』はこの時討たれたのは男女二三王とし、その名を列記している。
（32）『日本書紀』は孝徳即位前紀において皇極の同母弟とし、皇極即位前紀に皇極は彦人の孫とする。
（33）平林章仁『七世紀の古代史』（白水社、二〇〇二年）第二章。
（34）推古の遺詔にみられるように、大王の意向を反映した形で王位後継者が決定されつつあることが注意される。

(35) 『日本書紀』は崇峻五年十一月条、推古即位前紀において蘇我氏が崇峻を殺害したことを記している。
(36) 篠川前掲註（5）『飛鳥の朝廷と王統譜』一二九頁。
(37) 関晃「大化改新」（岩波講座『日本歴史』二、岩波書店、一九六二年）、田村前掲註（3）書、六五頁。
(38) 『日本書紀』は皇極三年正月条に「大きなことを謀るには輔あるにはしかず」として石川麻呂の娘との婚姻を中に勧めたとある。また『鎌足伝』（六一～六七行）には鎌足が「勢門の佐」を求めて探しているうちに石川麻呂が入鹿と「相忌」む仲であることを知って石川麻呂との婚姻を勧めたとみえる。
(39) 遠山前掲註（13）書、七八～七九頁。
(40) 中は父舒明の死にあたって一六歳にして誄したと『日本書紀』にみえる（『日本書紀』舒明十三年十月条）。
(41) 『鎌足伝』五八～六〇行。
(42) 『鎌足伝』には中が「三韓上表」を「詐唱」し、石川麻呂に読み上げさせることとしたとみえる（九〇行）が、これは最終段階の実行方法をめぐるものであり、それ以前になされた計画作成や組織形成にどの程度関与していたかは不明である。なお、『日本書紀』皇極四年六月条にも同様の記事があるが、「詐唱」したとはみえない。
(43) 『鎌足伝』三八～三九行。なお、『日本書紀』皇極三年正月条は軽のもとを離れたとはせず、単に「憤下蘇我入鹿失二君臣長幼之序一。挟中闚二闇社稷一之権上」した鎌足が「歴二試接於王宗之中一。而求レ可レ立二功名哲主一。便附二心於中大兄一」したとする。
(44) 田村圓澄氏は暗殺実行グループの結成を含むすべてのプログラムの立案計画は鎌足の宰領するところであったと述べている（前掲註（3）書、六五頁）。
(45) 門脇禎二『「大化改新」論』（徳間書店、一九六九年）第三章第三節第3項。
(46) 『日本書紀』皇極三年正月条。
(47) 篠川前掲註（5）『飛鳥の朝廷と王統譜』一四〇～一四一頁。
(48) 遠山前掲註（13）書、第三章。
(49) 笹川尚紀氏は前掲註（13）論文において、軽の宮は三島郡に近い地に設けられたとみている。その蓋然性は高いと考える。

(50) 遠山美都男氏は前掲註（13）書、一八五～一八九頁において、佐伯連古麻呂、稚犬養連網田は地縁にもとづいて軽が組織したとみている。しかし『日本書紀』皇極三年正月条や『鎌足伝』（八六～八七行）によるとこの二人を推挙したのは鎌足である。地縁によらないとすると少なくとも佐伯連古麻呂、稚犬養連網田は石川麻呂がその職務上の関係を通して引き込んだものと考えざるを得なくなるのではないか。

(51) なお、他の有力王族として舒明朝に朝参規則の徹底を求めた大派王が存在する（『日本書紀』舒明八年七月条）が、敏達の子どもであること（『日本書紀』敏達四年正月条）からして老齢であり、当時生存していたかも定かではなく、中心となり得たかは疑問である。

(52) 『日本書紀』についてはは先にみたが、『鎌足伝』（二八～二九行）も「王室衰微、政不レ自レ君。大臣窃慷慨之」とする。

(53) 『日本書紀』皇極三年正月条。

(54) この理由については門脇禎二氏（前掲註（45）書、第二章第三節、第三章第三節第1項・第3項）や加藤謙吉氏（『蘇我氏と大和王権』吉川弘文館、一九八三年、一六〇頁、一六八～一六九頁）が考察している。

(55) 『鎌足伝』六二～六三行。

(56) 『日本書紀』大化元年七月条には、即位した孝徳が石川麻呂の女乳娘を「次妃」としたとみえていることも注意されるところである。即位前の関係を受け継いだものであるならば、既に軽と石川麻呂が結ばれていた可能性もあるのであり、遠山美都男氏は前掲註（13）書、一四四頁において、和泉郡と石川麻呂の居住地が近いことを以て以前から軽と石川麻呂には親縁があったとし、クーデター以前に婚姻関係が結ばれていたとする。

(57) 『日本書紀』皇極三年正月条、天智七年二月条。『鎌足伝』六五～七三行。

(58) 吉川敏子「中臣鎌足の三島退去の時期についての試案」（『続日本紀研究』三一六、一九九八年）。

(59) 『日本書紀』天智七年二月条参照。

(60) 加藤前掲註（54）書、一六一～一六二頁。

(61) 笹川尚紀氏も皇極三年の春に婚姻が結ばれ、その年に大田皇女、翌年に持統が生まれたとするならば支障はないとしている（前掲註（13）論文）。

(62) 石川麻呂が「三韓の表」を読んでいることは、彼が外交に関係する役割を日頃与えられていた可能性がある。
(63) 遠山前掲註(13)書、一四八～一四九頁、「「乙巳の変」の再構成」(『古代王権と大化改新』雄山閣、一九九八年)。
(64) 『日本書紀』孝徳即位前紀。なお、『鎌足伝』には古人に即位をうながしたことは記されていない。古人が「三韓」の調進上の場にいたことは、殺害の対象として招かれていた(遠山前掲註(13)書、二三二～二三三頁)というよりも、その地位によるであろう。かなり次期後継者としての立場を固めていた可能性がある。その地位からして彼の即位は蘇我本宗家が討たれた段階でもかなり可能性のあることではなかったか。そうであったからこそ、後に謀反の罪をきせられて、除去されもしたのである(『日本書紀』大化元年九月条)が、その古人が入鹿殺害の場から脱出できていること自体、入鹿殺害が主目的であったことを物語る。
(65) すでに推古の遺言が次期後継者選定に影響力のあったことが注意される。
(66) 石母田正「国家成立史における国際的契機」(『日本の古代国家』岩波書店、一九七一年)。
(67) 山尾幸久「唐の羈縻政策と東アジア」(『古代の日朝関係』塙書房、一九八九年)。
(68) 鬼頭清明「七世紀後半の東アジアと日本」(『日本古代国家の形成と東アジア』校倉書房、一九七六年)。
(69) 西本昌弘「東アジアの動乱と大化改新」(『日本歴史』四六八、一九八七年)。
(70) 『日本書紀』大化二年九月条。
(71) 『日本書紀』には新羅からの使者は大化元年七月、二年三月、三年正月、是歳、四年是歳、五年是歳、百済からの使者は大化元年七月、二年三月、新羅への使者派遣は大化元年九月、四年二月、五年五月、百済への使者派遣は大化四年二月の各条にみえている。
(72) 『日本書紀』白雉元年是歳条には安芸国に命じて「百済舶二隻」造らせたとみえる。
(73) 八木充「七世紀中期の政権とその政策」(『日本古代政治組織の研究』塙書房、一九八六年)。
(74) 遠山美都男氏は前掲註(13)書において、旻と軽は堅い主従関係で結ばれており(一七三～一七四頁)、高向玄理の本拠地高向が和泉郡と近い(一七九頁)などのことから関わりがあったとする。
(75) 笹川前掲註(13)論文。

(76)『鎌足伝』二五～三二行。
(77)吉川前掲註(58)論文。
(78)『鎌足伝』五～六、二三一～二三二行。
(79)『鎌足伝』二〇～二五行。
(80)『日本書紀』舒明四年八月条。
(81)笹川前掲註(13)論文。
(82)『鎌足伝』一一～一四行。
(83)横田健一「蘇我本宗家の滅亡と大化改新」(黛弘道編『古代を考える　蘇我氏と古代国家』吉川弘文館、一九九一年)。
(84)日本古典文学大系『日本書紀』宣化元年二月条の「大夫」に対する補注は、大夫は大臣・大連の下で合議体を構成して朝政に参議し、また天皇と臣下氏の間に立って奏宣の任にあたるが、その大夫の地位は完全な世襲ではなく、冠位十二階の徳冠の者によって占められるとし、その顔ぶれは時に異なるが、ほぼ一定していたとする。そしてその氏姓をあげているが、中臣氏を含めている。なお、倉本一宏氏は大夫の範囲を広げて考えた上で、その変遷を「氏族合議制の成立」(『日本古代国家成立期の政権構造』吉川弘文館、一九九七年)において表にまとめている。
(85)田村前掲註(3)書、二三～二六頁。また横田健一氏が中臣氏は常陸と深い関係にある卜部氏であるとすることも注意される(「中臣氏と卜部氏」〔『日本書紀研究』五、塙書房、一九七一年〕)。
(86)『鎌足伝』五行。『中臣氏系図』(群書類従本による)所引『延喜本系帳』にも「美食子大連公長子大織冠内大臣鎌足大連公」とみえる。なお、「御食子」については『日本書紀』舒明即位前紀には「中臣連弥気」などとみえている。
(87)松倉文比古「「古事記・日本書紀」に描かれた中臣氏」(『日本書紀研究』二五、二〇〇三年)。
(88)遠山前掲註(13)書、一一三～一一九頁。なお、田村圓澄氏は御食子、国子が蘇我氏に密接し、蘇我氏支持の態度をとっている以上、中臣の一員にとどまることは蘇我氏に批判的な鎌足にとっては苦痛で、そのために三島に退去したとみている(前掲註(3)書、五六頁)が、当初から反蘇我氏の態度をとっていたかは疑問な所があり、にわかに従えない。
(89)もっともこの考えでは直系相続を主張したはずの鎌足が、兄弟相続を主張する可能性の高い軽と手を結んだこととなり、やや矛盾する。直系を主張する観点からするならば、中と結んだことに意義が見出せるが、しかし遠山氏は先にみたように中を低く評価している。

(90)『日本書紀』皇極三年正月条。

(91)『鎌足伝』五八～六〇行に「王政出レ自二大夫一、周鼎将レ移二季氏一。公如二之何一。願陳二奇策一」とある。

(92) 先にふれたように『鎌足伝』一二三行に太公の『六韜』を読んだとあることが注意される。

第五章　改新詔と大化期の改革

問題の所在

乙巳の変によって皇極四年（六四五）六月に蘇我大臣家が倒される。[1] この乙巳の変の首謀者については前章でふれたが、遠山美都男氏の首謀者は後に即位して孝徳となる軽皇子であるとの論を受けたもので、それによれば（一）軽皇子は、乙巳の変後、即位して孝徳天皇となるが、即位前の軽は即位する希望を抱きつつも、三島に退去していた中臣鎌足と接近した当初、入鹿殺害までは考えていなかったようである。（二）しかし蘇我入鹿を倒さなければ政界での活躍がおぼつかないと考えていた鎌足は、軽に不満を抱き、中皇子（＝中大兄皇子）とも接近する。（三）しかし入鹿によって山背大兄王が殺害された後、身の危険を感じた軽が入鹿殺害に踏み切ったことにより、鎌足は軽と行動をともにする。（四）そして鎌足は入鹿殺害計画への参加者を様々な口実を用いて密かに募るのであり、蘇我氏の一員である石川麻呂をも計画に参加させることに成功する。（五）ここに軽を中心としつつも、鎌足の独自の路線も生じたのであるが、あくまで中心に位置していたのは軽であった。（六）軽を中心として鎌足が行動し続けたのは、中大兄の力量不足や南淵請安に君臣秩序を重んじる「周孔之教」を学んでいたこともあるが、鎌足の政治にかける執念も、乙巳の変に重要な役割を果したのである。[2]

『日本書紀』はこの乙巳の変から半年経過した翌年の大化二年（六四六）正月条において「賀正礼畢。即宣二改新之詔一」と、いわゆる大化改新詔が発布され、改革が宣言されたことを記している。いわばこれからの政策綱領を示したとの体裁をとっているのであるが、しかしこのように単純にとらえるわけにはいかない。当初から改新詔につながる改革を意図して蘇我大臣家を倒し、その改革の概要を宣したのが改新詔なのか、それとも蘇我大臣家を倒したことの副産物が改新詔なのか[3]、はたまた改新詔は全くの虚構なのか[4]という問題があるからである。

これについては、部民制の廃止が少なくとも当時の政治課題の一つとされていたことからすると[5]、あながち完全に当時のものではないと断言することはできないようである[6]。となれば、改新詔と当時の改革を切り離してとらえることはできなくなるが、ここで問題となることは今日みる改新詔がどれだけ真実を反映したものであるかである。

今日みる改新詔については周知のように、(1)信憑性をいっさい認めず、これをすべて否定するもの[7]、(2)主文の信憑性は認めるが、副文（凡条）については否定するもの[8]、(3)すべてに信憑性を認めるもの[9]、に大別される。以下、このことを視野におきつつ、当時の改革と改新詔の関係について考えることとしたい。

一　改新詔主文の構成

まず『日本書紀』にみえる改新詔をみてみよう。主文とそれに付属した副文からなっているが、そのいわゆる主文は、四つから構成されている（以下、便宜上、第一条などと表記する）が、

第一条　罷二昔在天皇等所レ立子代之民。処々屯倉及別臣連。伴造国造。村首所レ有部曲之民。処処田庄一。依賜二食封大夫以上一。各有レ差。降以二布帛一賜二官人。百姓一有レ差。又曰。大夫所レ使治レ民也。能盡二其治一則民頼之。故重二其禄一所二以為レ民也。

第二条　初修二京師一。置二畿内国司。郡司。関塞。斥候。防人。駅馬。伝馬一。及造二鈴契一。定二山河一。

第三条　初造二戸籍。計帳。班田収授之法一。

第四条　罷二旧賦役一而行二田之調一。……別収二戸別之調一。

というものであり、これによれば第一条で公地公民と官人の俸禄、第二条で行政組織・区画、軍事体制など、第三条で戸籍班田収授の法を造ること、第四条で税制改革に言及している。すなわち改新詔は部民制の廃止にともなう私地私民制の制約とそれにともなう官人への対処、それから派生した旧部民の統轄法、さらには新税制への移行と全国統治機構の整備をその骨子としたものである。

この改新詔をいかにみるかについては、冒頭でふれたように多様な見解が出されており、混沌とした状況にある。この改新詔と当時の政治・社会状況について考えるにあたって注意しておきたいことは、第一条・第三条・第四条といった関連性のある条文の間に第二条が挿入されていることである。第一条で部民制の廃止を宣するとなれば、その旧部民からの収取をいかなる形で継続するかはきわめて重要であり、それに応えたのが、第三条・第四条であることは言を俟たないことであろう。しかしその間に第二条が挿入されており、また第四条においては主文の間に副文が挿入されているのである。その意味では主文の構成は、一貫した流れを欠いているといえよう。

これをいかに解するかであるが、

A　もとは第二条が存在しなかったが、後世、第二条が重視され、挿入されたとみる。

B　もとは第一条と第二条からなっていたが、後世、第三条・第四条が追加されたとみる。

そのいずれかということとなる。

Aについて注意されることは、大化五年に全国的な立評が行われていることである。すなわち『皇太神宮儀式帳』（群書類従本による）の「初神郡度会多気飯野三箇郡本記行事」項は、

至二于難波長柄豊前宮御宇　天万豊日天皇御世一。有爾鳥墓村造二神庤一弖。為二雑神政行（所）一仕奉支。而難波朝庭天下立レ評給時仁。以二十郷一分弖。度会乃山田原立二屯倉一弖。新家連阿久多督領。磯連牟良助督仕奉支。以二十郷一分。竹村立二屯倉一。麻績連広背督領。磯部真夜手助督仕奉支。

とし、難波長柄豊前宮すなわち孝徳朝に立評がなされたとする。同様に『神宮雑例集』（群書類従本による）巻一所引「大同本紀」も、

難波長柄豊前宮御世。飯野多気度相惣一郡也。其時多気之有爾鳥墓立レ郡。時爾以二己酉年一。始立二度相郡一。

とし、具体的に己酉年＝大化五年としている。また『常陸国風土記』[10]は香島郡について「難波長柄豊前宮御駅宇天皇之世　己酉年」に中臣（　）[11]子・中臣部兎子等が、惣領高向大夫に請いて下総海上の国造部内の一里、那賀の国造の部内五里から別に神郡をおいたとしている。このことからすると鎌田元一氏が説いたように大化五年に求めることができる[12]が、行方郡条は「難波長柄豊前大宮馭宇天皇之世　癸丑年」に茨城国造・那珂国造が惣領高向大夫・中臣幡織田大夫に請いて茨城の地八里と那珂の地七里を割いておかれたとし、また多珂郡についても「難波長柄豊前大宮馭軒天皇之世　癸丑年」に多珂の国造石城直美夜部・石城評造部志許赤らが惣領高向大夫に申請して多珂・石城二郡をおいたとし、癸丑年＝白雉四年＝六五三年のこととしている。大化五年、白雉四年いずれにしろ、そう遠くない時期のことをさかのぼって記していることが注意される。このことは第二条の実施と関わることであり、決して第二条が後世の産物であるとばかりはいえないことを示すものである[13]。

その意味で注意されることは、副文にみえる畿内規定である。それには「畿内東自二名墾横河一以来。南自二紀伊兄山一以来。西自二明石櫛淵一以来。北自二近江狭々波合坂山一以来。為二畿内国一」とあるが、石母田正氏[14]は大化期の畿内は「四方諸国」から王都に通じる機関交通路上の境界点によっていた時代のことを反映しているとし、大化期に何らかの詔が出され、それが後世修飾されて『日本書紀』の改新詔となったとみて、原詔の存在を認めている。また郡に

ついても「以二四十里一為二大郡一。三十里以下四里以上為二中郡一。三里為二小郡一」とあるが、この規定は他にみえない。これを北康宏氏は仕丁差発のあり方の変更がなされたとみた上で、大化の改革は公戸系統の改革と子代入部・豪族部曲系統の改革が並行したため、それを統合しようとした結果とみるが[15]、少なくとも、大宝令文にはみえない。孝徳朝における全国的な立評を加味するならば、このことは第二条が大化期の改革を反映して述作されたことを示すと考えられる。したがってAは成立しない。

ではBはどうか。第三条は計帳にふれ、また口分田の収公にふれるなど、当時としてはまだその実施がかなり困難なことにふれている[16]ことから、後世に書かれた可能性が高い文であるが、第四条は当該時期のものである可能性が高い。すなわち、「田調」はここにしかみえなく、「戸調」も『続日本紀』慶雲三年（七〇七）二月庚寅条に「戸別之調」が登場するまでみえないからである。したがって、当該時期のものである可能性が高いが、また第四条を後世のものとみなすと、第一条との整合性が失われることも注意されるところである。

したがってBも成立しないが、部民の廃止は容易になしがたいと自覚し、それで第一条と第二条のみを宣し、第三条・第四条についてまでは失念していたと解するならば、これをようやく理解することはできる。すなわち、第一条・第二条が宣せられ、第一条が少し軌道に乗った時点で、第三条・第四条の必要性に思い至り、大化期に追加されたものがまとめられたと考えれば、一応の説明はつく。

改新詔主文自体を当時のものとみる一方で、一度に出されたとは解さず、複数に分けて考えるのであるが、このように考える時、大化二年正月段階で出されたものは何か、また何が遅れて出されたのかをも明らかにする必要が生じる。改新詔主文から離れ、それがいつ、課題とされたかを検討し、それが後に改新詔として編集されたと考えることになるが、以下、節を変えて考えることとしたい。

二　改新詔主文と大化期の改革

『日本書紀』は大化二年正月に賀正の礼が終わってから改新詔が出されたと記しているが、それが右にみた原詔[17]にあたるものであるにせよ、しかしすべてがこの時のものではない可能性があることは右にみたところである。改めてみてみよう。

第一条には食封のことが登場する。石母田正氏が指摘したように、この食封は天武四年（六七五）以降のことを反映したものであり[18]、ここにおいても天武朝以降のことが反映されている。また門脇禎二氏は、部民廃止は大化二年三月の皇太子奏における昔天皇がおいた子代入部と大化二年八月の品部廃止を下敷きにし、それぞれに屯倉と田荘を付して述作されたと説く[19]。これらによれば第一条には後世の内容が含まれていることとなるが、では、子代についてはどうなのか。

ここにみえる子代は部のことであり[20]、部曲は豪族私有民のことであるが[21]、これも大化二年八月の品部廃止詔以降とみる鎌田元一氏の見解がある。氏は(1)改新詔は部全体を王家の「カキ」としての子代と諸豪族の「カキ」としての部曲に二分したものであるが、それは八月詔の品部廃止を別の観点から述べたもので、部の全面的廃止をいう点で重複しており、(2)正月の宣言後、改めて八月に部の廃止が出されたとみることも可能であるが、改新詔には大宝令の修飾を受けていることから、八月詔に先立って正月に改新詔が出されたことを疑問とする[22]。とすると、第一条についても大化二年三月以降のものを含んでいるといわなければならない。

第二条の郡についてであるが、郡の設置は大宝令からのことであり、その意味では大宝令制定後のことといわなければならない。しかし、この「郡」を「評」と改めるならば大化当時のことを反映したものである可能性が生じる。

その評が設置されたのはいつのことなのであるかであるが、先にみたようにそれは大化五年のことである可能性が高い。またこの第二条は「関塞・斥候・防人・駅馬」に言及しているが、関晃氏はこれを対外防備と、それとの関連で駅制が整備されたとみている(23)。山尾幸久氏はこれを受けて、これらの制が大化期のものと不都合でなければという条件の下で、当時の国際情勢と倭国のそれへの関わり方が政府に対外防備の必要を感ぜしめるのに十分であったとする(24)。

このようにみてくると、改新詔は全くの虚構ともいえず、同じ大化期に属する改革事項を改新詔として『日本書紀』編纂者が集約した可能性がある。

もっとも品部廃止詔などについて、関口裕子氏は本来は後世のものであるが、大化期に集約して掲げられたとする(25)。すなわち改新詔にみえる改革は天智朝以後の改革を待つ必要があるものとするのである。戸籍作成とも絡む問題であるが、私地私民制の廃止は天武四年、郡司の設置や行政区画の設定は天智期、戸籍作成は天智期の庚午年＝六七〇年、班田収授は大宝令、五十戸一里制(26)は持統期の庚寅年＝六九〇年、税制は天智期のこととみなし、それを大化期のこととして記されたとみるのである。

この点、八木充氏は孝徳の即位自体を白雉からとみている(27)。その主要な論拠は、(1)難波長柄豊碕宮の造営や遷都は『日本書紀』白雉二年十二月条などから白雉元年前後から具体化されたと考えられること、(2)『日本書紀』白雉元年四月条の新羅貢調記事に「或本云。是天皇世。高麗。百済。新羅三国。毎レ年遣レ使貢献也」とあるが、朝鮮三国の同時朝貢記事は即位年に多く、また白雉元年条に「是天皇世」とされていること、(3)『新唐書』日本伝には「永徽（六五〇～六五六年）初、其王孝徳即位。改元曰二白雉一」とあることにある。しかし(1)については難波宮跡出土木簡に「戊申年」＝大化四年と記したものがあること(28)から、すでに難波宮の造営が大化四年には着手ずみであるとともに、前章で述べたように周囲にその構作が及びつつあるとみなすことができ、そのことから、認め得る部分がある。(2)については大化元年に三国朝貢記事があること、(3)については、遣唐使の派遣・到着時期と絡む問題にすぎないと考え得ることから、八木説は疑問とすべきであろう。

また門脇禎二氏は孝徳の「新政」は白雉年間が主であったとみている。(29) すなわち、大化二年八月の品部廃止詔から は皇極・中大兄の思惑とは別に独自の政策をとりはじめ、大化五年四月の新大臣任命により大王権力を確立し、それは親新羅・唐路線、白雉改元、難波長柄豊碕宮の造営着手などとして具現化されるが、結果として次第に皇極・中大兄と対立したとみる。このように「新政」自体が遅れたとなると、大化期の改革自体、霧散しそうであるが、しかし孝徳の「新政」は遅れて開始されたのであろうか。氏自身、孝徳は即位当初から実権を掌握していたとみている。(30)

とすれば大化期から孝徳は改革を行い得たのである。したがって改新詔は当時の改革と不可分のものといえるが、問題は、『日本書紀』の改新詔主文がもとの原詔に後世の知識によって少し表現を改変されたものなのか、それとも大きく改変されたものなのかである。以下、節を改めて考えることとしたい。

三　改新詔主文と乙巳の変参加者の意向

前章で述べたように、鎌足は種々の口実を用いて各勢力の協力を求め、蘇我大臣家の打倒に成功したのであった。その口実は具体的には、

(a)蘇我大臣家の専横に対する批判
(b)蘇我氏の百済寄りの姿勢に対して、唐・新羅寄りの外交をも考慮すべきとの外交批判
(c)従来の地方政治のあり方への批判
(d)蘇我大臣家の打倒に象徴される氏姓制のあり方への批判

(e)蘇我氏の内部分裂

である。

(a)は『日本書紀』の記述から導かれたものであり、坂本太郎氏[31]や関晃氏[32]、田村圓澄氏[33]によって説かれていたものである。しかし『日本書紀』編纂のあり方をも含めた史料批判[34]によって、現在では入鹿の専横がどこまで真実か不明なところがあるといわなければならない。それ故、誰がこれを批判していたかは『鎌足伝』が「俄而崗本天皇崩。皇后即位。王室衰微、政不レ自レ君。大臣窃慷二慨之一」と鎌足が蘇我氏の専横を窃かに慷慨していたと記していること[35]以外は不明といわなければならない。

(b)は蘇我大臣家の外交路線に反対する一派が起こしたとみるものであるが、しかしこれについては蘇我大臣の外交路線がはっきりと確定されておらず、ために各論がだされる現状にある。すなわち石母田正氏や八木充氏・金鉉球氏は、乙巳の変は親百済派の蘇我大臣家と、唐の朝鮮半島問題介入強化を受けて親新羅・唐路線をとろうとする中大兄一派との対立から発生したと説く[36]。山尾幸久氏も当初、このようにとらえていた[37]が、後には逆に唐・新羅寄りの政策をとろうとした蘇我大臣家に対して、百済と親しい軽がクーデターを起こしたものととらえた[38]。鬼頭清明氏は六四二年の百済の旧任那地域の占領を前にして、任那の調にこだわる蘇我大臣家と、それを放棄してでも百済・新羅からの朝貢維持を図り、半島での抗争から中立の立場をとろうとした中大兄一派の抗争とし[39]、西本昌弘氏は倭は一貫して親百済政策をとっていたが、六四二年の東アジアの大変動を契機に内政・外交にわたる改革を志向したものの、この方針に反する行為をとろうとした蘇我大臣家を討滅したとみる[40]。

(c)は門脇禎二氏が強調しているもので、中級官人が直面していた矛盾を克服するために立ち上がったとみるものである[41]。氏は中級官人として民衆と接する機会の多かった彼らが改革の必要性を自覚し、連帯して立ち上がったとみている。

(d)は(c)とも関わるが、中級官人である中臣氏出身の鎌足が政界での活躍を意図するならば、氏姓制の頂点に立つ蘇我大臣家を倒すことはその一法である。鎌足が宗業を継がないと決めた[42]以上、中級官人として生きるほかなく、その時、氏姓制からくる身分の低さが障害となる。その打破も決起に参加した中級官人はひそかに願っていたとしても不思議ではない。

(e)は篠川賢氏が強調したもので[43]、蘇我大臣家の滅亡は蘇我氏の内部分裂によるものであり[44]、そのことは蘇我大臣家の遺産処分記事がないことからうかがえるとし、石川麻呂の関与を強調する。そして軽と石川麻呂が親密であることからして乙巳の変は軽と石川麻呂による政変であり、新政権の中心にあったのは両者であるとする。『鎌足伝』は鎌足が入鹿打倒のために「勢門之佐」を求め、入鹿と「相忌」む仲であった同族の石川麻呂を見出し[45]、大臣家を放置すると害が石川麻呂に及ぶとして、入鹿殺害に加わるよう働きかけたと記している[46]。

前章で述べたように鎌足は軽のために様々な口実のもとに各種勢力に働きかけていたのであり、その意味でまず注目されるのは、大臣家が倒された以上、「大臣」をおくことは憚られ、孝徳が即位とともに左右の大臣を置いた[47]のは現実的な対応である一方、右大臣とされた石川麻呂にしてみると、それは協力したことへの当然ともいえる任官であった。これは政変後の一般的な現象といえるから措くとして、この他に何がなされたかである。様々な口実のもとに各種勢力が結集し、それをまとめたのが鎌足であったのであるが、入鹿殺害に成功した以上、その口実の実現が鎌足の課題となる。

四　改新詔と乙巳の変参加者への配慮

(a)については、その説が現在否定されている。しかし仮に成立するとしてもすでに事は終わっており、その残務整理が課題となるが、蘇我氏から右大臣として石川麻呂が加わった以上、せいぜいその上に左大臣として阿倍麻呂をおいたことに反映されたとみるべきである[48]。

(b)についてはについては先にふれたように蘇我大臣家の外交路線に不明なところがあり、ためにその改革の実行についても混沌としている。いま『日本書紀』を中心に当該時期前の外交関連記事を拾うと次のようになる（海外史料は末尾に※を付した）。

舒明　二年　三月　高句麗、百済朝貢
　　　　　　八月　遣唐使派遣
　　三年　三月　百済より王子豊章入質[49]
　　四年　八月　唐より高表仁、新羅使とともに対馬に
　　七年　正月　百済朝貢
　十一年　十一月　新羅客に饗
　十二年　十月　大唐学問僧、新羅経由で帰国
　　　　　　　百済・新羅朝貢
皇極　元年　正月　百済より使者、百済王子翹岐一行来朝[50]
　　　　　　二月　高句麗朝貢
　　　　　　　高句麗・百済、新羅・任那に使者派遣すべきと詔
　　　　　　三月　新羅より使者
　　　　　　四月　百済大使翹岐、拝朝
　　　　　　五月　百済朝貢

八月　百済使者の帰国に際し、大舶三艘を与える
是歳　百済、新羅より任那奪還（三国史記）※
二年　四月　百済王子翹岐、調使とともに来朝[51]
六月　高句麗朝貢
大化　元年　七月　高句麗・百済・新羅朝貢
百済、任那の調を進貢
高句麗・百済に詔、百済に使者派遣
二年　九月　新羅に使者派遣、入質すべきことと任那調の停止を告げる

舒明・皇極朝には朝貢使を含めて高句麗・百済との使者の往来が盛んであるのに対して新羅との交流は少なかった。それに対して大化二年には、新羅に使者を送るなど交流が増加しているのである。[52]誰が外交を主導したか[53]は別に、外交の転換が図られているのであるが、これは外交路線の転換を訴えたことへの具体的な返答となるのではないか。

また大化元年十二月の難波豊碕宮への遷都[54]であるが、孝徳が即位以前に住まいしていた宮は和泉郡ないし摂津三島郡に営まれていたと推定されている。[55]これによれば孝徳は即位後しばらくしてその本拠地に近いところに遷都しようとしたのであり、それは権力の所在を明確にする行為に他ならないが、石母田正氏は朝鮮半島の緊張に対する対応と関わるとみている。[56]

この遷都について門脇禎二氏[57]や八木充氏[58]は当時のものとみていないが、しかし先にふれたように難波宮跡出土木簡に「戊申年」＝大化四年と記したものがあることから、すでに難波宮の造営が大化四年には着手ずみであるとともに、周囲にその構作が及びつつあることをうかがうことができる。そうであれば全くの作文とはいえないこととな

る。少なくとも飛鳥の地を離れて新たに宮を営むことを宣したことを背景にした記事であろう。
(c)・(d)はそれまでとは異なる地方政治の展開、官人秩序の構築につながるが、どのようなことが行われたのか。いま大化期になされた主な改革事項をみると以下のようになる。

㋐　大化元年　八月　東国へ国司派遣し、戸籍を作り、田畝を挍え、武器の収公
㋑　　　　　　　　　倭国六県に使者を派遣し、戸籍を作り、田畝を挍える
㋒　　　　　　　　　男女の法
㋓　　　　　　九月　諸国に使者を派遣し、武器の収公
㋔　　　　　　　　　使者を諸国に派遣し、民の元数を記録
㋕　　　　　　　　　大土地所有の禁止
㋖　　　　　十二月　難波長柄へ遷都
㋗　大化二年　正月　改新詔
㋘　　　　　　三月　皇太子奏
㋙　　　　　　　　　旧俗改正
㋚　　　　　　八月　品部廃止
㋛　　　　　　　　　百官位階の制定
㋜　　　　　　　　　地方政治の方針・給田
㋝　　　　　　　　　調賦規定
㋞　大化三年　四月　品部廃止
㋟　　　　　　是歳　位階制定

(c)については㋐・㋑・㋓・㋔・㋕・㋙・㋜・㋝などが、(d)については㋚・㋛・㋞・㋟などが該当しよう。すなわち(c)の㋐・㋑・㋓・㋔は戸口と田地の調査であり、それは先にふれたように対外関係の緊張に対処することではあるが、氏姓制の段階においては地方に派遣された中級官人が調査しようにも困難をともなうものであった。㋙・㋜・㋝は地方に赴く中級官人の便宜を図っていたり、彼らが現地において作業をするにあたっての基準などを述べたものである。(d)の㋛・㋟は位階の再編成であり、これは(c)にも該当するが、蘇我氏への配慮ということからすると、大臣家そのものではないため、その地位は低かったが、それを位階の再編で応じたものといえよう。

問題はどの程度、これが実際に展開されたかである。

大化元年八月の㋐・㋑に関して、「戸籍を作り、田畝を挍える」とある部分を、石母田正氏は、私民の収公ではなく、部曲などの私民をも含めてすべての民戸が対象とされたもので、領域内のすべてを部民的な統属関係とは無関係にあり、その存続を前提としたものであり、また、校田は民有地のみならず、共同体の所有地、寺社の所有地から屯倉・田荘に至るまで一律に行われ、耕地の確認のみならず、各種の正当性のない土地保有を整理することまで含み、それは一方で収公規定のない土地の「賦田」であるとする[59]。

これによると、それは一部実行された改革となる。ここで注意されるのは㋜である。これはこれから発遣する国司に対するものであり、

今発遣国司并彼国造可㆓以奉聞㆒。去年付㆓於朝集使㆒之政者。随㆓前処分㆒。以㆓収数田㆒。均給㆓於民㆒。勿㆑生㆓彼我㆒。凡給㆑田者。其百姓家近接㆓於田㆒。必先㆓於近㆒。

とある。後半の「凡」以下が、改新詔の副文のあり方と似ていることから信をおけないとしても、前半部分は㋐・㋑を受けたものといえよう。このことは㋓・㋔に通じるが、『日本書紀』大化二年三月条にこの時派遣された国司の評価がなされていることからして東国国司は派遣されたのである。この国司派遣は当時慣習化していて、その一環とし

て派遣されたのかであるが、これについて黛弘道氏はミコトモチと称される臨時の使者とみた。[60] しかし薗田香融氏は国宰は常駐の官人で現地人の首長を監督する行政官ととらえ、[61] 北康宏氏も任国下向が八月、帰任二月で、それを受けて三月に対策を講ずることを基準とするサイクルが存在していて、その一環として派遣されたものとみている。[62] 一定のサイクルで派遣されることが確立されていたとまで断言できないが、その任務のなかに新たに㋐・㋑などが加わったといえるのではないか。

㋕の大土地所有の禁止は賦田と関わる。

㋙に交通に関する規定がある。すなわち、

① 被レ役二辺畔一之民。事了還レ郷之日。忽然得レ疾臥二死路頭一。於レ是路頭之家。乃謂之曰。何故使レ人死レ於二余路一。因留二死者友伴一。強使二祓除一。

② 百姓溺二死於河一逢者。乃謂之曰。何故於レ我使レ遇二溺人一。因留二溺者友伴一。強使二祓除一。

③ 被レ役之民。路頭炊飯。於レ是路頭之家。乃謂之曰。何故任レ情炊二飯余路一。強使二祓除一。

④ 百姓。臨二向レ京日一。恐二所レ乗馬疲痩不レ行。以二布一尋。麻一束一送二参河。尾張両国之人一。雇令二養飼一。乃入二于京。於二還レ郷日一送二鍬一口一。而参河人等不レ能二養飼一。……故今立レ制。凡養二馬於路傍国一者。将二被レ雇人一。審告二村首一。方授二訓物一。其還レ郷日不二須臾報一。如致二疲損一不レ合レ得レ物。……

⑤ 罷二市司。要路。津済渡子之調賦一給二与田地一。

というものである。

①・③は宮などでの使役にあたる人々の交通の便を図ったものであり、④は馬の使用からして上層の人を対象として、やはり交通上の不便を取り除こうとしたものであるが、④において参河、尾張が問題とされていることからして東国国司派遣の結果を受けたもので、当時のものといえよう。[63] ⑤の規定は先の石母田正氏の提起した賦田と関わるこ

とでもある。これらは国司として地方に赴任した中下級官人の感じた矛盾と関わるもので、ここでその改正がうたわれたとみるのが妥当であろう。

㋜の地方政治の方針・給田・㋝調賦規定は下級官人が国司として任務を果たすにあたって必要な事項に属しよう。

(d)については㋛・㋟はいずれも位階の制定に関わるが、ともに実行に移されている。㋚・㋞は一連の品部廃止詔とされているものであるが、㋘の皇太子奏と関わる。

この㋘皇太子奏については薗田香融氏や篠川賢氏は、押坂彦人の御名入部などの献上に消極的であった中大兄に孝徳が献上を催促したものであると考えているが、(64)認められるのではないか。山尾幸久氏も改新詔第一条を「群臣共同体」をめざしたものとした上で、この皇太子奏を王族の地位を強め、「王族共同体」の結束を図るべく王族の経常費を一律に保障しようとしたもので、欽明朝からおかれはじめた「御名入部」を廃止し、それを王族への「封民」としたことの一環であるとみて、当時のものと認めている。(65)「王族共同体」の結束を図るべく王族の経常費を一律に保障しようとしたといえるかはともかく、このことは氏姓制下の領有民の改革と関わる。では㋚・㋞はどうか。

㋚は一連のもので、次のものからなっている。

①　原夫。天地陰陽不㆑使㆘㆓四時㆒相乱㆖。惟此天地生㆓乎万物㆒。万物之内。人是最霊。最霊之間。聖為㆓人主㆒。是以聖主天皇。則㆑天御寓。思㆓人獲㆒㆑所。暫不廃胸。而始㆓王名名㆒。臣連。伴造。国造。分㆓其品部㆒別㆓彼名名㆒。復以㆓其民品部㆒。交雑使㆑居㆓国県㆒。遂使㆘㆓父子㆒易㆑姓。兄弟異㆑宗。夫婦更互殊㆖㆑名。一家五分六割。由㆑是争競之訟盈㆑国充㆑朝。終不㆑見㆑治。相乱彌盛。粤以始㆓於今之御寓天皇㆒及㆓臣連等㆒。所㆑有品部宜㆘悉皆罷為㆗国家民㆖。其仮㆓借王名㆒為㆓伴造㆒。其襲㆓拠祖名㆒為㆓臣連㆒。斯等深不㆑悟㆑情。忽聞㆓若是所㆒㆑宣。当思。祖名所㆑借名滅。由㆑是。……

②　始㆓於祖子㆒奉仕卿大夫。臣連。伴造。氏氏人等。咸可㆓聴聞㆒。今以㆓汝等㆒使㆑仕状者。改㆓去旧職㆒新設㆓百官㆒及著㆓位階㆒。以㆓官位㆒叙。

③　今発遣国司幷彼国造可二以奉聞一。去年付二於朝集使一之政者。随二前処分一。以二収数田一。均給二於民一。勿レ生二彼我一。凡給レ田者。其百姓家近接二於田一。必先二於近一。

④　凡調賦者。可レ収二男身之調一。

⑤　凡仕丁者。毎二五十戸一一人。

⑥　宜下観二国々壃堺一。或図持来奉上レ示。国県之名来時将定。国々可レ築レ堤地。可レ穿レ溝所。可レ墾レ田間。均給使レ造。

①は品部を「国家民」とすべきこと、したがって部民廃止を宣したものであるが、大化三年四月の㋞と関わる。鎌田元一氏は改新詔第一条は大化二年八月の品部廃止詔の内容を別の表現で述べたもので、その史料性には疑問があるとし、この品部廃止詔は部の廃止を全面的に述べたもので、皇太子詔奏はその先触れとみる[66]。ここで注意されるのは㋞の末尾には「始二於皇子。群臣一。及二諸百姓一。将レ賜二庸調一」とあり、これは改新詔に共通することである。

この点、山尾幸久氏は㋚も含めていわゆる品部廃止詔にみえる語句や用字法が和文的で、それは七世紀第Ⅳ四半期にしかさかのぼらないとし、当該時期までにさかのぼらせるのは無理として否定するとともに、伴造—品部の廃止は兵衛・伴部の成立と関連するとし、その兵衛・伴部の成立を天武朝のこととみて、品部廃止詔の実年代を天武朝初葉とみている[67]。しかし『日本書紀』大化元年八月条に「拝二東国等国司一。依詔二国司等一曰。随二天神之所奉寄一……」とあることが注意される。いわゆる東国国司詔の冒頭であるが、和文体なのである。これに関して注目されることはいわゆる前期難波宮における「朝堂院」が巨大なものになっていることである[68]。理由の一つとして、早川庄八氏は地方豪族つまり畿内政権の被支配者たちに内裏・「朝堂院」の大きさを実見させて、圧伏するためであるとみている[69]。畿内政権の成否はともかく、その朝堂院の空間、換言すれば後世の大極殿の前の空間に地方豪族を集めるのであるが、そのことは群臣にも可能で、その上で宣せられたとみる。そのことの一端は先にふれたように大化元年八月に東国等の国司を集めてその任務内容を告げ、彼らが帰京した大化二年三月には「集侍群卿大夫及臣連。国造。伴造幷諸百姓等。咸可レ聴之」と、その集合している場で国司等の評価を告げていること、[70]さらに大化二年二月にも「集侍卿大夫及臣連。国造。伴造及諸百姓」に詔していることは、[71]多数を集めて宣することがあったことを示す。ただ問題はいつの時点で難波宮が完成していたかである。工事は進んでいても、朝堂院の空間に群臣を集め得るほどであったかは不明である。『日本書紀』は難波遷都が行われたとした上で、大化二年正月是月条において「天皇御二子代離宮一」とし、大化二年二月条においてその帰宮を記し、大化二年九月是月条において「天皇御二蝦蟇行宮一」とし、三年是歳条において「壊二小郡一而営レ宮。天皇処二小郡宮一」とし、十月の有馬温泉湯行幸をはさんで、十二月条において「天皇還レ自二温湯一。而停二武庫行宮一」とし、翌四年正月元旦の夕べに、「天皇幸二于難波碕宮一」とする。しかし白雉元年十月条には「為レ入二宮地一所二壊丘墓一及被レ遷人者。賜レ物各有レ差。即遣二将作大匠荒田井直比羅夫一立二宮堺標一」とあり、この時期においても難波宮は完成していないことが知られる。したがって和文的な詔が発せられた場所は難波宮とは限らない。しかし多くの群臣や百姓を集めて宣しているのであり、そのことは和文表現がとられても不思議ではないことを示すといえよう。

また④・⑤は「凡」ではじまり、後の令文の影響を受けたものである可能性が高く信憑性が疑われるが、しかし③は東国国司派遣と関わること、先にみたところである。このようにみてくると、鎌足が用いた口実に対する処置が曲がりなりにも実行に移されたとみることが許されるのではないか。

五　改革と改新「原詔」

そこで問題となることは、これらの改革全体を示唆したものが当時宣されたのかである。個々に宣されたにすぎないのか、それともその個々の改革は全体像を示した上でのことであったのかということになるが、皇太子奏については唐突であり、前提が必要である。それは何故、皇太子が所有ないし管理している御名入部などの献上を求めたのかということへの動機ないし理由である。仮に山尾幸久氏の説くように改新詔第一条を「群臣共同体」をめざしたものであり、皇太子奏が「王族共同体」をめざしたことに端を発するとみるにせよ、その理念の発露が必要なのではないか。(72)

その意味では政変後の翌年正月には何らかの改革姿勢を示すことが必要だったのではないかと考えられる。しかし、当時、元旦に何らかの政治的な行為がなされることがほとんどないことが注意される。推古朝以降の正月三日間の主な記事を拾うと次のようになる（外国からの使節到着などは省いた）。

推古十二年正月朔日　冠位授与
舒明　元年正月四日　即位
皇極　三年正月朔日　鎌足を神祇伯に
大化　二年正月朔日　賀正礼の後、改新詔
大化　四年正月朔日　賀正礼。夕、難波碕に行幸
大化　五年正月朔日　賀正礼
白雉　元年正月朔日　味経宮で賀正の礼
白雉　三年正月朔日　賀正の礼後、大郡宮に行幸
斉明　元年正月三日　即位
斉明　五年正月三日　期温湯より至る（十月より）
天智　七年正月三日　即位

天智　十年正月二日　賀正の事が奏される
天武　四年正月朔日　大学寮の学生等薬・珍奇なもの献上
天武　五年正月朔日　群臣等拝朝
天武　十年正月二日　幣帛を諸神祇に頒つ
天武　十年正月三日　拝朝
天武十二年正月二日　拝朝
天武十四年正月二日　拝朝
朱鳥　元年正月二日　大極殿に御し、宴。無端事を王卿に問う
持統　元年正月朔日　皇太子等殯宮で慟哭
持統　二年正月朔日　皇太子等殯宮で慟哭
持統　三年正月朔日　万国を前殿に朝拝
持統　四年正月朔日　即位
持統　四年正月二日　拝朝
持統　五年正月朔日　親王以下に叙位
持統　七年正月二日　高市皇子以下に叙位、服色規定
持統　八年正月二日　叙位

賀正礼は大化二年から登場するが、しかし推古十一年（六〇三）十二月条に冠位制定を述べた後、元日には「唯元日着二髻花一」とあるのみである。このことから元日の礼は行われていたことが知られるが、その礼は天候から二日ないし三日になされる場合もあったようである。しかしその場で内外の政治方針などについて何かが宣される例は少

ない[73]。正月の礼のなかで何かが宣されるのは推古十二年、皇極三年（六四四）、そして大化二年にすぎず、きわめて特異なのである（しかもそのなかの推古十二年の場合、年紀が異なっている[74]）。

しかしただ、日付を換えただけの可能性もある。当時は天候の具合で拝朝がずれることもある。その場合、正月の礼も遅れることとなるが、それを元旦のこととしてまとめて記された可能性はあり得る。しかし元旦に政治的なことが宣せられたことはほとんどないのである。このことは改新詔が元日に出されたことを疑わせるに十分である。

しかし特別なこととしてはあり得る。そこで日付を少し換えて、大化元年元旦のこととして記されたにすぎないのかを検討する必要が生じる。その場合、主文自体も修飾されたか否かということが問題となるが、主文自体の構成に不可解なところや、用字に問題のあることは、主文自体も後世修飾されたことを示す。

用字の変更を軽微なものとみて、問題はそのあり方である。このことは主文全体が、

X　大化期の改革ないし後世の改革からまとめられた創作文

Y　少し遅れて出された主文に書き加えがなされた修飾文

のいずれかによって記されたものと考えることとなろう[75]。

Xは『日本書紀』の編者が大化期などの改革を参考に主文も作文したことになる。その意味では『日本書紀』にみえる改新詔主文は完全な虚構であり、存在しないこととなる。

Yは元旦から遠くない日に簡単な宣言がなされたのであるが、それを『日本書紀』の編者が今日みる改新詔につくりあげ、元旦のこととしたとみることになる。日付を少し換えて記したにすぎない。主文の大半は当該時期のものとみることになるが、その比重が問題となる。大半が事実か否かでその主文の評価が分かれることになる。

いずれと考えるかであるが、ここで注意しなければならないことは、前章で述べたように蘇我大臣家の打倒が多くの協力の下に成功し、それを受けて孝徳が即位し、新政権の誕生をみたことである。したがって、政変直後から改革

を実行することは無理であったとしても、この時には協力者が不満を抱かないようにさせるため、何らかの姿勢を示すことは必要だったはずである。無論、すべてに応えず、一部を無視した可能性はある。しかし大化期の諸改革からみると、それはかなりの部分で言及されたのではないか。孝徳自身は改革の必要性に駆られて蘇我大臣家を倒したのではないにせよ、その協力者は何らかの改革を志向していたのであり、そうである以上、いつまでも改革の姿勢をみせないというわけにはいかなかったと考えられる。

その意味では二年正月には、すでに遂行ないし宣されたものは別として、その他のものをまとめて宣する必要があったのではないか。それは非常に簡潔な内容のものであり、今日みるものではない。全くの虚構でも、全くそのままでもない、このようなものが大化二年正月のある日に出されたのである。その内容は第一条の一部すなわち部民の廃止と、第四条の税制改革を中心とし、それに第二条の一部すなわち地方政治改革を加えたものであった[76]。『日本書紀』にみえる改新詔の主文から推定されてきた原詔ではなく、より原初的な原形のもの、すなわち「真の原詔」である。それが後世、その構成を変えられ、また「評」を「郡」などと改変されたいわゆる主文と、関連する令文＝副文を付された今日みる改新詔として記されたのである。

小結

蘇我大臣家を倒すということは、至難のことであった。このため、蘇我大臣家に反感をもつ勢力が結集してことにあたる必要があった。そのため、ことが成就した後には結集した各勢力に配慮した改革の実行が不可欠であった。このような視点から当時の状況を分析したのが本章であるが、改新詔はその意味では単なる『日本書紀』編纂者の作文とは考えられない。「原詔」が少なくとも存在していたのである。

しかし、問題はその「原詔」はどこまで当時の姿のままなのかである。これについては今日みる改新詔の構成に、副文以外にも不自然な箇所があることなどからして、当時のままのものとは考えられない。また元旦における政治改革宣言などの例がないことからして、大化二年正月元旦以降に部民の廃止と税制改革に地方政治改革の方針を簡単に宣した「真の原詔」が発せられ、蘇我大臣家打倒に参加した勢力に配慮を示し、それは少しずつ実行に移されていく。後世、それは元旦のこととされ、またその構成も変え、さらには存在しなかった改革項目や副文を付されて今日みる改新詔として記されたのである。

従来、改新詔については、原詔の存在を推測するにしても、その構成については疑義が挟まれてこなかった。しかしその構成までも変えられ、また、その宣された日にちも変えられていたのである。このことを確認して、本章を終えることとしたい。

註

（1）『日本書紀』皇極四年六月条。

（2）遠山美都男『大化改新』（中央公論社、一九九三年）・「「乙巳の変」の再構成」（『古代王権と大化改新』雄山閣出版、一九九九年）。氏は軽が古人大兄と入鹿を倒し、それを契機に生前譲位を実現させ、軽が即位する計画のもとに入鹿を襲撃したものとみている。

（3）王位継承を狙った軽が蘇我大臣家を倒したにすぎないととらえると、改革と切り離して乙巳の変がおきたととらえることになる。

（4）『日本書紀』編纂者の単なる作文とみるものと、近江令を反映させたものとみるものとに見解が分かれる。

（5）鎌田元一「「部」についての基本的考察」（『律令公民制の研究』塙書房、二〇〇一年、初出一九八四年）、遠山前掲註（2）『古代王権と大化改新』。

（6）もっともその宣された時期が『日本書紀』のままなのかという問題が残っており、また後世の知識によって潤色されている部分も存在することは否定できない。

（7）すべてを『日本書紀』編纂者の作文にすぎないとみるもの（原秀三郎「大化改新論批判序説」〔『日本古代国家史研究』東京大学出版会、一九八〇年、初出一九六六年・六七年〕、関口裕子「「大化改新」批判による律令制成立過程の再構成」上・下〔『日本史研究』一三二・一三三、一九七三年〕、門脇禎二『「大化改新」史論』上・下〔思文閣出版、一九九一年〕）と、本来天智紀に記すべきものを記したものとみるもの（山尾幸久『「大化改新」の史料批判』塙書房、二〇〇六年）とに分かれる。

（8）副文は近江令によるとみるか（つださうきち「大化改新の研究」〔『日本上代史の研究』岩波書店、一九四七年〕、後に『津田左右吉全集』第三巻〔岩波書店、一九六三年〕に収録）、浄御原令とみるか（八木充「「大化改新詔」の史料的研究」〔『律令国家成立過程の研究』塙書房、一九六八年〕）、大宝令とみるか（岸俊男「造籍と大化改新詔」〔『日本古代籍帳の研究』塙書房、一九七三年、初出一九六四年〕）で論が分かれていた。いまでは大宝令によるとみる案が妥当である。

（9）坂本太郎「大化改新」（『岩波講座　日本歴史』一六、一九三五年）・『大化改新の研究』（至文堂、一九三八年）・「大化改新詔の信憑性の問題について」（『歴史地理』八三―一、一九五二年、いずれも『坂本太郎著作集』六〔吉川弘文館、一九八八年〕）、関晃「大化の改新」（『日本歴史』二〇〇、一九六五年）・「改新の詔の研究」（『東北大学文学部研究年報』一五・一六、一九六五・一九六六年）、後にともに『関晃著作集　大化改新の研究』上（吉川弘文館、一九九六年）に収録。田村圓澄『藤原鎌足』（塙書房、一九六六年）。

（10）日本古典文学大系本による。

（11）（　）部分は欠字。

（12）鎌田元一「評の成立と国造」（前掲註（5）書、初出一九七七年）。

（13）大化五年の実施とみて、大化二年と時差があるが、後述するように、改新詔を否定的にとらえる説は天智朝以降に求めており、その意味ではこの程度の時差であれば、当時の課題克服のために宣されたものとみてもよかろう。

（14）石母田正『日本の古代国家』（岩波書店、一九七一年）一五七～一五九頁。

(15)　北康宏「国造制と大化改新」(『史林』九四―二、二〇一一年)。
(16)　計帳は戸籍を補完するものであり、戸籍の規定のない時期には想定するのは難しく、また班田については、当初は収公規定のないものであったとの石母田正氏の見解がある(前掲註(14)書、一〇九〜一一八頁)。
(17)　「原詔」の存在を最初に説いたのは井上光貞氏である(「大化改新の詔の研究」〔『日本古代国家の研究』岩波書店、一九六五年〕)。
(18)　石母田前掲註(14)書、一一八〜一一九頁。
(19)　門脇禎二「いわゆる、大化二年八月癸酉の詔について」(前掲註(7)書、初出一九八四年)。
(20)　鎌田前掲註(5)論文。
(21)　狩野久「部民制」(『日本古代の国家と都城』東京大学出版会、一九九〇年、初出一九七〇年)、鎌田前掲註(5)論文。
(22)　鎌田元一「七世紀の日本列島」(前掲註(5)書)。
(23)　関前掲註(9)「改新の詔の研究」。
(24)　山尾幸久「大化前後の東アジアの情勢と日本の政局」(『日本歴史』二二九、一九六七年)。
(25)　関口前掲註(7)論文。
(26)　「五十戸一里」制に先立つものに「五十戸」制があるが、二〇一五年二月三日に大阪文化財研究所から「玉作五十戸」木簡が難波宮の近くから発見されたと公表された(詳細は谷崎仁美「発見!「玉作五十戸俵」木簡」〔『葦火』一七四号、二〇一五年〕)。その字体からみると当該時期のものである可能性が高い。
(27)　八木充「乙巳の変後の政権構成」(『日本古代政治組織の研究』塙書房、一九八六年、初出一九七三年)。
(28)　『木簡研究』二二(二〇〇〇年)。
(29)　門脇禎二「「大化改新」から壬申の乱へ」(前掲註(7)書下巻、初出一九八一年)。
(30)　門脇前掲註(29)論文。
(31)　坂本前掲註(9)各論文。
(32)　関前掲註(9)各論文。

(33)　田村前掲註（9）書。
(34)　日本史研究会古代史部会「「大化改新」への分析視角」（『日本史研究』八三、一九六六年）。
(35)　『藤氏家伝』上巻『鎌足伝』（沖森卓也他〔『藤氏家伝』吉川弘文館、一九九九年〕による。以下『鎌足伝』とする）二八～二九行。
(36)　石母田前掲註（14）書、六二～六四頁、八木充「難波遷都と海外情勢」（前掲註（27）書）、金鉉球「対外関係と大化改新」（『大和政権の対外関係研究』吉川弘文館、一九八五年）。
(37)　山尾前掲註（24）論文。
(38)　山尾幸久「唐の羈縻政策と東アジア」（『古代の日朝関係』塙書房、一九八九年）。
(39)　鬼頭清明「七世紀後半の東アジアと日本」（『日本古代国家の形成と東アジア』校倉書房、一九七六年）。
(40)　西本昌弘「東アジアの動乱と大化改新」（『日本歴史』四六八、一九八七年）。
(41)　門脇禎二『「大化改新」論』（徳間書店、一九六九年）第三章第三節第2項二二六～二四三頁。
(42)　『日本書紀』皇極三年正月条は鎌足が「神祇伯」就任を固辞して「三嶋」に居したとし、『鎌足伝』も二六～二七行において「宗業」を嗣ぐことを辞して「三嶋」の「別業」に帰り去ったとし、軽とめぐりあったとする。
(43)　篠川賢『飛鳥の朝廷と王統譜』（吉川弘文館、二〇〇一年）一四〇～一四一頁。
(44)　この視点については夙に門脇禎二氏（前掲註（41）書、第二章第三節、第三章第三節第1項・第3項）や加藤謙吉（『蘇我氏と大和王権』吉川弘文館、一九八三年）一六〇頁、一六八～一六九頁も指摘している。
(45)　『鎌足伝』六二～六三行。
(46)　『鎌足伝』七六～七九行。
(47)　孝徳即位前紀。
(48)　なお、阿倍麻呂が左大臣とされているが、これについて北山茂夫氏は改新時、阿倍麻呂は守旧派の防壁となる一方で、天皇と中大兄などとの乖離を埋める関係にあったとし（「蘇我倉山田石川麻呂の事件の一考察」〔『続万葉の世紀』東京大学出版会、一九七五年〕）、金鉉球氏は阿倍氏を新羅系の豪族であったとみて、新羅外交を進めるために登用されたとみる（金前掲註（36）論文）。なお、笹川尚紀氏は阿倍麻呂が大夫会議において議長的役割を果たしており、大夫層でのなかでも有力者であったが、舒明の百済宮への遷御にともなって阿倍氏と舒明の関係が密接化し、この結果、阿倍氏と蘇我大臣家の関係が疎遠なものとなり、このために蘇我大臣家の孤立化が進んだとする（「皇極朝の阿倍氏」〔『史林』八七―一、二〇〇四年〕）。このことが評価された可能性はあるが、これだけでは阿倍麻呂が左大臣とされたことを説明しきれない。恐らく入鹿殺害に加わっていたこと、また入鹿殺害の功績が大きい石川麻呂に対する牽制を込めて、石川麻呂を右大臣として遇し、その上に阿倍麻呂を置いたと考えておきたい。

（49）西本昌弘氏は豊章＝豊璋が翹岐であり、その豊璋の年齢からしてこの記事は誤りとする（「豊璋と翹岐」〔『ヒストリア』一〇七、一九八五年〕、「豊璋再論」〔『日本歴史』六九六、二〇〇六年〕）。

（50）翹岐の来朝記事が二度出てくるが、廣瀬憲雄氏の説いている（「皇極紀百済関係記事の再検討」〔『日本歴史』七八六、二〇一三年〕）ように、元年の記事が正しいようである。

（51）註（50）のようにみると、この記事は重複記事である。

（52）金鉉球氏は皇極朝にみられる高句麗・百済への遣使記事がないことも重視し、また両国からの来朝記事がいずれも敵対している新羅の使者とともに記されていることから、来朝記事も疑っている（「日・羅・唐の三国連合体制の成立」前掲註（36）書）。

（53）『日本書紀』白雉四年是歳条は倭京に皇太子が遷都することを奏請したが、孝徳は許さず、それで皇太子は母や孝徳皇后、皇弟を率いて飛鳥河邊行宮に往居したところ、公卿・大夫等もこれに従って遷したとある。石母田正氏はこのことから、それは唐の百済攻撃に対して、倭国が唐からの攻撃に対する防衛姿勢の現れと解している（前掲註（14）書、六二〜六六頁）が、それは中大兄が百済寄りであったことを示す。そうすると新羅との接近は軽の行為ととらえられることとなる。これに対して八木充氏は孝徳の即位を大化五年から白雉元年に措定した上で、皇極―中大兄体制は蘇我氏の親百済政策を変換し、新羅・唐と結ぶ外交路線を採ったが、大化五年における唐太宗の死を契機として、親百済路線を採るが、白雉四、五年以降、再び変化し、親百済的な孝徳に代わり、親新羅・唐路線の中大兄が主導したとする（前掲註（36）論文）。なお、山尾幸久氏は入鹿が旻法師のもとに通っていたことがあり、その旻から一番の評価を得ていたことから、入鹿が漫然と因襲的な親百済策を肯定していたとは思えず、唐の国家的力量を正当に評価し、唐が要請する新羅との友誼を進めようとしていたとみている（前掲註（38）論文）。
(54)『日本書紀』大化元年十二月条。
(55) 軽の宮について、遠山美都男氏は和泉郡にあったとし（前掲註（2）書、第三章）、笹川尚紀氏は三島郡に近い地にあったとする（前掲註（48）論文）。
(56) 石母田前掲註（14）書、六二一〜六二三頁。
(57) 門脇禎二「いわゆる、「難波遷都」について」（前掲註（7）書下巻、初出一九七二年）。
(58) 八木前掲註（36）論文。
(59) 石母田前掲註（14）書、一〇九〜一一八頁。
(60) 黛弘道「国司制の成立」（『律令国家成立史の研究』吉川弘文館、一九八二年）。
(61) 薗田香融「律令国郡政治の成立過程」（『日本古代財制史の研究』塙書房、一九八一年）。
(62) 北前掲註（15）論文。
(63) 吉田晶氏も『日本古代村落史序説』（塙書房、一九八〇年）第二章1において当時のものと説いている。
(64) 薗田香融「皇祖大兄御名入部について」（前掲註（61）書、初出一九六八年）、篠川賢「蘇我石川麻呂討滅事件」（前掲註（43）書）。
(65) 山尾幸久「皇太子奏請文の内容」（『「大化改新」の史料批判』塙書房、二〇〇六年）。
(66) 鎌田前掲註（5）論文。
(67) 山尾幸久「品部廃止詔の研究」（前掲註（65）書、初出一九八六年）。
(68) 大阪市文化財協会『難波宮跡の研究』第七、報告篇、一九八一年。
(69) 早川庄八「前期難波宮と古代官僚制」（『日本古代官僚制の研究』岩波書店、一九八六年、初出一九七三年）。
(70)『日本書紀』大化二年三月甲子条、辛巳条。
(71)『日本書紀』大化二年二月条。

(72)　山尾前掲註（65）論文。
(73)　叙位の例は存在する（持続七年・八年。なお持続九年には五日）。
(74)　若月義小氏は『冠位制の成立と官人組織』（吉川弘文館、一九九八年）七八～九五頁において、『上宮聖徳法王帝説』などには「小治田天皇御世乙丑年」に冠位十二階が制定されたとあり、其の乙丑年は推古十三年（六〇五）にあたることなどから、冠位の制定は推古十三年とみているが、認めるべき見解であろう。
(75)　篠川賢氏は「東国「国司」らへの詔の検討」（『日本古代国造制の研究』吉川弘文館、一九九六年）において、A・B二つの記事内容を含んだ詔があった場合、(1)　それぞれに年月日を付された確実な原史料が存在し、それにもとづいて若干の字句などが改変されている場合、(2)　(1)と同様であるが、原史料に年月日が欠けており、編者がそれを適宜に位置づけた、もしくは年月日があっても故意に変更した場合、(3)　A・Bそれぞれの記事内容は確実な原史料にもとづくが、それらはもとは別個のものであったものを編者が合成した場合、(4)　A・Bいずれかの一方は確実な原史料にもとづくが、他方は編者の創作による場合、(5)　A・Bいずれも編者の創作である場合、等々のことを想定している。
(76)　賀正の礼が行われた日とは別の日のことである可能性が高い。

第Ⅱ部

身分と冠位からみた政治構造

第一章　冠位十二階の制定とその特質

問題の所在

『日本書紀』は推古十一年（六〇三）十二月条において、

始行二冠位一。大徳。小徳。大仁。小仁。大礼。小礼。大信。小信。大義。小義。大智。小智。幷十二階。並以二当色絁一縫之。頂撮摠如レ嚢而著レ縁焉。唯元日著二髻華一。

と、冠位十二階の制定がなされたことを記し、また翌推古十二年正月条において、

始賜二冠位於諸臣一。各有レ差。

と、それが施行されたことを記している。

誰が制定したのかについては『日本書紀』からはうかがえないが、『聖徳太子伝暦』は推古十一年十二月のこととして、

太子始製二五行之位一。（行之位。徳仁義禮智信）各有二大小一。合十二階也。徳者摂二五行一也。故置二頭首一。群臣大悦レ之。

と記し、聖徳太子が制定の中心にあったとする。しかし『上宮聖徳法王帝説』には、

少治田宮御宇天皇之世。上宮厩戸豊聡耳命。嶋大臣。共輔二天下政一。而興二隆三寶一。起二元興四天王等寺一。制二爵十

二級㆒。大徳。少徳。大仁。少仁。大禮。少禮。大信。少信。大義。少義。大智。少智。

とあり、また、

小治田天皇御世乙丑年五月、聖徳王与㆓嶋大臣㆒。共謀建㆓立仏法㆒。更興㆓三宝㆒。即准㆓五行㆒定㆓爵位㆒也。

とある。これによれば制定者は太子一人ではなく、また小治田天皇御世乙丑年は推古十三年にあたり、制定時期も『日本書紀』と異なっている。

このように国内の史料からは制定時期、制定の中心者ともに判然としないところがあるが、中国側にもこの冠位十二階に関する史料がある。『隋書』倭国伝は、

内官有十二等、一曰大徳、次小徳、次大仁、次小仁、次大義、次小義、次大礼、次小礼、次大智、次小智、次大信、次小信、員無定数。

と記している。冠位の順序が日本のものと異なっていることも注意されるが、制定時期などについては、明記されておらず、やはり判然としない。しかし『通典』（台湾商務印書館股份有限公司版による）巻一八五辺防一には、倭国にはもと衣冠がなかったが、

隋煬帝時、始賜衣冠。

とし、また『新唐書』巻二二〇東夷伝日本条には、

至煬帝、賜其民錦綫冠、飾以金玉、文布為衣、左右佩銀蘤、長八寸、以多少明貴賤。

とあり、煬帝の時に冠位が制定されたと記す。その煬帝は六〇四年七月に即位するが、正式即位は六〇五年からのことであり、六〇三年段階の皇帝は文帝であることが注意される。

このことに加えて先の『上宮聖徳法王帝説』にも乙丑年とあることから、若月義小氏は乙丑年五月に制定されたとみている[1]。従うべき見解であり、ここに制定時期については決着するが、なお残る問題は誰が制定したかである。

右にみたように、『聖徳太子伝暦』は聖徳太子と記すが、しかし『上宮聖徳法王帝説』には嶋大臣＝大臣蘇我馬子も制定に関与したかのように記されており、一致していない。誰が中心となって制定したのかについては、制定の目的や当時の政局などとも関係する問題であろう。

石母田正氏は当時の国際的契機から「礼秩序」の確立がはかられて冠位十二階が制定されたとし[2]、鬼頭清明氏は対新羅強硬路線の失敗が国内改革に向かい、その一つが冠位十二階制定であったとする[3]。また若月義小氏は、当時の緊迫化した東アジア情勢のなかで国内政治の分裂傾向を是正するために朝鮮三国、とくに新羅に優越する名目的立場を獲得するための方策として、礼の導入をめざしたことの結果とみる[4]。このように対外関係を重視したとの見解の提出されている一方、黛弘道氏は国内体制の確立に理由を求め、それが冠位制定につながったと説いたが[5]、これまでは上宮廐戸豊聡耳命＝廐戸皇子が主導したとみて制定の中心人物については検討されてこなかった。しかし当時の朝廷の主導者として蘇我馬子が存在していることを忘れてはならない。

馬子は豪族としての立場からの政策を主張したであろうし、廐戸は王族の立場から主張したであろうことが考えられる以上、二人の冠位十二階に込めた意図は必ずしも一致していたとはいえない[7]。そのなかにあって冠位十二階が制定されたのである。冠位十二階の施行がどのようなものであったかも問われるが、誰が政治を主導していたのかによってそれは異なる可能性がある。

冠位十二階についてはその源流がどこにあるか、その冠の形状がどのようなものであったかも問題であるが、この点については先行する研究に委ねることとして[8]、改めてこの冠位十二階の制定者、さらに冠位十二階の特質について論じることとしたい。

一　冠位十二階の制定者

冠位十二階の制定にあたった人物について、先の『上宮聖徳法王帝説』から、関晃氏は蘇我氏と無関係に厩戸皇子が制定したとする根拠はないとし、授与者が天皇であり、その代行者としての厩戸であったとしても、その決定には蘇我氏があたったと説いている。[9]『上宮聖徳法王帝説』が厩戸寄りの史料であることからすると、案外これが真実であり、馬子が主導していた可能性が高いのではないか。

視点を変えてみてみよう。この時期の政界の主導者は天皇を別として、誰であったかである。注意すべきは厩戸の動向であるが、『日本書紀』は推古九年二月条において「皇太子初興㆓宮于斑鳩㆒」と記す。これには推古天皇と敏達天皇との間に生まれた竹田皇子の動向が関係すると考えられる。すなわち『日本書紀』が推古三十六年九月条において、推古がその死後は竹田の陵に葬るべしと遺言したと記していることからして、竹田は夭逝しているのである。それを具体的に記したものがないが、直木孝次郎氏は竹田の夭逝の下限を厩戸の同母弟来目皇子が撃新羅将軍となった推古十年とする。[10]しかし竹田の夭逝はより具体的には、推古九年、早ければ八年のことと考えられる。[11]推古はその子竹田の即位を望んでいたが、その竹田は推古九年二月以前に夭逝し、そこで推古ははじめて厩戸を後継予定者とすることとし、その政界での地位を認めたのである。これを受けて厩戸は推古九年二月に斑鳩に「宮」を造ることになったものと考える。

ここに厩戸は政治的な立場を公認され、それまで馬子が推古のもとで独占していた政治運営に介入しはじめるのであるが、問題は厩戸が後継予定者と公認されたことによって、どの程度の政治権力を発揮できるようになったかである。換言すれば、政界におけるかつての大臣・大連体制や、それに大夫を交えた会議、さらに物部大連亡き後の大臣

—大夫会議による政策決定のあり方に、後継予定者とされた厩戸がどの程度、割り込めたかである。

これについては本書第Ⅰ部第二章でふれたが、再論すると、まず注目されるのは欽明三十一年（五四七）四月に高麗からの使者の到来が告げられ[12]、七月には山背相楽の館に饗応しているにもかかわらず[13]、欽明天皇が死したことによって新たに即位した敏達天皇が即位後の五月、高麗の使者がいまはどうしているかを諮問し、京師に招き入れ、高麗の表疏を受け取ったとの[15]『日本書紀』の記事である。敏達がかつて「皇太子」の地位にあり[16]、皇太子時代から高麗の使者について心にかけるものがあったものの、しかしそれを発言する場が公式には与えられていなかったことを反映した記事ではないのか。

このことは、後継予定者と目されてはいても、必ずしも発言の機会が保障されていなかったことを示すものであるが、しかしこのように考えるあたって問題となるのは皇子の輔政であり、また大兄の輔政である。継体天皇が勾大兄皇子に輔政を命じているこ[17]とはその典型であるが、このことからみると後継予定者と目された人物が政治に関与することができていなかったとみることはできない。しかし先の高麗の使者に対する一連の処置からみて、その程度が問われるのである。決定権までは与えられていなかったのは当然であるとしても、群臣と同じ場において発言していたのであろうか。

政治をいかに執り行うかは天皇と大臣以下の会議によって決定されるのである。その一例として用明天皇が開いた仏法受容の是非を群臣に問うた用明二年（五八七）四月の会議[18]をみてみたい。この会議では受容派と反受容派が激しく対立するのであるが、その対立の最中に「皇弟皇子」＝穴穂部皇子が法師を「引」いて参内する。単に遅参した可能性もあるが、仏教受容の是非をめぐる会議にもかかわらず法師を「引」いての参内であることからして、もとより予定された参内ではないと考えられる。他の皇子の発言が記されていないことにも注目するならば、大兄や皇太子などの発言があったとしても、それは群臣の会議とは別の場での可能性があるといわなければならない。

また大化以前には、後継予定者とされた人物が政治的な発言をした形跡がないことも注意される。もっとも『日本書紀』舒明八年（六三六）七月条には、敏達天皇の皇子である大派王が豊浦大臣＝蘇我蝦夷に官人の出勤時間を制定するように申し入れたものの、拒否されたとある。この時の天皇の後継予定者は明確ではないが[19]、大派王は後継予定者ではない。それ故に王族としての政治的な発言をしたとも考えられるが、しかしそれは簡単に拒否されるのである。後継予定者などが発する重みをともなわなかったためもあろう[20]。

厩戸の場合もこれにあてはまるとすると、政治にどの程度、積極的に関与し得たかは疑問となるのであるが、とはいえ、推古天皇の政治との関わりはやや特殊である。『隋書』倭国伝開皇二十年（＝推古八年〔六〇〇〕）条は「上」が所司に其の風俗を訪わしめたところ、使者が「倭王以天為兄、以日為弟、天未明時出聴政、跏趺坐、日出便停理務、云委我弟」と応えたと記しており、推古が政治にどこまで関心を寄せていたか不明なところがある。「以天為兄、以日為弟」とあるから、「弟」が具体的に誰をさすか不明であるが、政治を執った可能性はある。ヒコヒメ制の伝統を考慮するならば、厩戸もその「弟」の候補とはなり得る。しかしこの時はいまだ竹田が健在である可能性があり[21]、そうであれば六〇〇年の遣隋使派遣時に推古が竹田を押しのける形で厩戸に政治を委ねたとは考えがたい[22]。

誰が「弟」かは別として、推古は俗世界の政治は他人に任せていた可能性が高いのであり、ためにそこに王族が関与する可能性もある。この点において注目されるのは先にふれた大派王の提言である。大派王は後継予定者とはされていないが、王族として政治的な提言をしたのである。当時、舒明後裔の王族は形成されておらず、ために世代をさかのぼって敏達の皇子の大派王が王族の代表として提言に及んだものと考えられる。その意味では厩戸が政治に口を差し挟んだ可能性はある。しかし先にみたように大派王の提言は受け容れられることはなかったのである。これと同じように厩戸のそれは天皇に代わるものではない場合、そのまま実行される保障がなかったのではないか。それが竹田の死によって、少し変化し、公認された最有力の後継予定者として、発言が重く受け止められるようになった可能性がある。

とすれば、政治の運営に二つの核ができつつあったというべきであろう。一つは後継予定者としての厩戸の核、もう一つは大臣馬子を中心とした従来からの核である。そこで馬子はまだ厩戸の体制が整わないうちに先手を打ち、冠位十二階を厩戸とともに制定したのではないか。もし、先の『上宮聖徳法王帝説』の記事を厩戸が中心となって制定したと解するにしても、そこに馬子が関与していたのであり、その施行に際しては馬子が主導したのではないか。そもそも遣隋使の派遣自体、馬子主導のものになされたのである[23]。しかしそれは失敗に終わり、それで馬子はいかに体勢を立て直すかに腐心し、冠位の制定を思い立つに及んだのではないか。この時、厩戸は推古から後継予定者としての地位を認められていたものの、しかし後継予定者として認められた直後のことであり、また後継予定者であったとしても公的な発言の場がいまだ整備されていなかったこともあって、この馬子の姿勢に圧され、冠位十二階の制定に協力したものの、その施行にあたっては馬子の案を承認したのである。

馬子関与の下に冠位十二階の制定がなされ、馬子主導の下に施行されたことを推測したが、そのことは黛弘道氏が説いたように蘇我氏が対象外とされていること[24]、その下の蘇我系の大夫層が徳冠をほぼ終冠として当初から授けられているかにみえることとに矛盾はない。自らが主導して派遣した六〇〇年の遣隋使が失敗に終わったことから礼秩序の導入の必要性を認識した馬子は、冠位十二階の制定へと動き、それに途中からその地位を保証された厩戸が加わったのである。しかし当初の厩戸は馬子に圧され、馬子主導のもとに冠位十二階が制定・施行されたのである[25]。

二　冠位十二階を授与された人物の特徴

蘇我馬子の主導の下に冠位十二階の制定、施行がなされたことをみてきたが、このことはその授与された人物の選定などに影響するはずである。従来、厩戸が中心となって制定されたとの前提に立ってこの分野の分析が行われてきたが、再考の余地がありそうである。この視点から、授与された人物像の特徴を考察することとしたい。

これについては喜田新六氏が、将軍任命、遣外使節、誅、功績がその契機となったとし[(26)]、また黛弘道氏は、授与された人物の特徴について、厩戸との個人的関係、皇室と古来より深い関係をもつ伴造（大伴は親子二代、中臣は兄弟で冠位）、大和朝廷に属する職業部の伴造のある者（鞍作の如き特殊技能者、高向などの文筆関係者）、太子がその養成を念願した新たな官僚群（海外遣使や将軍―境部・川邊・波多・平群・大伴・中臣・物部依網）を指摘できると説いている[(27)]。

冠位十二階は狭い範囲で授与され、それ故、臣連伴造国造ないしその類似語として使用されたともいわれている。その授与された者についての詳細は黛氏の論考に譲ることとしたいが、しかし以下の点に注目したい。

それは蘇我氏との関係である。大徳冠を授与された者として『日本書紀』推古三十一年是歳条から境部臣雄摩侶、『続日本紀』和銅七年（七一四）四月辛未条・『新撰姓氏録』左京皇別下小野朝臣条から小野臣妹子、『続日本紀』天平感宝元年（七四九）閏五月壬戌条・『伴氏系図』から大伴連咋子をあげることができるが、境部臣雄摩侶と大伴連咋子は蘇我氏との関係が深いのである。

境部臣雄摩侶は、『聖徳太子伝暦』舒明天皇元年条に「大臣（＝蝦夷）叔父蘇我境部臣垸瀬」とあり、また舒明即位前紀には蘇我氏の諸族等が集まって馬子の墓を造り、「次」りしたものの、摩理勢は推古亡き後の後継者問題で蝦夷と意見を異にしたこともあって墓所の廬を壊して蘇我の田家に退り、仕えなかったことによって蝦夷と対立を深めたとあることからして境部氏は蘇我氏同族である[(28)]。

大伴連咋子は囓などともされるが、『伴氏系図』（群書類従本による）によれば、『日本書紀』欽明元年（五四〇）九月条においてその失脚を記された金村の子である。咋子は『日本書紀』によれば用明没後に起きた蘇我・物部氏の争いに蘇我氏側について参戦している。[29] すなわち継体六年（五一二）十二月に大伴金村は百済に任那四件の割譲を認めたものの、そのことが後に欽明元年四月における物部尾輿による金村糾弾をひきおこし、結果として金村は失脚し、大伴氏は大連の地位を追われたのである。そのことが蘇我・物部氏の争いに大伴氏が蘇我氏の側に立って参戦することになり、以後、蘇我氏と深い関係をもつこととなるのであり、『上宮聖徳太子伝補闕記』によれば、癸卯年（＝皇極二年（六四三））十一月に「宗我大臣（蝦夷）、林臣入鹿、致奴王子児軽王、巨勢徳太古臣、大臣大伴馬甘連公、中臣塩屋枚夫等六人、悪逆を発し、太子子孫を計するに至る」と記されているように、山背大兄を討つ事件に大伴氏も参加するのである。

次に小徳を授与された人物をみてみよう。『隋書』倭国伝に「小徳阿輩台」がみえ、また『日本書紀』推古三十一年是歳条から大将軍とされた中臣連国、副将軍とされた河邊臣禰受・物部依網連乙等・波多臣廣庭・近江脚身臣飯蓋・平群臣宇志・大伴連闕名・大宅臣軍、『日本書紀』皇極元年十二月条から舒明の喪に際して、大派皇子に代わり誄した巨勢臣徳太、軽皇子に代わり誄した粟田臣細目、大臣に代わり誄した大伴連馬飼、『上宮聖徳太子伝補闕記』から秦造河勝・平群臣神手がいる。このなかに蘇我氏と明確に関係する人物として「小徳阿輩台」、推古三十一年に副将軍とされた河邊臣禰受・波多臣廣庭・近江脚身臣飯蓋・平群臣宇志をあげることができる。

『隋書』倭国伝の「小徳阿輩台」が誰を指すかであるが、日本古典文学大系本は大河内直糠手とし、『日本古代人名辞典』は　阿倍鳥子臣とみている。「阿輩台」がいかに読めるかであるが、[30] 東野治之氏は沖縄を「阿児奈波」と『唐大和上東征伝』と記していることから、「阿」を「オ」と訓むべきとするが、時代がやや離れていることは問題であろう。また『隋書』倭国伝に「有阿蘇山、其石無故火起接天」とあることも注意される。熊本県の阿蘇のことであるから「阿蘇」の「阿」は「ア」であろう。[31] 大野晋氏は日本古典文学大系本『日本書紀』補注において、「阿」は「ヲ」や「オ」とは読めないと説いている。小林敏男氏も「阿」を「オ」とみることは困難であるとする。[32] とすると「阿」

は「ア」である。

「輩」については、小林敏男氏が「輩」は「ヘ」の乙類であると説いているが、[33]『隋書』倭国伝にある「阿輩雞彌」が「アベキミ」または「アメキミ」と読めることからすると、「ベ」またはそれから転成した「メ」の可能性が高い。「台」については『隋書』倭国伝が、魏の時代には倭国は「邪馬堆」に都を置くが、「魏志謂邪馬台」であると記していることが注意される。『隋書』では「堆」は「タイ」と発音された可能性もあり、そうであれば「台」は「タイ」となる。

このようにみてくると「阿輩台」は「アベト」・「アメト」ないし「アベタイ」・「アメタイ」の可能性が高い。誰が該当するかであるが、阿倍鳥臣のことをさすのではないか。すなわち『隋書』倭国伝は裴世清一行が「竹斯国」＝筑紫を経て「海岸」に達した以降のことを、「倭王遣小徳阿輩台、従数百人、設儀仗、鳴鼓角来迎。後十日、又遣大礼哥多毗、従二百余騎郊労。既至彼郡、其王与清相見……」と記しているが、『日本書紀』は推古十六年六月条において裴世清が難波津に到着したとき、中臣宮地連烏摩呂・大河内直糠手・船史王平が出迎えたとし、続く八月条にて、裴世清が京に入るにあたって額田部連比羅夫が海石榴市の衢に出迎えたとし、その九日後、朝廷に召された時、導者となって彼を迎えたのが阿倍鳥臣・物部依網連抱であったと記している。古典文学大系本『日本書紀』頭注は「小徳阿輩台」を大河内直糠手に比定し、『日本古代人名辞典』は阿倍鳥子臣とみているが、大河内氏が政事中枢部で活動した形跡がみえないことからして「小徳」冠を授けられていたかは疑問である。[34]「阿輩台」が「アベト」・「アメト」ないし「アベタイ」・「アメタイ」と読めることも注意されるところである。「アベ」に注目するならば「阿輩」が阿倍に因んでいる可能性があることとなる。ところで、阿倍鳥臣とならんで導者となった物部依網連氏は、『日本書紀』推古三十一年七月条に「小徳物部依網連乙等」とみえることからして、小徳を授与されていた可能性があり、とすれば、阿部鳥も小徳であったとしても問題はない。また阿倍氏が大夫層に属することを考えるならば、阿倍鳥子臣が「小徳阿輩台」と記されたと考えて問題はない。『日本書紀』推古十八年十月条は新羅・任那の使者が庭中に使いの旨を奏する時、大伴咋連・蘇我豊浦蝦夷臣・坂本糠手臣・阿倍鳥子臣四人の大夫がこれに立ち会っていたと記しているが、このこととも矛盾しない。「小徳阿輩台」が難波に迎えたとの『隋書』倭国伝の記事は、朝廷に迎えた時のことを混同したものであろう。この阿倍氏は『日本書紀』推古三十二年十月条によれば安曇連とともに蘇我馬子の意を受けて、葛城県の蘇我氏への帰属願いを推古に願い出ていることからして、後に蘇我氏と緊密な関係をもつことになるのである。

川邊臣は他にみえないが、蘇我氏同族である。すなわち『古事記』孝元天皇の段には建内宿祢の男子七人は諸氏の祖とみえている。その七人を整理して示すと、

波多八代宿祢……波多臣、林臣、波美臣、星川臣、淡海臣、長谷部君
許勢小柄宿祢……許勢臣、雀部臣、軽部臣
蘇我石河宿祢……蘇我臣、川邊臣、田中臣、高向臣、小治田臣、桜井臣、岸田臣
平群都久宿祢……平群臣、佐和良臣、馬御樴連
木角宿祢………木臣、都奴臣、坂本臣
葛城長江曾都毘古……玉手臣、的臣、生江臣、阿芸那臣
若子宿祢………江野財臣

となる。蘇我石河宿祢の後裔に蘇我氏とともに川邊臣が位置づけられているのである。

波多臣廣庭と近江脚身臣飯蓋も他にみえないが、先に示した建内宿祢の子波多八代宿祢は波多臣・林臣・波美臣・星川臣・淡海臣・長谷部君の祖とされており、建内宿祢を通して蘇我氏とつながる。

平群臣宇志も他にみえないが、先に示した建内宿祢の四男平群都久宿祢は平群臣等の祖とされており、建内宿祢を

通して蘇我氏とつながる。

このことは蘇我氏が中心となって授与者の選定がなされたことを示すものである。関晃氏は授与される人物の選定に蘇我氏が関与したと説いている[35]が、それはそのまま実行されたのである。蘇我氏関係者が朝廷の中枢を占めていたことを反映した結果として蘇我氏関係者に授与されたにすぎないかもしれないが、冠位十二階の授与は蘇我氏を中心として行われたのである。

以上から冠位十二階の授与は蘇我氏を中心として行われたことを論じたが、以下、功績や外交がどのように作用したのか、また世襲はあったのかなどの点から考察することとしたい。

まず功績との関係から検討することとしたい。判然としている者のなかに鞍作鳥と小野妹子がいる。『日本書紀』推古十四年五月条は鳥が仏像を金堂の戸を壊さずして安置した功績により、大仁を授与されたと記す。妹子については『日本書紀』には大徳が授与された記事はみえない。しかし遣隋使として最初に隋に向かった推古十五年七月条には「大礼」とされており、大礼であったことが明らかである。帰国後の記事に昇進したとはみえず、推古十六年九月、裴世清を送って吉士雄成とともに再び隋に向かうこととなるが、やはり冠位は記されていない。しかし裴世清に与えた国書には「大礼蘇因高・大礼乎那利」を遣わすとあり[36]、『日本書紀』に照らしてこの二人はそれぞれ妹子、吉士雄成をさしているから、この時も大礼である[37]。したがって、遣隋使としての役目を果たしてから昇進したのであろう。小徳を経たかが問われるが、不明である。大徳は贈位の可能性もあるが、贈位と明記したものもないことから、昇進した結果であることは否定できない。遣隋使としてその職務を遂行したことにより昇進したと考えられる。

また船首王後はその墓誌によると「乎娑陁宮治天下　天皇」の世に生まれ、「等由羅宮　治天下天皇朝」から「阿須迦宮治天下　天皇朝」に「奉仕」し、辛丑年＝舒明十三年（六四一）に「殞亡」している[38]が、「天皇照見知其才異仕有功勲　勅賜官位大仁品為第三」とある。これによればその功により叙位され、昇進する場合もあったのである。

外交との関係から授与されたと考えられる者がいる。右にみた妹子もその一人であるが(39)、その他に犬上君三田耜、薬師恵日、矢田部造御嬬連公、安曇連比羅夫がいる。

妹子は先にみたように最初に隋に派遣される時は「大礼」であった。その後大徳に昇進するが、したがって本来は大礼クラスと位置づけられていたのではないか。

犬上君三田耜は『日本書紀』によれば推古二十二年六月に矢田部造闕名とともに隋に派遣され、翌二十三年九月に帰国している。この時の冠位は記されていないが、『先代旧事本紀』巻九の推古二十二年条には「詔二大仁矢田部造御嬬連公一。改レ姓命レ造。則遣二大唐使一。復大礼犬上君御田鉏為二小使一而遣レ之。」とある。これによれば大礼の可能性もあり、帰国後に大仁とされた可能性はある(40)。しかし妹子が最初大礼であることからして、断言できない。舒明二年八月、大仁であった三田耜は大仁薬師恵日とともに第一回目の遣唐使として派遣され、舒明四年八月に送使高表仁とともに帰国する。推古二十二年当時、いかなる冠位か不明であるが、大仁であれば、一貫して大仁、大礼であれば、帰国後に大仁とされたと考えられ、それは妹子と軌跡を同じくする。

矢田部造闕名は物部氏同族であるが(41)、右にみたように推古二十二年に隋に派遣され、翌年帰国している。冠位は記されていないが、『先代旧事本紀』巻九の推古二十二年条には大仁矢田部造御嬬連公が派遣されたとみえる。これによれば大仁であるが、『日本書紀』とは誰が太子であったのかも含めて異同があり、不明である。

薬師恵日は『日本書紀』によれば推古三十一年七月に帰国した学問者で、舒明二年八月、大仁薬師恵日は第一回目の遣唐使として派遣されている。また白雉五年二月にも遣唐使副使になっている。『続日本紀』天平宝字二年（七五八）四月己巳条によれば、百済に帰化していた高麗人徳来が雄略朝に渡来したが、恵日はその五世之の孫である。恵日は小治田朝廷の御世に唐から医術を学んで帰国し、薬師を姓としたとある。

安曇連比羅夫は『日本書紀』皇極元年正月条に、「百済使人大仁安曇連比羅夫」が筑紫より駅馬に乗って百済から弔使が派遣されてきたことを告げている。いつ派遣されたかは不明であるが、帰国直後のことからして「大仁」として派遣されたことが知られる。外国との関係から、海外派遣使節には冠位がなくてはならないと観念された結果、冠位が授与され、旅立ったのである。

　このことは一方で外国使節とくに中国使節の迎接の儀式に冠位が登場することに通じる。すなわち外交儀礼参加のための授与である。『隋書』倭国伝は裴世清を迎えるにあたって倭王がまず「小徳」阿輩台、ついで「大礼」哥多毗を出迎えのために派遣してきたと記している。『日本書紀』はこのことに関する記事において冠位を記していないが、『隋書』倭国伝は冠位を記しており、そのことからして一部の者は冠位を中国側に告げていたのである。単に冠位十二階にともなう服制のみで儀式に臨む[42]よりも、冠位そのものを示すことにより、荘重さを示そうとしたのではないか。

　このように外交儀礼での冠位使用は国内の他の儀式における冠位使用を生じることとなる。舒明の葬礼に際して誄した者四人の内、三人が冠位を記されているのである。このことは儀式の場では冠位が用いられていたことを示すものである。

　さらに厩戸皇子との関係から授与されたと考えられる者がいる。秦造河勝と厩戸皇子の「舎人」膳臣清国である。『上宮聖徳太子伝補闕記』にみえる秦造河勝は「制二新位一」の時、「軍政」河勝に大仁、また丙子年＝推古二十四年に天皇不予を受けて諸寺建立を太子が思い立った時、河勝に功あり、小徳を太子より授かったとある[43]。膳臣清国については『聖徳太子伝暦』が皇極朝末尾「一説」において厩戸皇子の舎人であったが、「能書被レ寵。写二多許経一」により大仁を与えられたとある。

　太子との関係が記されているのであるが、しかし河勝の場合、最初の叙位は物部戦の戦功によるから、蘇我氏との関係が考えられる。問題は推古二十四年の叙位の場合である。厩戸の諸寺建立に功があったからの叙位とされているが、馬子もかねて飛鳥寺を建立するなど、仏教に深く帰依しており、このことも預かった可能性がある。また、馬子が権力を確立していた時期であったために、厩戸の叙位申し出を馬子が寛容に許した結果であるとも考えられる。清国の場合、舎人身分にかかわらず、大仁を与えられたのは、厩戸の舎人である一方で能書家として厩戸を助けたことが最大の理由であろうが、膳氏を嗣いだことがその理由である可能性もある。いずれも厩戸の政治的な功績に助力したことによるものではない点に注意すべきであろう。河勝は太子との関係で小徳を授与されたのである。膳臣清国については『聖徳太子伝暦』に皇極朝のこととして厩戸皇子の舎人であった清国に大仁が与えられたとある。舎人身分にかかわらず、大仁を与えられたのは、これが事実とすれば厩戸の舎人であったことによるとしか考えられない。[44]

将軍の任命とも関係が深いようである。『日本書紀』推古三十一年条にみえる将軍はいずれも徳冠であったが、『日本書紀』舒明九年是歳条には、大仁上毛野君形名を反旗を翻した東国蝦夷を討つ将軍としたとする。他の将軍と異なって大仁であるのは、上毛野氏という氏族に由来するものなのか、蝦夷を討つ将軍であったためなのかは不明である。[45]

以外はその授与の理由が不明であるが、世襲に由来する可能性のある例がある。平群氏の場合、蘇我氏との関係もあるが、神手は冠位十二階の制定当初に小徳で、宇志が推古末年に小徳を授けられている。これは将軍に由来する可能性はあるが、同じ小徳であることが注意される。二人の関係が不明なため、世襲云々とは断定できないが、中臣氏の場合、世襲との関係は顕著である。群書類従本『中臣氏系図』では可多能祜の一男は「小徳冠前事奏官兼祭官中臣御食子大連公」で「小墾田朝廷」の「祭官」であり、また可多能祜の二男が「小徳前事奏官兼祭官中臣国子大連公」であるとされている。同じ官と冠であることから兄弟で相承された可能性があるが、しかし舒明即位前紀に彌気が登場し、活躍している。したがって、完全に兄弟相承が行われたと断言はできず、したがって「祭官」に対して授与されたのが小徳であったのか、中臣氏という氏族に与えられたのが小徳であったのかは不明であるが、世襲的なものが背景にあると考えられる。巨勢臣の場合、先にみたように徳太は小徳を授与されているが、『公卿補任』には徳太は「小徳大海之男」とあり、父も小徳を授与されていたのである。徳太が蘇我氏との結びつきを利用し、実力で小徳を授けられた可能性はあるが、世襲にもとづく可能性を払拭できない。

この世襲との関係について喜田新六氏[46]は、『日本書紀』皇極二年十月壬子条と『家伝』上巻の『鎌足伝』から、冠位十二階は冠制の創設ではなく、すでに氏姓制度による官職に定められていた冠の制度に倣って、氏姓制度によらない新しい官職に任ずる個人、その他の個人に授けるために設けられたものと推測している。すなわち、『日本書紀』皇極二年十月壬子条には蘇我蝦夷が私に紫冠を子の入鹿に授けたとあるが、このことは黛弘道氏[47]の説くように、蘇我本宗家には冠位十二階とは異なる紫冠が授与されていたことを示すものであり、また『鎌足伝』に、鎌足が錦冠を授けられて家業を嗣がしめられるのを固持したとあるとして、氏姓制度の末期には、朝廷に奉仕する各官職を世襲的に嗣ぐ諸氏族の当主は、それぞれ天皇より、その地位を示す冠を授けられたことを示すものであり、そのことから、氏姓制度によらない新しい官職に任ずる個人、その他の個人に授けるために設けられたものと推測したのである。これによれば必ずしも世襲を前提としないこととなるが、しかし氏姓制度によらない新しい官職に任ずる個人、その他の個人に授けるために設けられたとするなら、明らかに先の中臣氏の例はこれと齟齬している。確かに氏姓制度によらないで海外使節として任命するなどといった新しい官職に任ずる個人などに授けられた例のあることは否定しないが、しかし世襲された側面のあることも否定できないのである。記されている冠が最終的なものなのか、それのみを授かったのか不明なところがあるが、世襲を前提としていた場合もあったようである。

先に功績による冠位授与は氏姓秩序を破壊する可能性を秘めたものであり、一部に従来の氏姓秩序をこえて冠位十二階を授けられた者も出現したが、全体としては氏姓秩序の枠組みはそのまま維持されたことをみたが、それもこの蘇我氏による主導があったためと解しておきたい。

黛氏は先にふれたように「太子がその養成を念願した新たな官僚群」を重視しているが、それは蘇我氏にも通じることではないのか。そうであれば、やはり蘇我氏が中心となって冠位十二階の授与が行われたと解すべきであろう。中国の冠位制は皇帝が授けるものであった。そのことからして、馬子自身が直接授けることはできず、そこに天皇などの意志が働く余地が残され、そのことにもとづいての厩戸関係者の冠位授与も想定されるが、積極的な根拠はみあたらないといわなければならないのではないか。

三　冠位十二階の特質

以上、冠位十二階は蘇我氏が中心となって授与されたことをみたのであるが、次に問題としたいことは、冠位を記されない人物は授与されていなかったのか、それとも記されなかっただけなのかということである。

すでに黛弘道氏は畿内を中心として授けられたが、蘇我氏や子代・名代・壬生部など職業部以外の部の伴造、また国造や県主など地方の豪族には与えられなかったと説いている(48)。これらに授与したことを記したものがみあたらないことは、一切授与の対象から除外されていたとみる方が理解しやすく、実際に授与されなかったことを反映したものであろう(49)。

ではその他にも授与の対象とされなかった者がいなかったのであろうか。授与されても使用しなかったために記されなかっただけなのかという点も考えなければならないが、舒明即位前紀が掲げる推古後継者決定会議には、阿倍臣麻呂や高向臣宇摩、中臣連彌氣らが登場する。誰一人としてこの時の冠位を記された者がいないのである。しかし中臣連彌氣はその時期は不明であるが、「中臣氏系図」に「小徳」とあり、冠位を授与されているのである。また阿倍麻呂に先だって登場する阿倍鳥子臣は先にふれたように小徳を授与されていたと考えられるのであり、世襲ということも考えると、保持していた可能性が高いのである。

ここで注意されることは『鎌足伝』(沖森卓也・佐藤信・矢嶋泉〔『藤氏家伝　鎌足・貞慧・武智麻呂伝注釈と研究』吉川弘文館、一九九九年〕による。なお、段の区切りもこれによる) 第四段に、

及崗本天皇御宇之初、以良家子、簡授錦冠、令嗣宗業。固辞不受、帰去三嶋之別業。

とあることである。錦冠は大化三年（六四七）冠位であり、また、『日本書紀』は鎌足が神祇伯任命を固辞して三嶋に去った記事を皇極三年正月条にかけており、全幅の信をおくことはできない。しかし「及崗本天皇御宇之初、以良家子、簡授錦冠、令嗣宗業」とあることが注目される。上級氏族の代表者は天皇の代替わりにともない、世代交代を求められることがあり、その新たな出仕者には冠位が授与され、職務の遂行が求められることが行われていたことを反映した記事であろう。とするならば、すでに世代交代などによって出仕していたものの、いまだ冠位を授与されていなかった者や、新天皇の即位にともなって世代交代を求められて新たに出仕した者に冠位を授け、その職務の遂行を求めるということがなされていたといえよう。したがって、上級氏族の出仕者の大半は冠位を授与されていた可能性が高いのであるが、しかしその冠位を記された者は少ないのである。

このことからすると、先にみた後継者決定会議に冠位を記された者がいないのは、記す必要がなかったことによるのではないかと考えられることになる。この点、喜田新六氏は当時は冠位十二階と氏姓の冠の二つが並行して行われ、氏姓の冠が基本で、冠位十二階については高級官僚は対象外であったとみている(50)。これによれば高級官僚は冠位十二階の対象外であったこととなり、後継者決定会議開催時に冠位を記されていないのは、彼らが高級官僚に属していて、冠位十二階を授与されていなかったからととらえることになる。

しかし北康宏氏は、『日本書紀』大化二年三月甲申条にみえるいわゆる大化の薄葬令から王族にも徳冠が授与されていたとする(51)。この薄葬令は墓のあり方について、王以上、上臣、下臣、大仁・少仁、大礼以下少智以上の別を規定

しているのであるが、北氏は冠位十二階は徳冠に加えて陰陽五行思想の五をそれぞれ大小に分かって十二階を定めたものと解した上で、上臣、下臣の別として大徳と小徳の別を用いていないことから、徳冠には諸王も含まれていたとみたのである。この考えが正しいならば、その痕跡は残されていないものの、王族にも冠位が授与されていたこととなり、高級官僚にも蘇我氏を除いて冠位が授与されていた可能性が高いこととなる。

いずれとみるかであるが、先の『上宮聖徳法王帝説』から推定されるように冠位十二階の制定の中心に厩戸とともに蘇我氏が位置し、その蘇我氏は冠位十二階の対象外に置かれていたから、冠位を王族に授けた場合、蘇我氏以下の扱いを認めることになる。したがって王族には授与されなかったと考える[52]。

王族には冠位が授与されていなかったのであるが、では彼らは冠を着用しなかったのかというと、そうではない。すでに五世紀末の熊本県江田船山古墳出土品のなかに金銅製の冠帽があり[53]、また六世紀中葉と推定される奈良県藤ノ木古墳から金銅製冠が出土している[54]ことなどは、すでに冠の着用が行われていたことを示している。藤ノ木古墳の被葬者をめぐっては諸説あり、仮に豪族であるとしてもその豪族が冠を着用していたのであれば、当然のこととして王族も着用していたと考えられる。したがって、十二階とは別に王族は独自の冠を着用し、それは豪族も同様であったのである。それを統制下においたのが冠位十二階であった。しかし王族や蘇我氏は他の豪族と区別され、統制外におかれたのである。

このようにみると、王族や蘇我氏を除いて冠位が授与されていたのであるが、『日本書紀』はそれを逐一記していないのである。『続日本紀』はほぼ網羅的に記しているのであるが、『日本書紀』は冠位を記していないことが多く、とくにそれは冠位十二階の場合にあてはまるのである。実はこのことが冠位十二階の特質の一つになるのではないか。

冠位十二階を礼法の導入のためとみるか、あるいは国内体制の改革の一環として導入されとみるか、いずれにせよ、いったん授与した冠位を記さないということは、冠位十二階に実質的な意味があったのか疑問を抱かせる。この点、先に蘇我氏との関連で授与されたと考えられる例や、世襲的な授与と思われる例のあることを指摘したが、このことと関連するのではないか。すなわち、いったん授与されれば、その後は固定的なので記す必要がないと考えられ、またそれは世襲されるのであるから、逐一記さなかったのではないかということである。少なくとも逐一記す必要が感じられていなかった段階にあったことを反映しているのではないか[55]。この点、『日本書紀』においても位階制の浸透する持統朝にはかなり網羅的に位階が記されることと比較すると、そのことは明白であろう。

したがって冠位十二階は当時の社会においては余り機能していなかったともいえるが、そのことは冠位十二階は氏姓制が機能していて、氏を単位としていた社会に個人的な要素を加味したことを意味するともいえよう。一度授与された冠位は特別な場合を除いて昇進せず、それで逐一記す必要がなく、またこれまでの氏姓制も一方で機能し続けるのである。

そもそも冠位十二階については十二階の別を定めたのみで、その他の規定、とくに昇進などの規定、すなわち後の律令制下での考課令関係の規定などがみあたらないことが注意される。このことはよほど特別なことがない限り、冠位の授与は一度限りであることを前提とするものである。したがって、律令制下では個人の積み上げた功績によって最終的にたどり着くはずの位階が冠位十二階制下では当初から授与されたのである。そのために昇進はほとんど想定されておらず、最高位の大徳が施行当初から個人に授与されることにもなったのである。

その意味では、冠位十二階は現実の社会においてあまり機能するものではなかったと考えられるのである。冠位が記されているのは儀式の場や将軍任命の場であることが多く、他の場合ほとんど記されていないこともこれに起因しよう。氏姓制がまずあり、それを補足するものとして冠位が位置づけられていたにすぎなかったのである。

このようにとらえると冠位十二階は氏族のランク付けを改めて行い、それに個人的要素を加味したこととなる。氏姓制が従来、氏族のランク付けの役割を果たしていた。しかし臣連などといった氏姓制の指標は、個人名の先頭に来ることはないことも一因して、冠位制の発達した諸国からみて冠位とはほど遠いものであった。そこで冠位十二階を制定したのであるが、その原理は従来の氏姓制を根底に据え、一方で、個人の評価を加味したものであった。それは先の喜田新六氏の説に通じるが、いわば氏姓制を補完するものとしての位置づけである。氏姓制は氏姓によるランク付けを前提とし、世襲されるが、それを補完するものとして冠位十二階を位置づけ、蘇我氏周辺の氏族を中心として上位の冠位十二階を授与し、それを継受させるのである。したがってよほどの功績を挙げない限り、その冠位は固定的で、昇進はなく、また個人的な功績によって大徳を授与されたとしても、それ以上の昇進はないのである。

それ故、冠位十二階の制定・施行にあたって昇進規定などを定める必要がなく、また規定する意志もなかったのである。その根底にあるのは通常の場合、氏姓制原理にもとづく一度きりの授与であり、よほどの功績のない限り、固定的なものであったのである。したがって、逐一、冠位を記す必要もなかったのである[56]。その意味では、冠位十二階は厳密に機能するものではない。

このこととの関連で注意されるのは『日本書紀』推古十八年十月条が裴世清を出迎える朝廷儀式を述べた文のなかで、

大伴咋連。蘇我豊浦蝦夷臣。坂本糠手臣。阿倍鳥子臣。共自レ位起之進伏二于庭一。

と記していることである。冠位を授与されていることが明確なのは先にみたように大伴咋連・阿倍鳥子臣のみであり、冠位を授与されていない蘇我豊浦蝦夷臣がその間に記されているのである。冠位を中心とした序列にもとづく記述がされていないことに注意しておきたい。功績による冠位授与は氏姓秩序を破壊する可能性を秘めたものであり、一部に従来の氏姓秩序をこえて冠位十二階を授けられた者も出現したが、全体としては氏姓秩序の枠組みはそのまま維持されたのである。

小　結

冠位十二階の制定は蘇我馬子によって主導され、その授与も馬子を中心としてなされた。それは外国とのつきあいに「礼」の導入が必要であったからであるが、その外国との交渉の中心に位置していたのも馬子であったため、このような結果を生んだのである。

それまでは氏姓制を中心とした社会秩序が展開されていたのであるが、それに代わるものの必要性が自覚されたのであり、それが冠位十二階の制定であった。その作業は途中から後継予定者と認められた厩戸皇子を交えて行われたが、厩戸の地位が公認されて間もなかったため、馬子の主導が可能であったのである。

これまでいわれているように、蘇我氏や地方豪族には当初、授与されていないのである。その意味では蘇我氏が敷いた冠位制度の上に天皇の意向が加味されたのである。とすれば、厩戸の意向は当初、反映されるものではなく、また制定そのものの作業に厩戸がどの程度参加しえたのかも不明といわざるを得ない。

このように考えて再び問題となるのは冠位制定の契機である。冠位を礼の導入ととらえるか、冠位の欠如を遣隋使失敗の原因の一つと考え、その上での改革ととらえるかである。換言すれば、礼の導入が来たるべき対新羅対策の一助になるととらえるか、隋に倭国の体制整備を知らせるとみるかである。

前者であれば、厩戸皇子も関係しうる余地があるが、後者であれば六〇〇年の遣隋使派遣が馬子の意向を反映している(57)ことからして、厩戸は余り関係していなかったこととなるのではないか(58)。この点、爵位と憲法が一体のものとして語られていることが注意される。このことは礼の導入よりも遣隋使失敗の反省の上に立った国内改革であることを示すが、とするならば、馬子がその改革の中心となったのである。その改革に後継予定者と認められた厩戸も参加し、馬子とともに十七条憲法の制定も構想したのである。(59) もし、厩戸が中心となって構想したのであれば、蘇我氏を冠位授与の対象から除外することは不自然ではないのか。

氏姓制によって氏族のランク付けはなされてきていた。それを冠位によるものに改めようとし、実際、秦河勝への小徳、高向黒麻呂への小徳授与は氏姓制度の枠を乗り越えたものと評価できる。しかし氏姓制が一方で機能しており、それは特別な功績がない限り、冠位に優先したものであったのである。このようなことが起きたのも馬子が冠位十二階の制定と施行を主導していたからであった。この点を確認して本章を終えることとしたい。

註

（1）若月義小『冠位制の成立と官人組織』（吉川弘文館、一九九八年）七八～九五頁。
（2）石母田正『日本の古代国家』（岩波書店、一九七一年）第一章第二節。
（3）鬼頭清明「推古朝をめぐる国際的環境」（『日本古代国家の形成と東アジア』校倉書房、一九七六年）。
（4）若月前掲註（1）書、六三～一五二頁。
（5）黛弘道「推古朝の意義」（『律令国家成立史の研究』吉川弘文館、一九八二年）。
（6）天皇号の定着時期以前に「皇子」が使用されていた可能性は低く、その天皇号の定着は七世紀末のことであるから、その意味では「王」の方が適切であろうが、以下、本章では『日本書紀』の記載に倣い、皇子と記す（天皇についても同じ）。
（7）黛弘道氏は「冠位十二階の実態と源流」（前掲註（5）書）において、厩戸皇子と馬子の路線の矛盾を説いている。
（8）源流については、時野谷滋「唐の官品令とわが官位令」（『律令封禄制度史の研究』吉川弘文館、一九七七年、初出一九五三年）・「冠位十二階の思想史的考察」（『飛鳥奈良時代の基礎的研究』吉川弘文館、一九九〇年、初出一九八四年）、坂本太郎「古代位階制二題」（『日本古代史の基礎的研究』下、東京大学出版会、一九六四年、初出一九五七年）、宮崎市定「日本の冠位令と唐の官品令」・「三韓時代の位階制について」（ともに『古代大和朝廷』筑摩書房、一九八八年、初出はともに一九五九年）、黛弘道「冠位十二階考」（前掲註（5）書、初出一九五九年）・前掲註（7）論文、井上光貞「冠位十二階とその史的意義」（『日本古代国家の研究』岩波書店、一九六五年、初出一九六二年）、武光誠「冠位十二階の再検討」（『日本歴史』三四六、一九七七年）など、形状については武田佐知子「中国の衣服制と冠位十二階」（『古代国家の形成と衣服制』吉川弘文館、一九八四年）などがある。

（9）関晃「推古朝政治の性格」（関晃著作集第二巻『大化改新の研究』下、吉川弘文館、一九九六年、初出一九六七年）。

（10）直木孝次郎「厩戸皇子の立太子について」（『飛鳥奈良時代の研究』塙書房、一九七五年）。

（11）この点については拙稿「推古朝前半の外交とその推進者」（本書第Ⅲ部第一章）を参照されたい。

（12）『日本書紀』欽明三十一年四月条。

（13）『日本書紀』欽明三十一年七月是月条。

（14）『日本書紀』欽明三十二年四月条、敏達即位前紀。

（15）『日本書紀』敏達即位前紀。

（16）『日本書紀』欽明十五年正月条に立太子記事が掲げられているが、敏達即位前紀では二十九年のこととされている。

（17）『日本書紀』継体七年十二月条は継体が勾大兄に「宜レ処二春宮一。助レ朕施レ仁。翼レ吾補レ闕」と詔したと記す。

（18）『日本書紀』用明二年四月条。

（19）舒明十三年に舒明が死去した時、十六歳であった中皇子が「東宮」として誄する（『日本書紀』舒明十三年十月条）が、当時は若く、正式な後継予定者として扱われていたかは不明である。この他に後継予定者候補として異母兄古人大兄や厩戸皇子の子山背大兄が存在するが、この段階では誰が後継予定者か定められていなかった可能性が高い。

（20）この点、『日本書紀』大化二年（六四六）三月条にみえる皇太子奏が注目される。皇太子が天皇に個人的に伝領している子代や屯倉などの処分について奏しているのである。これによれば政治的な発言をしたこととなるが、しかしこの発言は天皇の諮問に対するもののようであり（薗田香融「皇祖大兄御名入部について」〔『日本古代財政史の研究』塙書房、一九八一年、初出一九六八年〕）、この他に積極的に発言した形跡がないことが注意される。個人的な諮問に対するものであったために、その範囲で個人的に奏したにすぎなかったのであり、天皇はそれを念頭に改めて群臣に諮ったのではないか。きわめて政治的にみえる皇太子奏にしてこのようなものであったのである。このことは後継予定者が公的な場で政治的な発言をすることは認められていなかったこと、したがって後継予定者と公認されても、どの程度の影響力を発揮できたかについては疑問があることを示すものである。

(21) 六〇〇年に隋に到着した遣隋使一行がいつ出発したかである。先にふれたように竹田皇子がこの年に夭逝したとしても、遣隋使が出発した時にはまだ生存していた可能性がある。

(22) この点については、拙稿「崇峻殺害前後の政治状況と蘇我氏」（本書第Ⅰ部第一章、初出二〇一〇年）を参照されたい。

(23) 拙稿前掲註（11）論文。

(24) 黛前掲註（8）「冠位十二階考」。

(25) なお、厩戸皇子の関係者が授与されたかにみえる例があるが、これについては後述する。

(26) 喜田新六「位階制の変遷」（『令制下における君臣上下の秩序について』皇學館大学出版部、一九七二年、初出一九五四〜一九五五年）。

(27) 黛前掲註（8）「冠位十二階考」。

(28) 加藤健吉氏は、境部氏は蘇我氏が外交掌握の一手段として、自己の勢力圏内にある軽衢に所属する境部集団の統括者の地位を一族の摩理勢に振りあてたことにより、蘇我氏系境部氏が誕生し、『日本書紀』推古八年是歳条の大将軍任命、三十一年是歳条の雄摩侶の将軍任命につながったとみている（「蘇我氏の本拠とその出自」〔『蘇我氏と大和王権』吉川弘文館、一九八三年〕）。

(29) 崇峻即位前紀用明二年七月条。

(30) 東野治之『遣唐使』（岩波書店、二〇〇七年）。

(31) なお、「阿蘇」を「於蘇」とするものもあるが、後世の史料である。

(32) 小林敏男「王・大王号と天皇号・スメラミコト考」（『古代天皇制の基礎的考察』校倉書房、一九九四年）。

(33) 小林前掲註（32）論文。

(34) 黛弘道氏は前掲註（8）論文「冠位十二階考」において、徳冠は二位三位に相当するとし、関晃氏は「大化前後の大夫について」（『関晃著作集第二巻　大化改新の研究　下』吉川弘文館、一九九六年、初出一九五九年）において、大夫には徳冠が授与されていたとする。また、宮本救氏は大夫ないしそれに準ずるものの多くは小徳を授けられたとみている（「冠位十二階と皇親」竹内理三博士還暦記念会編『律令国家と貴族社会』吉川弘文館、一九六九年）。

(35) 関前掲註（9）論文。

(36) 『日本書紀』推古十六年九月条。

(37) 『先代旧事本紀』（鎌田純一『先代旧事本紀の研究』吉川弘文館、一九六〇年）には、推古十五年に大礼であった小野臣妹子が大唐にわたり、十六年には大仁として小仁吉士雄成とともに唐に渡ったとする。昇進しているのである。これによれば妹子は二度目の隋への使者の役を果たした後、昇進したこととなるが、しかし国書によれば同じ大礼である。

(38) 奈良国立文化財研究所飛鳥資料館『日本古代の墓誌　銘文篇』（同朋社、一九七八年）による。

(39) 小野氏に対して「大礼」が与えられていた可能性はあるが、後述するように他の外交使節の長は「大礼」とされていることが多いから、「大礼」は外交官に対して与えられた可能性がある。

(40) しかし帰国時のこととして、百済の使者が犬上君に従って来朝したと『日本書紀』が記していることからして、大使は三田耜であり、そうだとすると大使の冠位大仁は三田耜の可能性もある。しかし妹子が最初大礼であることからして、断言できない。

(41) 『新撰姓氏録』摂津国神別条に矢田部造は「伊香我色雄之後」の物部韓国連と同族とあり、『日本書紀』崇神七年八月条に「物部連祖伊香色雄」とある。

(42) 『日本書紀』推古十一年十二月条は冠位制定につづけて「以二当色絁一縫之。頂撮摠如レ嚢而著レ縁焉。唯元日著二髻華一」と記している。

(43) なお『聖徳太子伝暦』の推古二十七年条には川勝が致仕した時に小徳が与えられたとする。

(44) 平林章仁氏は『蘇我氏の実像と葛城氏』（白水社、一九九六年）第三章「蘇我馬子とその儀礼」において、推古二十年正月に行われた人日儀礼において馬子は名実ともに大臣となり、以後、積極的に行動したと説く。

(45) 上毛野氏は『新撰姓氏録』左京皇別条に豊城入彦命の子孫とされている。豊城入彦命は崇神の子で、『日本書紀』は崇神四十八年四月条は崇神がその子豊城命＝豊城入彦命に東国を治めさせたとあり、上毛野君・下毛野君の祖であると記す。このことからうかがわれるように東国の豪族である。

(46)　喜田前掲註（26）論文。

(47)　黛前掲註（8）「冠位十二階考」。

(48)　黛前掲註（8）「冠位十二階考」。

(49)　なお、『聖徳太子伝暦』の皇極朝末尾「一説」に記されている「舎人物部兄麻呂」は癸巳年＝舒明五年に武蔵国造となり、それを「退」してから小仁を賜ったとある。物部氏として冠位を授与された可能性があり、そうであれば地方国造には属さない。またこのように考えるにあたって問題となるのは、蘇我氏同族の境部氏には授与されていることである。馬子の兄弟と考えられる摩理勢には冠位が授与された痕跡はないが、彼の後をついで登場したと思われる雄摩侶は先にふれたように推古三十一年に将軍に任じられ、大徳を与えられているのである。蘇我氏と同族でありながら、冠位を授与されているのであるが、これについては或いは将軍任命にともなうものであり、かつ、摩理勢よりも一世代経過したことにより、蘇我氏とは別氏族と認識された結果であると考えておきたい。

(50)　喜田前掲註（26）論文。

(51)　北康宏「冠位十二階・小墾田宮　大兄制—大化前代の政治構造—」（『日本史研究』五七七、二〇一〇年）。

(52)　では何故、薄葬令において上臣・下臣とされたのかであるが、これについては大化期の徳冠授与者のなかに本来の徳冠授与者としてはふさわしくないと考えられた者が出現したためと考える。すなわち、冠位十二階が氏姓制秩序に功績を加味したものであったため、従来の氏姓制による基準とは一線を画したものの、墓のあり方においてはなおこの氏姓制の秩序を完全に捨て去ることができなかったのであり、とくにそれが豪族の上層において問題視され、そこで冠位十二階とは別に上臣と下臣に分けて対処しようとしたのである（なお、この点の詳細については本書第Ⅱ部第三章「大化期の王族と諸臣」を参照されたい）。

(53)　東京国立博物館編『江田船山古墳出土　国宝銀象嵌銘大刀』（吉川弘文館、一九九三年）。

(54)　奈良県立橿原考古学研究所編『斑鳩藤ノ木古墳概報—第一次調査～第三次調査—』（吉川弘文館、一九八九年）。

(55)　この点、隋においては位階が官に対するものであることから、官の変動にともない個人表記の最初に記される位階は変わるものであり（宮崎前掲註（8）論文「日本の冠位令と唐の官品令」）、それ故、位階にあたるものには常に注意が向けられた。この結果として隋は遣隋使に関係した人物の冠を、知った範囲で書き留めた可能性があるのではないか。

(56)　近江令施行以後から位階の昇進記事や逐一的な位階の記載が目立つようになるが、それまで逐一的に記されなかったことについては、冠位制度がこのようなものとして出発したことに求めることができるのではないか。

(57)　拙稿前掲註（11）論文。

(58)　この時、厩戸皇子は正式に後継予定者とされていないのではないか。少なくとも準備期間を考慮するならば、厩戸はこの遣隋使派遣に主体的に関与したとは考えられない。

(59)　憲法はその文言に仏教的な要素が多いことから、厩戸皇子が主体となったことは否定しない。しかし馬子も仏教との関わりが深いことを軽視してはならない。

第二章　紫冠考

問題の所在

『日本書紀』皇極二年（六四三）十月壬子条は、

蘇我大臣蝦夷縁レ病不レ朝。私授二紫冠於子入鹿一。擬二大臣位一。

と、大臣であった蘇我蝦夷が私に紫冠を子の入鹿に授け、大臣の位に擬したとある。この記事には続けて、

復呼二其弟一[1]曰二物部大臣一。大臣之祖母物部弓削大連之妹。故因二母財一取二威於世一。

とあり、先の行為を批判的に記している。本来は天皇が授与すべき紫冠を蝦夷が「私」に与えたことがその根底にあるともみなされているが[2]、この紫冠はいかなるものであったのであろうか。周知のごとく、これに先立ち冠位十二階が制定されている。すなわち『日本書紀』は推古十一年（六〇三）十二月条において、

始行二冠位一。大徳。小徳。大仁。小仁。大礼。小礼。大信。小信。大義。小義。大智。小智。并十二階。並以二当色絁一縫之。頂撮摠如レ嚢而著レ縁焉。唯元日著二髻華一。

と記しているが、これとの関係はいかなるものであったのか。

これについて黛弘道氏は、蘇我大臣家には冠位十二階とは異なる紫冠が授与されていたことを示すものであると説

いた。[3]これは以後、受け容れられることとなるが、しかしなお残された問題がある。それはまずこの入鹿に授けられた紫冠が大臣という地位に対する冠であったのか、それとも蘇我大臣家当主が着用するものであったのかである。また黛氏の説くように、蘇我大臣家には冠位十二階と異なるものが用意されていたのであれば、大臣の地位にはなく、また当主でもない大臣家の者はいかなる冠を着用していたのかということであり、それは冠位十二階といかなる関係にあったかである。

さらに問題は、この入鹿に授けられた紫冠自体のもつ意味である。冠位十二階では「並以当色絁縫之」とされていたが、それと紫の関係がいかなる関係にあったのか。また入鹿は皇極四年六月に殺害され、それにともなって蘇我大臣家は滅亡するが、[4]この大臣家が保持した紫冠は以後、後世にどのように位置づけられたかである。

以下、これらの問題について、当時の上級氏族の冠の着用がいかなるものであったのかをも含めて考えることとしたい。

一　冠の着用と氏族

『隋書』倭国伝には、

頭亦無冠、但垂髪於両耳上。至隋。其王始制冠、以錦綵為之、以金銀鏤花為飾。

とあり、冠位十二階制定以前には無冠であったとみえる。しかし、五世紀末の熊本県江田船山古墳からの出土品のなかに金銅製の冠帽があり、[5]また六世紀中葉と推定される奈良県藤ノ木古墳の出土品に金銅製冠があることなどは、[6]すでに冠の着用が行われていたことを示している。[7]

藤ノ木古墳の被葬者をめぐっては諸説あり、仮に上級氏族であるとしても、その上級氏族が冠を着用していたのであれば、当然のこととして王族も着用していたと考えられる。その冠の着用は冠位十二階制定以前においても儀式の場では着用されてきたのではないか(8)。この時の冠の着用にあたっては、儀式に参列する上級氏族の場合、氏族ごとに独自のものが用意されていた可能性が指摘されている(9)。それによれば、その形状、色、材質は氏族ごとに異なっていたこととなるが、しかしそれがどれほど厳密であったかは不明である。同じ一族のものが同時に儀式に参加する場合、全く同じものの着用ができたかは疑問であり、ある程度の共通点がそこにあったとしても、そこに変化があったと考える方が自然と考える(10)。

その冠のあり方は冠位十二階によって規制されることとなる。『日本書紀』は先にみたように推古十一年十二月条においてその制定記事を掲げているが(11)、「並以二当色絁一縫之。頂撮摠如レ嚢而著レ縁焉。唯元日著二髻華一」と、その位階にあわせた色のものを着するようにといい、またその形状についても「頂撮摠如レ嚢而著レ縁」とし、それまで自由であったものに規制が加えられたのである。

ところで髻花＝飾りについては、「唯元日著二髻華一」と、平素は用いないが、元日には用いるとしたのである。この元日に着用を認められた髻華がどの程度、冠と一体のものとして規制されたかであるが、これに関して注目されるのは『日本書紀』推古十六年八月条が唐客を朝廷に迎接するにあたって、

是時。皇子。諸王。諸臣悉以二金髻華一着レ頭。亦衣服皆用二錦紫繍織及五色綾羅一。一云。服色。皆用二冠色一。

と記し、また『日本書紀』推古十九年五月条がその時の薬猟に際して、

諸臣服色皆随二冠色一。各着二髻華一。則大徳。小徳並用レ金。大仁。小仁用二豹尾一。大礼以下用二鳥尾一。

と記していることである。

唐客を迎接する際には「皇子。諸王。諸臣悉以二金髻華一着レ頭」とし、皇子から諸臣のいずれも髻華は金であるが、薬猟に際しての髻華は「大徳。小徳並用レ金。大仁。小仁用二豹尾一。大礼以下用二鳥尾一」とあり、異なっている。髻華

については冠位十二階では元日の折には着用せよとあるのみで詳細は不明であるが、『隋書』倭国伝には「其王始制冠、以錦綵為之、以金銀鏤花為飾」とあることからして、その材質、形状には各種あったことが知られる。しかし金銀は位階と対応しているとは考えられるものの、その形状が位階に対応するものであったかは不明である。それを唐客迎接にあたっては材質をすべて金としたものの、薬猟に際してはその材質、ならびにその形状は位階に応じて区分されたのである。髻華の細分化がなされたといえよう。

ところで　冠位を制定するにあたって「当色絁」をもってせよとされているが、これについて石田一良氏は、冠位十二階は皇子、大臣・諸王に及び、服制も定められたもので、皇子に錦冠・同色服、大臣に紫冠・同色服、諸王に繡冠・同色服、徳位に織冠・同色服、仁から智に対してはそれぞれ五色の冠・服があてられたとみた(12)。しかし川副武胤氏は、冠位十二階制定記事と唐客迎接儀式記事、薬猟記事では違いがあることなどから、冠位十二階では服制・服色までは定められていなかったのではないかとみている(13)。

いかに考えるかであるが、冠位十二階制定記事などには具体的に記されていない。これが唐客迎接では「衣服皆用二錦紫繡織及五色綾羅一。一云。服色。皆用二冠色一。」とされ、また薬猟記事においては、「諸臣服色皆随二冠色一」と冠色にあわせたとある。もし冠位十二階制定時に衣服の色も規定していたのであれば、唐客迎接記事などにおいて、詳細を記す必要はないと考えられ、その意味では川副氏の説に従うべきであろう。冠位十二階では衣服規定は存在しなかったのであるが、それを唐客迎接以降、新たに規制したと考えられるのであり、それは先の髻華規制に通じる。

とすれば、冠位十二階制定以前には冠に規制はなく、上級氏族は氏族独自のものを着用して朝廷の儀式に参列していたのであるが、それを冠位十二階は朝廷儀式の場における冠の色や材質などのあり方を統制下におき、それは次第に強化されていったと考えられるのである。

この変化は儀式に参列する者の序列をいかに示すか、ということによって生み出されたものであるが、大化三年

（六四七）の冠位改訂にあたって冠と色とは必ずしも同色とは限られていないことが注意される。すなわち、『日本書紀』は大化三年是歳条において、

制二七色一十三階之冠一。一曰。織冠。有二大小二階一。以レ織為之。以レ繡裁二冠之縁一。服色並用二深紫一。二曰。繡冠。有二大小二階一。以レ繡為之。其冠之縁。服色並同二織冠一。三曰。紫冠。有二大小二階一。以レ紫為之。以レ織裁二冠之縁一。服色用二浅紫一。四曰。錦冠。有二大小二階一。其大錦冠以二大伯仙錦一為之。以レ織裁二冠之縁一。其小錦冠。以二小伯仙錦一為之。以二大伯仙錦一為裁二冠之縁一。服色並用二真緋一。五曰。青冠。以二青絹一為之。有二大小二階一。其大青冠以二大伯仙錦一裁二冠之縁一。其小青冠以二小伯仙錦一裁二冠之縁一。服色並用レ紫。六曰。黒冠。有二大小二階一。其大黒冠以二車形錦一裁二冠之縁一。小黒冠以二菱形錦一裁二冠之縁一。服色並用レ緑。七曰。建武。初位。又名二立身一。以二黒絹一為之。以レ紺裁二冠之縁一。別有二鐙冠一。以二黒絹一為之。其冠之背張二漆羅一以二縁与レ鈿異二其高下一。形似レ蝉。小錦冠以上之鈿雑二金銀一為之。大小青冠之鈿以レ銀為之。大小黒冠之鈿以レ銅為之。建武之冠無レ鈿也。此冠者大会。饗レ客。四月。七月斎時所レ着焉。

と記すが、これを表6にまとめると次のようになる。

このことからすると、そこには冠と服とが同色であったとはいえないが、規定が強化され、それでもってより視覚的に識別できるようにしていたのではないか(14)。

二　冠位十二階不授与者の衣冠

以上、上級氏族は氏族ごとに冠をもっていたこと、それを冠位十二階は規制しようとしたこと、それが次第に強化されてきたことをみてきたが、『日本書紀』は推古十一年正月条において「始賜二冠位於諸臣一。各有レ差」と記すのみ

表6　大化三年冠位と冠服

	冠の材質等	冠の縁	服色	鈿
大小織冠	織	以レ繡裁ニ冠之縁一	服色並用ニ深紫一	雑ニ金銀一
大小繡冠	繡	織冠に同じ	織冠に同じ	
大小紫冠	紫	以レ織裁ニ冠之縁一	浅紫	
大錦冠 小錦冠	大伯仙錦 小伯仙錦	以レ織裁ニ冠之縁一 以ニ大伯仙錦一為裁ニ冠之縁一	真緋	
大青冠 小青冠	青絹	以ニ大伯仙錦一裁ニ冠之縁一 以ニ小伯仙錦一裁ニ冠之縁一	紫	銀
大黒冠 小黒冠	記載なし 記載なし	以ニ車形錦一裁ニ冠之縁一 以ニ菱形錦一裁ニ冠之縁一	緑	銅
建武	黒絹	以レ紺裁ニ冠之縁一	記載なし	無
鐙冠	黒絹	記載なし	記載なし	

で、具体的に誰にどのような冠位が授与されたのかは不明である。それでも断片的な記事から、喜田新六氏は、将軍任命、遣外使節、誄、功績が冠位十二階授与のその契機となったとし[15]、黛弘道氏も厩戸皇子との関係、皇室と古来深い関係をもつ伴造（大伴は親子二代、中臣は兄弟で冠位）、大和朝廷に属する職業部の伴造のある者（鞍作の如き特殊技能者、高向などの文筆関係者）、厩戸がその養成を念願した新たな官僚群（海外遣使や将軍――境部・川邊・波多・平群・大伴・中臣・物部依網）から授与されたと説いている[16]。

これに該当する者は、施行とともに授与されたと考えられるが、問題は皇室と古来深い関係をもつ伴造や大和朝廷に属する職業部の伴造のある者については、その弟や子供が新たに出仕した場合、彼らにも直ちに授与されたのかである。

『中臣氏系図』（群書類聚本による）には敏達朝に供奉した中臣常磐大連公の一男に中臣可多能祜大連があり、その可多能祜の一男は「小徳冠前事奏官兼祭官中臣御食大連公」、二男が「小徳前事奏官兼祭官中臣国子大連公」であるとされ、また舒明即位前紀に彌気として登場する御食子（＝鎌足の父）が『中臣氏系図』に「小徳」とあることである。中臣氏は兄弟で冠位を授けられているが、二人が同時期に出仕して同じ冠位を授与されていたのか、それとも交代して出仕し、同じ冠位が授与された結果なのか。

このように考えて注目されるのは『藤氏家伝』上巻『鎌足伝』第四段（沖森卓也・佐藤信・矢嶋泉『藤氏家伝 鎌足・貞慧・武智麻呂伝注釈と研究』吉川弘文館、一九九九年、による。なお、段の区切りもこれによる）に、

　及崗本天皇御宇之初、以良家子、簡授錦冠、令嗣宗業。固辞不受、帰去三嶋之別業。

とみえることである。

錦冠は大化三年（六四七）冠位であり[17]、また、『日本書紀』は鎌足が神祇伯任命を固辞して三嶋に去った記事を皇極三年（六四四）正月条にかけており、先の記事に全幅の信をおくことはできない。しかし「及崗本天皇御宇之初、以良家子、簡授錦冠、令嗣宗業」とあることからすると、上級氏族の出仕者には、天皇の代替わりにともなって出仕者の世代交代が求められ、その職務にあたることが求められた者に冠位が授与されたことがうかがわれる。

問題は途中で出仕した場合である。これは冠位十二階の制定直後の最初の施行時に出仕していなくて、特段の功績や特定の職務、さらに「宗業」を嗣いでいない者には、いつ冠位が授与されたかという問題に他ならない。すなわち最初に冠位十二階が施行された時、その冠位に相当するとされた上級氏族（蘇我大臣家を除く）の出仕者全員に冠位が授与されたと考えられるが、しかしその弟などが新たに出仕するなどした場合[18]、直ちに冠位が授与されたのかである。もしこれがなされていたのであれば問題はないが、なされていない場合は天皇即位の折に見直したものと考えられる。換言すれば世代交代などによって新たに出仕したものの、いまだ冠位十二階を授与されていない上級氏族の出仕者全員に、新天皇の即位とともに冠位が授与されたのである。

以上、上級氏族の出仕者であっても冠位を授与されていなかった者の存在を推測した。冠位十二階を授与されている者は儀式の場でその冠を着用することとなるが、問題はこのいまだ冠位十二階を授与されていない者は、どのよう

な冠を着用してその儀式に参加したかである。また、蘇我大臣家も冠位十二階を授けられていないが、どのような冠を着用したのか。

この場合、もし各氏族ごとに受け継いできたものがあるならば、基本的にそれを着用することとなったと考えられる。しかしそのようなものが本当にあったかは不明である。また各氏族で受け継いできた冠があったとしても、それをそのまま着用することを許したとは考えられない。冠位十二階制定は「並以二当色絁一縫之」と授与する冠位に従って冠の色を定めた(19)。この場合、その氏族を代表する立場の者が冠位十二階を授けられ、それにともなってその氏族の使用できる色の上限が定められたということである。それは常に作用し、例えば推古十九年五月の薬猟に際しても「諸臣服色皆随二冠色一」とされており、冠位を授与された個人が使用する色を規定するものであった。したがって仮に氏族で受け継いだ冠の色がその氏族の当主的な存在が授与された冠の色よりも上の場合、冠の色で身分の上下がわかるようにしたのであるから、その色の冠の着用は規制され、その氏族は冠位十二階で定められた色か、もしくはそれよりも下位の色の冠を使用するのである。各出仕者の冠の上限が冠位十二階制定によって規制されたのであり、無冠の出仕者は氏族で受け継いだものを着用して儀式に参列するとしても、冠は変更を迫られたのではないか(20)。先に大化三年の冠位を示したが、冠の材質、色などは細かく定められていたのである。

下位の氏の者が冠位十二階を授与されていないからといって、その氏の伝統であるから自由に上位の者に配された冠の色のものを着用できたとは思われない。おそらく冠位十二階で示された色が使用できる上限でもあったであろう。氏姓制が展開されていることを思えば、その氏姓に属する出仕者の冠位十二階にそった色が、そのまま無冠の出仕者の色となったと考える。冠位を保持しているか否かはその冠の材質や形状などから判断されたのではないか。もし同じ氏姓に属していながら、違う色のものを使用した場合、その者の氏姓にもとづく潜在的な地位を示すことができなくなる。ただ同じ色のものとすると、帯冠者と無冠の者の区別がつかなくなる恐れがある。その場合、先にふれたように衣服や冠の材質や形状などから識別できるようにしていたものと考える。

三　紫冠

とすれば、蘇我大臣家の出仕者はいかなる冠を着用していたか。これと紫冠の関係はいかなるものであったのであろうか。紫冠は蘇我大臣家がもつ冠にすぎないのか、それとも大臣という地位と連動したものであったのかである。またその紫冠の紫とは何か。徳冠に相当する色が紫であったことにより紫とされたにすぎないのであろうか。

これについて喜田新六氏は、当時は冠位十二階と氏姓の冠の二つが並行して行われ、氏姓の冠が基本で、冠位十二階は高級官僚を対象外とし、紫冠は、蘇我氏の者が、大臣の地位を継承するごとに天皇から与えられたとしていたと説いた(21)。黛弘道氏も徳冠が紫に対応していたかは不明として、蘇我本宗家には冠位十二階とは異なる紫冠が授与されていたとし(22)、井上光貞氏は推古の冠制には二種あり、大臣の紫冠とそれ以下の冠位十二階の冠であるととらえた(23)。

これについては、先にふれたように蝦夷から与えられたことによって入鹿が紫冠を着用する行為が批判的に記されていることが注意される。もし大臣家の冠が紫冠であり、それを着用したというのであれば、批判されることではない。これについて喜田氏は、紫冠は蘇我氏の者が大臣の地位を継承するごとに天皇から授与されるものであったが、その天皇の許可を得ないままに私に授与したことが批判されたとみている(24)。これによれば紫冠は冠位十二階とは別の、大臣ないし大臣家に伝わるものなのであり、少なくともその授与には天皇の承認が必要だった可能性がある。紫冠は大臣の地位ないし大臣家に伝えられたものであり、後者であっても特定の個人のみが継承できたものであったのではないか。

では紫冠を渡される以前の入鹿は、どのような冠を着用し、それと冠位十二階との関係はどうなるのであろうか。

これは入鹿に限らず、大臣就任以前に出仕していた蝦夷にもつながる問題であるが、入鹿についてはこれを考える史料がみあたらない。しかし蝦夷については史料がある。『日本書紀』推古十八年十月条はこの時に行われた新羅・任那の使人を朝廷に迎える儀式について、

客等拝二朝廷一。於レ是。命二秦造河勝。土部連菟一為二新羅導者一。以二間人連塩蓋。阿閇臣大籠一為二任那導者一。共引以自二南門一入之立二于庭中一。時大伴咋連。蘇我豊浦蝦夷臣。坂本糠手臣。阿倍鳥子臣。共自レ位起之進伏二于庭一。於レ是。両国客等各再拝以奏二使旨一。乃四大夫起進啓二於大臣一。大臣自レ位起。立二廳前一而聴焉。既而賜二禄諸客一。各有レ差。

と記している。『日本書紀』は大臣であった蘇我馬子の死を推古三十四年五月条に掲げていることから、この時の蝦夷は大臣の地位にはない(25)。したがって問題は、蝦夷がこの儀礼にいかなる冠を着用して出席したかである。紫冠を着用していたのであれば、その冠は大臣に対するものであり、その一族も大臣と同じ冠を着用したとすると、その冠は冠位十二階よりも高くなる。このように考えて注日されるのが波線を付した「大伴咋連。蘇我豊浦蝦夷臣。坂本糠手臣。阿倍鳥子臣」の記載順である。

大伴連咋子は囓などともされるが、『続日本紀』天平感宝元年（七四九）閏五月壬戌条・『伴氏系図』から大伴連咋子には大徳冠が授与されたことを知ることができる(26)。咋子は『日本書紀』によれば用明没後に起きた蘇我氏と物部氏の争いに蘇我氏側について参戦するとともに、崇峻四年（五九一）十一月条には任那のことに関して大将軍として筑紫に出陣し(27)、また推古九年三月条によれば高麗に派遣されており(28)、十六年八月条には裴世清を朝廷に迎える儀式に参加したとある。いずれも冠位は記されておらず、いつ大徳とされたかは不明なところがあるが、蘇我氏と関係が深く、また大将軍としての経歴なども考慮するならば、冠位十二階の施行とともに大徳を授与された可能性が高い。とすれば、推古十八年の段階の冠位は大徳であろう。

坂本糠手臣については冠位十二階を授与されていたか不明であるが、やはり用明没後の蘇我氏と物部氏の争いに蘇我氏側について参戦しており、推古九年三月に百済に派遣され、翌年六月大伴囓とともに帰国している。大伴氏と似た軌跡をたどっていることからして冠位を与えられていた可能性はあるが、後述するように小徳以上の可能性が高い。

阿倍鳥子臣であるが、『隋書』倭国伝に、裴世清を倭国に遣わし、一行が「竹斯国」＝筑紫を経て「海岸」＝難波に達した時、倭王が、

遣小徳阿輩台、従数百人、設儀仗、鳴鼓角来迎。後十日、又遣大礼哥多毗、従二百余騎郊労。既至彼郡、其王与清相見

とあることが注意される。この『隋書』倭国伝の記事に関して『日本書紀』は推古十六年六月条において一行が難波に着いた時、中臣宮地連烏摩呂、大河内直糠手・船史王平を「掌客」とし、飾り船三〇艘をもって江口に迎え、新館に安置したとし、また同八月条において唐客が京に入る日、餝騎七十五疋を遣わし額田部連比羅夫が礼辞を述べたとし、続けて阿倍鳥臣・物部依網連抱を客の導者として朝廷に迎えたと記す。「小徳阿輩台」が誰を指すかであるが、日本古典文学大系本は大河内直糠手とし、『日本古代人名辞典』は阿倍鳥子臣とみている。「阿輩台」は『隋書』倭国伝にある「邪馬台」「阿輩雞彌」がそれぞれ「ヤマト」「アベキミ」または「アメキミ」のことであろうことからして、「アベト」ないし「アメト」であろう。その上で誰が該当するかであるが、難波に出迎えたなかに大河内直糠手、朝廷で迎えたなかに阿倍鳥臣がいる。[29] この二人に絞られようが、「阿輩台」の訓みからして阿倍鳥臣の方が蓋然性が高い。阿倍氏は大夫層に属すること、しかし大河内氏はその地の有力者の立場での参加した意味あいが強く、[30]「小徳阿輩台」が難波に迎えたとの『隋書』倭国伝の記事は、朝廷に迎えた時のことを混同したものではないか。とすると阿倍鳥子臣は「小徳阿輩台」と考えられ、当時、小徳を授与されていたことが知られる。

先の記載順がその時の地位を反映しているならば、その地位は大伴咋連、蘇我豊浦蝦夷臣、坂本糠手臣、阿倍鳥子臣の順となろうが、最後の阿倍鳥子の冠位は小徳である。とするとその前の坂本糠手臣の冠位は小徳以上と考えられる。記載順を重視するならば、その小徳を授与されていた阿倍鳥子臣より咋子はより高い冠位のもとに儀式に参加したこととなる。すなわちこの時には小徳以上を授与されていたのであり、そのために小徳阿倍鳥子臣の上に位置づけられていたのである。問題は蝦夷である。彼は蘇我大臣家の一員として冠位十二階を与えられていない。紫冠をもっていたとすればその冠の示す地位は誰よりも高くなつてしまう。しかしその蝦夷は大伴咋よりも下位におかれているのである。そのことからすると、この時は紫冠を着用しておらず、おそらく紫冠とは異なる蘇我大臣家に伝わる冠を着用していたものと考えられるが、その位置づけが先の記載順に反映されたのではないだろうか。

すなわち、大伴咋連、蘇我豊浦蝦夷臣、坂本糠手臣、阿倍鳥子臣のうち、この時冠位十二階を授与されていた可能性があるのは大伴咋連、坂本糠手臣、阿倍鳥子臣であり、蝦夷は授与されていないが、その序列は大伴咋連に次いでいるのである。大伴咋連が小徳以上、阿倍鳥子臣が小徳であるとすると、蝦夷はその中間に位置したこととなる。大臣馬子の子であり、次期大臣に予定されていたから、冠位十二階は授与されていないが、小徳以上に準じたのではないか。

蝦夷が儀式に参列した時のその冠の色が問題となってくる。この色からある程度身分が識別されることから、各氏族は冠位十二階に準じた色を基調としたことをみた。そのことからすると、材質や形状はともかく蝦夷が着用した冠の色は紫だったのではないか。大臣の紫冠の紫とは異なるが、色は紫であり[31]、材質なども少し異にしていたとみておきたい。

四　紫と大化三年冠位

紫冠が大臣の地位そのものないし大臣家当主に伝えられたものであり、特定の個人のみが継承できたものととらえたが、注目されるのが先にふれた『日本書紀』大化三年是歳条である。それには「制㆓七色一十三階之冠㆒。……」とあり、これにより冠位十三階が改訂されたことが知られる。ここでは「三日」として大小二階の紫冠が設けられたのである。この上にはそれぞれ大小二階の織冠、繡冠が設けられているから、実質上から五番目六番目に位置するが、この紫冠はかつての大臣ないし大臣家当主の紫冠を引き継いだものなのか、それとも別の所から発想されたものなのか。

ところでこの大化三年の冠位はさらに大化五年二月に、

制㆓冠十九階㆒。一曰。大織。二曰。小織。三曰。大繡。四曰。小繡。五曰。大紫。六曰。小紫。……

と、十九階に改訂される(32)。ここにも大紫・小紫がみえるのであるが、井上光貞氏は推古の冠制には二種あり、大臣の紫冠とそれ以下の冠位十二階の冠とした上で、「新冠位制では紫冠は保存して、第三級のかつ大臣相当の紫冠位にひきついだから廃棄せず、後者は、十二階を新冠位制の第四級以下に再編する必要上、全廃することを述べたもの」と解し、冠位十二階は廃止されたが、左右大臣の用いる紫冠だけは前代を踏襲したものと解した(33)。これに対して川副武胤氏は「紫」が大臣相当の証拠はないとし、左右大臣が任命された時に紫冠が授けられたかは不明と説く(34)。

いずれとみるかであるが、冠位十二階の行われている時、蘇我馬子は同じ官人の列に位置するのを拒否して十二階とは別の紫冠を着用し(35)、それは蝦夷さらに入鹿に引き継がれたのであるが、この過程で紫は最高位の職にある者が着用する冠であるとの意識が醸成されたのではないか。この意識の醸成により、上に織冠、繡冠が存するとはいえ、最高位の者に紫が意識されたのであり、大化三年冠位では「三曰」として大小二階の紫冠が設けられたのである。この上にはそれぞれ大小二階の織冠、繡冠が設けられており、さらにその服色は「深紫」とされ、また紫冠の服色も「浅紫」とされたのである。

ところで『日本書紀』は大化五年四月条において、

於二小紫巨勢徳陀古臣一授二大紫一為二左大臣一。於二小紫大伴長徳連一授二大紫一為二右大臣一。

と、新たに任じた左右新大臣には大紫位が授与されたことを記している。井上光貞氏は大化五年三月における左大臣阿倍臣の死、右大臣蘇我倉山田臣の自殺[36]を受けて二人が事実上、左右大臣の任についたことによって小紫を授けられたが、この時の正式就任にともなって大紫が授与されたとみている[37]。

とすれば先の紫冠が最高位の者に相当するとの意識が反映したものとなるが、しかし紫冠の上になお織と繡の冠が位置していることとの関係が問題となる。

令制下においては左右大臣の上に太政大臣があり、その太政大臣は正・従一位に相当している。このことからすると、左右大臣は大繡・小繡の冠が相当しても良さそうである。それが紫冠なのである。

このことについて井上氏は孝徳朝において唐の官品制度に倣って織冠、繡冠をあまり与えない方式がつくられたとみた[38]が、しかし武光誠氏は、唐では一品にあたる地位にあたる者が多く存在したことに着目し、井上説を少し修正し、唐では高い官品の官が少ないことが漠然と伝わったために高い冠位があまり授けられなかったとみている[39]。今後、大紫よりは上の冠を授与される者が出現するかもしれない。しかし現実に最高執政者である左右大臣には紫冠が授与されたことに意味があるのではないか。しかも注意されることは、織冠、繡冠ともに大化三年冠制では「深紫」とされ、紫冠が「浅紫」とされ、紫であることである。このことは左右大臣の上に立つ官が用意されたとしても、また、紫冠である左右大臣が功績を積んで冠位の昇進を必要としたとしても、従来の伝統の上に冠位が授与できるように配慮したものといえよう。紫はその意味で、最高官職と連動した色であったのであり、紫冠は冠位とは別格扱いの最高官職に用意された冠であったのである。

小　結

以上をまとめると、

一、冠位十二階制定以前には冠に規制はなく、上級氏族は氏族独自のものを着用して朝廷の儀式に参列していたのであるが、それを冠位十二階は朝廷儀式の場における冠の色や材質などのあり方を統制下におき、それは次第に強化されていった。

二、各出仕者の冠の上限が冠位十二階制定によって規制されたのであり、無冠の出仕者は氏族で受け継いだものを着用して儀式に参列するとしても、冠は変更を迫られた。

三、蝦夷の大臣就任以前の冠は紫であった可能性がある。

四、紫は最高官職と連動した色であったのであり、紫冠は冠位とは別格扱いの最高官職に用意された冠であったが、その紫は一色ではなかった。

となる。

冠位十二階は氏族の冠を規制下においたものであるが、それは次第に強化されたが、終始、紫は特別扱いされ、その紫一色では対応しがたくなるとそれは「深紫」・「淺紫」と細分されていったのである。

註

（1）『聖徳太子伝暦』（群書類従本による）下には「其弟字」とあり、それは藤原猶雪編聖徳太子奉賛会監修の『聖徳太子全集』第二巻（臨川書店、一九八八年復刻）も同様である。しかし『日本書紀通證釈』は「弟」は衍字とし、『書紀集解』は「第」とする。衍字とみるのが正しいと考える。

（2）喜田新六「位階制の変遷」（『令制下における君臣上下の秩序について』皇學館大学出版部、一九七二年、初出一九五四〜一九五五年）。

（3）黛弘道「冠位十二階考」（『律令国家成立史の研究』吉川弘文館、一九八二年、初出一九五九年）。

（4）『日本書紀』皇極四年六月条。

（5）東京国立博物館編『江田船山古墳出土　国宝銀象嵌銘大刀』（吉川弘文館、一九九三年）。

（6）奈良県立橿原考古学研究所編『斑鳩藤ノ木古墳概報—第一次調査〜第三次調査—』（吉川弘文館、一九八九年）。

（7）しかしすべてが金銅製のものとは限らない。『隋書』倭国伝にも「以錦綵為之」とある。金銅製のそれはよほど重大な儀式の場に限られ、金銅製のものをもっていたとしても通常は繊維製のものが着用されたのではないか。もちろん、金銅製のものをもたない者もおり、それは自ずと繊維製のものを着用したのである。

（8）川副武胤氏は儀式における冠の着用に注目している（「推古朝冠服小考」竹内理三博士還暦記念会編『律令国家と貴族社会』吉川弘文館、一九六九年）。

（9）上級氏族が冠位十二階とは別に冠をもっていたことは、黛前掲註（3）論文や井上光貞氏（「冠位十二階とその史的意義」『日本古代国家の研究』岩波書店、一九六五年）の説くところである。

（10）新しい冠の形状や材質が伝えられたり、また個人的な色へのこだわりなどが想定される。

（11）この冠位十二階の制定年については『上宮聖徳法王帝説』には、「小治田天皇御世乙丑年五月、聖徳王与二嶋大臣一。共謀建二立仏法一。更興二三宝一。即准二五行一定二爵位一也」とあり、小治田天皇御世乙丑年＝推古十三年（六〇五）のこととされている。これは『通典』（台湾商務印書館股份有限公司版による）巻一八五辺防一の「隋煬帝時、始賜衣冠」、『新唐書』巻二二〇東夷伝日本条の「至煬帝、賜其民錦綫冠」との記事に共通するものである。すなわち煬帝の時に冠位制定されたとあるが、その煬帝は六〇四年七月に即位するも正式即位は六〇五年からのことであり、六〇三年段階の皇帝は文帝である。これらのことから、若月義小氏の説くように（『冠位制の成立と官人組織』吉川弘文館、一九九八年、七八〜九五頁）乙丑年五月の制定であろう。

(12) 石田一良「日本古代国家の形成と空間意識の展開」（『東北大学日本文化研究所研究報告』第二集、一九六六年）。

(13) 川副前掲註（8）論文。

(14) これは材質にも通じよう。冠の縁につけられるものは繡・織・大伯仙錦・小伯仙錦・車形錦・菱形錦・紺の別があり、また鈿にしても、金銀合金・銀・銅・無の別によっていたのである。服色、冠の組みあわせによって識別できるようにされていたのである。

(15) 喜田前掲註（2）論文。

(16) 黛前掲註（3）論文。

(17) 錦冠は従来は大夫に対するものであったが、それを冠位十二階においては徳冠としたとの考えもある（関晃「推古朝政治の性格」〔『関晃著作集第二巻　大化改新の研究　下』吉川弘文館、一九九六年、初出一九六七年〕）が、その成立しないことを宮本救氏が説いている（「冠位十二階と皇親」前掲註（8）書）。

(18) 先の中臣御食・中臣国子兄弟の他、一つの「家」から親子が同時出仕していた例として蘇我馬子と蝦夷親子をあげることができる。このような例は多々あったと思われる。

(19) この冠色について瀧川政次郎氏は「冠位十二階制とその制定の意義」（『法制史論集第一冊　律令格式の研究』角川書店、一九六七年）において、また宮本救氏は前掲註（17）論文において、徳冠は紫衣、仁冠は青衣、礼冠は赤（緋）衣、信冠は黄衣、義冠は白衣、智冠は黒衣と説いている。

(20) 冠位十二階制定は「並以当色絁縫之」と色の規制がなされたが、場合によっては材質や形状なども、これを参考に規制されたと考える。

(21) 喜田前掲註（2）論文。

(22) 黛前掲註（3）論文。

(23) 井上光貞「冠位十二階とその史的意義」(『日本古代国家の研究』岩波書店、一九六五年)。
(24) 喜田前掲註(2)論文。
(25) 舒明即位前紀には推古の葬礼が終わってなお嗣位の定まっていない(推古三十六年)九月に、蝦夷が大臣であったとある。
(26) 崇峻即位前紀用明二年(五八七)七月条。
(27) 『日本書紀』推古三年七月条によれば、この時に帰還したとある。
(28) 『日本書紀』推古十年六月条によれば、この時、百済経由で帰国している。
(29) この時鳥子が大夫であったことは「四大夫」とされていることからうかがうことができる。
(30) 大河内直氏の政治的な位置が問題となるが、唐国の使人高表仁がやってきた時のことを記した『日本書紀』舒明四年八月条には難波吉士小槻とともに大河内直矢伏が導者として「館」に案内していることが注意される。難波吉士は外交に携わる氏族であるが、難波から推古の小墾田宮に至る途上に位置する河内地方を抑えていたことによって、参加したのではないか。
(31) 大化三年冠位では、先にみたように服色に深紫と浅紫の別がある。
(32) 『日本書紀』大化五年二月条。
(33) 井上前掲註(23)論文。
(34) 川副前掲註(8)論文。
(35) 黛前掲註(3)論文、拙稿「冠位十二階の実態とその背景」(本書第Ⅱ部第一章)。
(36) ともに『日本書紀』大化五年三月条。
(37) 井上前掲註(23)論文。
(38) 井上前掲註(23)論文。
(39) 武光誠「冠位十二階の再検討」(『日本古代国家と律令制』吉川弘文館、一九八四年、初出一九七七年)。

第三章　大化期の王族と諸臣—冠位改定と薄葬令から—

問題の所在

皇極天皇四年（六四五）六月におきた乙巳の変によって、それが当初から計画されていたか否かにかかわらず、孝徳朝において諸改革がなされる。[1] 大化二年（六四六）三月の甲申詔もその一つであるが、その冒頭にはいわゆる大化の薄葬令が掲げられている（以下、単に薄葬令とする）。

それには、

(a) 朕聞。西土之君戒二其民一曰。古之葬者。因レ高為レ墓。不レ封不レ樹。棺槨足二以朽一レ骨。衣衿足二以朽一レ完而已。故吾営二此丘墟不食之地一。欲レ使下易レ代之後不上レ知二其所一。無レ蔵金銀銅鐵一。一以二瓦器一合二古塗車蒭霊之義一。棺漆二際会一。奠三過飯。含[2]無レ以二珠玉一。無レ施二珠襦。玉柙一。諸愚俗所レ為也。又曰。夫葬者蔵也。欲二人之不一レ得レ見也。迺者我民貧絶。専由レ営レ墓。爰陳二其制一尊卑使レ別。

(b) 夫王以上之墓者。其内長九尺濶五尺。其外域方九尋。高五尋。役一千人。七日使レ訖。其葬時帷帳等用二白布一。有二轜車一。

(c) 上臣之墓者。其内長濶及高皆准二於上一。其外域方七尋。高三尋。役五百人。五日使レ訖。其葬時帷帳等用二白布一。担而行之。蓋此以レ肩担レ輿而送之乎。下臣之墓者。其内長濶及高皆准二於上一。其外域方五尋。高二尋半。役二百五十人。三日使レ訖。其葬時帷帳等用二白布一亦准二於上一。

(d)　大仁。小仁之墓者。其内長九尺高濶各四尺。不レ封使レ平。役一百人。一日使レ訖。大礼以下小智以上之墓者。皆准二大仁一。役五十人。一日使レ訖。

(e)　凡王以下小智以上之墓者。宜レ用二小石一。其帷帳等宜レ用二白布一。庶民亡時収二埋於地一。其帷帳等可レ用二麁布一。一日莫レ停。

(f)　凡王以下及二至庶民一不レ得レ営レ殯。

(g)　凡自二畿内一及二諸国等一。宜下定二一所一。而使中収埋上。不レ得三汙穢散二埋処処一。

(h)　凡人死亡之時。若経自殉。或絞レ人殉。及強殉二亡人之馬一。或為二亡人一蔵二宝於墓一。或為二亡人一断レ髪刺レ股而誄。如レ此旧俗一皆悉断。或本云。無レ蔵二金銀錦綾五綵一。又曰。凡自二諸臣一及二至于民一不レ得レ用二金銀一。

(i)　縦有二違レ詔犯レ所レ禁者一。必罪二其族一。

とある（便宜上、(a)から(i)の段落に区切った）。

(a)の「古之葬者」から「諸愚俗所レ為也」までは『魏志』武帝紀・文帝紀からの、また「夫葬者蔵也。欲人二之不レ得レ見也」は『魏志』文帝紀からの引用であるが、(b)から(e)までは身分の違いによる造墓などを規定したものであり、(f)は殯の禁止、(g)は墓所選定、(h)は循葬や副葬品を規定したものであり、(i)は規定の遵守を求めたものである。(b)から王以上、(c)から上臣・下臣、(d)から大仁・小仁、大礼以下少智以上、(f)から庶人の別を設けたことが知られるが、(d)からうかがわれるように、この当時、推古朝に定められた冠位十二階が引き続き行われていた。この冠位十二階と薄葬令の関係をいかにとらえるかは一つの問題であるが、この冠位十二階は大化三年に改定される。すなわち『日本書紀』は大化二年八月条において、

始㆓於祖子㆒奉仕卿大夫。臣連。伴造。氏氏人等。或本曰。名名王民。咸可㆓聴聞㆒。今以㆓汝等㆒使㆑仕状者。改㆓去旧職㆒新設㆓百官㆒及著㆓位階㆒。以㆓官位㆒叙。

と冠位制定の予告がなされたことを記し、続いて大化三年是歳条において

制㆓七色一十三階之冠㆒。一曰。織冠。有㆓大小二階㆒。以㆑織為之。以㆑繡裁㆓冠之縁㆒。服色並用㆓深紫㆒。二曰。繡冠。有㆓大小二階㆒。以㆑繡為之。其冠之縁。服色並同㆓織冠㆒。三曰。紫冠。有㆓大小二階㆒。以㆑紫為之。以㆑織裁㆓冠之縁㆒。服色用㆓浅紫㆒。四曰。錦冠。有㆓大小二階㆒。其大錦冠以㆓大伯仙錦㆒為之。以㆑織裁㆓冠之縁㆒。其小錦冠。以㆓小伯仙錦㆒為之。以㆓大伯仙錦㆒為裁㆓冠之縁㆒。服色並用㆓真緋㆒。五曰。青冠。以㆓青絹㆒為之。有㆓大小二階㆒。其大青冠以㆓大伯仙錦㆒裁㆓冠之縁㆒。其小青冠以㆓小伯仙錦㆒裁㆓冠之縁㆒。服色並用㆑紺。六曰。黒冠。有㆓大小二階㆒。其大黒冠以㆓車形錦㆒裁㆓冠之縁㆒。其小黒冠以㆓菱形錦㆒裁㆓冠之縁㆒。服色並用㆑緑。七曰。建武。初位。又名㆓立身㆒。以㆓黒絹㆒為之。以㆑紺裁㆓冠之縁㆒。別有㆓鐙冠㆒。以㆓黒絹㆒為之。其冠之背張㆓漆羅㆒以㆓縁与㆑鈿異㆓其高下㆒。形似㆑蝉。小錦冠以上之鈿雑㆓金銀㆒為之。大小青冠之鈿以㆑銀為之。大小黒冠之鈿以㆑銅為之。建武之冠無㆑鈿也。此冠者大会。饗㆑客。四月。七月斎時所㆑着焉。

と冠位の改定がなされたことを記す。

この七色十三階はさらに大化五年二月に改定される。『日本書紀』は大化五年二月条において、

制㆓冠十九階㆒。一曰。大織。二曰。小織。三曰。大繡。四曰。小繡。五曰。大紫。六曰。小紫。七曰。大華上。八曰。大華下。九曰。小華上。十曰。小華下。十一曰。大山上。十二曰。大山下。十三曰。小山上。十四曰。小山下。十五曰。大乙上。十六曰。大乙下。十七曰。小乙上。十八曰。小乙下。十九曰。立身。

と十九階に改定したことを記している。

以下、これらを通して、大化期の王族と諸臣を身分的にどのように位置づけようとしていたのかについて検討する

こととしたい。

一　冠位十二階と王族

まず、大化以前においては王族と諸臣が身分的にどのように位置づけられていたかをみておきたい。

『日本書紀』は推古天皇十一年（六〇三）十二月条において、

始行㆓冠位㆒。大徳。小徳。大仁。小仁。大礼。小礼。大信。小信。大義。小義。大智。小智。并十二階。並以㆓当色絁㆒縫之。頂撮摠如㆑嚢而著㆑縁焉。唯元日著㆓髻華㆒。髻華。此云㆓于孺㆒。

と、いわゆる冠位十二階が定められたことを記し、また翌推古十二年正月条においては、

始賜㆓冠位於諸臣㆒。各有㆑差。

と記し、その冠位十二階が施行されたとする。

この十二階について『隋書』倭国伝は、

内官有十二等、一曰大徳、次小徳、次大仁、次小仁、次大義、次小義、次大礼、次小礼、次大智、次小智、次大信、次小信、員無定数。

と記す。冠位の順序が『日本書紀』のものと異なっているが、先の薄葬令や、『日本書紀』推古十九年五月条にみえる薬猟の際の記事、すなわち、

諸臣服色皆随㆓冠色㆒。各着㆓髻華㆒。則大徳。小徳並用㆑金。大仁。小仁用㆓豹尾㆒。大礼以下用㆓鳥尾㆒。

からすると、『日本書紀』の記載が正しいであろう。(3)

この冠位十二階は、冒頭でふれたように薄葬令の(d)にその階名がみえることから、大化三年の冠位改定までは引き

続き行われていたことがうかがわれる。しかしこの冠位十二階と大化の薄葬令における身分を比較してみた場合、問題となるのは薄葬令にみえる「王以上」の文言が冠位十二階にはみえないことである。喜田新六氏は当時は冠位十二階と氏姓の冠の二つが並行して行われ、氏姓の冠が基本で、冠位十二階では高級官僚は対象外であったとみる(4)。この考えを敷衍するならば、王族は冠位授与の対象外とされていたこととなるが、逆に北康宏氏は薄葬令から王族にも徳冠が授与されていたとみる(5)。すなわち氏は、冠位十二階は徳冠に加えて陰陽五行思想の五をそれぞれ大小に分けて十二階を定めたもの、換言すれば徳冠を他と切り離し、特別なものとして位置づけていたと解した上で、薄葬令は墓のあり方について上臣・下臣、大仁・小仁、大礼以下少智以上の別としているが、そこに大徳・小徳の語がみえないことから、徳冠には王族も含まれていたとみたのである。

いかに考えるかであるが、まず、冠位十二階では徳冠がどのように位置づけられていたのかという点から検討することとしたい。『上宮聖徳法王帝説』には、

小治田天皇御世乙丑年五月、聖徳王与㆓嶋大臣㆒。共謀建㆓立仏法㆒。更興㆓三宝㆒。即准㆓五行㆒定㆓爵位㆒也。

と「聖徳王」が「嶋大臣」（＝蘇我馬子）とともに「准㆓五行㆒定㆓爵位㆒也」とあり、また『聖徳太子伝暦』には推古十一年十二月のこととして、

太子始製㆓五行位㆒。（行之位。徳仁義禮智信）各有㆓大小㆒。（合十二階也）徳者摂㆓五行㆒也。故置㆓頭首㆒。群臣大悦㆑之。

と記している。『上宮聖徳法王帝説』では徳冠の位置づけが不明であるが、『聖徳太子伝暦』は「五行」に加えて「徳」がその上のものとしておかれたことが明らかである。その「徳」には仏教・儒教に共通するものがある(6)ことから、冠位十二階が儒教的であるとみるにせよ、仏教的な要素をもち込んだとみるにせよ、「徳」を他から切り離して特別なものとして扱おうとしたことがうかがわれ(7)、故に徳冠は特別な者に授与されるものであったと位置づけることができる。

となれば、徳冠は王族にも授与された可能性があることとなるが、しかしその徳冠を王族にも授与していたととらえることには飛躍があるのではないか。この王族にも徳冠が授与されていたとみなす北氏の考えは証拠にもとづくものではなく、したがってそれは薄葬令において徳冠保持者について規定がなく、かわりに上臣・下臣とされているところから推論されているにすぎない。薄葬令には大化期の事情が絡んでいる可能性があり、薄葬令から冠位十二階授与の実態に言及するには限界があるというべきであろう。北氏のようにとらえるには冠位十二階が王族に授与されていた痕跡のみあたらないことが、何よりも問題であろう(8)。

この点、黛弘道氏は畿内の豪族を中心として冠位十二階が授与されたが、「蘇我氏」や子代・名代・壬生部など職業部以外の部の伴造、また国造や県主など地方の豪族には授与されなかったと説いている(9)。これによれば冠位十二階はすべての者を授与の対象としていなかったのである。注意されることは先の『上宮聖徳法王帝説』から推定されるように冠位十二階の制定の中心に蘇我大臣馬子が位置していたことであり、その蘇我大臣家には冠位が授与された形跡がないことである。関晃氏は蘇我大臣家と無関係に聖徳太子（＝厩戸皇子）が制定したとする根拠はないとし、授与者が天皇であり、その代行者としての厩戸であったとしても、その選定には蘇我大臣家があたったと説いている(10)。当時の蘇我大臣家の実力、またともに制定したとの記事、さらに蘇我大臣家に授与された痕跡のないことは、蘇我大臣家が単に執政者の側に立っていたという以上に、他の豪族と同様に扱われることを拒否した結果と考えられるのであり(11)、冠位十二階を王族に授与することは蘇我大臣家以下の扱いを認めることにつながりかねない。その意味では、宮本救氏も説いているように王族は蘇我大臣家とともに冠位十二階授与の対象に含まれていなかったと考えるのが妥当であろう(12)。

では王族や蘇我大臣家はいかなる冠(13)を着用したのであろうか。注目されるのは、すでに五世紀末の熊本県江田船山古墳出土品のなかに金銅製の冠帽があり(14)、また六世紀中葉と推定される奈良県藤ノ木古墳から金銅製冠が出土していることなどである[15]。これらのことはすでに冠の着用が行われていたことを示す[16]が、このことからして、かつては王族や蘇我大臣家は独自の冠を用意・着用し、それは豪族も同様であったと考えられる[17]。それを統制下においたのが冠位十二階であった[18]が、その統制外におかれた王族や蘇我大臣家はそれぞれが独自に用意した冠を着用していたのである。すなわち冠位十二階の下では、王族・蘇我大臣家と豪族との間には、厳然とした区分が存在したのである。

二　孝徳即位と冠位十二階

1　孝徳と冠位十二階

このような状況下において、乙巳の変によって蘇我大臣家が倒されたのである。冠位十二階の制定に預かり、授与する側に立っていた蘇我大臣家の滅亡は、政治体制の変貌のみならず、冠位制度のあり方に変化をきたすものであった。

端的にそれはまず「大臣」にかわって任命された左右大臣（以下、本章においては「蘇我大臣家」の場合を除いてオオオミとして使用する場合は「大臣」と表記し、それ以外の場合は単に大臣とする）への対処をいかにすべきかということであった。『日本書紀』孝徳即位前紀は孝徳天皇の即位にあたり、

以㆓阿倍内麻呂㆒為㆓左大臣㆒。蘇我倉山田石川麻呂為㆓右大臣㆒。以㆓大錦冠㆒授㆓中臣鎌子連㆒為㆓内臣㆒。……以㆓沙門旻法師。高向史玄理㆒。為㆓国博士㆒。

と、左大臣以下の任命がなされたとする。もっともこの記事の中臣鎌子連＝鎌足に大錦冠を授け、内臣としたとある部分については、大錦冠が先にふれた大化三年冠位であり、また当該時期に鎌足が国政に参加した記事のみえないことから疑問とされ[19]、また旻の国博士についても他にみえないから、これも疑問とされている[20]が、冠位との関係で注意

されるのは、阿倍内麻呂を左大臣、蘇我倉山田石川麻呂（以下、特別な場合を除いて単に石川麻呂とする）を右大臣としたとの部分である。

阿倍内麻呂について注意されることは、『隋書』倭国伝に「小徳阿輩台」とあることである。裴世清一行が「竹斯国」＝筑紫を経て「海岸」に達した以降のことを、「倭王遣小徳阿輩台、従数百人、設儀仗、鳴鼓角来迎。後十日、又遣大礼哥多毗、従二百余騎郊労。既至彼郡、其王与清相見……」と記しているが、『日本書紀』は推古十六年六月条において裴世清が難波津に到着した時、中臣宮地連烏摩呂・大河内直糠手・船史王平が出迎えたとし、続く八月条において、裴世清が京に入るにあたって額田部連比羅夫が海石榴市の衢に出迎えたとし、その九日後、朝廷に召された時、導者となって彼を迎えたのが阿倍鳥臣・物部依網連抱であったと記している。第Ⅱ部第一章で説いたように『隋書』の記事は、難波に出迎えた使者と朝廷への導者を混同している可能性があり、「小徳阿輩台」は阿倍鳥臣のことであると考える。したがって乙巳の変発生時には、阿倍氏を代表する立場にあった内麻呂には小徳が授与されていても不思議ではなく(21)、阿倍氏と孝徳の関係(22)や左大臣任命からすると、あるいは大徳に昇進していた可能性がある。

石川麻呂については『公卿補任』（国史大系本による）孝徳天皇段に「蘇我山田石河麿」とみえ、その註記に「馬子大臣之孫。雄正子臣之子」とあり、これによれば蘇我入鹿の従兄弟である。蘇我大臣家には冠位が授与されていなかったことを思うならば、石川麻呂には冠位十二階が授与されていなかったと考えられるが、この点、蘇我氏から出た境部臣雄摩侶が推古三十一年には大徳を授与されていた(23)こととの関係が問われる。この雄摩侶との系譜は不明であるが、境部摩理勢は『聖徳太子伝略』舒明天皇元年条に「大臣（＝蝦夷）叔父蘊我境部臣垸瀬」が推古の後継者として山背を推したことにより蝦夷と「相怨」む仲になったとあり、このことから馬子の兄弟であることが知られる。『日本書紀』推古二十年二月条に推古の母堅塩媛の改装が行われた時、「大臣（＝馬子）引㆓率八腹臣等㆒。便以㆓境部臣摩理勢㆒令㆑誄㆓氏姓之本㆒」とあることからも蘇我氏の一員であったことは明らかである。それにもかかわらず冠位を授けられているのであるが、これは摩理勢が冠位十二階施行以前に大臣家から離れ[24]、蘇我氏の一員ではあるものの、蘇我氏としてよりも境部氏として活動することとなったことが関係するのではないか[25]。その具体的な時期であるが、馬子が大臣家を率いることとなった時以降、冠位十二階施行以前のことであろう。その結果、冠位十二階授与時には蘇我大臣家とは別氏として境部氏も授与の対象とされたのであるが、これに対して石川麻呂は、仮に大臣家と対立したとしても蘇我氏の一員であるとの姿勢は崩さなかったのではないか。そのことは『鎌足伝』（沖森卓也・佐藤信・矢嶋泉『藤氏家伝　鎌足・貞慧・武智麻呂伝注釈と研究』吉川弘文館、一九九九年）による（以下同じ。なお、段の区切りもこれによる）第十段に、鎌足が石川麻呂に「太郎暴虐、人神咸怨。若同悪相済者、必有夷宗之禍」、すなわち入鹿の暴虐により連座することになるといって、反入鹿陣営に引き込んだとあることからもうかがうことができる。そうであれば、右大臣就任以前に冠位十二階を授与されておらず、また大臣家を引き継いだとの意識が強ければ、冠位十二階の授与も拒否したと考えられる。

しかし注意されることは、『鎌足伝』第四段に、

及崗本天皇御宇之初、以良家子、簡授錦冠、令嗣宗業。固辞不受、帰去三嶋之別業。

とみえることである。錦冠は先にふれたように大化三年冠位であり、また『日本書紀』は鎌足が神祇伯任命を固辞して三嶋に去った記事を皇極三年正月条にかけており、全幅の信をおくことはできない[26]。しかし「以良家子、簡授錦冠、令嗣宗業」からすると、上級豪族の代表者は氏姓制にもとづいて出仕していたが、天皇の代替わりにともない世代交代が求められることがあり、その者には冠位が授与され[27]、その職務の遂行が求められたことがうかがわれる。黛弘道氏は天皇から冠を受けることにより世襲が確保されたとみている[28]が、天皇の代替わり時には冠位と官人構成の見直しが行われたのである。孝徳が即位した時も同様に、新たに官人構成を見直すとともに冠位を見直した可能性がある。これを重視するならば、新たに右大臣として出仕することになった石川麻呂に対しても、右大臣就任とともに冠

位十二階が授与されたと考えられる。この点、注意されることは『日本書紀』が大化四年四月条において、

罷二古冠一。左右大臣猶着二古冠一。

と、冠位の改定時に左右大臣が「古冠」を着し続けたと記していることである。この「古冠」は後述するように冠位十二階のそれをさすが、このことは石川麻呂に冠位十二階が授与されていたことを示す。

したがって孝徳朝の開始とともに、左右大臣以下に冠位が授与されたと考えられるのであるが、では孝徳は即位後、王族にはいかなる態度をとったのか。冠位十二階の対象とされていなかった王族を直ちに冠位授与の対象としたかについては、直接これを示す史料がない。また後述するように、大化の二度の冠位改定においても王族に対する冠位は用意されていないことからして、孝徳即位時には、王族に対しては従来と同じ態度がとられたものと考える。

2　薄葬制

大化二年三月、冒頭に掲げた薄葬令がだされる。ここで注意されることは、薄葬令においては(b)王以上、(c)上臣・下臣、(d)大仁・小仁、大礼以下小智以上に分けられ[29]、「王以上」と下臣・下臣とは明確に区別されていることである。「王以上」の墓のあり方は上臣・下臣とは異なるとされている点、孝徳の王族に対する態度を反映したものと考えるが、まず問題は何故、(d)以下において冠位十二階保持者に言及する一方で、大徳・小徳とせず、(c)上臣・下臣としたかである。

先にふれたように北康宏氏は、王族にも徳冠が授与されていて、その徳冠を授与された王族を、やはり同じく徳冠を授与された豪族と区別するためであったととらえている[30]。しかしあくまでも「王以上」、「上臣」・「下臣」とある以上、上臣・下臣に王族は含まれないと考える。このように考えて問題があるとすれば、それが実在したか否かは別として、新たに臣列に加わることとなった旧王族の処置である。しかし彼らには冠位を授与し、その冠位にもとづく墓

を造らせれば済むことである。小徳を授与していたが、上臣クラスの墓を造らせてもよい旧王族がいたかもしれない。それならば贈位も含めて大徳を授与すればよいだけのことである。旧王族に大徳を授与したのであれば、薄葬令で上臣とせず大徳でよく、小徳であれば下臣とせず小徳で事足りるのである。したがって上臣・下臣との別を用いた背景には、王族以外の要素が作用した結果と考える。

したがってここでの問題は、徳冠を授与した者に対しては、大徳・小徳の別でよいものを何故に上臣と下臣に分けたかである。これについて黛弘道氏は、上臣は孝徳即位にあたって設けられた左右大臣・内臣・国博士に対するもので、このなかには小徳とされた高向玄理や小徳に至らなかった中臣鎌足が含まれるとし、徳冠保持者でも左右大臣・内臣・国博士に任じられなかった者は下臣とされたと説いた(31)。しかしこのようにとらえるのでは従来の氏姓秩序と相容れないこと、また、以後に新たに登用される者に十分に対応できないことが問題として残ると考える。

したがってこれについては、氏姓にもとづく「家格」(32)が重視された結果と考える。冠位十二階が誰に授与されたかについては、喜田新六氏は将軍任命、遣外使節、誅、功績がその契機となったと説いたが(33)、黛弘道氏は厩戸皇子との関係、皇室と古来深い関係をもつ伴造（大伴氏は親子二代、中臣氏は兄弟で冠位）、大和朝廷に属する職業部の伴造のある者（鞍作の如き特殊技能者、高向氏などの文筆関係者）、厩戸がその養成を念願した新たな官僚群（海外遣使や将軍——境部氏・川邊氏・波多氏・平群氏・大伴氏・中臣氏・物部依網氏）から授与されたとし、冠位授与の対象者とされたのは大夫層であると説き(34)、関晃氏も冠位授与の対象者とされたのは大夫層であることを認めている(35)。しかし大徳を授与された者のなかには、この大夫層にあたらないものの、その功績によって新たに大徳を授与されるに至った者が存在していることに注意したい。小野妹子がそれである。

『続日本紀』和銅七年（七一四）四月辛未条・『新撰姓氏録』左京皇別下小野朝臣条から、遣隋使となった小野臣妹子に大徳が授与されたことが知られる。しかし『日本書紀』には大徳が授与されたとの記事はみえない。遣隋使として最初に隋に向かったことを記している『日本書紀』推古十五年条には「大礼」とされており、大礼であった。帰国後の記事に昇進したとはみえず、推古十六年九月条は裴世清を送って吉士雄成とともに再び隋に向かうことを記しているが、冠位は記されていない。しかし裴世清の帰国に際して隋に贈った国書には「大礼蘇因高・大礼乎那利」を遣わすとあり、(36)『日本書紀』に照らしてこの二人はそれぞれ妹子、吉士雄成を指すから、この時も大礼であり、その帰国後に大徳に昇進したと考えられる。(37)

このように本来の大徳冠授与者と肩を並べるほどの存在ではないが、功績によって徳冠を授与された者がいたのである。かねて徳冠を授与されていた者はそれが大徳・小徳にかかわらず、その「家格」を重視して上臣、新たに徳冠を授与された者は大徳・小徳を問わず下臣とされたのではないか。(38)冠位十二階が氏姓秩序に功績を加味したものであったため、従来の氏姓制による基準とは一線を画したものの、墓のあり方においてはなおこの氏姓秩序を完全に捨て去ることができず、とくにそれが氏族の上層において問題視され、そこで冠位十二階とは別に上臣と下臣に分けて対処しようとしたのである。本来的に徳冠授与の対象とされていなかった氏族出自であったが、その功績によって徳冠を授与された者がいたのであり、それはその後も増える可能性がある。そのような者たちと、すでに徳冠を保持していた者たちとを区別しようとしたのである。

三　大化の冠位改定

薄葬令のだされた大化二年にも引き続き施行されていた冠位十二階は、大化三年に改定されることとなる。すなわち冒頭でふれたように大化二年八月には官職の見直しと、冠位改定が予告され、大化三年になって七色十三階の冠位に改定され、さらに大化五年には十九階制へと改定されるのである。

この二度の冠位改定において、王族に対する冠位を用意した形跡はなく[39]、また授与した形跡もみえない。先に孝徳即位時には、王族に対しては従来と同じ態度がとられて王族を冠位授与の対象外としたと推測したが、それが継続され、冠位十二階にひき続いて王族は授与の対象とされていなかったのである。

ところで問題としたいことは、この二度の冠位改定においてかつての「大臣」に代わって設けた左右大臣をいかに扱おうとしたかである。先にふれたように冠位十二階では蘇我馬子が厩戸とともに冠位を授与する側にあったらしいこと、また蘇我大臣家が授与の対象とはされていなかったことからみると、蘇我大臣家が倒された今となっては大化三年の改定は自然の成り行きではあり、また官職の見直しをしたことからして必然のものである[40]。

しかし左右大臣にいかなる冠位を配したかは、これを明確に示す史料がみあたらない。この点、孝徳がその即位にともなって任じた左大臣阿倍内麻呂・右大臣石川麻呂の相次ぐ死去にともなって任じられた左右大臣には大紫が授与されていることが注意される。すなわち『日本書紀』は大化五年三月条において左大臣阿倍内麻呂・右大臣石川麻呂の二人が死去したこと記し、その上で大化五年四月条において、

於二小紫巨勢徳陀古臣一授二大紫一為二左大臣一。於二小紫大伴長徳連一授二大紫一為二右大臣一。

と、新たに任じた左右新大臣には大紫を授与したと記している。井上光貞氏は新任の二人が保持していた小紫についても、旧任の阿倍内麻呂・石川麻呂の死後に事実上、二人がその任に就いたことによって小紫が授与されたものとみている[41]。黛弘道氏の最終的な冠位比較表[42]や武光誠氏の最終的な比較表[43]を対比した次の冠位対照表によれば、大紫や小紫の位置は大化三年のものと大化五年のものでは相違がなく[44]、それまでの大徳より上の位階として設定されていることが注意される。このことからすると、大化三年の冠制では大紫が左右大臣のものとして配されたといえよう[45]。

このように大化三年冠位においては、左右大臣には大紫が配されたと考えられるのであるが、ここで問題となることは、先にふれたように『日本書紀』が大化四年四月条において「罷二古冠一。左右大臣猶着二古冠一」と記しているこ

表7　冠位対照表（冠位十二階の大義以下、略）

黛氏最終案	冠位十二階				大徳 小徳	大仁 小仁	
	大化三年冠制	大織 小織	大繍 小繍	大紫 小紫	大錦	小錦	
	大化五年冠制	大織 小織	大繍 小繍	大紫 小紫	大花 上 下	小花 上 下	
武光氏最終案	冠位十二階				大徳 小徳	大仁	小仁
	大化三年冠制	大織 小織	大繍 小繍	大織 小織	大錦 小錦	大青	小青
	大化五年冠制	大繍 小繍	大紫 小紫	大紫 小紫	大花 上 下 小花 上 下	大山 上 下	小山 上 下

＊　実線・破線の有無は、それぞれの案のままである。

とである。先にこの「古冠」が冠位十二階のそれとみたが、あらためて「古冠」が何を指すか、またその「古冠」を停止することにしたのに何故、左右大臣であった阿倍内麻呂・石川麻呂が「古冠」を着用し続けたかについて検討することとしたい。

この「古冠」について、黛弘道氏は十二階ではなく、別系統のものととらえた[46]。これに対して井上光貞氏は、推古の冠制には二種あり、「大臣」の紫冠とそれ以下の冠位十二階の冠であるが、「新冠位制では紫冠は保存して、第三級のかつ大臣相当の紫冠位にひきついだから廃棄せず、後者は、十二階を新冠位制の第四級以下に再編する必要上、全廃することを述べたもの」と解し、十二階は廃止されたが、左右大臣の用いる紫冠だけは前代を踏襲したものと解した[47]。また関晃氏は旧来の紫冠がそのまま引き継がれたのであればわざわざ「罷二古冠一」と書かれるはずはないとし、これは新制を拒否、すなわち律令的な官僚制の実施に改新政府が着手し、それに対応した新冠制が定められたが、左右大臣という地位は世襲と解した二人が、新しい官僚制秩序に組み込まれることを拒否するとの意思表示をしたものととらえた[48]。一方、川副武胤氏は紫冠が大臣相当の証拠はないと説いた上で、古冠は大化三年のものであり、「古冠」を「罷」とあるからにはすでに大化三年冠制は施行されていたとし、左右大臣が任命された時に紫冠が授与されたかは不明で、万一これ以前に紫冠をもっていたとしても大化三年には大紫ないし小紫の冠を授与されていたはずで、大化四年まで孝徳即位時に授与された冠を用いたのはおかしいとし[49]、これには武光誠氏も賛意を示している[50]。

この問題を考えるあたって注意されることは、「古冠」を大化三年冠位と解した場合、おそらく二人がその改定に関与したと推測されることである。そうであれば自らも参加して改定したであろう冠位を自らが拒否することになってしまい、きわめて不自然なこととなる。その意味では「古冠」を単純に大化三年冠制ととらえることはできない。また「古冠」を大化三年冠制ととらえた場合、それを停止するというのであるから、以後、大化五年の冠位改定までいかなる冠を着用するのかという問題が生ずることも注意されるところである。

そこでまず、「古冠」を冠位十二階と解することができるかという点から検討することとしたい。冠位十二階については、大化三年冠位改定にともなって停止されたと考えるのが一般的であるが、しかしすべての者が直ちに冠位改定に対応できたのであろうか。新冠位に対応した衣冠を直ちに準備できなかった者もいたのではないか[51]。そのような者はやむを得ない形で、なおも冠位十二階の衣冠を着用し続けざるを得なかったものと考える。この状態でしばらく推移したが、大化四年になって完全に新冠位に移行することとしたのであるが、それが「罷二古冠一」であったのではないか。

このようにみると「古冠」は冠位十二階と解して問題はなくなるが、問題は、何故、阿部内麻呂や石川麻呂は自らが改定に関わったであろう大化三年の冠位の着用を拒否したのかである。これについては冠制のあり方の変化が関係したとの指摘がある。時野谷滋氏は唐では第一品から三品を正従、第四品からは上下に分けられていることに注目し、その上で大化の冠位が紫冠以上が大小、第四品にあたる花冠から上下に分けられていることから、これは唐の影響を受けたものとし、「官階相等制」が唐に倣って導入されたと説いた[52]。日本の冠位とこの唐ないし隋の「官階相等制」との関係であるが、推古朝の冠位が朝鮮半島の影響下に制定されたことが宮崎市定氏[53]によって、とくに百済のそれを参考として制定されたことが井上光貞氏[54]によって説かれており、冠位十二階と隋との関係は直接にはないようである。冠位十二階制度下では時には位階の昇進はあるものの、氏姓を考慮したものであり、職務に厳密に対応するものではなかったのである。このため、「大臣」という地位に冠位を授与しなくても済んだのであるが、では大化の冠位改定においてこの問題はいかに扱われたのであろうか。大化三年のそれは時野谷滋氏によれば職務を意識したものであり[55]、関晃氏は律令的な官僚制の実施に改新政府が着手し、それに対応した新冠制が定められたととらえている[56]。この理念のもとに大化三年の冠位が制定されたと考えられるのであるが、それは先に述べたように左右大臣には大紫を配した可能性が高いものであった。徳冠よりも高い位階が示されたといえるが、では阿倍内麻呂・石川麻呂は何故に拒否したのであろうか。

ここで注意されることとは、大紫の上には更に大織・小織、大繡・小繡が設けられていることである。令制下においては左右大臣の上に太政大臣があり、その太政大臣には正・従一位が配されている。このことからすると、左右大臣には大繡・小繡が配されても不思議ではないが、しかし配されたのは大紫であった。この点、井上光貞氏は孝徳朝において唐の官品制度に倣って織冠、繡冠をあまり授与しない方式がつくられたとみた[57]。しかし武光誠氏は、唐では一品に実務にあたる職事官がおかれていなくても、王族の多くが一品にあたる爵を授与されていること、また臣下の功績に報いるために従一品に相当する開府儀同三司に任じられていることなどから、一品の地位にあたる者が多く存在したことに着目し、井上説を少し修正し、唐では高い官品の官が少ないことが漠然と伝わったために高い冠位があまり授与されなかったとみた[58]。

これについては、令制下では最上位の位が授与されることと比較すると、やや奇妙といわざるを得ない。織冠や繡冠をあまり授与しない方式とみるにせよ、唐では高い官品の官が少ないことが漠然と伝わったとみるにせよ、阿部内麻呂や石川麻呂が空位にすることに釈然としなかった可能性が考えられる。二人には「大臣」を引き継いだものとの意識があり、それで左右大臣の地位には最高の冠位、もしくはそれに近い冠位が配されることを想定して冠位の改定にあたったのではないか。先にふれたように冠位十二階では蘇我大臣家は制定者であり、授与する側にあり、冠位の枠外に位置した。その枠外にあった「大臣」の地位を左右大臣として受け継ごうとしたのである。しかし孝徳即位にあたって阿部内麻呂や石川麻呂に示された冠位はまず冠位十二階の最上階の徳冠であった。大化三年の冠位改定にあたっては阿倍内麻呂・石川麻呂も加わって冠位十二階の徳冠より上の冠位を設けることとしたが、孝徳は左右大臣には大紫を配し、それを授与しようとしたのである。阿倍内麻呂・石川麻呂の二人は、冠位改定にあたって左右大臣には最上位の織冠ないしそれより下の繡冠を想定しながら作業を進めたが、それは叶えられなかったのである。それで二人は孝徳即位時に授与された「古冠」すなわち冠位十二階の徳冠の着用を続け、大化四年に冠位十二階にもとづく冠＝「古冠」の着用が停止された折にも、なお「古冠」の着用を続けることとしたものと考える[59]。

この左右大臣に大紫を配することは大化五年冠位改定にも受け継がれたが、しかし阿倍内麻呂・石川麻呂の死後、その後任の左右新大臣は新冠位の着用を受け容れるのである。先にふれたように新たに左右大臣となったのは巨勢徳陀古、大伴長徳であるが、この二人はすでに冠位を授与されていることながく[60]、また石川麻呂や阿部内麻呂などと異なって新参者として政事中枢部へ出仕することとなったとの意識が強く、「大臣」を引き継いだとの意識が薄かった[61]ことから、これを受け容れたのである。

四　薄葬令と大化新冠制における王族

大化二年の薄葬令の(b)においては、先にみたように「王以上」とそれ以下にまず分けられている。何故「王以上」について言及したかである。全くの別格として、天皇と同じく、とくに制限を設けないとする方法もあったはずであるが、統制下に置かれたのである。このこととは逆に、冠位十二階段階では王族は冠位授与の対象とされておらず、大化の二度にわたる冠位改定時においても同様であった。この相反するかにみえる二つの背景には何があったのであろうか。

この問題を考えるにあたってまず注意したいことは、乙巳の変以前においては蘇我大臣の前には王権の力が衰微し、王族全体で事にあたる必要性が認識されていたということである。すなわちかつては王族は必ずしも一つに結集していたわけではなく、時には王位継承のライバルであった[62]。しかしそのようなことではしだいに天皇権力の維持が難しくなり、それは舒明朝になって顕在化する[63]。『日本書紀』舒明八年（六三六）七月条は、

大派王謂二豊浦大臣一曰。群卿及百寮朝参已懈。自レ今以後。卯始朝之。巳後退之。因以レ鐘為レ節。然大臣不レ従。

と、舒明の叔父にあたる大派王が豊浦大臣＝蝦夷に官人の朝参の懈怠を問題視し、その改善を申し入れたが、大臣蝦夷に無視されたと記している。これは王族も協力して諸臣にあたろうとしたものの、それが叶わなかったことを示す。また『鎌足伝』第四段は皇極が即位したものの「王室」が衰微し、「政」が「君」によらなくなったことを鎌足が嘆いたと記され、また第七段には蘇我馬子が山背大兄王を除こうとし、「諸王」に働きかけ、「諸王」はこれに従わないならば「害」が身に及ぶことを恐れて参加したと記している。天皇個人での権力の維持自体も困難化し、それを補うのが王族であったが、蘇我大臣家の前には天皇と一部の王族が力をあわせても、天皇の意思は思うように実行に

移せない状態に陥っていたのである。

このような状況に抗するには天皇と王族の結集が必要と意識されたのではないか。その意識は蘇我大臣家が倒れてもその必要性が認識されていたと思われる。王位継承が絡む問題があり、天皇と王族の完全な結集はできないが、これは必要なことであり、その結集を促すためにも王族を冠位の上で特別に扱い、諸臣との別を設けることによって天皇に与することを求めたのである。王権が強固に確立されていたならば、特定の王族を除いて王族を特別に扱う必要はなかったかもしれないが、王権が強固に確立されていない以上、諸臣と同列に扱うことはできなかったのである。このために王族を冠位という点では諸臣と一線を画したのであり、冠位授与の枠外においたのである。冠位十二階制定時には蘇我大臣が他の豪族と一線を画したいということから、王族も冠位授与の対象とされなかったが、ここではそのことを引き継ぎ、天皇に与してもらう環境を整えるために、諸臣とは一線を画し、冠位授与の対象とはしなかったのである。この精神は大化三年冠制に引き継がれ、それは五年冠制でも同様であり、そしてそれは天智十年の近江令制定にともなう冠位制定まで引き継がれるのである。[64]

しかしこの一方、天皇と王族の差を図る必要がある。これには唐の影響もあるであろう。[65] 諸臣に対しては冠位授与の上ですでに統制し、天皇と諸臣の差を歴然とさせていたが、残るのは王族との差である。冠位の上では王族を統制しておらず、王族は天皇と近い位置にあったが、これを差別化しようとしたのである。そこで用いられたのが薄葬令であり、これによって天皇と王族の一線が画され、そのことを通して天皇と王族の差別化がなされたのである。薄葬令において王族を造墓面で統制し、王族への統制が開始されたのである。

ここで注意されることは改新詔第一条におけるいわゆる公地公民が王族をも対象とするものであり、それが大化二年三月の皇太子奏[66]につながることである。このことは天皇が王族に対しても規制を加えようとしたことを示し、[67] そうであればそれが王族の墓に及んだとしても不思議のないことを示すものである。推古朝には冠位十二階の施行にあたって王族を統制下におくことは、蘇我大臣家の扱いをいかにするかという難問もあってできなかったのであるが、それが蘇我大臣家を排除した今、できるようになったと感じ、それを薄葬令において実施したものと考える。

小　結

以上、大化期の身分を冠位十二階と薄葬令を通して検討してきたのであるが、

一、冠位十二階では王族や蘇我大臣家は授与の対象とはされておらず、両者は冠を着用するにあたっては、それぞれ独自に用意した冠を着用していた。

二、大化二年の薄葬令では冠位十二階では対象外とされていた王族の墓にも規制を加え、また冠位十二階の徳冠を上臣と下臣に分けている。これについては旧来の「家格」からして徳冠相当の者と、新たに仲間入りした徳冠授与者を区別しようとしたためである。

三、大化三年冠位の施行にあたって、時の左右大臣は着用を拒否したが、これはこの新冠位に二人が不満をもっていたためであるが、後任の左右大臣からは受け容れることとなる。

四、天皇は王族を統制下におこうとし、造墓やその経済面ではそれを実施した。しかしこと身分については王族全体がなお諸臣に対して圧倒的な地位を築いていなかったから、その協力を必要としていたため、完全な統制下におけず、大化の冠位改定でも冠位授与の対象となしえなかった。

とまとめることができる。

推測を重ねたが、単に諸臣をいかに統制するかということのみならず、王族にも注目して大化期の薄葬令と冠位改定を考える必要のあることを確認して、本章を終えることとしたい。

註

（1）この点については拙稿「改新詔と大化期の改革」（本書第Ⅰ部第五章、初出二〇一五年）を参照されたい。

（2）「棺漆二際会ニ一過。飯含」とある部分を国史大系本は「棺漆二際会一。奠ニ一過飯。含」としているが、意味の通りが悪く、ここは日本古典文学大系本によった。

（3）なお、この冠位十二階の制定時期を『日本書紀』は推古十一年としているが、『上宮聖徳法王帝説』には小治田天皇御世乙丑年＝推古十三年＝六〇五年のこととしている。これは『通典』（台湾商務印書館股份有限公司版による）巻一八五辺防一や『新唐書』巻二二〇東夷伝日本条が煬帝の時に冠位が制定されたとし、その煬帝は六〇四年七月に即位するも正式即位は六〇五年からのことであり、六〇三年段階の皇帝は文帝であることに通じる。このことから、若月義小氏は乙丑年五月の制定とする（『冠位制の成立と官人組織』吉川弘文館、一九九八年、七八～九五頁）が、妥当な見解であろう。

（4）喜田新六「位階制の変遷」（『令制下における君臣上下の秩序について』皇學館大学出版部、一九七二年、初出一九五四～一九五五年）。

（5）北康宏「冠位十二階・小墾田宮・大兄制―大化前代の政治構造―」（『日本史研究』五七七、二〇一〇年）。

（6）時野谷滋氏は仏教的・儒教的要素を認めている（「冠位十二階の思想史的考察」・「大徳という冠位の名号」・「徳仁礼信義智の序列」ともに『飛鳥奈良時代の基礎的研究』吉川弘文館、一九九〇年、前二者はともに初出一九八四年）。また武光誠氏も同様である（「冠位十二階の再検討」『日本古代国家と律令制』吉川弘文館、一九八四年）。

（7）しかしその場合、仁・礼・信・義・智とされている順序が問題となる。仁・礼・信・義・智を五行に配当すると木・火・土・金・水となるが、儒教の五常では仁・義・礼・智・信の順である。このように仁・礼・信・義・智とするものは一世紀はじめに班固によって先述された『漢書』天文志の中天の五星と人の五常についての記述にみえるものの、徳を最上位におくとはみえない。とすると、儒教などからは解明できないこととなる。この徳を最上位におき、続けて仁・礼・信・義・智とする等級序列は五世紀頃の成立と推測されている道教の経典『太霄琅書』によるものであるとの福永光司氏の指摘（「聖徳太子の冠位十二階」『図書』三八五、一九八一年）が注意される。福永氏は、『太霄琅書』の記述は、老荘道化家の哲学と儒教思想とを折衷し、道教の修繕者の心得を説いたものであるとし、厩戸皇子と道教の関係についても『日本書紀』推古二十一年十二月条における「真人」や「戸解」記事から説いていると説く。これによれば、『太霄琅書』から徳冠が最上位におかれたことがうかがわれるのであるが、徳と他の仁・礼・信・義・智は当初から一体のものなのである。
(8)　この点、宮本救氏が「冠位十二階と皇親」(竹内理三博士還暦記念会編『律令国家と貴族社会』吉川弘文館、一九六九年)において、『日本書紀』推古十三年四月条に「天皇詔二皇太子。大臣及諸王。諸臣一」、同閏七月条に「皇太子命二諸王。諸臣一」とあることから皇太子＝皇親(諸王)と大臣(馬子)を除いた諸豪族に分けられていたと述べていることにも通じる。
(9)　黛弘道「冠位十二階考」(『律令国家成立史の研究』吉川弘文館、一九八二年、初出一九五九年)。
(10)　関晃「推古朝政治の性格」(『関晃著作集第二巻　大化改新の研究　下』吉川弘文館、一九九六年、初出一九六七年)。
(11)　この点は、黛弘道氏も同様にとらえている(黛前掲註(9)論文)。
(12)　宮本前掲註(8)論文。
(13)　冠とともに服色も問題となることは『通典』(台湾商務印書館股份有限公司版による)巻一八五辺防一には倭国にはもと衣冠がなかったが、「隋煬帝時、始賜衣冠」とあること、また先にみた『日本書紀』推古十九年五月条にみえる薬猟記事に「諸臣服色皆随二冠色一」とあることからうかがわれるが、本章においては服色は考察の対象外とする。
(14)　東京国立博物館編『江田船山古墳出土　国宝銀象嵌銘大刀』(吉川弘文館、一九九三年)。
(15)　奈良県立橿原考古学研究所編『斑鳩藤ノ木古墳概報—第一次調査～第三次調査—』(吉川弘文館、一九八九年)。
(16)　藤ノ木古墳の被葬者をめぐっては諸説あり、仮に豪族であるとしてもその豪族が冠を着用していたのであれば、当然のこととして王族も着用していたと考えられる。
(17)　上級氏族が冠位十二階とは別に冠をもっていたことは、黛弘道氏(前掲註(9)論文)や井上光貞氏(「冠位十二階とその史的意義」〔『日本古代国家の研究』岩波書店、一九六五年〕の説くところである。なお、時野谷滋氏(「黛弘道氏「冠位十二階考」を読む」〔『日本上古史研究』三―一、一九五九年〕)や宮本救氏(前掲註(8)論文)は冠位十二階以前の冠として中臣氏の錦冠、荒木田氏の赤冠は潤色として否定している。
(18)　井上前掲註(17)論文や関前掲註(10)論文、石母田正氏(『日本の古代国家』岩波書店、一九七一年、第一章第二節)は隋との外交がその契機であったと説いている。

(19)　岸俊男氏は「たまきはる内の朝臣」（『日本古代政治史研究』塙書房、一九六六年）において、大錦冠は追記とみる一方、内臣については他には『日本書紀』天智三年十月条に「中臣内臣」とみえるのが初例であることから　本当に任命されたか疑問とし、八木充氏も「乙巳の変後の政権構成」（『日本古代政治組織の研究』塙書房、一九八六年、初出一九七三年）において、当該時期においては鎌足の国政参画を記したものが全くみあたらないことなどから内臣は疑問とする。なお、森公章氏は「中臣鎌足と乙巳の変以降の政権構成」（『日本歴史』六三四、二〇〇一年）において、『日本書紀』が天智三年五月是月条に記す蘇我連（＝連子は石川麻呂の弟、石川氏の祖、斉明・天智朝の大臣）の死を待って、鎌足は政事中枢に参加したとみている。

(20)　八木前掲註（19）論文。

(21)　冠位十二階は必ずしも個人を対象としていたわけではなく、世襲的な側面があることからの推測である。

(22)　孝徳の元妃として阿倍倉梯麻呂の女小足媛が存在するが（『日本書紀』孝徳元年七月条）、この女性に即位前の孝徳が中臣鎌足の接待をさせていたことが『日本書紀』皇極三年正月条、『鎌足伝』第五段にみえる。

(23)　『日本書紀』推古三十一年是歳条。

(24)　『日本書紀』推古八年是歳条は、境部臣が新羅を撃つ大将軍に任命されたことを記している。

(25)　この点、加藤健吉氏は境部氏は蘇我氏が外交掌握の一手段として、自己の勢力圏内にある軽衢に所属する境部集団の統括者の地位を一族の摩理勢に振りあてたことにより、蘇我氏系境部氏が誕生したとみている（「蘇我氏の本拠とその出自」『蘇我氏と大和王権』吉川弘文館、一九八三年）。

(26)　錦冠は従来は大夫に対するものであったが、それを冠位十二階においては徳冠としたとの考えもある（関前掲註（10）論文）。しかしその成立しないことを宮本救氏が説いている（前掲註（8）論文）。

(27)　前任者の冠位を踏襲するのが一般的であったであろうが、新たな冠位を授与される場合もあったと考える。

(28)　黛前掲註（9）論文。

(29)　庶人に対しては造墓規定はみえない。しかし庶人を含むことは(e)・(f)に庶人も規制するものがあることからうかがわれ、その意味では、小智以下の小規模のものであれば造墓が認められたと解すべきであろう。

(30) 北前掲註（5）論文。
(31) 黛前掲註（9）論文。
(32) 蘇我氏内部では『鎌足伝』第八段に「山田臣与桉作相忌」とあるように蘇我倉山田石川麻呂と蘇我入鹿は対立していたのであり、かつての氏は分裂しつつあった。また『鎌足伝』第四段には「良家子」とみえること、さらに『日本書紀』大化二年三月甲子条に「良家大夫」の語がみえることか「家格」とした（これは蘇我大臣家としていることにも通じる）。
(33) 喜田前掲註（4）論文。
(34) 黛前掲註（9）論文。
(35) 関晃「大化前後の大夫について」（前掲註（10）書、初出一九五九年）。
(36)『日本書紀』推古十六年九月条。
(37) 小徳を経たかが問われるが、不明である。大徳は贈位の可能性もあるが、贈位と明記したものもないことから、昇進した結果であることは否定できない。
(38) この点、例えば小野妹子は大徳に、高向玄理は小徳に昇進したが、それは個人の功績によるものであって、従来の「家格」を考えると分不相応な墓となる可能性があることに注意しておきたい。
(39)『日本書紀』天武十四年正月条は冠位階制がこの時行われていることを記しているが、それによれば明位・浄位は諸王以上の位とし、正位以下は諸臣の位とし、諸王以上の位と諸臣の位は峻別されている。
(40) 時野谷滋「唐の官品令とわが官位令」（『律令封禄制度史の研究』吉川弘文館、一九七七年、初出一九五三年）、喜田前掲註（4）論文。
(41) 井上前掲註（17）論文。
(42) 黛弘道「官位十二階の実態と源流」（前掲註（9）書、初出一九七九年）三六五頁。
(43) 武光前掲註（6）論文、三頁。
(44) なお、大化三年冠制と五年冠制とでは錦冠などの位置づけなどに相違がみられるが、これは薬師恵日の冠位の変化をどうとらえるかによっている。薬師恵日は『日本書紀』によれば推古三十一年七月に帰国した学問者（なお、井上光貞氏は「推

古朝外交政策の展開」（『井上光貞著作集』第五巻、岩波書店、一九八六年、初出一九七一年）において、三十年のことと
みている）で、舒明二年八月、大仁薬師恵日は第一回目の遣唐使として派遣されている。また白雉五年二月にも遣唐使副使
になっているが、大山下とされている。ここではこれ以上はふれない。

(45)『日本書紀』皇極元年十二月条から舒明の喪に際して、大派皇子に代わり誄した巨勢臣徳太、軽皇子に代わり誄した粟田臣細目、大臣に代わり誄した大伴連馬飼＝長徳は「小徳」とされているから、彼らはその上の大徳を超えたとも考えられる。

(46) 黛前掲註（9）論文。

(47) 井上前掲註（17）論文。なお井上氏は、二人の大臣の死後、左右大臣に任じられる巨勢等が大臣就任以前に小紫を授与されていたことについて、これは例外的であり、二人の死とともに事実上大臣としてあったから小紫を授与されたとみている。

(48) 関前掲註（10）論文。

(49) 川副武胤「推古朝冠服小考」（竹内理三博士還暦記念会編前掲註（8）書）。

(50) 武光前掲註（6）論文。

(51) それは主に衣冠の材質の入手と制作に要する時間的な問題による。

(52) 時野谷前掲註（40）論文。

(53) 宮崎市定「日本の官位令と唐の官品令」・「三韓時代の位階制について」（ともに『古代大和朝廷』筑摩書房、一九八八年、初出ともに一九五九年）。

(54) 井上前掲註（17）論文。

(55) 時野谷前掲註（40）論文。

(56) 関晃前掲註（10）論文。

(57) 井上前掲註（17）論文。

(58) 武光前掲註（6）論文。

(59) 唐に倣って、空位を受け容れたとしての想定である。
(60) 巨勢徳陀古は『日本書紀』皇極元年十二月条において「小徳巨勢臣徳太」として登場し、大伴長徳は「小徳大伴連馬飼」として登場している。
(61) 大夫として出仕してはいても、その主導者ではなく、その意味ではかつての「大臣」クラスの待遇を求めることは思いもよらなかったのではないか。
(62) 例えば、推古の後継者争いを山背大兄と舒明が展開した。
(63) 崇峻弑殺も天皇権力の衰えとみなせないではないが、偶発的な要素があるため、除外している。
(64) この点については拙稿「天智・天武朝の冠位―冠位の名称のあり方と王族―」(本書第Ⅱ部第四章)を参照されたい。
(65) 唐では官品制が取られ、王族と諸臣は一線を画されている。
(66) 『日本書紀』大化二年三月条。なお、皇太子奏の理解については薗田香融氏の理解(「皇祖大兄御名入部について」〔『日本古代財政史の研究』塙書房、一九八一年、初出一九六八年〕)に従う。
(67) 山尾幸久氏は改新詔第一条が「群臣共同体」をめざしたものであり、皇太子奏が「王族共同体」をめざしたことに端を発したものとみている(「皇太子奏請文の内容」〔『「大化改新」の史料批判』塙書房、二〇〇六年〕)が、とくに皇太子奏に関しては王族への統制を強めた側面のあることに注意しておきたい。

第四章　天智・天武朝の冠位——冠位の名称のあり方と王族——

問題の所在

推古朝の冠位十二階では王族[1]は冠位授与の対象から除外され、大化の二度にわたる冠位改定でもそれは同様であった。冠位十二階が王族を授与の対象外としたのは、蘇我氏を対象外としたこととの関係からであるが[2]、大化期における冠位改定時における王族の除外の背景には王族全体で統治するとの考えがあったものと推測する[3]。それが以後、どのように変化したかである。

『日本書紀』天智三年（六六四）二月条は、

天皇命二大皇弟一。宣下増二換冠位階名一及氏上民部。家部等事上。其冠有廿六階。大織。小織。大縫。小縫。大紫。小紫。大錦上。大錦中。大錦下。大小錦上。小錦中。小錦下。大山上。大山中。大山下。小山上。小山中。小山下。大乙上。大乙中。大乙下。小乙上。小乙中。小乙下。大建。小建。是為二廿六階一焉。改二前華一曰レ錦。従レ錦至レ乙加二六階一。又加二換前初位一階一。為二大建。小建二階一。以レ此為レ異。余並依レ前。……

と、冠位の改定が天皇の命により、大皇弟すなわち天智天皇弟大海人皇子が宣告したことを記しているが、ここでも王族に対する冠位の規定は存在しない。したがって従来と同じであったと考えるが、『日本書紀』天智十年正月条は、

東宮太皇弟奉宣（或本云。大友皇子宣命。）施二行冠位法度之事一。（法度冠位之名。具載二於新律令一。）

と、この時に冠位法度が施行されたと記している。この具体的な内容については記されていないため、王族に対して冠位規定が存在したかは不明である。しかし『日本書紀』天武十四年（六八五）正月条は、

更改二爵位之号一。仍増二加階級一。明位二階。浄位四階。毎レ階有二大広一。幷十二階。以前諸王已上之位。正位四階。直位四階。勤位四階。務位四階。追位四階。進位四階。毎階有二大広一。幷卌八階。以前諸臣之位。

と、冠位が改定され、「諸王」＝王族にも冠位が授与されることとなったことを記している。このように変化した背景には何があったのであろうか。

ところで冠位表示については、天智十年冠位は具体的な内容が記されていないために不明であるが、天智三年冠位と天武十四年冠位はいずれも数字によらないものであった。しかし『日本書紀』天武元年三月条には、

内小七位安曇連稲依

とあり、数字による冠位が記されているのである。これは何によるのであろうか。

また王族に対する冠位が明記されるのは天武十四年冠位からのことであるが、しかし『日本書紀』天武四年三月条には、

諸王四位栗隈王為二兵政官長一。小錦上大伴連御行為二大輔一。

とあり、栗隈王は「諸王四位」の位を授与されており、しかもそれは数字によるものであったのである。

この栗隈王の数字によった冠位は何にもとづく冠位なのであろうか。また注意されることは一方の大伴連御行については「小錦上」と数字によらない冠位が記されているのであるが、この冠位表示の違いをいかに解したらよいのであろうか。

以下、これらの問題について検討することとしたい。

一　天智十年の冠位

冒頭でふれたように天智三年冠位には王族に対する冠位の規定はみあたらない。しかし問題は天智十年の冠位である。天智十年の冠位と天武十四年の冠位の間に冠位改定がなされたことはどこにもみえないが、『日本書紀』天武四年三月条から王族である栗隈王に「諸王四位」なる冠位が授けられていたことが知られるのである。注意されることは、諸臣に属する大伴連御行にはこの時、小錦上が授けられていたことが知られるが、その御行の冠位は天智三年冠位にみえるものである。「諸王四位」はその天智三年冠位にはみえないもので、諸臣の位階のあり方とは異なっているものが王族に与えられているのである。

この天武四年三月条の「諸王四位」なる冠位は何によるものなのか。天智三年冠位には王族に対する冠位はみえないが、その天智三年冠位に諸王冠位を天武天皇が付け加えたものなのか、それとも内容不明の天智十年冠位そのものなのか、はたまた天武天皇が新たに規定した冠位なのか。

これには近江令の存否問題が絡む。佐藤誠實氏(4)・中田薫氏(5)・井上光貞氏(6)は天智即位元年＝六六八年に編纂され、それは部分的に施行されていったが、天武十年に更改されることになったとみる。これに対して滝川政次郎氏(7)・坂本太郎氏(8)は天智即位元年に編纂され、それは施行されていったが、天武十年に更改され浄御原令の制定をみたとする。また青木和夫氏はその近江令自体の存在を否定し、浄御原令を最初の令とし(9)、天智称制七年＝六六八年頃に鎌足らにより編纂されようとして果たさず、したがって近江令の制定施行ということはなく、『日本書紀』天智十年正月条の「冠位法度」は近江朝の諸法令のなかの一つと位置づけるべきものと説く(10)。また石母田正氏は天智朝には法典化するための前提条件がほとんど存在せず、天智十年の記事は三年の記事の重出とした上で、天智十年の記事を否定し、冠位にしてもその施行を示す史料がないとして近江令の存在を否定する。[11]

この問題を考える上で注目されるのは、『日本書紀』天武十年二月条に、

天皇。皇后共居二于大極殿一。以喚二親王。諸王及諸臣一。詔之曰。朕今更欲下定二律令一。改中法式上。故倶修二是事一。然頓就二是務一。公事有レ闕。分レ人応レ行。

とあることである。「朕今更欲下定二律令一。改中法式上」とあるが、「更」一字は今までに法令のあることを前提とする以上、それは近江令存在論者の説いているように近江令以外には考えられない。したがって近江令が存在したとの説の方が妥当と考える。[12]

その上で冠位がいかに規定されたのかであるが、かつて時野谷滋氏は天智十年に近江令の「冠位法度之事」が施行された時、天智三年の冠位二十六階に内外の別を設けるとともに、さらに王族に対する位が設けられ、それが数字を用いていたことは大陸の官品制の形式によるものと説いた。[13]天智十年に、天智三年の冠位の改定がなされ、それは新たに王族に対しては数字による冠位を設ける一方、諸臣に対しては天智三年冠位を引き継いだものであったとみたのである。この王族の冠位について喜田新六氏は、(一)従来は皇族を官吏に任用することなく、皇族としての封録を与えていたが、(二)それを改め皇族を官吏任用し一般官吏のように位階を授け、位階に付随する封録を与えるようにし、(三)天智末年か天武初年に皇族は親王と諸王に分けられ、親王は任官していても天武四年二月以降は親王とされ、有位者よりも一段高い地位にある者として特別な待遇下に置かれたが、王族の地位は従来より下落したのであり、(四)この制は天智十年の冠位施行のなかに含まれていた可能性があるとし、(五)更に内外の別は冠位二十六階の時に設けられたもので、それは氏姓の別によると説いた。[14]

これに対して坂本太郎氏は「古代位階制二題」(『日本古代史の基礎的研究』下　制度篇、東京大学出版会、一九六四年、初出一九五七年)において、(一)冠位二十六階は天智十年のそれで、天智三年冠制は十年冠位の重出記事で、

（二）美濃王については小紫を関して記される例があるが、例外とみて諸王冠位は数字で示されていたとし、（三）皇親の数字冠位は以前は近江令冠位の特色とみていたが[15]、それを改めて天武朝に新たに加えられたものとし、（四）天武は近江令冠位を改正する意志をもっていたであろうが、はじめは近江令冠位をもととして若干の修正で臨んだが、（五）皇親の活動は天武朝において格段に高まったので、序列を正して今後の奉公を期待する意味で位階決定したとし、（六）そして内外の別は前著では近江令の特色とみていたが[16]、それは天武朝の可能性もあるとした。

一方、押部佳周氏は近江令が制定されていたとし[17]、その冠位すなわち天智十年冠位は数字にもとづくものであったとする[18]。王族の冠位が数字であることは、坂本氏と同様であるが、その開始は十年冠位にはじまると説くのである。

また武光誠氏は、（一）重出記事は六年間隔が多いが七年間隔のものは少ないとみて、天智三年冠制と天智十年冠制は別のものとし、（二）野村忠夫氏の見解を容れて[19]、外位は中央貴族の地方貴族への優位性を示すものとし、それは壬申の乱を契機として設定されたものであるとした上で[20]、（三）大宝令以前にも数字の冠位はあり[21]、先の「内小七位」は大宝令にあてはめたものとの日本古典文学大系本『日本書紀』補注を支持し、数字にあてはめた慣用法がつくられていたと推測し、「内小七位」をその例とし、（四）近江令のなかには天智三年冠位などが含まれると説いた[22]。また吉川真司氏は冠位法度の冠位は二十六階冠位をさすとし、近江令とともにおそらくはその一部として改めて施行されたとし[23]、坂上康俊氏は天智三年冠位は天武十四年まで施行されたとみている[24]。

論が輻輳しているのであるが、天智三年の冠制と天智十年の近江令冠制が同じものか否かという点から検討することとしたい。この問題を考えるにあたって解決しておかなければならないことは、『日本書紀』の天智三年の記事と天智十年の記事を同事重出ととらえるか、別のものととらえるかである。先にみたように坂本氏はこれを同事重出とし、石母田氏もこれと同様にとらえている。しかし武光氏は同事重出記事は六年間隔のものが多いが、これは七年の間隔となる点に注目して、これを退けた[25]。天智三年の甲子の宣は前年の白村江での敗戦を契機として出されたものであり、それまでの大化五年の十九階冠制を改め、白村江での敗戦に不満をもつ豪族に対する策をかねたものである。したがって甲子の宣は否定できず[26]、それに含まれる天智三年冠位は存在したと考えるのが妥当であり、それは七年後の天智十年の冠位すなわち近江令冠位とは異なっていたのである。

その天智十年冠位について、押部佳周氏は数字に依拠した冠位表示がとられていたと説いている。すなわち先にみたように『日本書紀』天武元年三月己酉条に「内小七位安曇連稲依」とあり、また『続日本紀』慶雲二年（七〇五）七月丙申条に「大納言正三位紀朝臣麻呂薨。近江朝御史大夫贈正三位大人之子也」、『続日本紀』天平宝字六年（七六二）七月丙申条にも「散位従三位紀朝臣飯麻呂薨。淡海朝大納言贈正三位大人之孫」とあることなどに注目し、数字にもとづく冠位として当該時期に展開されていたと考えられるのは近江令による冠位以外には考えられないとし、それは唐令の影響を受けたものとみた。これに対して天智十年冠位は天智三年冠位と同じであったとの見解が先にふれたように提出されているのであるが、王族に対する冠位は別として、この問題解決の鍵は「内小七位安曇連稲依」と「贈正三位大人」にある。

まず「内小七位安曇連稲依」から検討することとしたい。注目されることは天武十年三月に天武が「帝紀及上古諸事」を記定せしめた人物のなかに「小錦下安曇連稲敷」が存在していることである[27]。二人が名前に「稲」字を共通していること、すなわち名前の排行性からして二人は同じ家系に属すると考えられるが[28]、天武十年の記事にみえる冠位は天智三年の冠位と同じなのである。同じ家系に属しながら、一人は天智三年以外の「内小七位」であり、一人は天智三年の冠位である「小錦下」を授与されているのである。「内小七位」は天武元年三月の時点での、すなわち壬申の乱の起こる直前の冠位である可能性があり、それは、近江朝廷末期の冠位すなわち天智十年冠位ではないのか。

この「内小七位」について、武光氏は先にみたように冠位を数字にあてはめた慣用法があり、それによって『日本書紀』編者が記したものと推測している。確かに『日本書紀』編者が大宝令冠位に換算した記事はあるが、しかしこの「内小七位」がそれであったかは確証はないのではないか。すなわち「内小七位」は七位相当としても「小七位」はいぶかしい。

　この問題を考える上で注目されるのは、『粟鹿大神元記』(29)に、

　　都牟自児、大九位神部直萬侶、娶二神部直□之女子、秦女一、
　　右人難波長柄豊前宮御宇天萬豊日天皇御世、天下郡領井国造県領定賜、于レ時、朝来郡国造事取持申、即大九位叙仕奉

とあり、神部直萬侶は「難波長柄豊前宮御宇天萬豊日天皇御世」の人物ではあるが「大九位」を授けられていた。田中卓氏はこの部分に付した頭注において「大乙位」の可能性を示している(30)が、「大乙」には上・中・下の別があることから、それは成立しないであろう。押部佳周氏は萬侶が、天智末年に活躍した人物で、この「大九位」は天智十年冠制によるものとみる(31)。この押部氏の見解に対して武光誠氏は、彼が六七二年の壬申の乱後まで生存していたならば、乱後の冠位は天智三年冠位に復されたのであるから、その保持していた大九位は大建と改められたはずで、すると天智十年正月以降、大九位をもらい、六七二年の末以前に没したとみない限り、成立しない考えとして否定し、「大九位」は『日本書紀』編者が換算した冠位とする(32)。しかし六七二年末以前に死去した可能性は否定しきれず、その下限についても後述するように、六七二年末というよりも、壬申の乱に勝利して即位した天武が、冠位をいかにするかについて構想を練り終えた時まで下げて考えるべきであろう(33)。何よりも先の「小七位」と対応することに注意したい。

　とすると、「小七位」は天智十年冠制の可能性があるが、これを『日本書紀』編者が換算したとみることができるかである。換算する場合、「大小」ではなく、『日本書紀』編纂時に行われていた位階にもとづく「正従」となろうからである。したがって問題は『続日本紀』の「贈正三位大人」との関係ということになる。

その『続日本紀』の「贈正三位大人」であるが、「大人」つまり紀大人について、『鎌足伝』三九段は天智九年の鎌足葬儀の際、「送終之辞」を告げたと記しているが、この時の冠位は大錦下であったと記している[34]。その大人は天智十年に御史大夫に任じられるのであるが、『日本書紀』天智十年正月癸卯条は、

以㆓大友皇子㆒拝㆓太政大臣㆒。以㆓蘇我赤兄臣㆒為㆓左大臣㆒。以㆓中臣金連㆒為㆓右大臣㆒。以㆓蘇我果安臣。巨勢人臣。紀大人臣㆒為㆓御史大夫㆒。

と記し、

御史。蓋今之大納言乎。

と註している。この時の大人の冠位は他の者と同じく記されていないが、『続日本紀』の二つの記事はともに大人は「贈正三位」であったと記しているのである。いつ死去したかは不明であるが、死後に贈位され「贈正三位」とされたのではないか[35]。

この点、彼は近江朝廷の重臣であり、また天智十年十一月には大友皇子、左右大臣とともに先の御史大夫三人が内裏西殿の織の仏像を前に天智の詔のままに従うことを誓約しているから[36]、この時生存していたことが知られる。しかし『日本書紀』天武元年八月条に、

命㆓高市皇子㆒宣㆓近江群臣犯状㆒。則重罪八人坐㆓極刑㆒。仍斬㆓右大臣中臣連金於浅井田根㆒。是日。左大臣蘇我臣赤兄。大納言巨勢臣比等及子孫并中臣連金之子。蘇我臣果安之子悉配流。以余悉赦之。

とあり、壬申の乱後、近江朝廷の群臣に対して極刑以下の処罰が行われたことが知られるが、このなかに紀大人に関する記述はみえない。その意味では近江朝廷末期に死去し、贈位も行われ[37]、それが「贈正三位」であったものと考えられる。

もっとも『公卿補任』天武天皇条は大人について「元年改大納言」とし、また『尊卑分脉』第四篇「紀氏」におい

ても、

天智天皇十一年辛未　正月五日始任御史大夫

天武天皇元年改御史大夫初大納言

と大人について記しており、天武から大納言に任じられた可能性が全くないとはいえない。これについては天智十年にともに御史大夫とされた残りの二人についても『公卿補任』が天武元年に大納言とされたとしていることに通じるが、しかし先の記事から明らかなように二人は八月に配流に処されているのである。このことからして「天武元年」は壬申の乱の収束するまでのことで、「元年改大納言」などの記事は単にそれまでの御史大夫の名が天武即位とともに大納言に改められたことを示すにすぎないであろう。とすれば、大人は天武即位以前に死亡ないし失脚していると考えられるのであり、『続日本紀』の「近江朝御史大夫贈正三位大人」の「正三位」は天智十年の冠位なのである。

ところでこの「正三位」について押部佳周氏は『続日本紀』の写本の検討から、もとはいずれも「小三位」と記されていたと説いている。[38] これによれば「正三位」はもとは「小三位」と記されていたのである。換算したら「正三位」相当であったというのではなく、その「正三位」は書き誤りにすぎないことになる。その「小三位」があり得るとすれば天智十年冠位であり、それは数字によっていたのであり、天智三年冠位とは異なるものであったこととなる。

この点、注目したいことは冒頭でふれた『日本書紀』天智十年正月条の記事に「施㆓行冠位法度之事㆒。法度冠位之名。具載㆓於新律令㆒」とあることである。「法度冠位」ないし「法度冠位」の名は「新律令」に載っているというのである。具体的に考えた場合、「法度」は令の篇目、すなわち官位令や官員令（職員令）などのことであろうが、問題は「冠位」も「新律令」に載っていると記されていることである。「新律令」は『日本書紀』編者の参照し得たものとして大宝律令ないし養老律令と考えられるが、それはいずれも冠位を数字によって示していることからして、近江令のそれが数字によるものであることを意味しているのではないか[39]。とすれば、天智十年冠位は数字によって示されていたのである。先にふれたように石母田氏は天智十年冠位の施行の痕跡がないとして天智十年冠位の存在を退け、天智十年の記事は天智三年の記事の重出としたが、以上のようにその痕跡は認められるのであり、天智十年冠位は実在したというべきであろう。

二　諸王四位栗隈王

冒頭で示したように『日本書紀』天武四年三月条には「諸王四位栗隈王為二兵政官長一」とみえ、続いて天武四年四月条には「三位麻績王」、天武五年九月条には「筑紫大宰三位屋垣王」、天武七年九月条には「三位稚狭王」などとあり、天武四年以降、王族が冠位を授与され、その冠位は数字で示されていた。王族に冠位を授与することは以前には確認されないのであるが、それが散見するようになるのである。

問題はこれがいつから、何にもとづくのかということである。天智三年の冠位には王族に対する冠位規定、また数字による冠位表示もみえないことからして、数字による王族の冠位は天智十年の冠位制定時に定められたのか、それとも天武が新たに定めたのかということになる。いずれであろうか。

この点、時野谷滋氏は天智十年に近江令の「冠位法度之事」が施行された時、諸王の位が設けられ、それが数字を用いていたことは大陸の官品制の形式によるものと説いた[40]。また喜田新六氏は、従来は皇族を官吏に任用することなく、皇族としての封録を与えていたが、それを改め、皇族を官吏に任用して一般官吏のように位階を授け、その位階に付随する封録を与えるようにしたが、それは天智十年の冠位施行のなかに含まれていた可能性があると説いた[41]。坂本太郎氏は皇親の数字冠位はかつては近江令冠位の特色とみていたが[42]、それを改め、天武朝に新たに加えられたものとし、天武は近江令冠位を改正する意志をもっていたであろうが、はじめは近江令冠位をもととして若干の修正で臨んだが、皇親の活動は天武朝において格段に高まったので、序列を正し、今後の奉公を期待する意味で位階を決定したと説き[43]、押部佳周氏はこの坂本説に賛意を示すとともに、それが数字であることについては唐令の影響によるものとみている[44]。

王族の冠位が数字によっている点について、時野谷氏や押部氏はこれが唐令の影響を受けたものとみているのであるが、それはいつからのことなのであろうか。この問題を考えるにあたって注意したいのが、「諸王四位栗隈王」と、一例ではあるが、「諸王」がことさらに記されていることである。なぜ「諸王」をことさらに冠しているかである。天智三年冠位は数字によっていないことは先にみたところである。これがそのまま天智十年冠位に引き継がれたのであれば、諸臣の冠位は数字によらないこととなる。そしてこの天智三年冠位を引き継いで天智十年冠位も数字によらず、一方で新たに王族も冠位授与の対象とし、そのことが天武朝に引き継がれたのであれば、王族の冠位も数字によらないこととなろう。しかし王族には数字による冠位が授与されているのであるから、これは成立しないといわなければならない。

もし天智十年冠位が諸臣には数字によらない冠位であって、王族に対しては冠位を数字で示していたならば、その冠位を授与された人物の身分は諸臣とは数字か否かで判別できることとなる。天武朝に諸王の冠位が数字で示されていることはこれに合致するが、しかしこの場合、「諸王四位」と「諸王」を冠して表記する必要はないはずである。

王族も数字によらないなら、王族と諸臣の別を示すために「諸臣」を冠する必要はあり、同じように王族と諸臣がともに数字による場合、両者を区別するために「諸王」ないし「諸臣」は必要となるのではないか。したがってともに数字による冠位で、王族に対する冠位には「諸王」を冠したと考えられることとなる。実際、『日本書紀』天武元年三月己酉条に「内小七位安曇連稲依」とあり、また先にふれたように『続日本紀』慶雲二年七月丙申条の「近江朝御史大夫贈正三位大人」などと諸臣にも数字の冠位が授与されていた痕跡が残っているのである。

以上のように考えられるとすれば、「諸王四位」は諸臣の位階を意識したものとなる。天智三年冠位は数字によらない以上、諸臣の四位は押部氏が力説したように天智十年冠位＝近江令冠位となる。それはおそらく大友皇子を太政大臣に任じたことが関係しよう。それまで左右の大臣には冠位が授与されてきた。その上に太政大臣が置かれたのであるが、その太政大臣にも冠位が必要と考えられたのではないか。しかし太政大臣に任じられたのは天智皇子＝王族であり、そこで、冠位が特別に用意されることとなったが、そのことは一方で、王族をいかに扱うかという問題を生み、王族にも冠位が用意されることとなったものと考える。

ただ、このように考えるあたって問題となるのは、次に述べるように美濃王なる人物には小紫が授与されていることである。『日本書紀』は天武二年十二月条において、

以二小紫美濃王。小錦下紀臣訶多麻呂一。拝二造高市大寺司一。

と記し、また天武四年四月条において、

遣二小紫美濃王。小錦下佐伯連広足一祀二風神于龍田立野一。遣二小錦中間人連大蓋・大山中曽根連韓犬一祭二大忌神於廣瀬河曲一。

と記しており[45]、王ではあるが小紫と記されているのである。これを坂本太郎氏は特例とみているが[46]、この点、押部佳周氏は（一）天武朝において紫位を授けられ、活動しているのは美濃王と当麻公豊浜で[47]、（二）豊浜は用命天皇二世ないし三世孫にあたり、「皇親」に准じるとした上で、（三）紫冠は大臣相当の冠位であるから、美濃王と豊浜は実質大臣であり、（四）諸王五位制と冠位二十六階の関係については、紫位の下に諸王五位と諸臣錦位以下が置かれ、（五）諸王五位は錦位六階に相当すると説く[48]。

確かに天武二年十二月、美濃王が造高市大寺司として登場している時の冠位については、おそらく彼の配下であろ

う小錦下紀臣訶多麻呂からすると小紫で釣りあいはとれる。また天武四年四月に風神を龍田の立野に祠るにあたり、小紫美濃王が小錦下佐伯連広足とともに使者となっていることについては、大忌神を廣瀬の河曲に祠ったのが小錦中間人連大蓋と大山中曽根連韓犬で、二人の冠位の差が三階であることからして小紫美濃王の冠位は大錦下でもよい。それが小紫でやや高位であるが、特段の矛盾とまではいえないであろう[49]。とすると美濃王は小紫として活動していたのであるが、この美濃王の小紫が特例なのか否か、特例の場合、その理由は何かが問われる。

この問題を考える場合、注意されることは美濃王が壬申の乱の折に天武に帰順した最初の王族にあたることである。美濃王が『日本書紀』で最初に登場するのは天武元年六月甲申（二十四日）のことで、東国へ向かう途中の天武が、菟田の甘羅村をすぎたあたりで美濃王を徴したところ「乃参赴而従」とある[50]。直ちに合流していることからして、美濃王は菟田の甘羅村付近に居住していた可能性があるが、最初に帰順した王族であったことが冠位の上に反映されているのではないか。

しかしこのように考えるにあたって問題となるのは「三位」稚狭王との差である。その稚狭王は飛鳥古都の留守司高坂王と行動を共にしていた存在であり、天武が吉野脱出のため、六月甲申に飛鳥古都の留守司高坂王に駅鈴を乞うも、高坂王はこれを拒否したのであるが、その五日後の己丑（二十九日）に起こった飛鳥寺西方での戦いで近江朝廷軍が敗れた後、稚狭王は高坂王とともに天武に喚され、その天武軍に従うこととなる。その稚狭王は「三位」を授与されているのである。

一方は小紫、一方は三位なのであるが、この差については、いつ冠位が授与されたのかということが関係するのではないか。美濃王は天武に喚されるや直ちに合流し、稚狭王はそれに続いて合流したものの、それが高坂王の意向に左右されてのことであったとしても天武に抵抗してから後のことである。そのことから考えると、美濃王と稚狭王の冠位の違いは、乱に勝利して即位した天武が、冠位制度全体を考える以前の授与かそれとも以後の授与か、また王族としての立ち位置の違いではなかったか。

美濃王は先にふれたように地方在住の可能性があり、近江朝廷の官職に就いていたとは記されていない。近江朝廷において王族の活用がはかられたとしても、重視されない存在だったのではないか。しかし最初に天武に帰順した王であった。このことを加味され、帰順後直ちに、まだ戦いのさなかではあるが、冠位を授与されたのではないか。その冠位であるが、天武が近江朝廷と戦っているのであるから、近江朝廷の冠位を使用することはなく、かつてみずからも関わった天智三年のもの(51)であったのではないか(52)。王とはいえ、地方に在住していたこともあって諸臣と近く、それで諸臣に与えられていた冠位のなかでも上位の小紫を与えることで厚遇の意を示したのである。そしてこの冠位は他の王族と比してもかなり高位であり、それで王族に数字による冠位を授与した時、それに倣うと美濃王の冠位はそれよりも低下することとなるため、あえて小紫のままに特例として引き継がせたのではないか。

これに対して稚狭王は高坂王の下にあって飛鳥古京の留守司の任にあたっていたのであり、その活躍が近江朝廷から期待されていた王族の一人ではなかったか。稚狭王は美濃王に続いて合流したものの、一時天武軍に抵抗したこともあり、それで直ちに冠位の授与はされず、それは戦いに勝利した天武が、諸王に対して冠位をいかにするかを判断した後のことであり、その時にはじめて「三位」を授与したのではないか。

この結果、一日違いで天武軍に加わったにもかかわらず、美濃王は小紫であり、稚狭王は「三位」とされたのである。したがって美濃王のみは特例なのであり、以外の王族は天武の構想の下に数字による冠位を授与されたのである。諸臣が天智三年冠位に戻り、数字によらないならば、王族に冠位を授与する時、「諸王」は不要であるが、天智十年冠位は諸臣も数字による冠位であったため、これとの曖昧さを避けるため、「諸王」を冠したのである。

ところでなぜ天武は天智十年冠位ではなく、天智三年冠位に戻したのであろうか。これについては、天智朝当初は、天武は天智を補佐し、天智とも共同歩調をとり、天智の後継者候補の最有力者であった。というのも、当時、王位に就くには母の出自が重要であり、皇女である必要があった(53)。しかし天智の皇子でその条件を満たしていた皇子は存在せず、そのなかで最有力な皇子は蘇我山田石川麻呂の女遠智娘を母とする建皇子であった(54)。しかし彼は夭逝し(55)、先の条件を満たす者は弟の大海人皇子のみであった。それ故、大海人を重く用い、天智三年の甲子宣においても宣告させて(補註)いるのであるが、晩年、天智はこの条件を見捨て、伊賀采女を母とする大友皇子(56)に位を譲ろうとする。彼が優れていた人物であったことは『懐風藻』に記されているから(57)、これも関係したであろうが、これに対して身の危険を感じた大海人は近江朝廷と袂を分かつのである。

このようなことがあって大海人は兵を挙げたのであるから、天智主導で進められた近江令にも大海人は否定的な態度を取ったのではないか。『日本書紀』には先にふれたように「東宮太皇弟奉宣或本云。大友皇子宣命。施二行冠位法度之事一」とあることが注目される。このことからすると近江令はそれまでの天智—大海人のラインではなく、天智—大友のラインが主導したものであったのではないか。

このことを物語るのが先にふれた御史大夫と大納言である。注目されるのは『公卿補任』の天智十年正月に任じられた三人の御史大夫についての記事である。先にみたように天智十年正月に太政大臣、左右大臣、御史大夫の任命が行われるのであるが、その御史大夫について『日本書紀』は「御史。蓋今之大納言乎」と註する。この御史大夫について『公卿補任』天智天皇条は御史大夫として蘇我杲安臣、巨勢毗登臣、紀大夫臣、蘇我杲安臣、天武天皇条は大納言として蘇我杲安臣、巨勢比登臣、紀大夫臣などをあげているが、蘇我杲安臣については天智天皇条において、

天智十年辛未正月五日始任御史大夫。位階不分明。

と註し、続く天武天皇条において、

元年八月改御史大夫官為大納言。八月坐事伏誅。在官二年。

と註している。天武天皇条において御史大夫から大納言への変更のあったことが記されているのであるが、これは巨

勢比登臣についても「元年八月改御史大夫官為大納言。八月坐事配流。在官二年」、紀大夫臣についても「元年改大納言」とあることと一致し、このことは先にふれた『尊卑分脈』第四篇「紀氏」において大人についての記事に通じる(58)。

これらによれば御史大夫を天武天皇元年八月、すなわち近江朝廷についていた群臣の処罰が終わった月に官名を改称したのである。このことは天武は近江令の御史大夫を否定したものの、その必要性からこれを改称し「納言」とすることとし(59)、また天武は太政大臣・左右大臣も任じなかった可能性のあることを示すものである。独断政治遂行のためであろうが、近江令を否定した結果、当然起こることではある(60)。

したがって天武は美濃王を遇するにあたり、とりあえず近江令以前の天智三年冠制を利用したのである。この理由であるが、それは先にふれたように自らも関わった冠位であったからである。すなわち『日本書紀』天智三年二月条には、「天皇命二大皇弟一。宣下増二換冠位階名及氏上民部。家部等事上」とあり、大海人皇子時代の天武が関わっており、天智一人の功績ではないからである。

ならば、王族にも天智三年冠位を、ということになるが、しかし天智三年制は王族を対象としていない。したがって王族に対して天智三年冠制の利用はできない。天智十年冠制には示されていたが、しかしそれを利用することは憚られ、それで美濃王には特別に、とりあえず諸臣の高位を授与したのである。

天武が王族に対する冠位のあり方を決定した時期は天武元年八月以降、四年三月以前となろう。この間に王族の序列を定め、五位までの位階を近江令冠位を参考に定めたのである。この時、天智十年冠位を受け容れたのである。天智三年冠制には王族は含まれておらず、それで近江令を否定した場合、近江令によって冠位を授けられていた王族はその否定により無位となるが、それでは冠位の剥奪と受けとられかねない。それで近江令冠位を王族に関しては継続することとしたのである。ただし美濃王に関してはすでに小紫を与え、またそれは諸王五位の基準に比して高位であったため、それを以後も踏襲させたのである。

三　王族に対する冠位規定　授与の意味

では、王族に対する冠位規定や授与はいかなる意味をもつのであろうか。近江令で規定される以前には、王族に対する冠位規定がなされたことも、授与されたこともなかった。これは諸臣と王族の別を強調し、王族を特別扱いするとの思想の下に冠位制度が展開されてきたためである。ただし、大化のいわゆる薄葬令においては、それまで規制の枠外に置かれてきた王族の墓の規模に規制が加えられ、天皇が王族を天皇の統制下に置くということが開始された。[61]このことによって王族は冠位の枠外にあるものの、諸臣と同じく墓の規模については規制を受けることになったのであった。それが近江令以降、冠位授与の対象とされたのである。王族とともに統治するとの思想から離れ、天皇の下にあって協力すべきものと位置づけ、統制を強化することとしたともいえるが、このように態度を変えた理由は何か。

この点、時野谷滋氏は天智十年に王族の冠位が定められたが、それは大陸の官品制の形式によるものとして、唐の影響によるとみた。[62]また喜田新六氏は、従来は王族を官吏に任用することなく、王族としての封禄を与えていたが、それを改め王族を官吏に任用して一般官吏のように冠位を授け、それに付随する封録を与えるようにした結果と説いた。[63]坂本太郎氏[64]や押部佳周氏[65]は皇親の活動は天武朝において格段に高まったので、序列を正して今後の奉公を期待する意味で冠位を決定したと説いている。

まず考えなければならないことは、いつから王族の朝廷内での活動が認められるのかということである。早川庄八氏は天智は大友皇子を後継者とするため、太政大臣とする一方、左右大臣や御史大夫に有力豪族をあてたが、そのあり方は令制下のそれとは異質のものとみた[66]。大友皇子擁護体制のための有力豪族の結集をはかるために左右大臣や御史大夫の任命がなされたととらえたのであるが、それは有力豪族に限らなかったのではないか。王族についてもその構想をもっていたとしても不思議はない。大友に味方させるために王族にも官職を与え、それに応じた冠位を授与することが構想されたとしても不思議はない。

しかし、王族に冠位を与え、結果として序列化するということが、それまで豪族と一線を画されてきた王族にとっていかに受けとられるかである。それ故、大友に味方させるために王族に官職を与え、それに応じた冠位を授与するとの構想が実行に移されたかは疑問である。冠位にともなう特典の付与、たとえば食封の賜与などがあれば、その実行は可能であったかもしれないが、しかし当該時期において大友以外の任官記事は少なく[67]、それがどの程度広範に実施されたかは不明である。

しかし天武は壬申の乱の結果、先にふれたように近江朝廷の側についていた有力豪族の多くを失脚させた。このことは官の長として任用できる諸臣の不足を招くこととなったのではないか。その不足をいかに補うかであるが、それを天武は王族に求めたのではないか。先にみたように王族でありながら官職に就き、冠位を有する者が天武朝に多く登場するのである。官の長として任用された王の下に配された諸臣が冠位を保持しているのに、その上の王が冠位をもたないというのでは落ち着かない。それで官の長として任用した王族にも冠位を授与することとなったものと推測する。

問題はこれが官職に就いている王族に限ったことなのかである。当初は官職に就いていた王族に限って冠位が授与された可能性はある。しかし王族全体のことを考えると、官職に就いて冠位を有している王族と官職に就いていないために冠位を有していない王族が混在することは、王族の序列を考える時に厄介な問題を引き起こしかねない。それで次第にすべての王族を対象とした冠位のあり方を構想したのではないか。このことは一方で王族に冠位が授与されていたならば、それに応じて食封などの支給が可能となり、便利でもあることである。ここに天武が王族に冠位を授与することが積極的に展開された理由をみることができるのではないか。

このように考えて注意されることは、『日本書紀』が天武五年正月条において、

高市皇子以下。小錦以上大夫等。賜㆓衣袴褶腰帯及机杖㆒。唯小錦三階。不㆑賜㆑机。

とし、また続けて、

小錦以上大夫等賜㆑禄有㆑差。

と、賜物や禄物の給付記事を掲げ、また天武五年八月条において、

親王以下。小錦以上大夫。及皇女姫王。内命婦等。給㆓食封㆒各有㆑差。

と、食封給付が決定されたと記していることである。冠位に応じた差序が働きはじめているのである。冠位と王族に対する給付が一体のものとして機能しはじめたのである。

このことにより、王族の冠位は不可欠なものと認識され、遂に天武十四年の冠位十二階制につながったのである。

小結

推古朝の冠位十二階では王族は冠位の対象から除外され、大化の二度にわたる冠位改定でもそれは同様であった。この背景には王族全体で統治すると考えがあったものと推測するが、天智三年冠位でも王族に対する冠位規定は存在しないから同様であったと推測する。天智朝を迎えても王族は諸臣とは次元の異なる存在として位階授与の対象とはされず、諸臣に対する位階改定のみ行われたのである。

しかし天智十年、それが改められる。近江令の施行によるが、背景としては大友皇子を太政大臣に任じたために、

その太政大臣に応じた冠位を規定したことがある。ここに王族に対する冠位が規定されたのであるが、その近江令冠位は数字による位階を示すもので、唐令の影響を受けたものであった。

この近江令冠位は壬申の乱後に即位した天武天皇により、変更を余儀なくされる。壬申の乱によって没落した近江朝廷側の官人の没落により、それを補うために王族の登用が必要となり、冠位を王族に授与する必要が生じたこと、一方で近江令の継続を天武が拒否したことによる。

結局、任官している王族に対しては近江令冠位の適用、諸臣に対しては天武がかつて制定に関わった天智三年冠位を適用することになったのであった。この延長上に天武十四年冠位制が位置づけられるが、それは任官していない王族をも序列化するものであったのである。

註

(1) 論者によっては王＝天皇の一定の範囲の親族を諸王と表現したり、皇親とするが、本章では特別な場合を除いて、王族とする。天皇制開始以前に皇族・皇親とすることが憚られること、また諸王とした場合、その概念が曖昧となる場合が想定されるからである。

(2) この点については、拙稿「冠位十二階の制定とその特質」(本書第Ⅱ部第一章、初出二〇一六年)を参照されたい。

(3) この点については拙稿「大化期の王族と諸臣―冠位と薄葬令から―」(本書第Ⅱ部第三章)を参照されたい。

(4) 佐藤誠實「律令考」(『佐藤誠實博士律令格式論集』(汲古書院、一九九一年、初出一八九九～一九〇〇年)。

(5) 中田薫「唐令と日本令との比較研究」(『法制史論集』第一巻、岩波書店、一九二六年、初出一九〇四年)・「古法雑観」(『法制史論集』第四巻、岩波書店、一九六四年、初出一九五一年)。

(6) 井上光貞「日本律令の成立とその注釈書」(日本思想大系『律令』岩波書店、一九七六年)。なお氏は天武十年から近江令が更改され、持統三年に施行されるが、それは更改近江令とみなすべきとする。

（7）　滝川政次郎『律令の研究』（刀江書院、一九三一年）第一編第二章。
（8）　坂本太郎「大化改新」（坂本太郎著作集第六巻『大化改新』吉川弘文館、一九八八年、初出一九三五年）・「飛鳥浄御原律令考」（『日本古代史の基礎的研究』下、東京大学出版会、一九六四年、初出一九五四年）・『日本全史2　古代Ⅰ』（東京大学出版会、一九六〇年）。
（9）　青木和夫「浄御原令と古代官僚制」（『日本律令国家論攷』岩波書店、一九九二年、初出一九五四年）。
（10）　青木和夫「律令論」（前掲註（9）書）。
（11）　石母田正『日本の古代国家』（岩波書店、一九七一年）一九五〜二〇三頁。
（12）　このようにとらえるにあたっては、石母田正氏のように天智朝には法典化するための前提条件がほとんど存在しなかったとの見解が障壁となる。しかし、唐の制度の模倣であれば、それは可能であり、それが実施可能か否かということは別の問題であろう（大宝令の場合であってもその完全な実施に問題のあったことは『続日本紀』和銅四年（七一一）七月甲戌条に「張二設律令一。年月已久矣。然纔行二一二一。不レ能二悉行一」とあることからうかがうことができる）。
（13）　時野谷滋「日唐令における官品令とわが官位令」（『律令封禄制度の研究』吉川弘文館、一九七七年、初出一九五三年）。
（14）　喜田新六「位階制の変遷」（『令制下における君臣上下の秩序について』皇學館大学出版部、一九七二年、初出一九五四・一九五五年）。
（15）　坂本太郎「大化改新の研究」（前掲註（8）書『大化改新』、初出一九三八年）二七一頁。
（16）　坂本前掲註（15）論文、二七一頁。
（17）　押部佳周「近江令の成立」（『日本律令成立の研究』塙書房、一九八一年）。
（18）　押部佳周「皇親の冠位・位階について」（『続日本紀研究』一五五・一五六、一九七一年）。
（19）　野村忠夫「律令制官人社会構成の一考察」（『書陵部紀要』二、一九五二年）。
（20）　中央貴族と地方貴族としたことについては、大町健氏（「律令制的外位制の特質と展開」〔『日本古代の国家と在地首長制』校倉書房、一九八六年〕）・仁藤敦史氏（「外位制度について」〔『古代王権と官僚制』臨川書店、二〇〇〇年、初出一九九〇年〕）・中村聡氏（「天武朝の外位制について」続日本紀研究会編『続日本紀と古代社会』塙書房、二〇一四年）の批判がある。
(21)『日本書紀』持統八年正月条に「五位以上」・「六位以下」の語がみえている。
(22) 武光誠「冠位制の展開と位階制の成立」(『日本古代国家と律令制』吉川弘文館、一九八四年)。
(23) 吉川真司『飛鳥の都』(岩波書店、二〇一一年) 第三章「近江令の時代」。
(24) 坂上康俊「律令制の形成」(岩波講座『日本歴史』第3巻、二〇一四年)。
(25)『日本書紀』天智三年八月条に詳しい。
(26) そのことはまた『日本書紀』天武四年二月条に「甲子年」に諸氏に給わった部曲を廃止するとあることからもうかがうことができる。
(27)『日本書紀』天武十年三月条。
(28) この点については、拙稿「大宝二年戸籍にみる命名と家族」(『日本古代の家族と社会』清文堂、二〇〇七年、初出一九九一年) を参照されたい。
(29) 田中卓「翻刻『粟鹿大神元記』」(田中卓著作集2『日本国家の成立と諸氏族』国書刊行会、一九八六年) による。
(30) 田中前掲註 (29) 論文。
(31) 押部前掲註 (17) 論文。
(32) 武光前掲註 (22) 論文。
(33) この点、後述する。
(34)『鎌足伝』は沖森卓也他『藤氏家伝』(吉川弘文館、一九九九年) による (段の区切りもこれによる)。
(35) 大宝令以降、「正三位」は存在するから、大宝令施行以降に贈位がなされたことも考えなければならないが、しかしその大宝令施行下において大人に対して贈位されたとの記事は存在せず、また当時の紀氏の政治的位置づけからして、その可能性は否定されるべきであろう。
(36)『日本書紀』天智十年十一月条。
(37) 彼が近江朝廷の側の人物であることからして、天武朝において功績をたたえられ「贈位」されたとは考えがたい。

(38)　押部前掲註(17)論文。

(39)　これが冒頭に示した浄御原令による冠位であれば、単純な比較はできず、冠位の名が新律令によっているとは簡単にはいえないこととなろう。

(40)　時野谷前掲註(13)論文。

(41)　喜田前掲註(14)論文。

(42)　坂本前掲註(15)論文、二七一頁。

(43)　坂本太郎「古代位階制二題」（『日本古代史の基礎的研究』下、東京大学出版会、一九六四年、初出一九五七年）。

(44)　押部前掲註(18)論文。

(45)　なお、『日本書紀』天武十一年三月条には「小紫三野王」が宮内官大夫らとともに造都のため新城に派遣され、地形をみているが、この三野王と同一人物と断定することには筑紫大宰栗隈王の子に三野王が存在する（『日本書紀』天武元年六月丙戌＝二十六日条）ことから、少し問題がある（小紫であることからその可能性は高いが）。それで「三野王」とあるものについては省いた。

(46)　坂本前掲註(43)論文。

(47)　『日本書紀』天武十年二月条に「小紫位当麻公豊浜薨」とある。

(48)　押部佳周「天武・持統朝の冠位制」（前掲註(17)書）。

(49)　なお風神を龍田の立野に祠ることと、大忌神を廣瀬の河曲に祠ることについて、『日本書紀』は天武八年以降は廣瀬・龍田の順で記され、それは『延喜式』に引き継がれ、『延喜式』四時祭上における祭りの使者などについては「右二社」と一括され、ほぼ同格の扱いとされている。

(50)　『日本書紀』は同日、美濃王を徴する以前に高市皇子・大津皇子を喚すも、二人が近江にいたため、伊勢での合流を伝えさせたと記している。即日の合流ではないことが注意される。

(51)　冒頭でふれたように、『日本書紀』天智三年二月条には「天皇命㆓大皇弟㆒。宣㆘増㆓換冠位階名及氏上民部。家部等事㆖」とあり、天智三年冠位には大皇弟すなわち後の天武が関わっていたと記されている。

(52) もし天武が初年に諸王の冠位を定めたのであれば、それは天武十四年冠位制に引き継がれたであろうことは十分にあり得るが、天武十四年の冠位は数字によるものではなく、異なっていることも注意されるところではある。
(53) 河内祥輔『古代政治史における天皇制の論理』（吉川弘文館、一九八六年）第一「六世紀型の皇統形成原理」。
(54) 『日本書紀』天智七年二月条。
(55) 『日本書紀』斉明四年五月条。
(56) 『日本書紀』天智七年二月条。
(57) 日本古典文学大本『懐風藻』の「淡海朝大友皇子　二首」には、唐からの使者劉徳高が「此の皇子、風骨世間の人に似ず、実に此の国の分には非ず」といったとし、また太政大臣就任後のこととして「皇子博学多通、文武の才幹あり。始めて万機を親しめすに、群下畏服し、粛然にあらずということ莫し」、「天性明悟、雅より博古を愛まず。筆を下せば章と成り、言に出せば論と為る」などと評している。
(58) しかし先にふれたように、天武は勝利後、近江朝廷の側の人物の処罰を直ちに行っていることからして、大納言として任用されたかは疑問である。
(59) 『日本書紀』天武九年七月条に「納言兼宮内卿五位舎人王」とみえる。なお、この「納言」を重視するならば、「大納言」とある史料にもとづいて「大納言」へと改称されたとはいえないこととなる。
(60) この点、早川庄八氏は天智十年の太政大臣・左右大臣・御史大夫四官は近江令ではなく、単行法令によるとの石母田正氏の説（前掲註（11）書、一九六頁）に賛意を示した上で、天武はその政権奪取の後にこれを廃絶し、これに替えて置いたのが納言によって構成される太政官であったと説いている（「律令太政官制の成立」〔『日本古代官僚制の研究』岩波書店、一九八六年、初出一九七二年〕）。
(61) この点については、拙稿前掲註（3）論文を参照されたい。
(62) 時野谷前掲註（13）論文。
(63) 喜田前掲註（14）論文。
(64) 坂本前掲註（43）論文。

（65）押部前掲註（18）論文。
（66）早川前掲註（60）論文。
（67）管見の範囲では筑紫大宰栗隈王、留守司高坂王その補佐稚狭王のみである。
（補註）押部佳周氏（「甲子の宣」前掲註（17）書、初出一九八〇年）や小林敏男氏（「称制考」〔『古代女帝の時代』校倉書房、一九八七年、初出一九八二年〕）は、天智朝初年においては間人皇女が兼政していたとみている。そうであれば間人皇女の命によって宣告したこととなる。

第五章　推古朝の君主号——天皇号使用との観点から——

問題の所在

次章で詳述するように、野中寺弥勒菩薩像の銘文は天智五年（六六六）に鐫刻《せんこく》されたものであり、そこに記されている「天皇」号の濫觴は大化以前に求められる(1)。

大化以前となると、それがいつになるかであるが、舒明・皇極朝にはその使用の痕跡を示すようなことが記録にみえないこと、また後述するように推古朝には隋との交渉において「天皇」の使用を示すかのような史料があり、さらに法隆寺の仏像銘文などのなかに「天皇」と刻されたものがみえることなどから、推古朝がその候補となる。では推古朝において、はたして「天皇」号は使用されていたのであろうか。以下、検討することとしたいが、これについて注目されるのは、隋との交渉で倭国の君主がいかに称していたかである。

遣隋使の派遣回数については諸説あるが(2)、『隋書』倭国伝開皇二十年（六〇〇）条には、

倭王姓阿毎、字多利思比孤、号阿輩雞彌、遣使詣闕。上令所司訪其風俗、使者言、倭王以天為兄、以日為弟、天未明時、出聴政跏趺坐、日出便停理務、云委我弟。高祖曰、此大無義理、於是訓令改之。王妻号雞彌、後宮有女六七百人、名太子為利歌彌多弗利。

とあり、この時、遣隋使が派遣され、「阿輩雞彌」と称したようである。このことは『通典』（台湾商務印書館股份有限公司版による）巻一八五、辺防一東夷上倭条に、

　隋文帝開皇二十年、倭王姓阿毎、名自《（衍カ）》多利思比孤、其国号阿輩雞彌、華言天児也、遣使詣闕。

とあることに通じる。この「阿輩雞彌」に対して『通典』は「華言天児也」との註を付しているが、同様に『翰苑』（竹内理三校訂・解説『翰苑』吉川弘文館、一九七七年）による巻第三〇蕃夷部倭国条も「阿輩雞彌、自表天児之称」と記し、「其王姓阿毎、国号阿輩雞《（彌脱）》、華言天児也」との註を付している。「阿輩雞彌」は「天児」を意味すると使者がいったようであるが、この時の遣隋使は「高祖曰、此大無義理、於是訓令改之」との結果に終わったことが注意される。

『日本書紀』推古十五年七（六〇七）月条は「大礼小野臣妹子遣㆓於大唐㆒。以㆓鞍作福利㆒為㆓通事㆒」と、小野妹子が隋に派遣されたことを記すが、国書持参などについて記していない。しかし『隋書』倭国伝大業三年（六〇七）条には、

　其王多利思比孤、遣使朝貢。使者曰、聞海西菩薩天子重興仏法、故遣朝拝、兼沙門数十人来学仏法。其国書曰、日出処天子、致書日没処天子、無恙、云々。帝覧之不悦、謂鴻臚卿曰、蛮夷書有無礼者、勿復以聞。

とあり、仏法を学ぶための沙門を連れていたこと、また国書を持参していたとする。その国書では「阿輩雞彌」ではなく、「天子」を使用したが、この度も「帝覧之不悦、謂鴻臚卿曰、蛮夷書有無礼者、勿復以聞」との結果に終わったとある。

『日本書紀』推古十六年九月条には、前年派遣の小野妹子とともに来倭した裴世清を送りかえすにあたって再び国書をしたためるが、その冒頭には、

　東天皇敬白㆓西皇帝㆒。

とあったとみえている。

各種の君主号が使用され、そのなかに「天皇」もみえているのであるが、以下、隋との交渉で使用された君主号についてその意味や背景などについて考えることを通して、推古朝における「天皇」号使用の有無について考えることとしたい。

一　阿輩雞彌

まず開皇二十年時の君主号からみてみよう。『隋書』倭国伝によればこの時、「倭王姓阿毎、字多利思比孤、号阿輩雞彌」と名乗ったとある。この「姓阿毎、字多利思比孤」との部分については大業三年時の「其王多利思比孤」と共通性があるが、「倭王姓阿毎、字多利思比孤、号阿輩雞彌」については、中国風に書き直したならば「阿輩雞彌阿毎多利思比孤」となると考えられている(3)。「阿輩雞彌」が称号を示すとみた上で、中国においては称号をまずいい、そのあとで姓名を名乗るという中国における名乗り方を考慮した結果と解釈するのである。栗原朋信氏によれば、倭国は本来自国での称号をそのまま名乗ったのに、そのような名乗りは対等国のなすことで、隋は対等国以下のものならば当然名乗ったであろう姓名を倭国が名乗ったと誤って解釈した結果である(4)。

さて「倭王姓阿毎、字多利思比孤、号阿輩雞彌」について、従来は「阿毎多利思比孤」でもって倭国の君主号を表現し(5)、その倭国での称は「阿輩雞彌」であると解されてきているが、改めてみてみよう。

まず「阿毎多利思比孤」であるが、その訓みは一般に「アメタリシヒコ」と訓まれている(6)。しかし「毎」は漢音では「マイ」、呉音では「バイ」であることには一考を要する。また『説文』が毎声として「敏」、「侮」などともに悔、誨などをあげていることも注意されるところである(7)。「毎」は古代日本では「へ」の乙類濁音や「メ」の乙類をあらわすにあたって用いられていてエ段に関わるが、中国ではア段にも関わっているのである。このようにみると「阿毎」は「アマ」の可能性もあるのであり、後文の「阿輩雞彌」の「阿輩」と分けて「アマ」と訓むのが妥当と考える。[8][9]

その意味であるが、「阿毎」＝「アマ」は天、「多利思比孤」＝「タリシヒコ」については垂れてきた日の子と解する。この点、「ヒコ」を「彦」とはとらない。称号「阿輩雞彌」の修飾語であるから、男女を区別したものと考えない方が妥当と考えるからであり、また、当時は女帝推古の時代であり、「彦」とすれば少なからぬ矛盾が生じるからでもある。[10][11][12][13]

では「阿輩雞彌」はいかに解されるであろうか。まず訓みからみてみよう。これについては「オホキミ」と訓むものと「アメキミ」と訓むものとに分かれる。「オホキミ」と訓むものは「阿輩」を「アメ」と訓んだ場合、先に検討した「阿毎多利思比孤」の「アメ」と用字が異なるとして、「アメキミ」説は成立しないと主張する。[14][15][16]

「阿輩雞彌」の「阿」は「ア」なのか「オ」なのかであるが、「ア」である。すなわち、『隋書』倭国伝にみえる「小徳阿輩台」は「小徳」を授与される大夫層に属していた阿倍鳥臣のことであり、そのことは『隋書』倭国伝に「有阿蘇山、其石無故火起接天」とあることとも矛盾しない。このように「阿」は「ア」なのである。[17][18]

では「輩」はいかに考えられるか。小林敏男氏は「輩」は「へ」の乙類であるが、これを「べ」の音を示すとみれば、「阿輩」は「アベ」となり、「アメ」（＝天）に通じるとみている。[19]

以上のように、「阿輩」は「阿毎多利思比孤」の「阿毎」と区別した「アメ」なのである。「アメ」なら当然、「毎」もしくは「輩」に何故統一されなかったかという疑問がオホキミ論者から提出されているが、「阿毎」は「アメ」ではなく「アマ」であり、重複しないのである。[20]

では「アメキミ」として「阿輩雞彌」は具体的に何を意味しているのであろうか。『通典』や『翰苑』はともに

「天児」と註しているのであるが、これを「大君」（＝オオキミ）または「天君」（＝アメキミ、アマキミ）とみる見解もある。(21) しかし先述した「阿輩雞彌」の訓みからして「大君」は成り立たない。問題は「天君」である。大野晋氏は日本古典文学大系本『日本書紀』補注において、「阿輩雞弥」は「アメキミ」で「天君」と説いているが、『後漢書』東夷伝韓条（中華書局版による）に「諸国邑各以一人主祭天神、号為天君」と、天神をまつることを司るものを「天君」としたとみえることが注意される。隋に対等の立場を主張しようとして称号にこだわっていた倭国が、このような称号を採用したとは考えられない。このことから「天君」も否定されよう。また、角林文雄氏は「阿輩雞彌」＝オオキミ＝大君とし、天児とあわないとして「華言天児也」は「姓阿毎、字多利思比孤」にあたる部分の中国語訳とする。(22) しかし姓名を訳すとは考えにくいこと、またその文からして「華言天児也」は「阿輩雞彌」の訳であり、成立しないと考える。

では何が適当かということになるが、当時「天」にまつわる思想が展開されていた）ことが注意される。熊谷幸次郎氏は君主を天に関係あるものとするのは、中国の天子のみならず、好太王碑にも、その祖を天帝の子とし、さらに大和朝廷にもこの思想が文字と共にとりあげられていたと考えられると説く。(23) また関晃氏は、百済には陰陽五行説や中国流の卜筮、祭天の儀礼などが中国から伝わり、それらは交代制で送られてきた五経博士を通して倭国に伝えられたと説く。(24)「天」についての智識が伝わっていたのであり、「天」は「アメ」とされたのである。(25) これとはやや視点を異にして、小林敏男氏は「中国側にとって「天」は思想として純化された絶対的な世界であるが、日本側の「天」の観念はそこに祖先の神々（天皇家の遠い時代の祖先そのもの）がすむ世界で有り、人間界との接点」を保ったものとみている。(26) 以上から「阿輩雞彌」の「阿輩」は「天」に由来したものといえよう。

では「雞彌」は何かであるが、これは「キミ」であろう。この「キミ」であるが、『万葉集』に「皇」を「キミ」と訓む例のあることに大橋一章氏は注目している。すなわち『万葉集』は「オオキミ」に対して「大王」・「大皇」をあてており、このことから「皇」は「キミ」であり「天皇」は「アメキミ」とみて、開皇二十年の使者派遣時には天皇号が使用されていたとみる[27]。この開皇二十年の使者派遣時には天皇号が使用されていたとの点はさておき、「雞彌」は君主に対する敬称に由来するといえよう。「阿輩雞彌」で倭国の君主を表したのである。

次に問題となることは、なぜ「王」ではなく、「アメキミ」を使用したのかである。卑弥呼が「親魏倭王」の称号を与えられたことなどからうかがわれるように、はやくから倭の支配者が中国から王号を授与されていたことは周知の事実である。そしてまた実際にその王号を使用していたことはいわゆる倭の五王が「倭国王」と称して南朝に使者を派遣していたことからうかがうことができる。この一方、和歌山県隅田八幡宮所蔵の癸未年銘鏡には「大王」が「王」とともに登場することから、允恭の時から「大王」号をも使用していたことが知られるのであるが[28]、これらによってかつての支配者の称号は「王」・「大王」であったことが明らかなのである。しかし何故、ここでは「阿輩雞彌」とされたのか。

ここで注意されることは「大王」が使用されたが、それは中国からすると正式なものではないということである。宮崎市定氏は中国では同一人物を同時に「王」・「大王」と表現している例のあることをあげ、「大王」については尊称にすぎないとした上で、倭は中国と同じ文化圏に属するとの観点から、日本の「大王」も同様にとらえられるとして、「大王」にかわる称号として「天王」を使用したと説いた[29]。これに対して、東アジア世界において実際に「大王」が高句麗を中心として使用されていることにもとづいて[30]、小林敏男氏は「大王」は「王」の尊称として使用された一方で、朝鮮半島において倭の勢力圏内の諸国に誇示する君主号として使用されたものとみている[31]。正式なものであるか否かはともかく、高句麗好太王の例などから実際に使用された痕跡があること、また先の角林氏の呈した疑問にもかかわらず、鎌田元一氏が「大王」を名乗る者が他に倭国内に存在せず、他者と区別される存在であると説いている[32]ことに注意を払う必要があろう。対中国外交においては中国が「大王」号を正式なものとして用いていないことからして、中国との交渉においては使用したと考えられないものの、国内や朝鮮半島では他と隔絶した存在であることを示す目的で「大王」号が用いられたことまでは否定できないものと考える。その意味においては「大王」は一つの称号であったといってよかろう。[33] むしろ小林敏男氏が、中国の冊封体制からの脱却を意図して自己の君主号として使用したのではないかとしている点に共感を覚えるのであり、そうでなければ隅田八幡宮の鏡の「大王」と「王」の併記は理解できない。[34]

この「大王」に対して「オホキミ」があてられるが、それに対してここでは「阿輩雞彌」＝「アメキミ」なのである。一つは冊封されていないとの立場をとったことが考えられる。倭王武の遣使以降、中国との正式国交はなく、六〇〇年になって再開されたのであるが、隋とははじめてのことであり、このため倭国は隋の冊封下に置かれていると考えておらず、また坂元義種氏が説くように、これ以前において倭国は朝鮮諸国の上にあることを主張していたこと[35]もあって、隋との外交において冊封関係を求める意識が希薄であったのである。[36] この点、栗原朋信氏は従来にはない称号「アマタリシヒコ」を名乗ったことに注目し、自国語の称号をそのまま名乗るのは、本来は中国に対し直接関係をもち、かつ、その関係が一般外臣すなわち「外臣客」「対等国」より上の場合のことであるとし、そのような地位を求めたことが背景にあって、冊封のルールとは異なったやり方をとったとみる。[37] また鬼頭清明氏は七世紀後半の倭国は大国意識にもとづいて新羅・百済と接していたとし、[38] 梅村喬氏も当時の倭は自尊的意識が強かったと説いている[39]が、このような事情が背景にあり、使者の派遣にあたり「倭王」を称さず、またそれから派生した「大王」とも称さず、独自の名乗り「阿輩雞彌」＝「アメキミ」を使用したのである。

この倭国の態度に対する中国側の態度であるが、『隋書』倭国伝は、使者がその風俗を訪われて「倭王以天為兄、以日為弟、天未明時、出聴政跏趺坐、日出便停理務、云委我弟」と応えたこともあってか、

高祖曰、此大無義理、於是訓令改之。

という結果を招いたと記している。このため次回の使者派遣時からは「阿輩雞彌」を使用しなかったのである。

二　天　子

大業三年に使者が隋に派遣される。この時、「日出処天子」国書を持参したと『隋書』倭国伝に記されているのであるが、この時の派遣と翌年の派遣を同一のものとみなし、この折の国書持参を疑問視する説もある。ここにみえる国書と『日本書紀』推古十六年条の「東天皇」国書については、

（a）別個のものとするもの(40)

（b）同一のものとみるもの

・『隋書』の記載が正しいとみるもの(41)

・『日本書紀』の記載が正しいとみるもの(42)

・一つのものではあるが、中国側と日本側で異なった表記をしたもの(43)

に分かれる。しかし妹子とともに来倭した裴世清が国書を持参していることからして、大業三年には国書は提出されたのであり(44)、それが『隋書』に記されたのである。

ではこの国書の冒頭にみえる「日出処天子、致書日没処天子」とある部分はいかに考えられるであろうか。

まず「致書」からみておきたい。栗原朋信氏は「致書」は漢代には本質的には隣対国間の外交用語であったとし(45)、西嶋定生氏は、漢代には対等な国家間には「敬問」を使用していたが、隋や唐代には「敬問」は皇帝から大藩国への場合に使用され、対等な国には「致書」が使用されたと説く(46)。また森公章氏は、「致書」は対等とともに上下関係不明の時に使用されると説く(47)。これによれば、致書形式のものは対等もしくは上下関係不明の時の文言となる(48)。

次に「天子」であるが、栗原朋信氏は開皇二十年の遣使の折に隋と対等の意を込めて自国の称号を使用したものの、隋が姓名を名乗ったと取り違えたためにその意図が達成されなかったので改めて「天子」を用いたとみている。[49]これに対し森公章氏[50]は開皇二十年の折には国内で使用されていたアメ＝天を含んだ称号を名乗ったが、十分理解してもらえなかったために、「アメキミアメタリシヒコ」の漢訳にあたる「天子」を明記したとみる。[51]「天子」は唐では「皇帝」とともに夷夏通称するところのものであり、[52]その意味では倭が使用しても問題はないと考えたのであろう。「倭王」とするのを憚ったのは、先述した倭国の意識に由来しよう。「阿輩雞彌」＝アメキミを名乗った以上、いかに「訓令改之」とされても、今更「倭王」と名乗ることはできなかったのではないか。それで「天子」を使用したが、ではこれは国内ではいかに称されていたのか。

最初に「阿輩雞彌」と名乗った以上、それを国内でも踏襲したのではないか。注意されることは君主以外を「大王」とする史料があることである。天平十九年（七四七）に記された『元興寺伽藍縁起幷流記資財帳』（日本思想体系本『寺社縁起』岩波書店、一九七五年、による）所引「丈六光銘」では　厩戸皇子のことを「等与刀弥弥大王」と記し、また『釈日本紀』（国史大系本による）巻一四術義十所載『伊予国風土記』逸文にみえる「道後温泉碑」には「法王大王」などとある。[53]ここにみえる「大王」をいかに訓んでいたかであるが、従来は「大王」を「オホキミ」としていたことを受け継いで、「オホキミ」と称していたのではないか。一方、「天子」は「阿輩雞彌」＝「アメキミ」を受け継ぎ、「アメキミ」と称されていたものと考える。すなわち、隋に対して開皇二十年の使者が「阿輩雞彌」＝「アメキミ」と名乗った以上、倭国の君主は「アメキミ」なのであり、ここでは「天子」と称したものの、その訓み「アメキミ」を踏襲し、一方で「オホキミ」は空いたので、厩戸ならびにその一族などがそれを使用することになったものと考える。

この「天子」＝「アメキミ」を用いた国書は結果的には隋の皇帝煬帝を「悦」ばせず鴻臚卿に「蛮夷書有無礼者、

勿復以聞」との命令を出させる原因となるものであった。この原因についてはとかくいわれている。栗原朋信氏は「日出処天子」と「日没処天子」との間に優劣の意が込められていると説き、(54)喜田貞吉氏はともに同じ天子号を使用したからとみる。(55)また外山軍治氏は「致書」などの文言が書翰の文章の体をなしていないからとし、(56)増村宏氏は天下に君臨する「中国天子」煬帝は天下のさいはてを意味するところの「日没処天子」とは考えておらず、また天子の称号使用自体に問題があるとみる。(57)沈才彬氏は日本の「無礼」、中国の皇帝に関する礼儀制度に対する「無知」、具体的には「大隋皇帝」と正式の称号を使用しなかったことに原因を求め、(58)金子修一氏は中国皇帝に敬意を表したことを含む「天子致書皇帝」は例があるが、「天子致書天子」は他に例がなく、全く対等となることに問題があったとみる。(59)この点、鬼頭清明氏は『隋書』倭国伝大業三年の記事に「聞海西菩薩天子重興仏法、故遣朝拝」とあることに注目し、隋への上表文の構成は仏教公伝の時に経験した仏教的世界観にもとづくもので、自然なものとし、「日没処天子」とあっても、仏教的世界観によるものとするならば、あながち不適当とはいえないとみている。(60)「日出処天子」国書が大智度論の影響を受けていたとの指摘(61)からすると、対等な関係の主張とは考えられないこととなるが、しかし全体としてこの度もうまくいかなかったものと思われ、「天子」号は定着しなかったものと考える。

なお、妹子は帰国に際して隋からの国書を盗まれたとする。『日本書紀』推古十六年八月条は、

妹子臣奏曰。臣参還之時。唐帝以レ書授レ臣。然経二過百済国一之日。百済人探以掠取。是以不レ得レ上。於レ是群臣議之曰。夫使人雖レ死之不レ失レ旨。是使矣。何怠之失二大国之書一哉。則坐二流刑一。時天皇勅曰。妹子雖レ有二失レ書之罪一。輙不レ可レ罪。其大国客等聞之亦不レ良。乃赦之不レ坐也。

と記す。辻善之助氏は妹子の紛失は事実ではなく、実は返書を得ることができなかったことがわかったためであり、その結果、裴世清を迎えるや否やの議論が起こり、裴世清の入朝が遅れたとする。(62)これに対して直木孝次郎氏は隋の動向を探ろうとした百済が実際に盗み取ったとする。(63)また、李成市氏は倭国は高句麗の外交戦略上にあったとした上

で、それを快く思っていなかった百済が『日本書紀』の記事のように実際に奪ったとみている。(64)いかに考えるかであるが、川本芳昭氏は隋からの国書には訓令部分が含まれ、そのことから聖徳太子ら政治中枢と緊密な連携のもとに盗まれたとし、その結果、群臣協議では流罪と決せられていたのを、推古が大権を発して覆し、再び遣隋使としたとみている。(65)後述するように裴世清が国書を提出していることからして、国書は妹子に与えられず、そのことを繕うために奪われたとしたのであろう。奪われなかったのに奪われたと報告した点、罪に値するが、それは問われなかったのである。

ところで『日本書紀』推古十六年八月条は、裴世清が国書をもたらしたとし、その冒頭には、

皇帝問倭皇。

とあったと記している。「倭皇」とあればそこに「天皇」ないし「皇帝」との関係が想起されることとなるが、しかしもとは「倭王」とされていたのではないかとの疑問が提出されている。日本古典文学大系本『日本書紀』頭注や山尾幸久氏(66)・小林敏男氏(67)は誰が改めたのか明言していないが、岩井大慧氏は日本側と裴世清の妥協によるとし、(68)西嶋定生氏は『日本書紀』編者が改めたとみている。(69)

『善隣国宝記』（田中健夫『善隣国宝記・新訂続善隣国宝記』集英社、一九九五年による。以下同じ）所引「経籍後伝記」が「皇帝問倭王」とし、

聖徳太子甚悪其黜天子之号、為倭王、而不賞其使、仍報書曰、東天皇白西皇帝。

と註していることが注意される。(70)もとは「倭王」とあった可能性が高くなるのであるが、このこととの関係で注目されるのは、この文書の形式である。「皇帝問○○」といった形式の文書の形式は慰労制書とよばれている形式の文書に属するものであり、(71)金子修一氏によれば君臣関係にある時に使用されるものである。(72)このことは西嶋定生氏が下行文書とみていることと共通するのであって、(73)その意味では伝統的な「倭王」が使用されていたと考えられるのであ

る。岩井大慧氏の説くように日本すなわち妹子と裴世清の妥協によって「倭皇」と記されることとなったとは考えられない。

三　天　皇

裴世清の帰国にあたり、朝廷は妹子に再び国書を托し、隋に向かわせる。そのことを『日本書紀』推古十六年九月条は、

唐客裴世清罷帰。則複以二小野妹子臣一為二大使一。吉士雄成為二小使一。福利為二通事一。副二于唐客一而遣之。爰天皇聘二唐帝一。其辞曰。東天皇敬白二西皇帝一。鴻臚寺掌客裴世清等至。久憶方解。季秋薄冷。尊何如。想清悆。此即如レ常。今遣下大礼蘇因高。大礼乎那利等一往上。謹白不レ具。……

と記す。

この「東天皇」ではじまる国書について考えるにあたり、まず解決しておかなければならないことは、この国書自体が存在するのかということである。これについては先にふれたように遣隋使の派遣回数問題が絡む。中国側の史料にはこの国書の記録がなく、はたしてこの時に妹子が隋へ行ったのかについても疑問視されている。すなわち、大業三年の使者とこの時の妹子の派遣は実際には同じものとし、国書提出も一度とみるのである。

しかし仏教関係の思想が背景となってこの「東天皇」国書が作成されていることからして、妹子のこの度の渡隋、国書持参は事実であろう。保科富士男氏はまず「敬白」に注目し、この「敬白」は願文を含めた仏教関係文書に頻出することを指摘し、「東天皇敬白」とあることは、皇帝を仏教的権威と見做すことによって外交関係に仏教信仰を媒介とした論理をもちこんでいたことを意味する、すなわち「相互に仏教者の世界・領域の住人として関係を取り結ぶ

ことによって、世俗の身分秩序からは相対的に自由な立場に身を置いたことを示」そうとしたものであり、中国側からすると仏教的世界観にもとづく皇帝に対する上下関係を含意した上呈文書として理解することが可能であり、日本からすると儒教的礼の秩序にもとづく君臣関係を相対化し、「不臣の朝貢国」としての立場を示し得るものとする。(74)「日出処天子」国書が大智度論の影響を受けていたことの延長上にあり、その意味では妹子は「東天皇」国書を携えて裴世清とともに隋に渡ったのである。

このように考えて次に問題となることは、その国書に「東天皇」とあったかである。換言するならもとは「倭王」なり「天子」なり別の語句を用いていたものを『日本書紀』の編者が書き改めることがあったかである。この点については当期の天皇号使用否定論者である渡辺茂氏から、

（一）津田左右吉氏によれば、「天皇」は本質的には天帝の観念に結合された宗教的性質のもので、それに付随的な意味で君主の観念をともなったものであるが、(75)蘇我氏が強大な勢力をふるっていた推古朝にこのような君主権を確立し得たかは疑問である。

（二）「大王」から「天皇」に改称するためには後者が前者より優越した称号であることが社会的に認められている必要があるが、中国の君主号に「天皇」が用いられていない当時においては、一部を除いてそれは不可能であった。

（三）憲法十七条に「天皇」が用いられていない。

（四）大業三年の国書に「天子」が用いられていることは「天皇」が用いられていなかったからである。

（五）この時代に「天皇」が用いられたならば、『古事記』上表文などでは「帝」は用いられなかった。

との見解が示されている。(76)東野治之氏も同様にとらえているが、(77)西嶋定生氏はこの記事は『日本書紀』編者の修飾を受けたものとした上で、本来この国書の形式は『日本書紀』の編纂時における唐への国書にもとづいたものとみて

いる。[78]

これに対して栗原朋信氏は「日出処天子」と「日没処天子」の間には日本を上位とする傾斜関係が認められ、それを煬帝に一蹴されたので傾斜関係のない「東天皇」と「西皇帝」を用いたととらえている。[79]栗原氏は『日本書紀』欽明九（五四八）年四月甲子条にみえる百済聖明王使者の上表文中に欽明を指して「可畏天皇」とあることに注目し、日本では実際に使用しなかったものの百済が「天皇」号を贈ったとも説いている。[80]栗原氏の説くように天皇号に関する知識が早くから日本に入っていたとすれば、この段階での使用は問題ないこととなるが、しかし氏のようにとらえるには『日本書紀』編者が欽明九年四月甲子条を記すにあたって「天皇」と書き改めた可能性を否定しきれないことが問題となろう。

この点、小林敏男氏は「西皇帝」に注目し、称号問題で先の二度の遣隋使が成功しなかったのでさらに「天皇」と「皇帝」に改めた結果であるとみている。[81]この視点は先にみた『善隣国宝記』の註に通じるが、石母田正氏も「大王」以外の国際的に通用する新しい称号を設定しようとしていたことが「阿輩雞彌」や「天子」につながったとみていることとあわせて注意されるところである。[82]

では何にもとづいて「天皇」の使用を思い立ったのであろうか。中国における「天皇」の使用例から津田左右吉氏は、天皇は本来的に天帝であるが、この天帝は道教的観念と結合しており、ために天皇は比喩的または付随的意味において君主観念をともなったものであると説く。[83]この点について、下出積與氏は天つ神の子孫であることを中国の成語「天皇」を借用して表記したものとみて否定する。[84]しかし大橋一章氏はとくに津田説を否定する必要はないとし、[85]また吉田孝氏は、『史記』は当時『論語』などとともに当時の倭に伝えられていた可能性の高い書物であるが、その始皇帝本紀には「王」に代わる称として「天皇」・「地皇」・「泰皇」のなかから「泰皇」の使用を提案されたものの、「皇帝」と称することとしたとの記述があり、これを参考に「天皇」と称したと説く。[86]

いずれにせよ、中国古典から天皇を称することを思い立ったこととなるのであるが、果たして推古十六年の国書に「天皇」とあったかである。河内春人氏は、「東天皇」国書は曖昧であり、その語の使用は「王」以上の地位を目指そうとする態度に他ならないことから隋に通用するとは考えがたく、したがって造作を受けたものとの廣瀨憲雄氏の見解(87)を受けて、二次的な改変を受けたものであり、もとは皇帝との名分的関係が明らかな「王」号を称したとし、「王」を「皇」に書き換えたと説く(88)。

いかに考えるかであるが、周知のように推古朝にかかる年号を有する金石文等のなかには「天皇」とあるものが少なくない。その記されている年紀にしたがってあげるとa元興寺塔露盤銘、b法隆寺金堂の薬師如来像光背、c元興寺丈六釈迦像光背銘、d天寿国繡帳銘文である。これらの史料についてはは最近までの研究によってほとんどが信をおけないものであることが説かれているが、それぞれについて改めてみてみよう。

aの元興寺塔露盤銘はその縁起、すなわち天平十九年の『元興寺伽藍縁起幷流記資財帳』に納められているものであるが、それには、

・「大和国天皇斯帰斯麻宮治天下名阿末久尓意斯波羅岐比里尓波弥己等」
・「天皇之女佐久羅韋等由良宮治天下名等已居加斯支夜比弥乃弥己等」
・「天皇大臣及諸臣等過去七世父母」

などとあり、「丙辰年」(＝推古四年)に「意奴弥首辰星」ら四人を将として「諸手使作奉」ったものである。しかしこれが納められている元興寺の縁起木自体は喜田貞吉氏によれば天寿国繡帳などを模して偽作されたものである(89)。また福山敏男(90)・和島芳雄(91)両氏は、古い伝記を伝えた部分もあるが、その部分は「天皇」とは無関係の部分とする(92)。

bの法隆寺金堂の薬師如来像光背(木崎愛吉篇『大日本金石史』(一)(歴史図書社、一九七二年、による)には、

池邊大宮治天下天皇大御身労賜時歳

次丙午年召於大王天皇与太子而誓願賜我大
御病太平欲坐故将造寺薬師像作仕奉詔然
当時崩賜造不堪者小治田大宮治天下大王天

とあり、「池辺大宮治天下天皇」・「小治田大宮治天下大王天皇」・「東宮聖王」などとみえており、「丁卯年」（＝推古十五年）に「使奉」されたものである。しかし福山敏男氏[93]や藪田嘉一郎氏[94]は「小治田大宮治天下大王天皇」といった鄭重な表現は後世にふさわしいことであり、また聖徳太子を指して「東宮聖王」というのは聖徳太子在世中にはあり得ないことであるとし、その信憑性を否定している。

cの元興寺丈六釈迦像光背銘はaの元興寺塔露盤銘同様、その縁起に納められているのであり、それには、

・「大倭広庭天皇之子多知波奈土与比天皇在夷波礼瀆辺宮」
・「妹公主名止与弥挙奇斯岐移比弥天皇在揩井等由羅宮」
・「瀆辺天皇之子名等与刀弥々大王」

などとみえているが、その銘文中に己巳年（＝推古一七年）に「畢竟坐於元興寺」とあることから、その頃のものとされる。しかし、喜田貞吉氏[95]や福山敏男氏[96]によれば、この銘文は元興寺塔露盤銘を参照しており、信をおけないものである。

このようにみてくると推古朝における「天皇」号使用は否定的にとらえられることとなるが、ではdの天寿国繡帳銘文はどうであろうか。この天寿国繡帳には「斯帰斯麻宮治天下天皇」などとみえているが、その制作年代は、「大王」（＝聖徳太子）の死（推古三十年のこと）を悼んで「大王」の往生しているであろう天寿国の様子をみたいとの聖徳太子の橘妃の希望によって制作したと銘文にみえることから、聖徳太子の死後間もない頃のものである。[97]しかしこの制作年代についても「天皇」号未使用と考えられるのに使用しているとか、真名仮名使用量が他の同時代のもの[98]

より多いことや、間人皇后薨日干支が『日本書紀』と違っていること[99]、銘文に書かれている「阿米久尒意斯波留支比里尒波乃弥己等」などの天皇名を和風諡号と解し、その和風諡号の使用は天武朝（六七二〜六八六年）以降のこととして疑問が出されている[100]。

いかにみるかであるが、aの元興寺塔露盤銘やcの元興寺丈六釈迦像光背銘については史料が後世の引用文であることもあって言及しがたい。しかしbの法隆寺金堂の薬師如来像光背・dの天寿国繍帳銘文については多少の手がかりが残されている。

まずb法隆寺金堂薬師如来像光背についてであるが、仏像自体については、同じ法隆寺の釈迦如来像は幾度かの失敗を修正しての作であるが、薬師像は一回で仕上げられている。このことからして釈迦像よりやや遅れた時期のものとみて、天智九年（六七〇）の火災[101]後のものとみる説[102]、同様に釈迦三尊は止利の苦心であるが、薬師如来に厳しさはなく、火災後のものとみる説[103]、金堂薬師像は止利様式をとどめているが、止利様式は七世紀後半まで用いられたとは考えがたいとし、火災を免れたものとみる説[104]などが提出されており、仏像そのものからは決しがたい。

とすると「丁卯年」と記されていることから探ることとなるが、しかしこれは後代の鐫刻《せんこく》の可能性もある。そこでいつ鐫刻されたかが問われるが、このb法隆寺金堂薬師如来像光背の鐫刻時期について、鈴木勉氏は七世紀末から八世紀はじめの技法によって鐫刻された船王後墓誌プラスマイナス二〇年程度と見積もっている[105]。したがって推古朝に鐫刻されたとはいえない。しかし冒頭で述べたように野中寺弥勒菩薩半跏像から天智五年には「天皇」号が用いられていることからして、これより先に銘文がつくられていたと考え得る余地がある。これについて北康宏氏は、この銘文は助字をともなわない和文で記されているが、その様式は白雉以前のもので、また銘文にみえる宮号をともなう天皇呼称は過去の天皇に対するもので、その意味では舒明朝に銘文が成立したとし、厩戸を聖王とするのは太子の薨後のことであり、この点も舒明朝なら問題なしとし、また舒明にとって太子に対する配慮は推古とともに不可欠であったとし[106]、さらに銘文に「大王天皇」とあるが、発話主体が現天皇である場合オホキミの天皇は前帝を指すとし、推古を大王天皇とする主体は舒明と考えられるとし、舒明朝に成立したとみている[107]。

これによれば舒明朝には銘文そのものが記されていた可能性があることとなるが、ではdの天寿国繡帳銘文についてはいかに考えられるであろうか。先の諸見解では信をおけないようであるが、しかしこれらには大橋一章氏の詳しい反論があり[108]、成立しがたいように思われる。また、義江明子氏が繡帳銘の前半に書かれている系譜の書き方は当時のものであると推定していることも注目されるところである[109]。この両氏の研究によれば当時のものとみることができるのである。もっともこれについて東野治之氏は、「等已居加斯支夜比弥乃弥己等」＝トヨミケカシキヤヒメノミコトの呼称などにはもう少し後世の要素が含まれており、また現繡帳の図像からは天武・持統朝と判断されるとし、否定的にとらえる一方、系譜の書き方や古様な仮名の使用からして、現繡帳に先行する先行作品を推定している[110]。とすれば、b法隆寺金堂薬師如来像光背と同様に考えることもできるのである。

これらによれば推古朝には天皇号が使用されていた可能性がわずかにせよ、あるとみるべきであろう[111]。とするならば先の『日本書紀』の「東天皇」も全く根拠がないわけではなくなる。このように考えて、ここで注意したいことは先に少しふれた「大王天皇」とする史料の存在である。先にみたようにb法隆寺金堂薬師像光背銘には「小治田大宮治天下大王天皇」とあり、さらにまた天平十九年に記された『元興寺伽藍縁起幷流記資財帳』（先にふれたacを除く）には推古天皇のことを「大々王皇命」「大々王天皇」と記しているのである。この「大王天皇」の意味については、先にふれたように北康宏氏は和文で書かれていることから、「大王天皇」も「オホキミの天皇」の意であり、発話主体が現天皇である場合オホキミの天皇は前帝を指すと説いているが[112]、改めてみてみよう。

この法隆寺金堂薬師像光背銘によれば「池邊大宮治天下天皇」（＝用明天皇）が枕元に後の「小治田大宮治天下大王天皇」と「東宮聖王」（＝厩戸皇子）とをよびよせて病気平癒のために造寺と薬師像を作ることを命じたのである

が、「大王天皇」と「治天下天皇」が同時に記されており、使い分けがなされているかにみえる。竹内理三氏は政治的存在としての大王、宗教的な存在としての天皇が意識された、すなわち「大王天皇」と称するところに現在執政の天皇であることが意識されたものであり、政治的存在としての大王、宗教的な存在としての天皇が意識されたものであったとみて、「大王天皇」から「大王」と「天皇」の併用を説いた[113]。しかしこれについては『元興寺伽藍縁起幷流記資財帳』が即位前の推古天皇を「大々王」・「大后大々王」、即位後の推古天皇のことを「大々王皇命」・「大々王天皇」・「天皇」などと記していることが注意される。政治的な存在としての「天皇」・「皇命」と考えられるのである。

ところで厩戸を「大王」とする史料がある。先にふれたように、「大王」は君主の称号ではなくなっているのである。その「大王」がここでは即位前の推古に用いられているのである。そのことからして君主である「大王」が別の表記をされることにともない、かつての「大王」はその和訓「オホキミ」とともに君主以外の存在に対して用いられるようになったのである。すなわち、隋に対して開皇二十年の使者が「阿輩雞彌」＝「アメキミ」と名乗った以上、倭国の君主は「アメキミ」なのであり、一方で「オホキミ」は空いたので、厩戸ならびにその一族などが「大王」とともに使用することになったのである。

この点、上宮王家が「オホキミ」＝「大王」を使用するようになったので、かつての「大王」はそれに代わる称号を必要としたとみる説があるが、逆であろう。すなわち、熊谷幸次郎氏は君主の称号に大王の漢字を充用することのなくなった時は、これに代えて新称号が行われるに至ったと考えるか、または大王の文字があっても、『日本書紀』にいわゆる天皇にあらざる人に対して使用されてくるようになった時は大王以外の新称号が必要とされたと考え、大王がいわゆる君主以外に用いられたのは『上宮記』逸文の「法大王」・「尻大王」であり、大王の称号が上宮王家に移ったのであれば、君主の称号として新たなものが必要とされたと説く[114]。大橋一章氏も天寿国繍帳の「尾治大王」については君主の地位とは遠い人物であるが、そのような人物に「大王」が使用されたのは「大王」が君主の称号ではなくなっていることを意味すると説く[115]。すなわち、推古は「大王」であるが、しかし聖徳太子を摂政とし、太子は実質的には政治的支配者としての「大王」と称され、ここに二人の「大王」が存在することとなるとし、「大王」は唯一の君主を示すものではなくなるが、それで推古に「大王」以上の称号として「天皇」が奉られたとみる。

この「法大王」・「尻大王」などにおける「大王」号使用のその契機が問われる。これについては右の両氏とは異なり、「天皇」が使用されたことにより、「大王」が空いたと思われたことがあると考える。右にみたように熊谷氏は「大王」が上宮王家に移ったのであれば、君主の称号として新たに「天皇」が用いられるに至ったとし、大橋氏も厩戸の摂政にともない、実質的には政治的支配者としての「大王」と称され、ここに二人の「大王」が存在することとなった結果として「天皇」が生み出されたと考えた。しかしこれとは逆に、外交上の必要から「天皇」などを創成し、その結果として「大王」が空いたので、上宮王家では「大王」を厩戸に対して用いることとし、それがその子山背などに対しても用いることになったのではないか。

ここで注意されることは平城京左京三条二坊出土の木簡のなかに長屋王を「長屋親王」と記した木簡が存在していることである[116]。長屋王は天武天皇の孫にして、高市皇子の長子であり、親王ではない。しかし一ランク上の「親王」とされているのである。これは長屋王家内部に限ってのことと考えられるが、上宮王家でも厩戸が後継者として公認され、一方で天皇号が使用されたことから、「長屋親王」と同様に一ランク上の「大王」を用いたのであり、それが後述するように「天皇」が「大王」に戻っても『聖徳太子平氏伝雑勘文』所引『上宮記』逸文や『元興寺伽藍縁起幷流記資財帳』所引「丈六光銘」に反映されたのではないか。

このことは「天皇」が推古朝に使用されていたとみても問題のないことを示し、その意味では「東天皇」国書は信頼できることとなるが、では誰が天皇の使用を思い立ったのか。注意されることは『善隣国宝記』巻之上推古十五年条である。先の裴世清が推古十六年八月にもたらした隋の国書には「皇帝問倭皇」とあったと『日本書紀』が記しているが、ここにみえる「経籍後伝記」は先にふれたように「聖徳太子甚悪下其黜二天子之号一為中倭王上、而不レ賞二其使一、仍報書曰、東天皇白二西皇帝一」と記し、また『善隣国宝記』巻之上推古十五年条の別の箇所において『太子伝』すなわち『聖徳太子伝暦』を引いて「東天皇問二西皇帝一之語。由二太子伝一観レ之実聖徳太子所レ書也」と記しているのである。その『聖徳太子伝暦』による）には、

　太子執レ筆書レ之曰。東天皇問二西皇帝一云々。

とあり、これらによれば、聖徳＝厩戸皇子が「天皇」を使用したのである。これに先立つ六〇〇年の使者派遣時には、厩戸の政治的地位は竹田皇子との関係もあってなお定まっていなかったが、しかし大業三年の使者派遣時には厩戸は後継者として公認され、積極的に関わるのである[117]。このことにより厩戸により国書が作成され、「天皇」が使用されたのではないか[118]。

　ではこの国書は提出されたのであろうか。ここで問題となることは中国において君主の「天皇」号の使用開始が六七四年であることである。すなわちこの年に道教思想によって皇帝高宗は天皇に、皇后武后は天后に改称するのである[119]。日本ですでに「天皇」号が使用されていたことを唐が知っていたならば、このようなことはおこらなかったのではないかとの指摘がなされており[120]、これによれば「天皇」号の推古朝使用は否定されることとなる。しかしこの一方では、唐が周辺諸国の称号を調べた上でその称号を使用したとまで思えないとの反論[121]や、また先の高宗の「天皇」号は将来、即天武后が政治を執るための布石として採用した称号にすぎず、その意味では厳密に君主号として認識されていなかったのではないかとの疑問が提出されている[122]。

　この問題を考えるにあたって注意しなければならないことは、まず隋代のことが唐にどの程度伝わっていたかである。魏徴がどの程度の史料にもとづいて『隋書』[123]を撰述したかは不明であるが、王朝が交代していること、『隋書』に倭国からの国書が完全な形で記録されていないことからして、皇帝高宗には倭国がかつて一時的に「天皇」号を使

用したことまでは伝わらなかった可能性も考えるべきであろう。とするならば、中国君主の天皇号と推古朝の天皇号使用とは切り離して考え得ることとなる。

また吉田孝氏が、先にふれたように始皇帝本紀には「王」に代わる称として「天皇」・「地皇」・「泰皇」のなかから「泰皇」の使用を提案されたものの、「皇帝」と称することとしたとの記述があり、これを参考に倭国は「天皇」と称し、国書にしたためたが、妹子はこれを提出しなかったと説いていること[124]が注意される。これによれば、「東天皇」国書を妹子は持参したが、提出しなかったのである。「日出処天子」国書が却下され、そのことを受けて裴世清が派遣され、態度を改めるようにと宣告されたものの、あまり態度を改めない国書を再びもたされたのである。それで妹子は提出しなかったのであり、そのため中国史書にその国書提出のことは記されず、「天皇」と称したことも記録されなかったのではないか。したがって推古朝の天皇号は中国の天皇号とは直接的な関係をもたなかったのである。

四　天皇号の定着

このようにみると推古朝には天皇号が使用された可能性があることとなるが、ただしこの時に天皇号が用いられたからといってそれが恒常的に用いられたことまでは意味しない[125]。そのことを物語るのは高句麗外交において大王号がひきつづき使用されていたと推定されることである。すなわち神亀四（七二七）年に来日した第一回渤海使節は翌五年正月に国書を提出するが、『続日本紀』神亀五年正月甲寅条には、

武芸啓。山河異レ域。国土不レ同。延聴二風猷一。但増二傾仰一。伏惟大王。天朝受レ命。日本開レ基。奕葉重レ光。本枝百世。武芸忝当二列国一。濫惣二諸蕃一。復二高麗之旧居一。有二扶余之遺俗一。

とみえている。注意されることは日本の君主を「大王」としていることである。これについて、石井正敏氏は渤海国

王が「大王」と称していたことと関係がある可能性があるとしつつも、渤海国王は高句麗時代当時の日本君主の称号が「大王」とする知識にもとづいている可能性を指摘している。[126]また森公章氏も同様に渤海国王の称号が「大王」であったことによるかもしれないとしつつも、（一）高句麗の滅亡するのは六六八年のことであるが、その後も日本は高句麗遺民と交渉を保ち、それが最終的に収束するのは六八五年のことであり、（二）その時まで日本の君主号として「大王」が使用されていたとしたら、それを渤海が受け継いだ可能性を指摘している。[127]両氏のようにとらえることができるならば、高句麗滅亡後もなお高句麗遺民との交渉では「大王」が使用されていたこととなり、「天皇」の使用よりも「大王」が優先していたこととなる。

ただこのようにとらえるにあたって問題となることは、先の渤海の国書に「大王」とともに「日本」とある点にある。後述するように国号は「倭」から「日本」へ変更されるのであるが、その「日本」号が先の渤海国書に使用されているのである。両氏の見解では渤海国書における「大王」号使用は「天皇」号使用を知らない高句麗時代を受け継いだためであるが、では何故「大王」から「天皇」への変更を知らないにもかかわらず、「倭」から「日本」に変更されたことを知っていたのであろうか。やや論からはずれるが、簡単に検討することとしたい。

「倭」から「日本」への変更について中国の史料からみると『旧唐書』は貞観二十二（六四八）年と長安三（七〇三）年の記事の間に、

日本国者、倭国之別種也。以其国在日辺、故以日本為名。或曰、倭国自悪其名不雅、改為日本。

とし、『新唐書』は咸亨元（六七〇）年条において「遣使賀平高麗」とし、続けて、

後稍習夏音、悪倭名、更号日本。使者自言、国近日所出、以為名。

としている。ところで『冊府元亀』外臣部朝貢目三の咸亨元年条ではこの時の主体を「倭国王」としていることが注意される。このことからみるとひとまず六七〇年以降、七〇三年以前に変更されたこととなる。

朝鮮半島側の史料では『三国史記』新羅本紀文武王十一（六七一）年条には「倭国」とみえるものの、孝昭王七（六九八）年三月条に「日本国」とみえることが注意される。これによれば六七一年から六九八年にかけての間のこととなるが、百済人禰軍の墓誌（拓本）には「日本」と記されていると報告されている[128]。この禰軍は墓誌によれば六七八年に死去しているが、『日本書紀』天智四年九月条によれば、劉徳高とともに来倭しているのである。このことからみると、六七八年までに「日本」と改めたと考えられる。

高句麗の滅亡が六六八年であることを思うならば、やや早いが、高句麗滅亡後も高句麗遺民の抵抗が続けられ、その遺民と「倭国」がなお交流を続けていたのであり[129]、この間に国号日本への変更がなされていたのであれば、そのことを高句麗遺民を通じて渤海が知っていた可能性が高まる。それは唐にも伝わった可能性があるが、唐に承認されることはなく[130]、それでその変更の承認は後世のこととなったのである。

となれば第一回渤海国書に大王号とともに国号日本が使用されていたことについての問題は解決される。いずれも高句麗遺民との交流過程で実際に使用されたものであったのである。

このように「東天皇」国書において「天皇」を使用したものの、それは定着せず、その定着は飛鳥浄御原令をまつ必要があったのである。何故、定着しなかったのか、それは妹子が国書を提出せず、したがって隋に「天皇」が認められなかったことによろう。そのため、一時的な「天皇」は試用にとどまり、「大王」使用に戻ったのである[131]。

しかし飛鳥浄御原令制定にあたって「天皇」号が制定される。以後、「天皇」以下その他の称号が規定され、また「天皇」の和語での訓は「スメラミコト」へと変更されたのである。この「スメラミコト」への変更は梅村喬氏によれば、「オホキミ」が単に「スメラミコト」に変化したのではなく、皇統の系譜を重視しようとする支配層の意識の高まりとともに案出されたものであり、天皇中心の政治体制の整備のなかで意識的・意図的な転換の結果の産物であり、「スメラミコト」は王権を核とする集権体制（執政王権）の集約的表現なのである[132]。これは「スメラミコト」が聖別された神的超越性を示す尊称であり、『万葉集』に「オオキミ」はあるが「スメラミコト」の語がみえないことから儀礼の場での特殊な新造語であり、もとは神としてあがめられるようになった天武のための新造語[133]、「スメラミコト」は独立した和語であり、天子・皇帝などの君主号も「スメラミコト」と解されていることとも矛盾しない[134]。

小結

以上を簡単にまとめると、

一、倭国の自尊意識などから、六〇〇年の遣隋使派遣にあたっては、使者の派遣にあたり「倭王」を称さず、独自の名乗り「阿輩雞彌」＝「アメキミ」を名乗った。

二、六〇七年の「日出処天子」国書は実際にもたらされ、「天子」と称したのは前回の「阿輩雞彌」の使用を拒否されたためであるが、「アメキミ」が踏襲された。隋は裴世清を宣諭のため派遣するとともに妹子に訓令部分を含む国書、裴世清に「皇帝問倭皇」との書き出しではじまる国書を托す。

三、「天子」号の使用が却下されたので、中国史書から厩戸は新たに「天皇」号を用いることとしたが、しかし持参されたものの、提出されず、そのため倭国における「天皇」号の使用は中国に知られることはなかった。

四、倭国では「天皇」は国書に記されたのみで、実際には「大王」が使用された。それが再び使用され、固定するのは浄御原令からであり、「スメラミコト」と訓まれ、統治と結びつくものであった。

註

（1）　栗原朋信氏は『日本書紀』欽明九年（五四八）四月甲子条にみえる百済聖明王使者の上表文中に欽明を指して「可畏天

皇」とあることに注目し、日本では実際に使用しなかったものの百済が「天皇」号を贈ったとも説いている（「東アジア史からみた「天皇」号の成立」〔『上代日本対外関係の研究』吉川弘文館、一九七八年〕）が、これによれば天皇号に関する知識が早くから日本に入っていたこととなる。しかしそれと使用は別の問題である。

（2）遣隋使の派遣階数を三回から六回にみるものに分かれている。この点については増村宏「隋書と書紀推古紀」（『遣唐使の研究』同朋社出版、一九八八年、初出一九六九年）・河内春人「推古朝における君主号の成立」（『日本古代君主号の成立』八木書店、二〇一五年）。

（3）たとえば栗原朋信「日本から隋へ贈った国書」（栗原前掲註（1）書）・前掲註（1）論文、森公章「天皇号の成立をめぐって」（『古代日本の対外認識と通交』吉川弘文館、一九九八年、初出一九八三年）など。

（4）栗原前掲註（3）両論文。

（5）たとえば津田左右吉氏は『日本古典の研究』下（岩波書店、一九五〇年、一三九頁）において「多利思比孤」が天皇の尊称として用いられていたとし、和田清・石原道博編訳『魏志倭人伝・後漢書倭伝・宋書倭国伝・隋書倭国伝』（岩波書店、一九五一年）は「阿毎多利思比孤」を「天足彦」と解し、一般天皇の称号であろうとしている。

（6）最近も、北康宏氏が「アメタリシヒコ」と訓んでいる（「天皇号の成立とその重層構造―アマキミ・天皇・スメラミコト―」〔『日本史研究』四七四、二〇〇二年〕）。

（7）この点は白川静『字統』による。

（8）橋本進吉「万葉仮名類別表」（『古代国語の音韻に就いて』岩波書店、一九八〇年）による。

（9）たとえば山尾幸久氏（「古代天皇制の成立」〔後藤靖編『天皇制と民衆』東京大学出版会、一九七六年・『古代の日朝関係』塙書房、一九八九年〕四六九頁）や長野正氏（「天照大神の性格」〔『日本古代王権と神話伝承の研究』講談社出版サービスセンター、一九八五年〕）などは「アマ」と訓んでいる。

（10）『古事記』・『万葉集』が天をアメ、アマ双方の訓みを残していることが注意される。

（11）この点、山尾幸久氏は前掲註（9）論文において、タラシはタリの尊敬語で、そのタリには垂帯の象にもとづく使用が古くからなされていたとし、全体で「あまくだられたおかた」ほどの意味であろうとし、前掲註（9）『古代の日朝関係』四六九頁において「天垂彦＝天下られた貴人」の意と解し、森公章氏も賛意を表している（前掲註（3）論文）。また、長野正氏も前掲註（9）論文において、アマタリシヒコは「天垂彦」とでも表現すべき天から降臨した人の意で、オホキミとならんで天皇の呼び名であると説いている。

（12）栗原朋信氏は前掲註（3）「日本から隋へ贈った国書」において「比孤」を「彦」と解し、男性を指すとしている。

（13）この点、天皇号がすでに用いられていたとみる栗原朋信氏は前掲註（3）両論文において中国では天皇は男性、地皇は女性であったからこの表現がとられたと説き、門脇禎二氏は『「大化改新」論』（徳間書店、一九六九年、八八～九二頁）において聖徳太子を指しているからであると説いている。なお、他にも見解の存することはこの門脇氏の論文に詳しい。

（14）栗原前掲註（3）両論文、山尾前掲註（9）論文・同前掲註（9）書、四六九頁、角林文雄「日本古代の君主の称号について」（『日本古代の政治と経済』吉川弘文館、一九八九年、初出一九七三年）、森公章「天皇号の成立とその意義」（『古代史研究の最前線』第一巻、雄山閣、一九八六年）、鎌田元一「天皇号・国号の成立」（『別冊文芸・天皇制【歴史・王権・大嘗祭】』河出書房新社、一九九〇年）など。

（15）森前掲註（3）論文、小林敏男「王・大王号と天皇号・スメラミコト考」（『古代天皇制の基礎的考察』校倉書房、一九九四年）。

（16）栗原前掲註（1）論文。この点は角林文雄氏も同様である（前掲註（14）論文）。

（17）拙稿「冠位十二階の制定とその特質」（本書第Ⅱ部第一章、初出二〇一六年）・「大化期の王族と諸臣―冠位改定と薄葬令から―」（本書第Ⅱ部第三章）。

（18）東野治之氏は沖縄を「阿児奈波」と『唐大和上東征伝』と記していることから、「阿」を「オ」と訓むべきとする（『遣唐使』岩波書店、二〇〇七年）。また阿蘇を「於蘇」とするものもあるが、ともに後世の史料である。大野晋氏は日本古典文学大系本『日本書紀』補注において、「阿」は「ヲ」や「オ」とは読めないと説いている。小林敏男氏も「阿」を「オ」とみることは困難であるとする（前掲註（15）論文）。

（19）小林前掲註（15）論文。

（20）なお、北康宏氏は「輩」は「摩」のマダレを書いたものに似ているとして「阿輩雞彌」を「アマキミ」と訓む（前掲註

（6）論文）が、しかし果たして「輩」は「摩」のマダレを書いたものに似ているといえるかは疑問である。
(21) 和田・石原編訳前掲註（5）書。
(22) 角林前掲註（14）論文。
(23) 熊谷幸次郎「上宮記の逸文を論じて、天皇の称号始用の年代に及ぶ」（『早稲田大学教育学部学術研究』一、一九五二年）。
(24) 関晃「律令国家と天命思想」（『関晃著作集第四巻　日本古代の国家と社会』吉川弘文館、一九九七年、初出一九七七年）。
(25) 山尾前掲註（9）論文、森前掲註（3）論文。なお、森氏は「阿毎」をアメと訓んでいる。
(26) 小林前掲註（15）論文。
(27) 大橋一章「天皇号成立の時代について」（『天寿国繡帳の研究』吉川弘文館、一九九五年、初出一九七〇年）。
(28) 拙稿「隅田八幡宮所蔵癸未年銘鏡の考察」（『倭政権の構造　王権篇』岩田書院、二〇一四年、初出二〇〇六年）。
(29) 宮崎市定「天皇なる称号の由来について」（『思想』六四六、一九七八年）。
(30) 武田幸男「高句麗「太王」の国際性」（『高句麗史と東アジア』岩波書店、一九八九年）、坂元義種「古代東アジアの日本と朝鮮」（『古代東アジアの日本と朝鮮』吉川弘文館、一九七八年）。
(31) 小林前掲註（15）論文。
(32) 鎌田元一「大王による国土の統一」（岸俊男編『日本の古代』六、中央公論社、一九八六年）。
(33) 小林前掲註（15）論文。
(34) この点については、拙稿「大王と大后」（前掲註（28）書、初出二〇〇七年）・前掲註（28）論文を参照されたい。
(35) 坂元前掲註（30）論文・「東アジアの国際関係」（『岩波講座　日本通史』第2巻古代1、一九九三年）。
(36) 坂元前掲註（35）「東アジアの国際関係」。
(37) 栗原前掲註（3）両論文。
(38) 鬼頭清明「七世紀後半の東アジアと日本」（『日本古代国家の形成と東アジア』校倉書房、一九七六年）。
(39) 梅村喬「天皇の呼称」（『講座・前近代の天皇』4、青木書店、一九九五年）。
(40) 栗原朋信「日・隋交渉の一側面」（前掲註（1）書）。

(41) 岩井大慧「支那史書に現はれたる日本」（岩波講座『日本歴史』八、一九三五年）。
(42) 宮田俊彦「「治天下」と「御宇」天皇」（『茨城大学文理学部紀要（人文科学）』一、一九五一年）。
(43) 高橋善太郎「遣隋使の研究」（『東洋学報』三三、一九五一年）。
(44) この点、辻善之助氏は『日本文化史』（春秋社、一九六九年）第一二章において、国書を持参せずして妹子が隋に赴いたのに裴世清が国書を持参することなどはあり得ないとする。
(45) 栗原前掲註（40）論文。
(46) 西嶋定生「遣唐使と国書」（茂在寅男・西嶋定生・田中健夫・石井正敏『遣唐使研究と史料』東海大学出版会、一九八七年）。
(47) 森公章『「白村江」以後』（講談社、一九九八年）三三頁。
(48) なお、金子修一氏は「天子致書天子」は他に例がなく、全く対等となることに問題があったとみている（「隋唐時代と東アジア」〔池田温編『古代を考える　唐と日本』吉川弘文館、一九九二年〕）。
(49) 栗原前掲註（3）両論文。
(50) 森前掲註（3）論文。
(51) なお、森公章氏は倭は対等外交を行う意図はなかったが、自国の論理で国書を作成したため、国際慣行にかなっていない国書を送付したとみている（前掲註（47）書、三三頁）。
(52) 仁井田陞『唐令拾遺』（東京大学出版会、一九三三年）所収儀制令第一条など。
(53) さらに法隆寺金堂の薬師如来像光背には「東宮聖王」とあり、また『聖徳太子平氏伝雑勘文』（藤原猶雪編聖徳太子奉讃会監修『聖徳太子全集』第二巻、臨川書店、一九四四年）所引『上宮記』逸文には「法大王」とともにその子山背を「尻大王」とした例がみえ、天寿国繡帳銘文には「我大王」とともに推古と敏達の間に生まれた尾張皇子を「尾治大王」と記している。この「尾治大王」の「大」を衍字と宮田俊彦氏はみる（「天寿国繡帳銘成立私考」〔『史学雑誌』四七―七、一九三五年〕）が、飯田瑞穂氏はそのままでよいとし（「天寿国繡帳銘の復元について」〔『飯田瑞穂著作集1　聖徳太子伝の研究』吉川弘文館、二〇〇〇年、初出一九六六年〕）、大橋一章氏も系譜からなる前半部と繡帳制作の縁起部分からなるとした上で、

(一) 縁起部分がまず制作され、次いで前半部分が制作されたが、(二) その時、字数が考慮され、「之」を入れたり、「尾治大王」としたりしたとする（前掲註（27）論文。この大橋説では「尾治大王」の「大」は衍字の可能性もあるが、特定の貴人が「大王」とされたとすると、あながち衍字とはいえないこととなる。
(54) 栗原前掲註（3）「日本から隋へ贈った国書」。
(55) 喜田貞吉「古代外交上に於ける我が国家の対面問題」（『歴史地理』六五―一・二、一九三五年）。
(56) 外山軍治「隋の煬帝」（外山編『東洋の歴史5＝隋唐世界帝国』人物往来社、一九六七年）。
(57) 増村宏「日出処天子と日没処天子」（『史林』五一―三、一九六八年）。
(58) 沈才彬『天皇と中国皇帝』（六興出版、一九九〇年）六二～六三頁。
(59) 金子前掲註（48）論文。
(60) 鬼頭清明「仏教公伝の歴史的背景」（中塚明編『古都論』柏書房、一九九四年）。
(61) 東野治之「日出処・日本・ワークワーク」（『遣唐使と正倉院』岩波書店、一九九二年、初出一九九一年）。
(62) 辻善之助『日本文化史』第一巻（春秋社、一九六九年）一六六頁。
(63) 直木孝次郎『日本歴史』（中央公論社、一九六五年）一〇〇頁。
(64) 李成市「高句麗と日隋外交」（『思想』七九五、一九九〇年）。
(65) 川本芳昭「隋書倭国伝と日本書紀推古紀の記述をめぐって」（『史淵』一四一、二〇〇〇年）。
(66) 山尾前掲註（9）論文
(67) 小林前掲註（15）論文。
(68) 岩井前掲註（41）論文。
(69) 西嶋定生『邪馬台国と倭国』（吉川弘文館、一九九四年）二一三頁。
(70)『善隣国宝記』は元永元年（一一一八）四月に中原朝臣師安らが推古紀・「経籍後伝記」を引いて推古朝の隋とのやりとりを調べたとあるが、ここに引用した文は『日本書紀』にみえず、したがって「経籍後伝記」のものと判断した。
(71) 慰労制書については中村裕一氏が『唐代制勅研究』（汲古書院、一九九一年）第二章において詳しい分析を行っている。

(72) 金子修一「唐代の国際文書形式について」(『史学雑誌』八三—一〇、一九七四年)。
(73) 西嶋前掲註(69)書、二一三頁。
(74) 保科富士男「「東天皇」国書考—『日本書紀』の対唐観にも関連して—」(『白山史学』三三、一九九七年)。
(75) 津田左右吉「天皇考」(『日本上代史の研究』岩波書店、一九四七年)。
(76) 渡辺茂「古代君主の称号に関する二・三の試論」(『史流』八、一九六七年)。
(77) 東野治之「天皇号の成立年代について」(『正倉院文書と木簡の研究』塙書房、一九七七年、初出一九六九年)。
(78) 西嶋前掲註(46)論文。
(79) 栗原前掲註(40)論文。
(80) 栗原前掲註(1)論文。
(81) 小林前掲註(15)論文。
(82) 石母田正『日本の古代国家』(岩波書店、一九七一年)三九〜四三頁。
(83) 津田前掲註(75)論文。
(84) 下出積與「「天皇」の称号と神仙思想」(『日本古代の道教・陰陽道と神祇』吉川弘文館、一九九七年、初出一九七〇年)。
(85) 大橋一章「天寿国繍帳の制作年代」(前掲註(27)書)。
(86) 吉田孝「「史記」秦始皇帝本紀と「天皇」号」(『日本歴史』六四三、二〇〇一年)。
(87) 廣瀬憲雄「「東天皇」外交文書と書状」(『東アジアの国際秩序と古代日本』吉川弘文館、二〇一一年、初出二〇〇八年)。
(88) 河内春人「推古朝における君主号の定立」(『日本古代君主号の研究』八木書店、二〇一五年)。
(89) 喜田貞吉「醍醐寺本諸寺縁起所収「元興寺縁起」に就いて」下(『史林』一一—一、一九二六年)。
(90) 福山敏男「飛鳥寺の創立に関する研究」(『史学雑誌』四五—一〇、一九三四年)。
(91) 和島芳雄「飛鳥元興寺草創考」(『史学雑誌』四八—一〇、一九三七年)。
(92) 福山、和島両氏の研究結果を受けて、推古朝のものとして信頼できる部分の復原文を示したものに宮田俊彦「推古朝の金石文」下(『歴史教育』八—五、一九六〇年)がある。

(93) 福山敏男「法隆寺の金石文に関する二、三の問題」(『夢殿』一三、一九三五年)。
(94) 藪田嘉一郎「法隆寺金堂薬師・釈迦像光背の銘文について」(『仏教芸術』七、一九五〇年)。
(95) 喜田前掲註(89)論文。
(96) 福山前掲註(90)論文。
(97) 銘文は現存していないが、飯田瑞穂氏によって復原されている(「天寿国繡帳銘をめぐって」〔『古美術』一一、一九六五年〕・「天寿国繡帳銘の復原について」〔『中央大学文学部紀要　史学科』一一、一九六六年〕)。
(98) 福山前掲註(93)論文。
(99) 宮田俊彦「天寿国繡帳銘成立私考」(『史学雑誌』四七―七、一九三六年)。
(100) 林幹彌「上代の天皇の呼び名」(『史観』四五、一九五五年)。
(101) 『日本書紀』は天智九年四月条において「夜半之後。灾ニ法隆寺一。一屋無レ残」と記している。
(102) 『原色日本の美術第2巻　法隆寺』(小学館、一九六六年)。
(103) 『奈良の寺3　法隆寺金堂釈迦三尊』(岩波書店、一九七四年)。
(104) 『名宝日本の美術第2巻　法隆寺』(小学館、一九八二年)。
(105) 鈴木勉「上代金石文の刻銘技法に関する二三の問題」(『風土と文化』五、二〇〇四年)。
(106) 北康宏「法隆寺金堂薬師仏光背銘文再読」(『文化史学』五五、一九九九年)。
(107) 北前掲註(6)論文。
(108) 大橋前掲註(85)論文。
(109) 義江明子「天寿国繡帳銘系譜の一考察」(『日本史研究』三二五、一九八九年)。
(110) 東野治之「天寿国繡帳の図像と銘文」(『日本古代金石文の研究』岩波書店、二〇〇四年)。
(111) なお、法隆寺金銅釈迦三尊造像記には「上宮法皇」とみえているが、「癸未年」(推古三十一年)の年号が記されていることからしてその頃のものとされている。「皇」に注目すれば「天皇」との関係が生じることとなる。
(112) 北前掲註(107)論文。

（113）竹内理三「大王天皇考」（『日本歴史』五一、一九五二年）。
（114）熊谷前掲註（23）論文。
（115）大橋前掲註（85）論文。
（116）『木簡研究』一一（一九八九年）。
（117）この点については拙稿「推古朝前半の外交とその推進者」（本書第Ⅲ部第一章、初出二〇一二年）を参照されたい。
（118）この厩戸が「天皇」を創出し使用したとの言い伝えが仏教界に伝えられ、そのことにより後述する様に「天皇」の使用が中断されたにもかかわらず、仏教関係の資料には「天皇」が多く記されることになったと考える。
（119）『旧唐書』高宗本紀咸亨五年八月条。
（120）町田甲一「法隆寺金堂薬師像に関する二つの問題」（『日本美術工芸』一九四八年十二月号）、渡辺前掲註（76）論文、東野前掲註（77）論文、鎌田前掲註（14）論文。
（121）小林前掲註（15）論文。
（122）本位田菊士「天皇号の成立と東アジア」（荒野泰典他『アジアの中の日本史』Ⅱ、一九九二年、東京大学出版会）。
（123）なお、日隋間の記録に齟齬が見受けられることからして当時の記録に必ずしも信をおくことができないことは高橋善太郎氏が論じている（前掲註（43）論文）。
（124）吉田前掲註（86）論文。
（125）この点は小林敏男氏も前掲註（15）論文において主張している。
（126）石井正敏「第一回渤海国書について」（『日本歴史』三二七、一九七五年）。
（127）森前掲註（3）論文。
（128）王連竜「百済人祢軍墓誌考論」（『社会科学戦線』二〇一一年七月号）。
（129）『日本書紀』天武十一年六月条には「高麗王遣㆓下部助有卦婁毛切。大古昴加㆒。貢㆓方物㆒」とあり、高句麗よりの使者派遣、『日本書紀』天武十三年五月条には「三輪引田君難波麻呂為㆓大使㆒。桑原連人足為㆓小使㆒。遣㆓高麗㆒」とあり、日本からの使者派遣が記されている。

（130）この点を東野治之氏（前掲註（61）論文）、神野志隆光氏（『「日本」とは何か』講談社現代新書、二〇〇五年、第二章）、小林敏男氏（「「日本」号の成立に関する史料について」（『日本古代国家の形成』吉川弘文館、二〇〇七年））は説いている。
（131）しかし「天皇」試用を思い立った厩戸の周囲では、「天皇」は使用され続け、そのことが仏像などに「天皇」と刻されることにつながったと考える。
（132）梅村前掲註（39）論文。
（133）熊谷公男『大王《おおきみ》から天皇へ』（講談社、二〇〇一年）三三九頁。
（134）大津透「「日本」の成立と天皇の役割」（『古代天皇制を考える』講談社、二〇〇一年）。

付章　野中寺弥勒菩薩像銘文考——その銘文と天皇号——

問題の所在

大阪府羽曳野市野々上に位置する野中寺には一体の金銅弥勒菩薩像が存する。その菩薩像は一九一八年五月二十一日の毎日新聞にその発見が報じられるに及んで全国に知られることとなったが、その台座下框見付右側から背面を通り左側まで、一行二字、三一行にわたり、計六二文字の銘文が鐫刻《せんこく》されている。

その銘文を木崎愛吉氏は「野中寺の金銅弥勒菩薩」（『考古学雑誌』八―一二、一九一八年）において、

丙寅年。四月。大舊八日。癸卯。開。記。橘寺智識之等。□中宮天皇。大御身労坐之時。誓願之。奉弥勒御像也。友共人数一百十八。是依。六道四生人等。此教可相之也。

と解読して学界に紹介した。しかし、いかに読めるかは字形に問題のあるものがあると吐露しているが、これは現在においても同様で、その解読や解釈などは確定されていない。

たとえば木崎氏自身、氏が編集した『大日本金石史』第一巻（好尚会出版部、一九二一年）においては、

丙寅年四月大舊八日癸卯開記橘寺智識之等詣中宮天皇大御身労坐之時誓願之奉弥勒御像也友等人数一百十八是依
六道四生人等此教可相之也

としている（右線部は異動ある箇所を示す）。

また奈良国立文化財研究所飛鳥資料館『飛鳥・白鳳の在銘金銅仏』（同朋社、一九七九年、東野治之氏担当）は行ごとに文字を区切って示しているが、

丙寅　年四　月大　旧八　日癸　卯開　記栢　寺智　識之　等詣　中宮　天皇
大御　身労　坐之　時誓　願之　奉弥　勒御　像也　友等　人數　一百　十八
是依　六道　四生　人等　此教　可相　之也

とし、

丙寅年四月大旧八日癸卯開に記す。栢寺の智識ら、中宮天皇の大御身労《いたづ》き坐しし時に詣《いた》り、誓願し奉る弥勒の御像也。友ら人数一百十八、是に依りて六道の四生の人等、此の教に相《あ》ふ可き也

と訓み下ししている。これは『大阪府史』第2巻古代編Ⅱ（大阪府、一九九〇年）第二章第九節3（東野治之氏担当）に受け継がれるが、東野氏はこの『大阪府史』において「丙寅年が六六六年であることは暦法にもとづく日付記載から確かであり、「開」は日の吉凶に関する暦法の一つである」とし、続けて、㈠字形からして橘寺は無理であり、㈡中宮の上の詣はある場所に至るの意味で、「中宮に詣り」と読むべきこと、㈢ただし中宮の性格は不明で、当時、天皇はいないから天皇は斉明とし、㈣誓願は過去のことで、その像が今なったと解読する。

これに対して同じく『大阪府史』第2巻古代編Ⅱ（大阪府、一九九〇年）第一章第三節5（吉田靖雄氏担当）は、

丙寅の年四月大旧八日癸卯開に記す。栢寺の智識ら、中宮天皇の大御身労《いたづ》きいますの時に詣り、誓願して弥勒の御像をまつるなり。友等の人数は一百十八なり。これにより六道四生の人ら、この教えにあうべきなり

と訓み下している。

後述するように、これ以外の解読も提出されているのであるが、以下、この銘文について考えることとし、更にこ

れに記されている「天皇」について考えることとしたい。

一　解読について

まず銘文の解説についての私案を示そう（とくに問題とされてきた箇所には便宜上、棒線アからオを付した）。

ア丙寅年四月大朔八日癸卯開記。イ□寺　ウ智識之等　エ詣中宮天皇大御身労坐之時誓願之奉弥勒御像也友等人数一百十八是依六道四生人等オ此教可相之也

以上であるが、以下、とくに問題とされてきた箇所を中心に、銘文をみていくこととしたい。

図５　銘文の７字目と14字目
（各種写真版をもとに、鐫刻順をも重視して輪郭をトレース）

ア「丙寅年四月大旧朔八日癸卯開記」

これは「丙寅年四月大旧朔八日癸卯開」の日に記したということを示したものである。この日付の「四月大朔八日癸卯開」については当初、「四月大旧八日癸卯開」と解読されてきた。今井湊氏はなぜ「四月大」とか「旧八日」とか「癸卯開」とか記されているのかという疑問を発し、これには暦のあり方が関係する

とし、以下のように考えた[1]。すなわち『日本書紀』持統四年（六九〇）十一月条は「奉レ勅始行二元嘉暦与一儀鳳暦一」とし、元嘉暦と儀鳳暦がこの時から行われたことを記しているから、「旧」とは元嘉暦を指すとし、元嘉暦では「丙寅年四月八日癸卯」は「開」＝吉であるが、新しい暦である儀鳳暦では四月は小の月で八日は甲辰、閉（不吉）にあたり、それで旧の元嘉暦を用いたことを記したものととらえた[2]。東野治之氏も元嘉暦と儀鳳暦の併用が勅された持統四年十一月のことを反映したものとみた[3]。それは具体的には「旧」の旁「日」の二画目の「はね」が明確に刻まれており、同銘文中の「日」とは異なっているが、しかし「月」と比較すると第一画をはじめとして、その違いが甚だしく、到底同一の文字とは認められないとみたことにある[4]。

しかし「旧」と解することには問題がある。『日本書紀』持統四年十一月条に「奉レ勅始行二元嘉暦与一儀鳳暦一」とし、同時に元嘉暦と儀鳳暦を行ったとあることに注意するならば、日本にとって新旧のことはややいぶかしく、また「丙寅年」（六六六年）に記すとした点からすると、その年の四月八日が癸卯にあたるのか、また「開」の日にあたるのかなどの細かい点を二〇有余年後の持統朝四年以後の時点でどれほど知ることができたかも疑問である。この点、藪田嘉一郎氏は古い時代には「舊」を「旧」とすることはないとし、「旧」とされていた文字は偏が「丿」旁が「月」からなっているとし、これは「朔」の略体字とする。すなわち「朔」は「弓」の縦方向の線のうち、最後の一線を除いた偏に「月」の旁を加えたものであり「旧」を「朔」の省画とみた[5]。この藪田氏の見解は永く受け容れられることはなかったが、しかし最近、麻木脩平氏は「旧」と解された文字の旁の部分は「日」ではなく、「月」に近く、偏の「丿」は「ラ」などとする部分の誤記ないし誤刻から発したものとみて、この字は本来「朔」とあるべきと説いた[6]。

この見解に対して、東野氏が反論し[7]、更にそれに麻木氏が反論する状況にあるが[8]、鈴木勉氏の見解が注目される。鈴木氏は毛筆とタガネでは「はね」は異なるとし、毛筆では穂先の勢いで自然に「はね」が付くことがあるが、タガネではあり得ず、「はね」はわざわざつけるものであり、六九四年の法隆寺銅板造像記などからして「日」と「月」

の識別は「はね」ではなく、一画目の左払いで行われているが、野中寺菩薩像銘では「日」「口」など四角に囲む字は「はね」をつけておらず、「月」であることを示すためにわざわざ「はね」が付されたとする。(9)「朔」と解する説に従うべきであり、「旧」ではなく、「朔」と解する。

イ　「□寺」

最初の二文字について、先にみたようにその発見を報じた木崎愛吉氏は「橘寺」と読んだ。(10)福山敏男氏も「橘寺」と解し、仏像が橘寺より法隆寺へ、更に後世、法隆寺から流失したとみた。(11)また藪田嘉一郎氏は字形にもとづいて「栢寺」などと解する説があるが鐫り方からは「栢」などではなく、旁が「曽」から「田」を抜いた字形で、「橘」とは解しにくいものの、二文字で書かれる寺で上の一文字が木偏の寺は橘寺がよく知られていることから「橘寺」と解した。(12)しかし田中重久氏は白鳳時代に創設されたことが明白で二文字の寺で上の一文字が木偏の寺として「櫨寺」(＝道明寺の前身である土師寺)も可能性があるとし、(一)櫨寺の方が橘寺より野中寺に近く、二文字からなる寺院で最初の一文字が木偏の寺として河内国に櫨寺があり、(二)橘寺から法隆寺さらには野中寺への仏像移動よりも櫨寺から野中寺の移動の方が蓋然が高いとし、(三)そのことから野中寺の古名として「栢寺」ないし「楢寺」説を説き、(13)それは以後においても同様に論じている。(14)

また堀井純二氏は(一)野中寺と法隆寺・橘寺には深い関係のあったことがその建立形式や信仰面からうかがえるが、野中寺に「栢寺」ないし「楢寺」の古名が伝えられていないことから「栢寺」などと解することを否定するとともに、「橘」とも解せないとし、(二)堀池春峰氏が「佐井寺僧道薬墓誌にみえる道薬の族姓を大＋(木偏＋草冠＋互の最初と最後の一画を除いたもの)＋君＝大楢君とし、天平勝宝元年(七四九)八月の「経師上日帳」に収める楢許智蟻石の「楢」は木偏に草冠＋「貝」、楢曰佐広足・楢原内麻呂の「楢」は木偏に草冠＋「目」などが用いられているとし、(15)その佐井寺を三輪町大神神社東北の狭井神社の神宮寺と推定して、天理市楢付近の帰化氏族の寺とする佐井寺墓誌にみえる字も「楕」に類するのではないかと説いた[16]ことを受けて、「□」を「楕」の異体字とし、（三）その佐井寺の関係から、「□寺」の所在を天理市楕町にあった廃寺長寺に比定し、「□寺」を楕曰佐氏の寺とみて、帰化氏族としての共通点をもつ船氏の氏寺たる野中寺へもたらされたと考えた[17]。なお　四月八日と法隆寺の関係から、法隆寺の分院ともいうべき中宮寺は聖徳太子母間人皇女皇后の宮跡に建てられたとし、「橘」は「鵤」の可能性もあるとする説[18]もあるが、「鵤」と解することは到底できない。

この点、東野治之氏[19]は「栢」は従来「橘」と解する説が一般的であるが、字形からして「橘」は無理なため、「栢」ないし「楕」であるとし、旁の第一画は第二画と異なって水平に刻まれているから[20]「栢」とし、旁の第四画はいったん縦に刻まれた後、改めて左へタガネを入れているが、これは『法華義疏』の書にもみられるような丸みのある筆法をあらわそうとしたものと推測し、これには今泉隆雄氏も賛同している[21]。

しかし最初の一文字を「栢」と解することにも難があり、ここでは「□寺」としておく。

ウ　「智識之等」

「智識」については明白で、問題はないが、続く二文字には問題が指摘されている。藪田嘉一郎氏は「之」は他と違う鐫り方がされているとし、「之」は「匕」で「比」の省略字で「等」とあわせて「比等」で「人」を意味するとみた[22]。これに対して坂本太郎氏は他の箇所では二度「人」と書かれているから「人」とみることは疑問とし[23]、堀井純二氏も「人」は他では「人」とされていることからこれを否定し、「智識之等」で「智識ら」の意とする[24]。また吉野美穂子氏[25]は「等」には「ともがら」の意があるとし、「智識の等（ともがら）」と解読すべきことを提唱している[26]。

この吉野氏の説のように「智識」＋「之」＋「等」で「智識の等《ともがら》」と解しておく。

エ　「詣中宮天皇大御身労坐之時」

最初の「詣」について藪田嘉一郎氏は先の「智識之等」の「之」との関係から、「詣」字の旁上半部の「匕」は

「比」の省略とみて、「諧」とし、「ととのひ」と解読し、[27] 坂本太郎氏はこれに賛意を示している。[28] しかし堀井純二氏は先の「之」の読みから、これを否定するとともに、以下に続く文の読みからして「詣」と解する[29]（この点後述する）が、これに従う。

オ「此教可相之也」

この解読についてはとくに問題とされていない。しかし解釈には問題があり、これについては後述する。

二　解　釈

アの「丙寅年四月大旧八日癸卯開記」から、この菩薩像の銘文が天智五年（六六六）四月八日癸卯の「開」の日に記されたことをうかがうことができる。この点、先にふれたように東野治之氏は「四月旧」と解して儀鳳暦と元嘉暦との併用が勅された持統四年のことを反映したものとみた。[30] この点は今泉隆雄氏も賛意を示しているが、[31] 東野説の背景には銘文中に「中宮」の語がみえることから、后妃の制度を定めた浄御原令の施行後のことを反映したものと解したことがある。また吉野美穂子氏も暦のことから持統四年以降に造られたとみた。[32] しかし「旧」ではなく「朔」なのであり、丙寅年なのである。この丙寅年を仏像の様式からは天智五年に比定して問題はないようであるが、[33] なお、この丙寅年を一運前後させる見解がある。酔古山人氏は四月八日と法隆寺の関係から推古十四年（六〇六）に求め、[34] また渡辺茂氏は「中宮」の確立をいつからとみるかという視点から、干支を一運繰り下げて神亀三年（七二六）説を唱えた。[35] しかしこの丙寅年は天智五年とみるのが一般的であり、銘の後文の内容からしても天智五年である。

イ・ウの「□寺智識之等」であるが、寺の名についてここで考えたいことは、これに続くエの「天皇大御身労坐之」とのことが当時、どの範囲の人々に伝わっていたかである。丙寅年は天智五年にあたるとみたが、当時は天智が称制しているのみであって、天智は正式に即位していないのである。銘文は「天皇大御身労坐之時」に誓願して仏像を造るとし、それが丙寅年に完成したと言っているようであるから、天皇はそれ以前の天皇、すなわち斉明天皇を指すと考えられる。『日本書紀』天智六年二月条には「皇太子謂㆓群臣㆒曰。我奉㆓皇太后天皇之所㆒㆑勅」とあり、この時、天智は皇太子なのであり、田中卓氏が説いたように、その当時の天皇は斉明天皇なのである。[36]「天皇大御身労坐之時」が斉明の身の上におきていたかであるが、『日本書紀』は斉明がその七年（六六一）五月に朝倉橘広庭宮に遷居したこと、この時に朝倉の社の木を斮《き》り除《はら》ってこの宮を作ったために神が忿《いか》って殿舎を破壊したこと、宮に鬼火があらわれ、また大舎人などが病死したこと、七月に天皇の崩じたことを記している。これによれば斉明七年五月から七月にかけて斉明天皇は「大御身労坐之」との状態にあったのであり、そして崩じたのである。

これをどの範囲の人々が知り得たのであろうか。また斉明の不予を知った人々が斉明存命中に直ちに智識を結んで仏像制作を思い立ったと考えられるが、像が金銅製の鍍金されたものであることなどを考慮すると、その人々の中心には財力に余裕がある人が位置する必要がある。また智識を結んだ人々が一一八人であることからして、仏教に親しい集団が背後に位置することも必要なことであろう。斉明七年五月から七月の間に斉明天皇の情報を得るとともに、仏像制作の材料を調達し、着手しうる存在を想定する必要があるのである。もし斉明天皇の不予を知らず、斉明の死をいきなり知らされるような存在であれば、仏像制作するとしても、それは病気回復を願うものとはならないであろうし、また、斉明の不予を知ったとしても、智識を結ぶことに時間を要したり、材料をそろえる財力がないままに時間を経過し、仏像制作に着手する前に斉明の死を知ったならば、事業は頓挫すると考えられる。

その意味では政治中枢に近いところの勢力を想定しなければならず、エの「中宮」と関係しやすいところの勢力を想定しなければならない。とすれば「□寺」は橘寺の可能性も否定できないが、しかし喜田貞吉氏が、[37]斉明天皇のためならば川原寺が関係するはずであり、因縁薄き橘寺が誓願を発するは適切ならざることと論じていることが注意される。その「□寺」は先にみたように「橘」とは読みがたく、「川原寺」でもないのである。
エの「詣中宮天皇大御身労坐之時」であるが、ここで最大の問題は「天皇」の語がみえていることである。これについては節を改めて考えることとし、ここではそれ以外について考えることとする。

最初の「詣」はこのままでよいとして、どこまで読んでから読むかである。これについては「天皇大御身労坐之時」まで読んでから読む案と、「中宮」までとする案とが提出されている。

前者に属するものとして木崎愛吉氏[38]や喜田貞吉氏[39]、酔古山人氏[40]、藪田嘉一郎氏[41]、冒頭の奈良国立文化財研究所飛鳥資料館『飛鳥・白鳳の在銘金銅仏』、今泉隆雄氏[42]、冒頭の『大阪府史』第2巻古代編Ⅱ第一章第三節5などがあり、後者に属するものに、田中卓氏[43]、堀井純二氏[44]、吉野美穂子氏[45]、『大阪府史』第2巻古代編Ⅱ第二章第九節3などがある。

「中宮天皇」説を採る場合、誰に比定するかで論争が展開された。木崎愛吉氏は当初、天智の倭姫皇后とみていた[46]が、喜田貞吉氏が斉明天皇としたこと[47]を受けて、木崎氏もこれに従った[48]。土屋文明氏は後述する『大安寺伽藍縁起幷流記資財帳』にみえる「仲天皇」は間人皇女を指すとみたことなどから間人皇女とみるが[49]、田中卓氏は「詣㆓中宮㆒天皇」と解読することも考えられるとしながらも、斉明天皇に比定している[50]。酔古山人氏は丙寅年を一運さかのぼらせたこともあって、用命皇后間人穴太皇女説を唱え[51]、また渡辺茂氏は一運繰り下げて丙寅年をとらえたことから、元正天皇はその時「太上天皇」ではあったが、『続日本紀』神護景雲三年（七六九）十月朔日条宣命の「中都天皇」を元正としてて、元正とみる[52]。この「中都天皇」を誰に比定するかはともかく[53]、「中宮天皇」と読めないならば、誰に比定するかは問題ではなくなる。

田中卓氏は『続日本紀』に「中宮」において読経などが行われている記事をあげて、先にふれたように「詣㆓中宮㆒」と読むことも一案としつつも、「中宮天皇」と読んだのであるが[54]、堀井純二氏はこれを受けて坂本太郎氏[55]のいう

「身位の称」としての「中宮」の使用は天平頃からとした上で、「中宮」は宮殿を指し、田中氏の提起したように「詣二中宮一」と読む[56]。また吉野美穂子氏は「詣」の用例について場所と対応することが多く、人物のもとに至る場合はその例が少ないとし、「～の時に」と対応する例はないとする。そして「中宮」は本来は宮殿を意味し、「詣」が場所と対応することにかなうとし「中宮に詣り、天皇の大御身労き坐しし時に」と訓読する[57]。これらによれば中宮に詣でるのである。なお、東野治之氏は、銘文中に「中宮」の語がみえることから、后妃の制度を定めた浄御原令の施行後のことを反映したものとし、儀鳳暦・元嘉暦の併用が勅された持統四年十一月以後のこととみた[58]のであるが、身位としての中宮と読めないことは先の堀井純二氏の説くところである。

問題は「中宮」がどこに位置したかであるが、注意されることは、当時の史料にその存在が確認できる中皇命との関係である。中皇命の宮を「中宮」とした可能性が考えられなければならない。『万葉集』三番は高市岡本宮御宇天皇の代すなわち舒明天皇の代に詠まれたとされている歌群の一つであるが、その題詞に「天皇遊獦内野之時、中皇命使間人連老献歌」とあり（日本古典文学大系本による）、これによれば天皇が宇智の野に遊猟した時、中皇命が間人連老をして献上させたとある。また一〇番は後岡本宮御宇天皇すなわち斉明天皇の代に詠まれたとされている歌の一つであるが、「中皇命徃于紀温泉之時御歌」すなわち斉明が四年十月に紀温湯に行幸した時の歌とされている[59]。

中皇命が誰かであるが、喜田貞吉氏は『万葉集』の中皇命は「ナカツスメラミコト」と読むこと、三番の舒明朝の歌は中皇命は皇極＝斉明、一〇番の斉明朝のそれは御製歌とはあっても、一一番に「吾勢子」すなわち背子とあることから、天平十九年（七四七）に言上された『大安寺伽藍縁起幷流記資財帳』にみえる「仲天皇」と同一人物とみて斉明朝のそれは倭姫皇后とみる[60]。これに対して土屋文明氏はともに間人皇女とし、喜田氏の『大安寺伽藍縁起幷流記資財帳』にみえる「仲天皇」は間人皇女であり、この『大安寺伽藍縁起幷流記資財帳』の「仲天皇」と『万葉集』の「中皇命」は同じとして間人皇女とし[61]、田中卓氏も『万葉集』の「中皇命」と『大安寺伽藍縁起幷流記資財帳』の

「仲天皇」は間人皇女とする。(62)

『大安寺伽藍縁起幷流記資財帳』が問題となってくるが、その関連箇所には、

　天皇筑志朝倉宮に行車《みゆき》し、まさに崩じたまはむとせし時、甚だ痛み憂ひ勅りたまはく、此の寺を誰にか授けて参り来ると。先帝（舒明）待ち問ひ賜はば、いかが答え申すと、憂ひ賜ひき。時に近江の宮御宇天皇奏したまはく、開い髻に墨刺を刺し、肩に鈘(63)を負ひ、腰に斧を刺して為し奉らんと奏したまひき。仲天皇奏したまはく、妾も我が妋と炊女として造り奉らむと奏したまひき。時に手を拍ち慶び賜ひて崩じ賜ひき。

とある。(64) この仲天皇であるが、①は筑紫朝倉宮との関係から斉明天皇であり、②の天皇は天智を指す。③の仲天皇であるが、喜田貞吉氏は「妾」との関係から天智天皇の倭姫皇后とみた。しかし土屋文明氏は妾は天智天皇の姉妹のなかにもそれにあたる人物が存在するとして間人皇女と説き、(65) 田中卓氏もこれに賛意を示している。(66) これに従うが、とすれば中皇命も間人皇女なのである。その間人皇女は舒明天皇とその皇后宝皇女（＝皇極・斉明）との間に生まれ、兄に葛城皇子（＝天智）、弟に大海人皇子（＝天武）があり、(67) 後に孝徳皇后となったが、(68) 白雉四年（六五三）、皇太子や皇祖母尊すなわち譲位した皇極天皇とともに難波から倭飛鳥河辺行宮に遷り、(69) 天智四年二月に死去し、(70) 六年二月に母斉明天皇とともに合葬される人物である。(71) 斉明天皇と深い関係をもっていることが注意されるが、この住まいはどこにあったかは不明である。しかし『中皇命』とされたり、「仲天皇」とされていることから「中」が人物に由来したものであるならば、この間人皇女の宮の可能性もある。地名を冠して宮を称するのが本来的な形態とすると「中」の付く地名がその候補となるが、(72) 少なくとも「中」からこの間人皇女が連想されていた可能性があるのではないか。(73)

　このように「中宮」がこの間人皇女に関するものであるならば、斉明不予の情報、財力などの問題は解消されるが、しかしこの「中宮」が単なる地名であれば事情は異なる。「中皇命」の宮を略して「中宮」と称することはあり得たのであろうか。そのような例を寡聞にして知らないが、注意されることは銘文には実質的に意味をなさない

「之」が四カ所にあり、これが仮に吉野美穂子氏の説くように敬して使用すべき「中宮　天皇」の分割を避けるためであった[74]としても、この箇所を「中皇　命宮　天皇」として問題はなく、したがって「中宮」は間人皇女関連の宮を指したものとは考えられない。このことは間人皇女が「天皇大御身労坐之時」、斉明とともに九州にいることからして、その留守の宮に出かけて天皇の病気平癒を祈る必然性が薄いこととも矛盾しない。

　ここで考えなければならないことは、地名としての「中宮」の可能性である。河内国交野郡には「中宮」が存する。現枚方市中宮であるが、『河内名所図会』によれば中宮村には中宮池が存し、また百済王氏関連の霊社が存する。百済王氏は『続日本紀』天平神護二年（七六六）六月壬子条所載の百済王敬福の薨伝によれば㈠百済の義慈王が舒明朝にその子豊璋と善広を日本に送り、豊璋は義慈王が唐に降伏後、百済に戻り、王位を継いだものの、唐に敗れて高句麗に遁れるが、㈡善広は日本にとどまり、「藤原朝廷」から百済王姓を賜ったが、敬福はその子孫である。百済救援との関係、またこの百済王氏との関係から、あるいは「中宮」はこの地である可能性もある。すなわち、百済救援のために筑紫に赴いた斉明天皇の不予が飛鳥の朝廷に伝えられる途中で、「中宮」付近の百済王氏一族がその情報を入手し、百済に関することでもあるので、「中宮」で天皇の回復を祈願し、仏像制作を開始したのである。その仏像は後世、野中寺に伝えられたのであるが、「中宮」が橘寺などよりも野中寺に近くなることも注意されるところである。「中宮」のみではどこに「詣」でたのか不明なことではあるが、智識を結んだ人々にとってはそれで意味が通じたのではないか。すなわち「中宮」にある百済王氏関連の施設である。一つの案として提示しておきたい。

　オ　「此教可相之也」

　冒頭でふれたように、奈良国立文化財研究所飛鳥資料館『飛鳥・白鳳の在銘金銅仏』や『大阪府史』第2巻古代編Ⅱ第二章第九節3などは「此の教に相《あ》ふ可き也」と読み下している。しかし「相」では意味が不明である。『大漢和辞典』によれば「相」には「従う」の意があるから、ここは「此の教えに相《したが》うべきなり」と解しておく。

三　銘文の鐫刻時期

銘文が以上のように解されるとして、いつ銘文が台座に鐫刻されたかである。銘文冒頭に「丙寅年」とあること、これに続く「旧」と解された一字が「朔」であることから、その「丙寅年」すなわち天智五年に銘文が記されたことは確定的であるが、後世、鐫刻することも可能である。その意味ではいつ鐫刻されたのかを明らかにする必要が生じるが、まず注目されることは鍍金した後、すなわち菩薩像が完成した後に鐫刻されていることである。

關信子氏は、銘文の文字は鍍金後に刻されたもので、字画の線の両側にはマクレが認められると指摘した上で、線の頭尾が明らかでタガネが走っていることが特徴とし、この線に近い例として法隆寺献納宝物中の「法隆寺甲寅年（＝白雉五年?）銘釈迦像光背銘」や同寺「薬師座像光背銘」、また薬師寺東塔檫板銘や慶雲四年（七〇七）の奈良県宇陀郡「文祢麻呂墓出土銅板墓誌銘」があるとする。(75) 鈴木勉氏は、筆文字の線の形をタガネで表現できないために文字は単調な直線の組みあわせとなっているが、それは六世紀後半から七世紀半ばにかけての技法によるとする。(76) 先の法隆寺薬師座像光背銘について福山敏男氏は「薬師」からして天武朝以降の可能性があるとし、またその銘文には野中寺と似たものがあり、天武朝から持統朝にかけてのものとみているが、(77) 鈴木氏の技法論では七世紀半ば頃なのであり、これによれば船王後墓誌よりも一段階古い段階のものである。その船王後墓誌については「官位」とあることなどから銘文中にみえる戊辰年＝六六八年の年紀が疑われており、天武朝以降と考えられており、(78) 天武朝頃となる。追刻となるが、今泉隆雄氏も追刻とみて、持統四年以降に銘文が鐫刻されたとみている。(79) しかしそれよりも古いのである。

東野治之氏は先にふれたように「旧」と解したこと、「中宮」の語がみえることから、これを飛鳥浄御原令施行後、とくに暦の使用が勅された持統四年十一月あるいは元嘉暦が廃され、儀鳳暦の専用されるようになった文武元年（六九七）以降に追刻されたとし、[80] また四カ所に登場する「之」に注目し、文末助字としての「之」や空白符としての「之」（智識之等）がみえるとし、暦注・文章・書風などに詳しい人物によって後代に撰文されたもので、空白符も銘文をことさら古くみせるためのものとし、年代も新しく、場合によればそれは像の発見以後の可能性もあるとする。[81]

しかし野中寺のそれを天武朝までは引き下げる必要がとくにないと考える。まず暦の問題であるが、先に述べたように「旧」ではなく「朔」であれば、持統四年十一月の元嘉暦と儀鳳暦の施行を待つ必要がなくなる。また鐫刻技法が類似している法隆寺金銅薬師像光背銘などは先にみたように、天智朝の可能性を完全に否定するものではない。

またその表記であるが、エの「天皇大御身労坐之時」については「法隆寺金銅薬師座像光背銘」に「天皇大御身労賜時」とあることが注意される。[82] この「法隆寺金銅薬師座像光背銘」には「歳次丁卯年仕奉」とあるが、福山敏男氏は表現の共通性からしてこの「法隆寺金銅薬師座像光背銘」を野中寺弥勒菩薩半跏像の銘文と同時期とみなしうるとし、[83] それならば「丁卯年」は天智六年＝六六七年に求めうる。また小林芳規氏が「法隆寺金銅薬師座像光背銘」の表記は日本語表現に強く惹かれており、これは「辛巳年」（天武十年＝六八一年）の年紀をもつ「上野山ノ上碑」や野中寺弥勒菩薩半跏像の銘文に共通するとしていることも注意されるところである。[84]

このことは野中寺の銘文は天智朝の可能性があることを示すものであり、また「中宮」と「天皇」を区切り、「中宮」が場所を示すものととらえると、浄御原令とも結びつける必要はなくなる。以上からして天智五年頃に鐫刻されたものと考える。[85]

四　「天皇」について

以上のようにこの菩薩像銘文が記されたのは「丙寅年」すなわち天智五年と考えられるのであるが、その銘文に「天皇」の語がみえているのである。大皇号の確立は木簡史料から浄御原令からと考えられてきた(86)が、それに先だって「天皇」と記されていたのである。

天智五年の銘文にあるから、天智朝に天皇号が制定されたとみた場合、問題となることは天智朝に定められた天皇号を天武天皇が使用したかである。天智天皇の死後、壬申の乱が起こり、天武が即位したのであるが、天武はほとんど天智の定めたものを引き継いでいないことが問題となるのである。

『日本書紀』天智十年正月甲辰条には、

東宮太皇弟奉宣施二行冠位法度之事一。

とあり、この「法度」が近江令を指すか否かで論争がある(87)から、これによって制定されたとされる冠位(88)が天武朝に引き継がれたか否かという点についてはさておくとして、『日本書紀』天智十年正月癸卯条にみえる太政大臣・御史大夫は天武朝には登場しないのである。すなわち天智十年正月癸卯条には、

以二大友皇子一拝二太政大臣一。以二蘇我赤兄臣一為二左大臣一。以二中臣金連一為二右大臣一。以二蘇我果安臣。巨勢人臣。紀大人臣一為二御史大夫一。

とあり、これはその翌日に施行が命ぜられた先の「法度」にもとづくものである(89)。しかしそれは天武朝には登場しないのである。

これらの官が単に大友皇子の権力強化を意図した(90)にせよ、ここで新設された太政大臣や御史大夫を天武は拒否した

といえるのではないか。太政大臣は令制下では「无二其人一則闕[91]」とされており、登場しなくても問題とはならないかもしれないが、しかし注目されるのはとくに御史大夫である。『日本書紀』は先の記事において「御史。蓋今之大納言乎」と注しており、令制下の大納言に相当する官と見做されているが、『日本書紀』天武九年七月条には「納言兼宮内卿五位舎人王」とある。「御史大夫」が明白に避けられているのである。このことは先の「法度」の否定につながるものである。「法度」の施行ないしそれに示された機構や体制は受け容れるとしても、全面的にそれを受け容れることは拒否し、置き換えのできる場合は極力それにつとめたのではないか[92]。このことはもし天智朝に「天皇」号が制定されたのであれば、それは天武朝には否定された可能性のあることを示す。

　また天智朝初期は百済の役に追われている状況下にあったことも問題である。そのような状況下にあって君主号の変更まで考える余裕はないのではないか。となれば天智朝以前に天皇号が制定されたと考えることとなる。斉明朝にその種の記録がないことからすると、それは大化期もしくは推古朝である可能性が高いと言わなければならない。

小　結

以上を簡単にまとめると、

一、野中寺弥勒菩薩像の銘文は「丙寅年四月大朔八日癸卯開記。□寺智識之等詣中宮天皇大御身労坐之時誓願之奉弥勒御像也友等人数一百十八是依六道四生人等此教可相之也」と解され、その意味は「丙寅の年四月（大の月）八日癸卯開に記す。□寺の智識ら、中宮に詣り、天皇の大御身労《いたづ》きいますので、誓願して弥勒の御像をまつるなり。友等の人数は一百十八なり。これにより六道四生の人ら、この教えにしたがうべきなり」となる。

二、舒中寺弥勒菩薩像銘文にみえる「天皇」は斉明であり、「中宮」は地名である。

三、野中寺弥勒菩薩像の銘文は天智五年に鐫刻されたものである。
四、野中寺弥勒菩薩像の銘文にみえる「天皇」は天智の業績を否定した天武の行動からして、天智以前ものであり、スメラミコトの語が大化期のものと認められないことから大化以前のものである。
「天皇」は大化以前のものであるとの結論を得たのであるが、具体的にそれがいつのことかについては前章で述べたところである。

註

（1）今井湊「奈良朝前後の暦日」（『科学史研究』四〇、一九五六年）。
（2）元嘉暦は宋の元嘉二十年（四四三）に造られたものであり、『日本書紀』欽明十四年（五三九）六月条が百済に「暦博士」などの交代、また「暦本」の送付を求めたこと、また同十五年二月条が百済より交代の「暦博士」が送られたことを記しているから、この頃から少しずつ伝わった可能性がある。麟徳暦は麟徳二年（六六五）に作られ、翌乾封元年から唐暦として採用された。
（3）東野治之「天皇号の成立年代について」（『正倉院文書と木簡の研究』塙書房、一九七七年、初出一九六九年）。
（4）東野治之「銘文について」（奈良国立文化財研究所飛鳥資料館『飛鳥・白鳳の在銘金銅仏』同朋社、一九七九年。後に「飛鳥・白鳳の造像銘」として『日本古代金石文の研究』岩波書店、二〇〇四年に再録）。
（5）藪田嘉一郎「上代金石文雑考」（『考古学雑誌』三三―七、一九四三年）。
（6）麻木脩平「野中寺弥勒菩薩半跏像の制作時期と台座銘文」（『仏教藝術』二五六、二〇〇一年）。
（7）東野治之「「野中寺弥勒像銘」文再説」（『仏教藝術』二五八、二〇〇一年）。
（8）麻木脩平「再び野中寺弥勒菩薩像台座銘文を論ず―東野治之氏の反論に応える―」（『仏教藝術』二六四、二〇〇二年）。
（9）鈴木勉「上代金石文の刻銘技法に関する二三の問題」（『風土と文化』五、二〇〇四年）。
（10）木崎愛吉編『大日本金石史』第一巻（好尚会出版部、一九二二年）も「橘寺」と呼んでいる。

(11) 福山敏男「橘寺の創立とその伽藍縁起」(『考古学雑誌』二四—九、一九三四年)。
(12) 藪田前掲註(5)論文。
(13) 田中重久「野中寺弥勒像の台銘に見ゆる寺名」(『林泉』七八、一九四一年)、「橘寺創立の研究」(『聖徳太子御聖蹟の研究』全国書房、一九四四年)。
(14) 田中重久「聖徳太子建立七寺に関する新説」(聖徳太子研究会『聖徳太子論集』平楽寺書店、一九九一年)。
(15)『正倉院文書』三巻二八二・二九八・四二七頁には、それぞれ木偏に加えて旁の部分が草冠に「貝」、「曽」の一画と二画+「目」、「曽」の一画と二画+「首」で構成された文字が「楢」の異体字とされている。
(16) 堀池春峰「佐井寺僧道薬墓誌に就いて」(『日本歴史』一五三、一九六一年)。
(17) 堀井純二「野中寺弥勒菩薩造像銘考」(『皇學館論叢』五—五、一九七二年)。
(18) 酔古山人「野中寺金銅仏造像記の「中宮天皇」に就きて」(『考古学雑誌』九—五、一九一八年)。
(19) 東野前掲註(4)「飛鳥・白鳳の造像銘」。
(20) 旁の第一画は第二画と異なって水平に刻まれていると東野氏はみているが、しかし右下がりの「一」の下に入り込む形の長い左下がりの「一」である。
(21) 今泉隆雄「銘文と碑文」(岸俊男編『日本の古代第一四巻　ことばと文字』中央公論社、一九八八年)。
(22) 藪田前掲註(5)論文。
(23) 坂本太郎「古代金石文二題」(『古典と歴史』吉川弘文館、一九七二年、初出一九六六年)。
(24) 堀井前掲註(17)論文。
(25) 吉野美穂子「野中寺弥勒像銘文考—中宮天皇について—」(『博物館学年報』三〇、一九九八年)。
(26)『大漢和辞典』によれば「等」には「ともがら・たぐい」の意もある。
(27) 藪田前掲註(5)論文。
(28) 坂本前掲註(23)論文。
(29) 堀井前掲註(17)論文。

(30) 東野前掲註（3）論文。
(31) 今泉前掲註（21）論文。
(32) 吉野前掲註（25）論文。
(33) 木崎愛吉冒頭掲示論文、關信子「造像技法からみた野中寺弥勒菩薩半跏像」（『仏教藝術』一一〇、一九七六年）、岩佐光晴「野中寺弥勒菩薩半跏像について」（『東京国立博物館紀要』二七、一九九二年）、麻木前掲註（6）論文。
(34) 酔古山人前掲註（18）論文。
(35) 渡辺茂「古代君主の称号に関する二・三の試論」（『史流』八、一九六七年）。
(36) 田中卓「中天皇をめぐる諸問題」（『日本学士院紀要』九―二、一九五一年）。
(37) 喜田貞吉「河内野中寺金銅仏造像記の「中宮天皇」に就きて」（『考古学雑誌』九―二、一九一八年）。
(38) 木崎冒頭掲示論文。
(39) 喜田前掲註（37）論文。なお、氏は中宮は東宮に対する宮殿の位置上の名であり、「中宮天皇は中宮にして天皇と成り給えるお方」のことと解している。
(40) 酔古山人前掲註（18）論文。
(41) 藪田前掲註（5）論文。
(42) 今泉前掲註（21）論文。
(43) 田中前掲註（36）論文。
(44) 堀井前掲註（17）論文。
(45) 吉野前掲註（25）論文。
(46) 木崎冒頭掲示論文。
(47) 喜田前掲註（37）論文。
(48) 木崎編前掲註（10）書。
(49) 土屋文明「中皇命私考」（『文学』一四―六、一九四六年）。

(50) 田中前掲註（36）論文。
(51) 酔古山人前掲註（18）論文。
(52) 渡辺前掲註（35）論文。
(53) 喜田貞吉氏は「中天皇考」（『芸文』六―一、一九一五年）において『続日本紀』神護景雲三年十月朔日条宣命の「中都天皇」を元正とみたが、後年、「中天皇に就いて」（『芸文』一〇―一、一九一九年）・「中天皇考」（佐佐木信綱編『万葉集論纂』明治書店、一九三一年）において、元明と改めた。田中卓氏は前掲註（36）論文において「中都天皇」を元正とする。
(54) 田中前掲註（36）論文。
(55) 坂本前掲註（23）論文。
(56) 堀井前掲註（17）論文。
(57) 吉野前掲註（25）論文。
(58) 東野前掲註（3）論文。
(59) 『万葉集』編者は山上憶良大夫の『類聚歌林』には「天皇御製歌」云々とあると左注において記している。
(60) 喜田前掲註（53）論文。
(61) 土屋前掲註（49）論文・『万葉集私注』一　新訂版（筑摩書房、一九五一年）一五～一七頁。
(62) 田中前掲註（36）論文。
(63) 「鉐」とあるが、「鉞」の誤りの可能性があり、改めた。「鉐」は『大漢和辞典』には「えびすの食器の名」とあり、これを田中卓氏は前掲註（36）論文において「ておの」と訓じているが、その意はない。建設に関わることをいっていて、肩に担ぐ必要のあるもので、腰にさす斧よりも重くて肩に担ぐものとしては「鉞」が思い浮かぶ（旁の「立」に似たものとして「戉」がある）。
(64) 田中前掲註（36）論文。
(65) 土屋前掲註（49）論文・『万葉集私注』一　新訂版（前掲）一五頁。
(66) 田中前掲註（36）論文。

(67)『日本書紀』舒明二年正月条。
(68)『日本書紀』孝徳元年七月条。
(69)『日本書紀』白雉四年是歳条。
(70)『日本書紀』天智四年二月条。
(71)『日本書紀』天智六年二月条。
(72)大和国には平群郡・宇智郡に那珂郷がみえる。いずれかに位置した可能性があるが、宇智郡は飛鳥地方とやや離れている点が難点である。この点、文化九年十二月の「郷中銀子借用証文」には平群郡に中之宮村が、また明治初年の『旧高旧領取調帳』には中ノ宮村がみえ、いずれも斑鳩町に存するようである。これが中宮寺と関係しないことは後者の史料において法隆寺村に中宮寺領とあり、中ノ宮村には奈良楽人領とされていことから知られる。平群郡のそれは法隆寺付近に存することから、仏教信奉者も多く、智識一一八人も集まりやすく、また間人皇女が関係するから仏像制作の費用も問題なく、情報も入手しやすかったと考えられるが、法隆寺との関係から仏像も野中寺に伝わった可能性はある。
(73)中宮に居住している尊いお方を「中」や「仲」を関してよんだのではないか。なお、「中」については中大兄も連想されるが、菩薩像が造られた天智五年段階ではそのよび方はふさわしくないと考える。
(74)吉野前掲註(25)論文。
(75)闕前掲註(33)論文。
(76)鈴木前掲註(9)論文。
(77)福山敏男「法隆寺の金石文に関する二三の問題」(『夢殿』一三、一九三五年)。
(78)渡辺前掲註(35)論文。
(79)今泉前掲註(21)論文。
(80)東野前掲註(3)論文。
(81)東野治之「野中寺弥勒像台座銘の再検討」(『国語と国文学』七七―一一、二〇〇〇年)。
(82)奈良国立文化財研究所飛鳥資料館前掲註(4)書による。

（83）福山前掲註（77）論文。
（84）小林芳規「表記の展開と文体の創造」（岸編前掲註（21）書）。
（85）なお、東野治之氏の注目した空白符としての「之」については、「智識の等（ともがら）と解するならば、空白符としての「之」ととらえる必要はなく、したがってこの空白符の使用問題から銘文を像の発見以後に撰文されたととらえるとみる必要もなくなるが、麻木脩平氏によれば中国古来の用例として存するとの指摘（麻木前掲註（8）論文）が注意される。
（86）奈良県明日香村飛鳥池遺跡出土の木簡のなかに「天皇聚□《（露カ）》弘寅□」と記したものがあり（『木簡研究』二一、一九九九年）、「大伯皇子宮物　大伴□」・「□□人皇□」（一四、一九九二年）などがある。また飛鳥京跡からは「辛巳年」（＝天武十年＝六八一年）と記された木簡などとともに「□大津皇」と記された木簡が出土している（『木簡研究』一二、一九九〇年）。飛鳥池遺跡は白村江の敗戦後に造られた工房群を中心とするものである（花谷浩「飛鳥池遺跡の調査成果」〈直木孝次郎・鈴木重治編『飛鳥池遺跡』ケイ・アイ・メディア、二〇〇〇年〉）が、「大伯皇子」は天武皇女大伯皇女を指すか。また「大津皇」は天武皇子大津皇子のことであろう。「皇子」は「天皇」に対応する以上、天武の子女に「皇」字があてられていたことを示すが、「□大津皇」と記された木簡が「辛巳年」とされた木簡とともに出土していることは、遅くとも「辛巳年」には「天皇」号の使用が開始されていたこと、それを浄御原令で規定したことを示す。
（87）佐藤誠實氏（「律令考」〈『佐藤誠實博士律令格式論集』汲古書院、一九九一年、初出一八九九～一九〇〇年〉）、中田薫氏（「唐令と日本令との比較研究」〈『法制史論集』第一巻、岩波書店、一九二六年、初出一九〇四年〉・「古法雑観」〈『法制史論集』第四巻、岩波書店、一九六四年、初出一九五一年〉）、井上光貞氏（「日本律令の成立とその注釈書」〈日本思想大系『律令』岩波書店、一九七六年〉）は天智即位元年＝六六八年に編纂され、それは部分的に施行されていったが、天武十年に更改されることになったとし、滝川政次郎氏（『律令の研究』〈刀江書院、一九三一年〉第一編第二章）、坂本太郎氏（『大化改新　坂本太郎著作集第六巻』吉川弘文館、一九八八年、初出一九三五年・「飛鳥浄御原律令考」〈『日本古代史の基礎的研究』下、東京大学出版会、一九六四年、初出一九五四年〉・『日本全史2　古代Ⅰ』東京大学出版会、一九六〇年）は天智即位元年に編纂され、それは施行されていったが、天武十年に更改され浄御原令の制定をみたとする。これに対して青木和夫氏はその存在を否定する（「浄御原令と古代官僚制」〈『日本律令国家論攷』岩波書店、一九九二年、初出一九五四年〉）。青木氏以来、その制定は否定的にとらえる傾向にあったが、しかし押部佳周氏はそれが制定されていたと説き（「近江令の成立」〔『日本律令成立の研究』塙書房、一九八一年〕）、また井上光貞氏は前掲註（87）論文において、天武十年から近江令が更改され、持統三年に施行されるが、それは更改近江令とみなすべきとする。

（88）押部佳周氏はそれが数字にもとづくものであったと説く（前掲註（87）論文）。

（89）なお、井上光貞氏は前掲註（87）論文において、法令の施行形式として⑴施政者のみが法典をもっていて、施行するが、伝達は単行法令による場合、⑵すべてに法典のコピーを分かち、全体的に施行する場合があるが、近江令は⑴によると説く。大町健氏は「東アジアの中の日本律令国家」（『新版古代の日本』〔第二巻『アジアからみた古代日本』角川書店、一九九二年〕）において、⑴とすると、朝鮮諸国と同様の状況にあると説いている。

（90）早川庄八「律令太政官制の成立」（『日本古代官僚制の研究』岩波書店、一九八六年）。

（91）職員令太政官条。

（92）『日本書紀』天武元年三月条には「内小七位安曇連稲依」とみえる。数字による冠位が記されているのであるが、押部佳周氏はこれを近江令によるとみている（前掲註（87）論文）。すなわち天智三年の甲子の制（『日本書紀』天智三年二月条）では数字によらない諸臣二十六階制が定められたものの、近江令では数字による位階が示された。しかし天武朝に至り、諸臣には二十六階制に戻されたが、それは二十六階制には後の天武天皇が関与したからであった可能性があることを指摘しておきたい。

第Ⅲ部

外交からみた政治構造

第一章　推古朝前半の外交姿勢とその推進者

問題の所在

東アジア世界の変動が倭国の外交姿勢に深く関わることはいうまでもないが[1]、誰が主体となってこの外交姿勢を推進したのであろうか。推古朝における外交については、従来は厩戸皇子を中心に説かれてきた[2]。それは『日本書紀』推古元年（五九三）四月条に「立㆓厩戸豊聡耳皇子㆒為㆓皇太子㆒。仍録㆓摂政㆒。以㆓万機㆒。悉委焉」と記されていることにもとづくものであり、厩戸が政治の中心に位置していたと見做すところから来ている。この記事の信憑性に疑問が提出されているにもかかわらず[3]、それは踏襲され、外交の中心は厩戸であることを前提として説かれているのである。

しかし、このようなとらえ方は硬直したもので、推古天皇、厩戸、蘇我馬子三者間における権力構造の変化をおろそかにしているといわなければならない。鬼頭清明氏はその外交を隋を中心に論じることの不十分さを説くとともに、国内の権力構造も重視すべきと説いているが[4]、その権力構造の分析についてはなお不十分である。そこで以下、推古天皇、厩戸、蘇我馬子の権力関係を視野に入れながら、推古朝前半の外交がいかに展開されたのかについて、崇峻朝の外交をも含めて考えることとしたい。

一　崇峻朝における外交

まず、崇峻朝の動向からみてみよう。その崇峻朝では政治方針をめぐって崇峻天皇と蘇我馬子が対立した[5]。その結果、崇峻が弑逆されるに至る[6]のであるが、二人は任那問題、ひいては新羅外交に関してはともに積極的であった。すなわち倭国はかねて任那から調を受けていたのであるが、その任那が欽明二十三年（五六二）に新羅に滅ぼされる[7]。倭国はこれを非法と見做し、表8にみるように、以後、ことあるごとに新羅に任那の再興を迫ってきたのであるが、しかし事態は進展せず、それで崇峻四年（五九一）八月に積極的に兵を送って解決しようとするのである。

『日本書紀』崇峻四年八月条には、

天皇詔二群臣一曰。朕思三欲建二任那一。卿等何如。群臣奏言。可レ建二任那官家一。皆同二陛下所レ詔。

とあり、崇峻が任那再建の意志をみせ、これにもとづいて同崇峻四年十一月条には、

差二紀男麻呂宿祢。巨勢臣比良夫。狭臣。大伴囓連。葛城臣烏奈良臣一。為二大将軍一率二氏氏臣連一為二裨将部隊一。領二二万余軍一。出居二筑紫一。遣二吉士金於新羅一。遣二吉士木蓮子於任那一。問二任那事一。

と、筑紫に紀男麻呂宿祢等五人を大将軍とする二万余の軍を筑紫に送り、駐留させるとともに、新羅に吉士金を、また吉士木蓮子を任那に派遣し、任那再興のことを問わしめるのである。任那再建をめざして新羅に向けての軍を筑紫にまで発遣し、そのことによって新羅を威圧して任那再興を承諾させせようとし、その交渉を二人の使者に任せ、もしその交渉が不調に終わるならばいつでも新羅に進軍できる体制を整えたのである。

この新羅征討計画は推古朝にひきつがれるが、鬼頭清明氏は、崇峻殺害による「ヤマト政権内部の危機と矛盾を克服するためには、任那の調を実現することが、ヤマト政権の権威と統制とを確立するための必要な政策」であったと

し、対新羅強硬策との関係を説くが、この政策の主導者を「政権内部で権力を集中しつつあった聖徳太子と、蘇我馬子」とし、「ヤマト政権内部の危機を克服し、権力を集中すべく任那の調を政治目的として征新羅軍が」崇峻四年に派遣されたとする(8)。しかしこの段階で厩戸はどの程度、政治に関わることができたのであろうか。皇子の政治参加がどのようなものであったかについては本書第I部第二章でみたところであるが、これとは別に『上宮聖徳法王帝説』には厩戸は「甲午年産」と記されており(9)、それによれば敏達三年（五七四）の生まれとなり、崇峻四年には一七歳にすぎない。村井靖彦氏が当時は二〇歳であることが一人前の条件であると意識されていたと説いている(10)ことからすると、政界でどの程度の発言力を有していたかについては大いに疑問が残るといわなければならない(11)。

表8　欽明朝から推古十年までの『日本書紀』の任那関係記事

年　月	関係事項
欽明二十三年　正月	新羅、任那の官家を滅ぼす
三十二年　三月	新羅に使者を送り任那を滅ぼした理由を問う
敏達　四年　二月	任那・新羅・百済に使者派遣
十三年　二月	新羅への使者、任那へ
十四年　三月	任那再興を図り、使者派遣
崇峻　四年　八月	任那の官家再興を希望
十一月	新羅派遣軍を筑紫へ
	新羅・任那に使者を送り、任那再興のことを問う
推古　三年　七月	新羅派遣軍、筑紫より帰還
八年　二月	任那救援を決定
是歳	新羅出兵。新羅降伏し、任那の調を確約。軍が帰国するや、新羅、再び新羅侵入
九年　三月	高句麗、百済に使者を派遣し、任那救援を要請
十一月	新羅攻撃を議る
十年　二月	新羅派遣軍の陣容決定
四月	新羅派遣軍、筑紫到着

　また派遣軍の構成も注目される。鬼頭清明氏も言及しているように派遣された将軍のうち紀男麻呂宿祢、巨勢臣比良夫、大伴囓連、葛城臣烏奈良臣の四人はいずれも用明二年（五八七）七月に勃発した蘇我氏と物部氏との戦いに蘇我氏側の一員として参加しているのである。すなわち『日本書紀』崇峻即位前紀用明二年七月条には、

　蘇我馬子宿祢大臣勧㆓諸皇子与㆒群臣㆒。謀㆑滅㆓物部守屋大連㆒。泊瀬部皇子。竹田皇子。厩戸

皇子。難波皇子。春日皇子。蘇我馬子宿祢大臣。紀男麻呂宿祢。巨勢臣比良夫。膳臣賀拖夫。葛城臣烏那羅。倶率㆓軍旅㆒進討㆓大連㆒。大伴連嚙。阿倍臣人。平群臣神手。坂本臣糠手。春日臣闕㆓名字㆒。倶率㆓軍兵㆒従㆓志紀郡㆒到㆓澁河家㆒。

とあり、四人はいずれも蘇我氏側の人物として参戦していたのである。してみれば蘇我馬子と関係の深い軍が送られたといえよう[12]。

その意味では、この新羅征討軍の派遣は崇峻と馬子の意志によるものであったといえようが[13]、この派遣軍は崇峻五年における蘇我氏による崇峻弑逆後も「遣㆓駅使於筑紫将軍所㆒曰。依㆓於内乱㆒莫㆑怠㆓外事㆒[14]」と、筑紫にそのまま留め置かれる。国内政治の動揺に

表9　朝鮮三国と隋の関係

年月＊1		記事＊2
五八九年	？	（記百）百済、隋に遣使して陳の平定を賀す
五九一年	正月	（記高）高句麗、遣使入隋、冊封を請う
五九四年		（記新）新羅を冊封
五九七年	五月	（伝高）隋に備えたことによって高句麗王を叱責、王は陳謝、病死、新王を冊封（注）
五九八年	？	（記高）高句麗靺鞨の兵とともに、遼西を犯す。隋、これを討たんとする
	六月	（記高）隋、高麗王の官爵を黜す。隋軍、苦戦
	九月	（記高）隋の軍、高句麗から帰還、高句麗王謝す。百済王、隋に奉表して軍導となるを請うも、隋は高句麗の謝罪を受けいれたからと、百済の高句麗攻撃を禁ず。高句麗、これを知って百済侵掠
六〇二年	八月	（記新）新羅に百済が来攻するも撃退
六〇三年	八月	（記高）高句麗、新羅北漢山城を攻めるも失敗
	？	（伝百）百済、高句麗を討つことを請い、隋、これを許すも百済は高句麗と通和しており、隋を探るところに本心
六〇五年	八月	（記新）新羅、百済を侵す
六〇七年	五月	（記高）高句麗、百済松山城などを襲う
六〇八年	二月	（記高）高句麗、新羅北境を襲う
	四月	（記高）高句麗、新羅牛鳴山城を抜く
六〇七年	八月	（紀）隋、高句麗使に王の朝見を促し、しからずば突厥とともに攻撃することを告げる
六〇八年	三月	（紀）百済、倭など遣使朝貢
	？	（記新）新羅、高句麗の侵入を憂い、隋に高句麗征討を乞う
六一一年	二月	（紀）隋、高句麗討伐決意
	四月	（記高）隋帝、高句麗親征

関わりなく、「外事」に備えよと命じられているのであるが、この処置について石母田正氏は当時の支配者層の間には内政と外交とは区別すべきものとの観念が形成されていたと説く(15)。また西嶋定生氏も東アジアの動揺に備えるための処置であったとし(16)、井上光貞氏も兵を留め置いたのは隋に備えるためとする(17)。確かに五八九年に隋の中国平定がなり、それを受けて東アジアの動静が刻々と変化しているものの、しかし表9からうかがわれるように、崇峻四年段階と同五年段階でとくに情勢が大きく変化している訳ではないことからすると、隋による侵略に対する備えのためであったとは考えられない。新羅派兵の意志を馬子等が保持し続けていたことがその背景にあったのであり、それは推古朝に引き継がれたので

	？	(伝高)隋帝、高句麗親征、苦戦するも遼東郡などを置いて帰還
	？	(伝百)隋帝、高句麗親征。百済、援軍を申し出る
	？	(記新)新羅、隋に援軍を求め、隋これを認める
	十月	(記新)新羅、百済に椵城を没される
六一二年	正月	(記高)隋帝、高句麗親征
	六月	(記高)高句麗、隋に反撃
	七月	(記高)隋軍、帰還。はじめ百済は高句麗征討に加わると言いながらも高句麗に潜通して、動かず
	？	(伝百)隋軍、遼に至るも百済動かず。理由は新羅と隙あり、毎年相戦ってきたため
六一三年	四月	(記高)隋帝、高句麗親征。高句麗、危機に陥るも隋で反乱。隋軍帰還
六一四年	二月	(記高)隋帝、高句麗親征。
	七月	(記高)隋、天下乱。高句麗、困弊し隋に乞降
	十月	(記高)隋帝、帰還。高句麗王の入朝を促すも従わず
	？	(伝高)隋帝、高句麗遠征。高句麗の困弊により勝利するも、高句麗王入朝せず、隋は天下大乱に接し、勝ちきれず

＊1　同様の記事はでき得る限り省略した。記載順については、何月か記されているもの、内容の詳しいものを優先して掲げた。ただ、何月が記されていないものでも、それに続く記事に何月か記されているものについては、その月の前に掲げた。

＊2　(紀)は『隋書』本紀、(伝)は『隋書』東夷伝、(記)は『三国史記』からの出典であることを示し、(伝)や(記)に続けて記した新は新羅、高は高句麗、百は百済を示す。

注　(伝)には何月か記されていないが、本紀は五月とする。『隋書』東夷伝に王の死が記されているが、『三国史記』はその王の死は八年前のこととする。

ある。

二　推古朝初年の外交

崇峻弑逆後の国内政治の転換ということからすると、まず注目されるのは推古天皇の即位である。この点、推古が直ちに即位しなかったとの見解も提出されてはいるが、[18]厩戸については『上宮聖徳法王帝説』に推古朝に馬子と共に「共輔天下」、『上宮聖徳太子伝補闕記』にも「小治田大宮御宇天王、以二太子一為二儲后一天下政事決二於太子一」とあることなどからして、推古は崇峻弑逆後、直ちに即位していたのである。[19]

この状況下において推古三年七月、筑紫に留まっていた派遣軍が帰還する。新羅征討軍は筑紫に留まり続けていたのであるが、それがこの時、帰還するのである。『日本書紀』推古三年七月条は「将軍等至レ自二筑紫一」とするのみであるが、何があったのであろうか。

今、『日本書紀』から推古朝前半の主要な政治記事を拾うと表10のようになる。注意されることは、推古七年までは特に目立った動きがないことである。推古の政治姿勢を反映した結果ではないかと考えるが、対比のために、政権の意志決定方法を敏達朝から舒明朝までを拾うと、表11のようになる。

政権の意志決定のあり方からみると、推古が主体となって政権の意志決定に関与するのは推古三十年の厩戸の死後[20]のことであるかのような記載、すなわち「詔」による意志の表明がなされていることが注意される。この点、推古十一年の冠位十二階の制定[21]の主体が『日本書紀』には明記されていないが、『上宮聖徳法王帝説』は、

・少治田宮御宇天皇之世。上宮厩戸豊聡耳命。嶋大臣。共輔二天下政一。而興二隆三寶一。起二元興四天王等寺一。制二爵十二級一。

表10　『日本書紀』にみる推古朝前半の主要な政治記事

年月	政治を中心とした事蹟	備考
元年　四月	厩戸皇子を皇太子とする	
三年　七月	対新羅の将軍等、筑紫より帰還	崇峻四年発遣
五年　四月	百済、王子阿佐を遣わし朝貢	
十一月	新羅に使者派遣	
六年　四月	新羅派遣の使者が帰還し、鵲を献上	
八月	新羅、孔雀貢上	
七年　九月	百済、駱駝など貢上	
八年　二月	任那救援を決定	
是歳	境部臣を大将軍として任那のために新羅を討つ	遣隋使大興城に
九年　二月	皇太子、斑鳩に宮室を興す	
三月	高句麗・任那に使者を派遣し、任那救援を要請	
十一月	新羅を討つことを議る	
十年　二月	来目皇子を新羅を討つ将軍とする	
六月	高句麗・任那に派遣した使者、帰国	
十一年　二月	来目皇子、筑紫にて死去	
四月	当麻皇子を新羅を討つ将軍とする	
七月	当麻皇子の妻の死により、皇子帰る	新羅征討中止へ
十二月	冠位十二階を制定	
十二年　正月	冠位十二階を施行	
四月	皇太子、憲法十七条を作る	
九月	朝礼を改める	
十三年　閏七月	皇太子、褶の着用を命じる	
十五年　二月	壬生部を定める	
七月	遣隋使を送る	大使小野妹子

・小治田天皇御世乙丑年五月、聖徳王与二嶋大臣一。共謀建二立仏法一。更興二三宝一。即准二五行一定二爵位一也。

と記しており、『日本書紀』では皇太子が制定したとする憲法十七条[22]をも含めて厩戸と馬子が主体とされており、その意味では推古の関与の度合いは不明である。崇峻が主体的に政策に関与したことは、先の任那再建を除いて認められないが[23]、敏達・用明は主体的に関与していたのである。

　そもそも推古の即位は敏達との間にもうけた皇子竹田を即位させる一面もあったことが注意される。すなわち、崇峻亡き後の王位継承の有力候補は敏達と広媛との間の皇子彦人大兄、用明の皇子厩戸、そして敏達と推古の間の皇子竹田であったと考えられる。この

表11　『日本書紀』にみる政権の意志決定のあり方

年　月	政策の内容	意志決定方法＊
敏達　元年　五月	王辰爾に高句麗の表疏を読解させる	天皇→大臣→王辰爾
三年　十月	蘇我馬子を吉備へ派遣し、白猪の屯倉をおき、田部を増益する	
六年　二月	日祀部・私部の設置	詔
七年　三月	菟道皇女を伊勢祠の奉仕から解任	
十二年　七月	任那復興のため、百済より火葦北国造の子日羅召還	詔
用明　二年　二月	仏教帰依の可否を群臣に図る	詔→議→奏
崇峻　四年　八月	任那官家を建てることをはかる	詔→奏
推古　元年　四月	厩戸皇子を皇太子とし、摂政	
元年　九月	用明天皇を改葬	
八年　是歳	境部臣等を大将軍とし、新羅攻撃	
十一年十二月	冠位十二階の制定	主体不明
十二年　正月	憲法十七条制定	主体は皇太子
十六年　九月	小野妹子を隋へ派遣	
二十八年　是歳	天皇記・国記などを録す	皇太子・馬子の議
三十一年　是歳	新羅征討計画	天皇→大臣→群卿に詢
三十二年　四月	僧正・僧都・法頭任命	詔→大臣→推問→上表→詔
三十二年　十月	蘇我氏が葛城県を乞うも許さず	奏→詔
三十六年　三月	後継者のことなどを遺詔	詔
舒明　八年　七月	大派王、官吏の勤務態度の弛緩を告げるも蘇我蝦夷従わず	
十一年　七月	百済大宮・大寺造営開始	詔

＊　具体的に「詔」などと記してあるものを中心として掲げた。

竹田を将来即位させる意向を推古がもっていたとしても不思議ではない。この点を重視するならば、竹田に対抗している彦人、厩戸を即位させないため、さらには崇峻と妃小手子との間の皇子蜂子[24]等を抑えるために、推古は自らいわば中継ぎ的に即位[25]したと考えられる。この一方では崇峻弑逆による王家の権威の低下に対して伝統的なヒメの力を借りて対処しようとしてヒメの力を保持していた推古に即位が要請された[26]側面があり、双方が相俟って推古の即位が実現したのである。

このようにして推古は即位したのであるが、推古はその皇子竹田への後見を願って崇峻を弑殺した馬子の責任を問わないこととした[27]。したがって推古が政治にどの程度の関心をもっていたかは不明といわなければならない。この点に関して注目されることは、推古がかなり神秘的な政治を行い、それが受け容れられていたことである。その一端は『隋書』倭国伝開皇二十年条に倭国の風俗を「訪」われた遣隋使が「倭王以天為兄、以日為弟、天未明時出聴政、跏趺坐、日出便停理務」と答えたとあることからうかがわれるが、この神秘的な政治は小林敏男氏が強調する推古のヒメとしての能力にもとづくであろう(28)。それ故、政治には余り関心を抱いていなかった可能性もあるのである。推古は将来、その皇子竹田を即位させるため、より具体的にいえば厩戸、さらには彦人の即位を阻むために即位の要請を受けたにすぎず、そうであれば、政治に積極的に関与する姿勢をもっていなかったとしても不思議ではない。

この推古の政治に対する姿勢は任那問題に対する態度においても同様であったのではないか。先にふれたように、以前、倭国は任那から調を受けており、その任那が新羅に滅ぼされてからは倭国は新羅に任那の再興をことあるごとに迫ってきたが、推古朝においては八年まで目立った動きがみえないのである。推古が政治には積極的ではなく、任那問題にも余り関心がなかったことが関係していると考えられるのではないか。

この前提に立って推古三年に筑紫に駐留していた派遣軍の帰還を誰が命じたのかを考えた場合、先の表11から推古が主体的に政治に関与するのは推古三十年の厩戸の死後からのことであったことが注意される。その意味では、もし推古三年の筑紫駐留軍の帰還に推古の意志が働いていたとみるのであれば、筑紫に軍が留まっていることの異常さを回避するための処置であったと考えることとなる。当時の推古は馬子に政治を任せていたと推測されることからして、外交策の変更などといった積極的な意志の下になされた処置とは考えられない。もし筑紫に駐留していた軍の帰還に外交方針の転換などといった積極的な意味を求めるならば、それは馬子の意志にもとづくものであったのではないか。先に馬子に近い者が派遣されたことをみたが、そのことも無理なく理解できる。

なお、ここで検討しておかなければならないことは、この頃の厩戸の動向である。先にみたように『日本書紀』推古元年四月条はこの時、立太子するとともに摂政し万機を委ねられたと記す。これが事実であれば、厩戸が政治を執り得る立場に就いたことによって、任那問題はこれまでの強硬策による解決ではなく、外交による解決へと方針が切り換えられ、その結果として筑紫に留まっていた派遣軍が呼び戻されたと考えることとなる。

しかしこの厩戸の立太子記事には疑問が呈されている。直木孝次郎氏は『日本書紀』の立太子記事のあり方からして、この記事は信用がおけないとする(29)。そもそも推古の即位自体、上述したように厩戸を即位させないためであった可能性があることに注目するならば、この直木氏の見解は首肯されるものである。後述するように厩戸が政治に関与できるようになるのは推古九年以降と考えられることからすると、この筑紫に留まっていた派遣軍の帰還命令は推古でも厩戸でもなく、馬子の意志にもとづいていたのである。

その背景であるが、注意されることは先の表9からうかがわれるように、五九四年に新羅が隋から冊封されていることである。これが何月のことか記したものはないが、新羅が隋に使者を送るのは時節的に春が多いことからして、一月から三月の可能性がある。その使者に新羅冊封が告げられたのである。その情報があるいは翌年の推古三年五月に来倭し、厩戸の師となった高句麗僧恵慈(30)、もしくは推古三年に来倭したとされる百済僧慧聡(31)を介して倭国に届いたのではないか。すなわち、五九四年の春に新羅が隋から冊封されたとの情報がその年末には高句麗や百済にもたらされ、それは恵慈等のもとにも届き、この情報は、恵慈などから翌年五月にもたらされたのである。この情報によって新羅に軍を送ることが躊躇され、筑紫に留まっていた派遣軍は七月に帰還を命じられたと考える(32)。

ここに軍の派遣によってではなく、外交を通して任那問題の解決が図られることとなり、推古五年十一月には吉士磐金が新羅に使者として派遣されることとなるのである(33)。新羅もこれに応え、翌年四月に磐金の帰国に際して鵲や孔雀を贈ってくることになるが(34)、この時の対新羅外交を主導したのはやはり馬子であろう。先にふれたようにすでに推古三年に馬子の意志の下に新羅派遣軍が撤兵していることは、新羅との友好関係復活に作用したものと考えられる。

三　推古八年の外交

対新羅強硬策を撤回し、外交を通じて解決をめざすこととなったものの、東アジア情勢は五九八年以降、大きく変化する。表9にもみえるように、高句麗と百済が小競りあいをはじめるのである。『隋書』高麗伝はまず、「開皇初頻有使入朝。及平陳之後、湯大懼、治兵積穀、為守拒之策」と、開皇（五八一〜六〇一年）のはじめは高句麗がしきりと隋に入朝したものの、陳が五八九年に平定されるに及んで高句麗王湯＝平原は隋を警戒し守備を固めたとする。続けて開皇十七年条では隋が湯に対してそのことに対して叱責の爾書を下したところ、湯は「得書惶恐」し「奉表陳謝」しようとしたものの、病により死去し、元＝嬰陽王が後を継いだとする。その元は翌十八年に靺鞨の兵とともに遼西に攻め込む。隋の高祖（＝文帝）はこれを聞いて大いに怒り、高句麗王の官爵を黜し、討伐の軍を進める。この軍は疾病などのために九月に帰還することとなるが、高句麗王元は謝罪し、もとのごとく隋に仕えることとなったと記す。[35][36]

この高句麗王元の謝罪が何をもたらしたかであるが、『三国史記』高句麗本紀嬰陽王九年（五九八）条は「以高句麗服罪。朕已赦之。不可致伐。厚其使而遣之。王知其事。侵掠百済之境」と記し、高句麗が謝罪し、それを隋が受け容れたこと、そして高句麗攻撃を禁じたことを知った高句麗が、百済に侵入したとする。これと同様の記事が『三国史記』百済本紀威徳王四五年（五九八）条にもみえる。すなわち「帝下詔曰。往歳高句麗不供職貢。無人臣礼。故命将討之。高元君臣恐懼畏服帰罪。朕已赦之。不可致伐。厚我使者而還之。高句麗頗知其事。以兵侵掠国境」とあり、隋の討伐を回避できた高句麗が百済の国境を侵略したと記す。

これらの記事から、高句麗と百済が交戦状態におちいったことが知られるのであるが[37]、このような情勢の変化を受けて推古八年以降、その外交政策は再び変化することとなる。すなわち推古三年に撤回された対新羅強硬策がまた打ち出されるのである。

『日本書紀』推古八年二月条は、

新羅与二任那一相攻。天皇欲レ救二任那一。

と記し、続けて是歳条において、

命二境部臣一為二大将軍一。以二穂積臣一為二副将軍一。並闕レ名。則将二万余衆一。為二任那一撃二新羅一。於レ是直指二新羅一。以泛レ海往之。乃到二于新羅一。攻二五城一而抜。於レ是。新羅王惶之。挙二白旗一到二于将軍麾下一。而立割二多多羅。素奈羅。弗知鬼委陀。南加羅。阿羅々六城一以請服。時将軍共議曰。新羅知レ罪服之。強撃不レ可。則奏上。爰天皇更遣二難波吉師神於新羅一。復遣二難波吉士木蓮子於任那一。並検二挍事状一。爰新羅。任那二国遣レ使貢調。……則遣レ使以召二還将軍一。将軍等至レ自二新羅一。即新羅亦侵二任那一。

と記し、任那と新羅の間で紛争が起こり、推古が任那救援を思い立ったこと、そして境部臣等を大将軍とする軍を新羅に派遣し、新羅の五城を攻略したが、新羅が降伏してきたので、それを受け容れ、以後、新羅と任那が貢上することとなったが、軍が帰国するや新羅はまた任那に侵入したとする。

この『日本書紀』の記事は神功皇后の新羅征伐に似た物語りで疑わしいとされるが[38]、これと同様の記事が『聖徳太子伝暦』推古八年条にもみえ、また推古三十一年是歳条にも同様の記事がみえている。井上光貞氏[39]はとくにこの推古三十一年条との比較から推古八年の記事を疑い、推古三十一年条を正しいとみて、新羅への強硬路線は聖徳太子没後の推古三十一年とする。これに対して鬼頭清明氏は、『日本書紀』推古八年条の記事は推古三十一年条の記事に似ているが、いずれも正確でなくなった時点で将軍名や経過内容を変えて造作された史料にもとづいて『日本書紀』編者によって年別に編纂されたのではないかとした上で、推古八年条が伝える新羅征討計画は旧加羅国の諸国の一部の反乱を契機に立てられたと説く(40)。複雑ではあるが、推古三十一年条とは将軍の構成などが異なっていることから(41)、推古八年にも新羅出兵があったことは認めてよかろう。

その新羅出兵において、境部臣を大将軍とし(42)、穂積臣を副将軍としているのであるが(43)、境部臣が『聖徳太子伝暦』には「大臣叔父蘇我境部臣垸瀬」とあることからして、蘇我氏の一員であり、境部臣の大将軍任命は蘇我馬子の意向にもとづく人事であったと考えられる。この点、同様の記事を掲げる『聖徳太子伝暦』推古八年条には「以阿倍臣又云境部臣。為大将軍。穂積臣為副将軍。将万余衆。為任那伐新羅」とあり、境部臣ではなく、阿倍臣が派遣されたとする。この阿倍臣は用明天皇没後に起きた蘇我氏と物部氏との間の戦いに蘇我氏の側に立って参戦しているが(44)、この阿倍氏について志田諄一氏は新嘗祭、服属儀礼といった宮廷の食物供献儀礼に関わり、そのことから天皇に近侍する氏族の統率者となり、続いて、宣化朝頃から同じように台頭し、ついには政権を掌握し、いわゆる官司制を推進した蘇我氏とも結びついたとみている(45)。蘇我氏とは深い関係にあったのである。誰れが大将軍となったか曖昧なところがあるが、いずれにしても蘇我氏と深い関係にある者が大将軍として派遣されたのであり、そのことから馬子の主導の下にかつての対新羅強硬路線が再び採用されたと考えられるのである。

ここで考えておかなければならないことは、この推古八年の対新羅強硬策に厩戸が関与していたかである。注意されることは『日本書紀』が翌推古九年二月条において「皇太子初興㆓宮于斑鳩㆒」と記していることである。『日本書紀』は仁徳即位前紀において「太子」であった菟道稚郎子が「菟道宮」を営んでいたと記していることをはじめとして皇子が宮を営んでいたとの記事を掲げている。その「菟道宮」について、『日本書紀』が応神四十年正月条において菟道稚郎子を「太子」とし、「嗣」としたこと、大鷦鷯尊を「太子輔」としたと記していることからすると、当初は王の後継者候補が「宮」を営むことを許されていた可能性があるといえよう。荒木敏夫氏は信頼できる最初の皇子の宮は厩戸の宮の建設であるとし(46)、石母田正氏はこの宮の建設を厩戸の万機総摂のはじめとみているが(47)、宮の建設は竹田が死去したことにともなうものではないか。

すなわち『日本書紀』推古三十六年九月条は、推古の喪礼が行われ、群臣が誄をしたと記し、続けて、

先レ是天皇遺二詔於群臣一曰。比年五穀不レ登。百姓太飢。其為レ朕興レ陵以勿二厚葬一。便宜レ葬二于竹田皇子之陵一。

と、推古がその死後は竹田の陵に葬るべしと遺言したと記している。このことからして竹田は夭逝していたことが知られるが、その没年を具体的に記したものがない。直木孝次郎氏は竹田の死の下限を厩戸皇子の同母弟来目皇子が撃新羅将軍となった推古十年とみている(48)。推古もこの竹田が死去した段階で、厩戸をやむなく将来の後継者と認めたのではないか(49)。彦人がすでに死去しているため(50)、推古からみて後継者と認めることのできる存在はただ厩戸のみとなり、厩戸は単なる有力王族の一人ではなくなったのである(51)。このことを受けて厩戸は以後、次第に政治に参加するようになったのではないか。それまでは天皇と有力臣下のもとで政治が執り行われてきたのであるが、そこに厩戸が次期後継者として特別に参加を認められるようになったのであり(52)、そのことが斑鳩での「宮」の建設につながったのである(53)。

ここに厩戸は政治的な立場を公認され、その意見を公式に発言できることとなり、このことが『日本書紀』推古元年四月条の厩戸の皇太子、摂政就任、そして「以二万機一。悉委焉」との記事につながったと考えるが、その竹田が死去したのは早ければ推古八年のことであったのではないか。竹田の死後、直ちに厩戸を次期後継者と認め、それにともなうようにして厩戸が宮の建設を開始したとなれば、推古にとって堪えがたいものがあったものと推測され、また厩戸も一族の死を受けて、しばらくは服喪したと考えられるからである。

以上のようにみてくるならば、推古八年の対新羅強硬策が採られた背景については、竹田の生存中に出されたのか、それとも死後のことであったのかによって違いが出てくることとなる。いずれの場合も、厩戸が新羅と平和外交を主張していた(54)との前提のもとでのことであるが、前者の場合は竹田がまだ生存していて、厩戸の政治参加が抑止さ

れている段階のことであるから、馬子がただ一人で政治を取り仕切っていた時のこととなる。そうであれば、馬子の判断の下で、純粋に東アジアの動向の変化にもとづいて、以前の対新羅強硬策に戻り、出兵を企画したこととなる。後者の場合は竹田の死を受けて厩戸の政治参加が認められつつあった段階のこととなり、馬子はまだ厩戸の政治参加の体制が整わないうちに先手を打ち、対新羅強硬策を打ち出したが、厩戸は推古から後継者としての地位を認められた直後であるため、政治の場に参加したとしても、まだ未熟で、そのことによって馬子の姿勢に圧され、その強硬姿勢に反対できなかったと考えることとなる。

竹田が死去したのは何時のことか正確にわからない状況下においてはこれ以上のことはいえないが、いずれにしても、馬子主導の下に対新羅強硬策が採用されたのである。しかし対新羅強硬策を実行する情勢になった時、気がかりなことは隋の動向である。隋は五九八年に高句麗と戦争を開始したものの、その戦争はすぐに終結してしまう（表9参照）。このことは、隋の兵力に余裕が生じることを意味するとともに、隋が新羅を冊封していることからすると、新羅に対して倭国が兵を構えれば隋が前面に出てくる可能性のあることをも意味する。[55]そこで隋の新羅救援を牽制するために遣隋使を送るのである。

『隋書』倭国伝開皇二十年条には、

倭王姓阿毎、字多利思比孤、号阿輩雞彌、遣使詣闕。上令所司訪其風俗、使者言、倭王以天為兄、以日為弟、天未明時、出聴政跏趺坐、日出便停理務、云委我弟。高祖曰、此大無義理、於是訓令改之。王妻号雞彌、後宮有女六七百人、名太子為利歌彌多弗利。

とあり、開皇二十年（六〇〇年＝推古八年）に倭国が使者を隋に派遣し、「闕」すなわち長安近郊の大興城に詣でたことが知られる。『日本書紀』にはこのことが記されていないが、[56]遣隋使が送られていたのである。

この時の遣隋使の目的について、坂本太郎氏は、新羅征討を視野に入れて遣隋使が送られたとし、[57]石母田正氏は任那あるいは対新羅問題を遣隋使を送ることによって解決を図るとともに、外交上の立ち後れを取り戻すものであったとする(58)。山尾幸久氏も新羅への戦争準備が関係するとし(59)、西嶋定生氏も同様に任那問題の処理のため新羅への出兵が計画されるとみるものの、新羅は隋から冊封されているため、行動を起こす前に隋に使者を派遣したとみている(60)。若槻義小氏はやや視点を変えて、当時の緊迫化した東アジア情勢のなかで国内政治の分裂傾向を是正するために朝鮮三国、とくに新羅に優越する名目的立場を獲得するための方策として礼の導入をめざしたことがその目的とみる(61)。この点、井上光貞氏は新羅との関係とは無関係に、隋の冊封が朝鮮三国に及んでいたので、隋との国交を無視することができなかったためとみているが(62)、多くは新羅による任那占領に対する軍事的制裁を実行するという外交政策の一環として遣隋使が送られたととらえており、それは認められるべきであろう。

この使者は高祖から「此大無義理」とされ、「於是訓令改之」との処置を受けるのであるが、誰がこの対隋外交を指揮したのであろうか。これについて従来は厩戸とされてきた。井上光貞氏は（一）厩戸はまず出兵を予定しないで外交により任那問題を解決しようとしたが、（二）隋の高句麗出兵を受けて強硬な出兵策が出され、それが力を得たために、にわかに派兵することとなり、政治の最高責任者であった厩戸はやむなくその兄弟を将軍としたが、（三）しかし推古九年三月に任那救援を求めるために高句麗・百済へ派遣した使者が六月に帰国し、二国が好戦的であることを報告したであろうものの、（四）一方で戦争に巻き込まれる危険性からの厭戦気分を引き起こし、結局来目皇子の死後、強硬路線は瓦解の方向に向かい、（五）大帝国が中国に誕生したことを考慮に入れた高度の外交政策への転換が図られたとする(63)。山尾幸久氏も新羅への戦争準備が関係するとみるが、「このような海外の状況へのヤマトの外交・軍事両面での対応」は「支配集団を厩戸王（聖徳太子）に結集させ」ることとなったとみている(64)。

しかしこの時期は右に説いたように馬子が政治を主導していたのである。その意味では推古八年の隋への使者派遣に厩戸が主導的に関わったとは考えられない。それはあくまでも馬子であったのである。かねて蘇我氏は百済系の渡来者を傘下に置き、その知識や技術力を利用してその勢力を伸張させてきた氏族であり[65]、百済との関係を重視していたと考えられる。五九八年の隋と高句麗との戦争終結にともなって、高句麗が百済攻撃を開始した（表9参照）が、百済と高句麗が争っている今、倭国が隋と友好関係を築くならば、隋と倭国と百済が結ばれることとなる。そのことは高句麗と戦っている百済に有利に作用することから、馬子が隋との外交を開くことは不思議ではない。

また新羅に対して強硬策を採るならば、新羅の背後にある隋を牽制しておく必要がある。その新羅強硬策は馬子の採るところであり、この意味においても馬子が六〇〇年の隋への使者派遣を主張し、推古もそれを認めたのではないか。

このようにみると、推古八年段階での最高責任者が厩戸であったかは疑わしいのである。厩戸が後継者と認められる直前であることも注意される。従来、厩戸を推古朝当初から政界の第一人者としてみなし、説が立てられてきたのであるが、先にふれたように厩戸は崇峻弑逆時には未成年であり、当時は成年＝二〇歳に達していることが重要視されていたこと[66]、また当初は推古の後継者として認められていなかったことから、政治から疎外されていたのである。それが竹田の死後、推古の後継者と認められ、それ以後、政治に携わることとなったのであり、それは推古八年以後のことと考えられるのである。その意味では厩戸は六〇〇年に大興城に到着した遣隋使の出発した推古八年の早い段階[67]にはいまだ政治的な手腕はもちあわせていなかったと考えられるのである。『聖徳太子伝暦』など、いずれも厩戸をたたえながらこの六〇〇年の遣隋使について触れていない[68]ことも思うと、それは馬子の主導であったためである可能性が高いといえよう。新羅に対して強硬策を再び採ることを提唱した馬子は、隋と正面切って対決することを恐れ、また百済を間接的に支援するとの意志を込めて、隋へ使者を送ったと考えられるのである。

四　推古九年以降の外交

この推古八年の隋への使者派遣後、『日本書紀』推古九年三月条は、

遣二大伴連囓于高句麗一。遣二坂本臣糠手于百済一。以詔之曰。急救二任那一。

と、高句麗と百済に使者が派遣され、任那救援が要請されたことを記している。この時期に前年の遣隋使が帰国していたかは微妙な時期であることが注意される(69)。この点、石母田正氏は両国への使者派遣は新羅侵攻がもはや不可能となり、外交が新しい課題として登場してきたことを反映したものととらえている(70)。しかし、任那救援を要請していることからして、遣隋使の成功を予期しての使者派遣ではなかったか。それはつまるところ、隋への使者派遣が成功し、新羅を攻撃しても安全であるとの認識の下で、新羅攻撃のために準備工作をしたことに他ならない。

この高句麗などへの使者派遣が誰によってなされたかであるが、それはやはり対新羅強硬策を唱えてきた馬子ではないか。大伴囓連、坂本臣糠手は用命没後に起きた対物部戦に蘇我氏の側に立って参加している（前掲の史料参照）ことからして蘇我氏寄りの人物と考えられ、そのことから馬子の意を受けて赴いた可能性が高いのである。厩戸は推古の後継者候補とされたものの、日が浅く、政治の主導権はいまだ馬子にあり、そのことによって対新羅強硬策を認めざるを得なかったのである。その結果、推古九年十一月に新羅征討が議られた時(71)、厩戸はこれに賛成せざるを得ず、そのこともあって翌十年二月には厩戸の兄弟の来目皇子の将軍任命(72)を認めざるを得なくなったのではないか。厩戸の兄弟が新羅派遣軍の将軍に任命されていることから、厩戸が政治上の最高責任者となったことが関係するととらえられているが(73)、必ずしもそうではないのではないか。なお、この新羅征討軍の陣容が決定された時には、遣隋使の失敗が報告されており、その意味では当初の新羅出兵計画に問題が生じていることは認識されていたと考えられる。

しかし、一旦動き出した方針をすぐには撤回できなかったのであろう。

この馬子主導のもとに打ち出された新羅出兵策は、しかしながら、来目皇子の病死(74)などによって結局、放棄されることになる。遣隋使の派遣が失敗に終わったこと、厩戸がもとより積極的な対新羅強硬策論者ではなかったことが関係しよう。

その厩戸であるが、推古の後継者として次第にその政治的な地位を確立していく。そのことを示すのは、厩戸による推古十三年閏七月の褶着用命令であり(75)、また推古十五年二月の壬生部の設置である(76)。壬生部はもと名代・子代として子孫に伝領されてきたものを皇子に固定して従属させたものであるが(77)、この場合は厩戸を対象としたものであり(78)、厩戸に対して新たな経済的支援を目的とし、後継者としての立場をより鮮明化しようとしたのであろう。このことにより、厩戸はより後継者としての立場を強くし、しだいに馬子とは異なる外交策を打ち出すこととなるのである。

それを物語るのが推古十六年の遣隋使派遣である。『隋書』倭国伝には、

大業三年、其王多利思比孤、遣使朝貢。使者曰、聞海西菩薩天子重興仏法、故遣朝拝、兼沙門数十人来学仏法。其国書曰、日出処天子、致書日没処天子、無恙、云々。帝覧之不悦、謂鴻臚卿曰、蛮夷書有無礼者、勿復以聞。

とあり、仏教の導入が謳われている(79)。このこと自体は、厩戸の仏教帰依の延長上にあることであり、主体が厩戸であったとみて問題はない。もっとも、馬子も仏教に帰依しているから、単純に厩戸の主導とはいえないが、この点について、李成市氏は「日出処天子」と「日没処天子」との文言から、そこに厩戸の師となった恵慈(80)が関係していたとし(81)、そうであれば、馬子ではなく、厩戸が主導していたこととなる。しかし、このように考えるにあたって問題となるのは高句麗より来倭した恵慈は百済より来倭した慧聡とともに法興寺に住しており(82)、その法興寺は蘇我氏発願の寺であることである(83)。また李氏が問題とした「日出処天子」と「日没処天子」の位置関係は百済にも通じることも注意される。恵慈は厩戸の師とはなったものの、慧聡とともに蘇我氏との結びつきも有していたのであり、その意味で

は恵慈が馬子のために国書を用意した、あるいは慧聡が国書を書いた可能性もあるのである。そうであればこの隋への使者派遣には馬子も深く関わっていたといえよう。

しかし、先にみた高句麗と百済の関係からして、「帝覧之不悦、謂鴻臚卿曰、蛮夷書有無礼者、勿復以聞」とされる内容の国書を百済寄りの馬子のために慧聡ないし恵慈が書いたかには疑問が残る。「無礼」とされる文言であれば、倭国と隋との関係が悪化し、そのことは百済にとって不利となるからである。その意味では主体は厩戸にあったと考えるのが妥当であろう(84)。おそらく背後には厩戸が確たる地位を朝廷内に確立したことがあり、また開皇二十年の隋使派遣の失敗が馬子が外交を主導することに否定的に働いたのではないか。ここに至って厩戸が馬子とともに政界指導者として位置し、対隋外交を主導し(85)、仏教受容に努める姿勢を打ち出すことになったのであり、馬子の対新羅強硬路線は影を潜めることとなるのである。

小　結

以上、推古朝前半の外交路線がどのように展開されたかをみてきたのであるが、それらは、以下のようにまとめることができよう。

一、崇峻朝における新羅征討計画は崇峻と馬子の意志によるものであり、派遣された軍は馬子と関係の深い軍が送られたが、その軍は崇峻弑逆も筑紫にとどまった。

二、五九四年の春に新羅が隋から冊封されたとの情報が伝えられたことによって新羅に軍を送ることが躊躇され、筑紫に留まっていた派遣軍は帰還を命じられ、任那問題は外交を通しての解決をめざすこととなる。

三、東アジア情勢が五九八年＝推古六年以降、大きく変化したこともあって、推古八年に馬子は遣隋使を送って隋の新羅関与を牽制するとともに、再び新羅強硬策を採り、征討軍を派遣する。その派遣軍は一定の成果を上げて帰国するが、派遣軍の帰国後、新羅は再び、もとの如く振る舞う。

四、推古の息子の竹田の死にともない、厩戸が後継者として公認されるが、当初は、馬子に押され、馬子の強硬策の協力者として臨む。しかし新羅強硬策は新羅派遣将軍の死などにより、消滅する。政治的地位を固めた厩戸は馬子と異なる外交策を執り、推古十六年には遣隋使を送る。ここに新羅強硬策は影を潜めることとなるが、厩戸の死後、再び主張される。

一貫した外交政策が同一人物によって採られていたわけではなかったのである。東アジアの情勢、国内政治情勢の変化によって一貫性のない様々な政策が採られ、またその主導者も馬子から厩戸へと変化したと考えられるのである。この点を確認して本章を終えることとしたい。

註

（1）代表的なものに西嶋定生「七―八世紀の東アジアと日本」（『日本歴史の国際環境』東京大学出版会、一九八五年）、井上光貞「推古朝外交の展開」（『井上光貞著作集』第五巻、岩波書店、一九八六年、初出一九七一年）、鬼頭清明「推古朝をめぐる国際的環境」（『日本古代国家の形成と東アジア』校倉書房、一九七六年）などがある。

（2）厩戸王、聖徳太子などとも記されるが、特別の場合を除いて本章では厩戸（皇子）とする。「聖徳」が皇子の死後に唱えられたと考えられることによる。

（3）直木孝次郎「厩戸皇子の立太子について」（『飛鳥奈良時代の研究』塙書房、一九七五年）。

（4）鬼頭前掲註（1）論文。

（5）『日本書紀』崇峻五年十一月条、推古即位前紀。

（6）この点については拙稿「崇峻殺害前後の政治状況と蘇我氏」（本書第Ⅰ部第一章、初出二〇一〇年）を参照されたい。

（7）『日本書紀』欽明二十三年正月条は「新羅打二滅任那官家一」とし、更に「一本云。廿一年任那滅焉」と注す。

（8）鬼頭前掲註（1）論文。

（9）『上宮聖徳法王帝説』の「甲午年産」によれば敏達三年＝五七四年生まれとなり、『上宮聖徳太子伝補闕記』も太子生年一四の丁未年＝用明二年＝五八七年に物部氏と蘇我氏が争ったとあるから五七四年生まれ、また『本朝皇胤紹運録』は敏達二年癸巳生まれとしているから、崇峻五年＝五九二年には未成年と解することができる。なお『扶桑略記』は推古元年＝五九三年に二二歳とし、これによれば敏達元年生まれとなり、これならば微妙な年齢となる。また『聖徳太子伝暦』も元年生まれとする。日本思想大系本『上宮聖徳法王帝説』はその頭注においてこの『上宮聖徳法王帝説』の年紀はもっとも信頼できるとする。

（10）村井靖彦「王権の継受」（『日本研究』一、一九六四年）。

（11）当時の皇子の政治参加の状況からも、厩戸が外交に関係できたかは疑問であることについては、拙稿「皇子の政治参加」（本書第Ⅰ部第二章）を参照されたい。

（12）物部氏との戦いの中心には蘇我馬子が位置していたのであり、これに厩戸も参加しているが、母が蘇我氏出身の堅塩媛であることもあって参加したと考えるのが穏当であろう。

（13）馬子と関係の深い者を筑紫に送ることによって崇峻が馬子の力をそごうとした可能性はあるが、しかし、後述するように崇峻の死後もそのまましばらく筑紫に留め置かれたことは、根底に任那ひいては新羅問題があったことを示すものである。

（14）『日本書紀』崇峻五年十一月条。

（15）石母田正『日本の古代国家』（岩波書店、一九七一年）三頁。

（16）西嶋前掲註（1）論文。

（17）井上前掲註（1）論文。

（18）門脇禎二氏は推古の即位は厩戸の死後のことであったとみている（「古代の女帝」〔『日本史の謎と発見4　女帝の世紀』毎日新聞社、一九七八年〕・「聖徳太子は大王ではなかったか」〔『歴史と人物』第九巻一二号、一九七九年〕・「舒明天皇即位時紛争事件」〔『「大化改新」史論』上、思文閣出版、一九九一年〕）。また山尾幸久氏は五九七年以降、推古は厩戸に「天皇事」を委ねざるを得なくなったとみている（「ヤマト国家の展開と東アジア」〔『古代の日朝関係』塙書房、一九八九年、三五九頁〕）。

(19) 厩戸を従来の「大王」ないし「天皇」そのものとした史料がないことも注意される。

(20) 『日本書紀』は推古二十九年とするが、『天寿国繡帳』などに従う。

(21) 『日本書紀』は推古十一年十二月条に掲げているが、『上宮聖徳法王帝説』などは「乙丑」年のこととし、それは推古十三年にあたる。これらのことから若月義小氏は『冠位制の成立と官人組織』（吉川弘文館、一九九八年）七八〜九五頁において、冠位十二階が制定されたのは推古十三年とみている。

(22) 『日本書紀』推古十二年四月条。

(23) この点については、拙稿前掲註（6）論文を参照されたい。

(24) 『日本書紀』崇峻元年三月条。『聖徳太子平氏伝雑勘文』（藤原猶雪編聖徳太子奉賛会監修『聖徳太子全集』第二巻、臨川書店、一九四四年）は長谷部王＝泊瀬部＝崇峻は用明皇后と多米王との間に生まれた佐富女王との間に葛城王、大伴奴加之古連の女古弖古郎女との間に波知乃古王がいたとする。

(25) 井上光貞「古代の皇太子」（『日本古代国家の研究』岩波書店、一九六五年）。

(26) 小林敏男「女帝考」（『古代女帝の時代』校倉書房、一九八七年）。

(27) 拙稿前掲註（6）論文。

(28) 小林前掲註（26）論文。

(29) 直木前掲註（3）論文。

(30) 『日本書紀』推古三年五月条。

(31) 『日本書紀』推古三年是歳条。

(32) この新羅の隋による冊封を受けて、百済と高句麗は倭国に接近を図る。百済については崇峻元年以来、法興寺建立を支援し（『日本書紀』崇峻元年是歳条は百済が僧とともに仏舎利や寺工、鑪盤博士以下を送ってきたとし、また法興寺がつくられたと記し、崇峻五年十月条は「大法興寺」の仏堂と歩廊の建設が開始されたことを記す）、倭国との友好関係を深めようとしていたのであるが、さらにその強化が図られることとなる。推古三年における百済から慧聡の来倭はその一環であり、百済は更に推古五年に王子阿佐を倭に送って来る（『日本書紀』推古五年四月条）のである。慧聡は恵慈とともに仏教を広めるとともに「三宝之棟梁」と位置づけられる人物である（『日本書紀』推古三年是歳条）ことは、仏教を通しての接近である。また阿佐と厩戸が関係をもっていたことは『聖徳太子伝暦』に詳記されているが、山尾幸久氏は三人が厩戸側近の政治上の顧問格でもあったとみている（山尾前掲註（18）論文、三五一頁）。彼らのもたらした外交知識がどの程度のものであったかは不明であるが、先にふれたように新羅が隋の冊封を受けたことはそのなかに含まれよう。

(33)『日本書紀』推古五年十一月条。

(34)『日本書紀』推古六年四月条。

(35)『三国史記』高句麗本紀には平原王即位前紀は諱を陽成とするが、『隋書』は湯とすると付記している。

(36)『隋書』高麗伝は、湯＝平原王の死去を受けて、元＝嬰陽王が即位したと記すが、『三国史記』では湯の死は五九〇年のことで、その後直ちに元が即位している。

(37)百済においては威徳王の治世（五五八年〜）が五九八年十二月に終わることも、この高句麗の百済攻撃に関係しよう。

(38)三品彰英「聖徳太子の任那対策」（『聖徳太子論集』平楽寺書店、一九七一年）、井上前掲註（1）論文。

(39)井上前掲註（1）論文。

(40)鬼頭前掲註（1）論文。

(41)推古三十一年条の将軍には冠位十二階による冠位が記され、また中臣連国も大将軍とされている。さらに副将軍として七人が記されているが、このなかに穂積臣の名はない。

(42)もっとも鬼頭清明氏が前掲註（1）論文において説いているように、「大将軍」とあったかについては疑問の余地がある。

(43)この穂積臣の副将軍任命については、この氏族が朝鮮半島南部と深い関係をもっていたためであろう。『日本書紀』継体六年四月条には「遣下二穂積臣押山一使中於百済上」とみえ、また同十月条には「哆唎国守穂積臣押山」とある。このことが穂積氏において受け継がれているとみての人事であろう。

(44)『日本書紀』崇峻即位前紀用命二年七月条。

(45) 志田諄一「阿倍氏」(『古代氏族の性格と伝承』雄山閣、一九七一年)。
(46) 荒木敏夫「東宮機構の成立と皇子」(『日本古代の皇太子』吉川弘文館、一九八五年)。
(47) 石母田前掲註(15)書、三二頁。
(48) 直木前掲註(3)論文。
(49) 継体天皇から用命にかけてから、後継者を指名する慣習は認めがたい(この点については、拙稿「王の後継主候補」(『倭政権の構造　王権篇』岩田書院、二〇一四年、初出二〇〇九年)を参照されたい)が、推古が後継者を指名したかのような詔を残したこと(『日本書紀』推古三十六年三月条、舒明即位前紀)、また竹田を将来即位させる意志があった可能性があることは、推古には後継者を自ら選びたいとの意志があったものと推測される。
(50) 『日本書紀』には用命二年四月条を最後として生存していたとの記事がみえないことから、井上光貞氏(前掲註(25)論文)や井出久美子氏(「「大兄制」の史的考察」(『日本史研究』一〇九、一九七〇年))は用命二年七月に起きた蘇我―物部戦の頃死去したとする。また山尾幸久氏(「大化改新論序説」上(『思想』五二九、一九六八年)・「大化改新直前の政治過程について」上(『日本史論叢』一、一九七二年)・『日本国家の形成』岩波書店、一九七七年、第一章四節)は蘇我―物部戦の折に、彦人は除かれたとみた。しかし彦人の子舒明が推古元年生まれと推定されることからして、推古初年には生存していたとみる見解(薗田香融「皇祖大兄御名入部について」(『日本書紀研究』三、塙書房、一九六八年)、直木前掲註(3)論文)が妥当であろう。
(51) かつて大兄の制が行われていたが、推古と厩戸の系譜関係は厩戸を大兄とすることを許さず(拙稿前掲註(49)論文)、それに代わるものとして「太子」とされた可能性がある(薗田前掲註(50)論文)。
(52) この点については、拙稿前掲註(11)論文)を参照されたい。
(53) 平林章仁氏は上宮王家の斑鳩進出は、大和川北岸の水陸交通の要衝を掌握し、対外交渉を進め、先進文物の優先的摂取を図り、上宮王家独自の経済基盤の構築、独立した政権基盤の創設をめざす一方で、敏達系王族の広瀬郡進出に対する蘇我系王族の巻き返しであったとみている(「蘇我馬子とその儀礼」(『蘇我氏の実像と葛城氏』白水社、一九九六年))。
(54) 石母田前掲註(15)書、五一～五二頁。石母田氏は新羅との交渉を維持しようとする方式を太子方式、親百済的な方式を蘇我方式としている。

(55) 西嶋定生「東アジア世界と冊封体制」(『中国古代国家と東アジア世界』東京大学出版会、一九八三年、初出一九六二年)・「東アジア世界と日本史」(『中国古代国家と東アジア世界』初出一九七五年〜一九七六年)。

(56) このためもあって遣隋使が何度派遣されたかについては論争がある。この件に関しては篠川賢氏の「遣隋使の派遣回数とその年代」(『日本古代の王権と王統』吉川弘文館、二〇〇一年、初出一八八六年)に詳しい紹介がある。なお、『日本書紀』が記さなかった理由について、高橋善太郎氏は「遣隋使の研究」(『東洋学報』三三―三・四、一九五一年)において『日本書紀』編者が成果を上げることができなかったために削除したとみる。また坂本太郎氏は実際は国使ではなく、九州か、山陽あたりの豪族が私的に派遣したものであったためとみる(「『日本書紀』と『隋書』」(『坂本太郎著作集　第二巻　古事記と日本書紀』吉川弘文館、一九八八年、初出一九七六年))。若槻義小氏は「七―八世紀の東アジアと日本」(『冠位制の成立と官人組織』吉川弘文館、一九九八年)において、この使節は倭国と隋との国交を開くための予備的性格を帯びており、正式のものとはみていなかったためとする。

(57) 坂本前掲註(56)論文。なお、坂本氏は新羅出兵に関係する場合の上での結論であるとする。

(58) 石母田前掲註(15)書、二四頁。

(59) 山尾前掲註(18)論文。

(60) 西嶋前掲註(1)論文。

(61) 若槻義小「冠位十二階と外交政策」(前掲註(56)書)。

(62) 井上前掲註(1)論文。

(63) 井上前掲註(1)論文。

(64) 山尾前掲註(18)論文。

(65) 石母田前掲註(15)書、五一〜五二頁、加藤謙吉「蘇我氏の発展過程」(『蘇我氏と大和王権』吉川弘文館、一九八三年)、山尾幸久「蘇我氏の発展」・前川明久「渡来人と蘇我氏」(ともに黛弘道編『古代を考える　蘇我氏と古代国家』吉川弘文館、一九九一年)。

(66) 村井前掲註（10）論文、河内祥輔『古代政治史における天皇制の論理』（吉川弘文館、一九八六年）第一章第一節。
(67) 『隋書』高祖本紀によれば、開皇二〇年正月から九月丁未までは高祖は仁寿宮におり、それ以降、大興城に戻っている。推古一五年の遣隋使は七月に出発したようであり（『日本書紀』推古一五年七月条には単に遣すとある）、その使節は『隋書』高祖本紀によれば、翌年の三月に朝貢している。九ヶ月を要していることからして、六〇〇年の使者は推古八年の早い段階に出発していると考えられる。もっともこの推古十五年の使者は翌年の六月に難波に到着していることからすると、三ヶ月を要して帰国したことになるが、開皇二〇年の九月以降に大興城を訪れるには、遅くとも六月までには出発した可能性がある。表11では朝鮮諸国への使者派遣が三月のことが多いことからすると、三月の可能性が高い。
(68) 『聖徳太子伝暦』推古十五年五月条には太子が中国で修行していた時に所持していた経典を使者を派遣して持ち帰って欲しいといい、小野妹子をその使者として選定した、七月条には妹子に修行していた場所を教えたとある。
(69) 『日本書紀』によれば、推古十五年七月に派遣された使節の場合、十六年四月に筑紫に到着している。また十六年九月に派遣された使節は十七年九月に帰国している。
(70) 石母田前掲註（15）書、二三頁。
(71) 『日本書紀』推古九年十一月条。
(72) 『日本書紀』推古十年二月条。
(73) 井上前掲註（1）論文。
(74) 『日本書紀』は推古十年六月条において、筑紫に至った来目皇子が病に臥して新羅を討つことができなくなったこと、十一年二月条において、来目皇子が筑紫で薨じたこと、同年四月条において、来目皇子の兄当麻皇子を将軍としたものの、同年七月条において、筑紫に向かった当麻皇子の妻が明石で死去したために結局帰還し、新羅征討が中止されたと記す。
(75) 『日本書紀』推古十三年閏七月条。
(76) 『日本書紀』推古十五年二月条。
(77) 岸俊男「光明立后の史的意義」（『日本古代政治史研究』塙書房、一九六六年、初出一九五七年）。
(78) 推古の産んだ皇子がすでに存在しなくなっている状況下で、皇子への支援は考え難いのではないか。

(79)　この理由の一つに儒教・道教による中国の天下観念を克服するとともに冊封体制に対抗するために仏教による宇宙観・世界観を獲得しようとしたことがあったと石上英一氏は説いている（「古代東アジア地域と日本」〔『日本の社会史』1、岩波書店、一九八七年〕）。

(80)　『日本書紀』推古三年五月条は恵慈が「帰化」したとの記事に続けて、皇太子の師となったと記す。

(81)　李成市「高句麗と日隋外交」（『思想』七九五、一九九〇年）。

(82)　『日本書紀』推古四年十一月条。

(83)　『日本書紀』崇峻即位前紀用明二年七月条。

(84)　『日本書紀』推古十六年八月条は、遣隋使の帰国に際して裴世清をともなうが、その裴世清は、その冒頭を「皇帝問倭皇」とする国書を提出したとし、さらに九月条において「東天皇」ではじまる国書をしたためる。この「倭皇」と「天皇」について『善隣国宝記』（田中健夫『善隣国宝記・新訂続善隣国宝記』集英社、一九九五年による）所引「経籍後伝記」は「皇帝問倭王」とし、「聖徳太子甚悪其黜天子之号、為倭王、而不賞其使、仍報書曰、東天皇白西皇帝」と註し、厩戸が関与したと記している。

(85)　厩戸の死後（『日本書紀』は推古二十九年二月条にその死を記しているが、実際には推古三十年のことである）、再び新羅強硬論が登場する（『日本書紀』推古三十一年是歳条）のはその象徴であろう。

第二章　乙巳の変前夜における倭国の外交と蘇我氏

問題の所在

それがどの程度であるかは別に、いわゆる乙巳の変に外交問題が絡むことは多くの諸氏が説いているところである。(1)しかし例えば乙巳の変直前の蘇我氏の外交方針にしてみても、百済寄りであったとみるか、(2)それを改めようとしていた(3)のか、で論が分かれる状況下にある。

蘇我氏が百済系渡来者を抱え込み、その知識や技術を活用することを通して朝廷内に活路を見出し、勢力を拡大した氏族であることは周知のごとくである。一方、推古朝に大臣であった蘇我馬子が中国との交渉を希望していたことは六〇〇年の遣隋使の派遣(4)からうかがうことができる。(5)蘇我氏は親百済と親隋であったのであるが、この蘇我氏の姿勢は乙巳の変発生前夜にはいかなるものであったのか。

以下、推古朝末期を含めて乙巳の変発生前夜の蘇我氏の外交姿勢、ひいては倭国の外交方針について検討することとしたい。

一　推古朝末期の外交と蘇我氏

いま『日本書紀』から推古朝末期の外交関連記事を拾うと、次のようになる（a～dは記事の日付などの相違にもとづき、1～9は記事の内容にもとづく）。まず推古二十九年（六二一）是歳条には、

a　新羅遣二奈末伊弥買朝貢一。仍以二表書一奏二使旨一。

とあり、新羅の朝貢を記す。この翌年、厩戸皇子が死去するのであるが(6)、推古三十一年七月条には、

b1　新羅遣二大使奈末智洗爾一。任那遣二達率奈末智一。並来朝。仍貢二仏像一具。及金塔幷舎利。且大灌頂幡一具。小幡十二条一。……

b2　是時。大唐学問者僧恵斉。恵光。及医恵日。福因等並従二智洗爾等一来之。於レ是。恵日等共奏聞曰。留二于唐国一学者。皆学以成レ業。応レ喚。且其大唐国者法式備定之珍国也。常須レ達

と、新羅大使奈末智洗爾一行とともに大唐学問者僧恵斉・恵光・及医恵日・福因等が帰国していることを記す。帰国した恵日等が「留二于唐国一学者。皆学以成レ業。応レ喚。且其大唐国者法式備定之珍国也。常須レ達」と奏聞していることが注意される。

これに続けて『日本書紀』は推古三十一年是歳条を掲げ、

c1　新羅伐二任那一。任那付二新羅一。

と、新羅が任那を占領したこと、それに対して、

c2　天皇将レ討二新羅一。謀(7)及二大臣一。詢二于群卿一。

と、天皇が大臣や群卿に新羅を討たんとして大臣に謀り、群卿に詢ったことを記し、これに対して、

ア田中臣対曰。不レ可二急討一。先察レ状以知レ逆。後撃之不レ晩也。請試遣レ使観二其消息一。イ中臣連国曰。任那是元我内官家。今新羅人伐而有之。請戒二戎旅一。征二伐新羅一。以取二任那一付二百済一。寧非レ益レ有二于新羅一乎。ウ田中臣曰。不レ然。百済是多二反覆一之国。道路之間尚詐之。凡彼所レ請皆非之。故不レ可レ付二百済一。エ則不二果征一焉。

と、田中臣は急いで討つべからずといい（ア）、中臣連国は新羅を征伐して任那を百済に付けた方が得策であるといい（イ）、これに対してさらに田中臣が反論し（新羅を伐って任那を）百済に付けてはならないといい（ウ）、結局この田中臣の発言が通り、新羅征討は行われないこととなった（エ）。そこで、

c3　爰遣二吉士磐金於新羅一。遣二吉士倉下於任那一。令レ問二任那之事一。

と、新羅に吉士磐金を派遣するとともに、吉士倉下を任那に派遣し、任那のことを問わしめることとなる。その結果、

c4　新羅国主遣二八大夫一。啓二新羅国事於磐金一。且啓二任那国事於倉下一。因以約曰。任那小国。天皇付庸。何新羅輙有之。随レ常定二内官家一。願無レ煩矣。則遣二奈末智洗遅一。副二於吉士磐金一。以二任那人達率奈末遅一。副二於吉士倉下一。仍貢二両国調一。

と、新羅は奈末智洗遅等を朝貢使として新羅・任那の調を貢上することとなる。しかし一方では、

c5　然磐金等未レ及二于還一。即年。以二大徳境部臣雄摩侶。小徳中臣連国一為二大将軍一。以二小徳河邊臣禰受。小徳物部依網連乙等。小徳波多臣廣庭。小徳近江脚身臣飯蓋。小徳平群臣宇志。小徳大伴連闕レ名。小徳大宅臣軍一為二副将軍一。率二数万衆一。以征二討新羅一。

と、磐金等が帰国しないのに、大徳境部臣雄摩侶、小徳中臣連国を大将とする征新羅軍が派遣されることとなる。この軍が新羅に到着するのは、

c6　時磐金等共合二於津一将レ発レ船。以候二風波一。於レ是船師満レ海多至。

と、吉士磐金等が朝貢使をともなって新羅を出航する直前のことであった。この軍の到着をみた新羅・任那の朝貢使は、

c7　両国使人望瞻之愕然。乃還留焉。更代二堪遅大舎一為二任那調使一。而貢上。

と、恐れをなして還ってしまう。そこで新たに朝貢使が選出されるが、出航しようとしていた磐金等はこれをみて、

c8　是軍起之既違二前期一。是以任那之事今亦不レ成。則発レ船而渡之。

と、軍の来ることは約束に違い、このため、任那のことは今回も成功しないであろうといったという。これに続けて、

c9　唯将軍等始到二任那一。而議之欲レ襲二新羅一。於レ是。新羅国王聞二軍多至一。而予慴之請レ服。時将軍等共議以上レ表之。天皇聴矣。

と、この軍は任那にわたり、新羅を襲おうとするが、新羅王は大軍が至ると聞いて、戦う前に服すのである。

以上が推古三十一年是歳条に記されているのであるが、これに続けて推古三十一年十一月条において、

d1　磐金。倉下等至レ自二新羅一。

と新羅・任那に派遣されていた磐金・倉下が帰国したことを記し、

d2　時大臣問二其状一。対曰。新羅奉レ命以驚懼之。則並差二専使一。因以貢二両国之調一。然見二船師至一。而朝貢使人更還耳。但調猶貢上。

と、それに対する大臣が諮問し、それに対して新羅が「専使」を差して「両国の調」を貢じようとしていたのに、倭国の軍が来たのをみて、朝貢使が還ることとなったが、ただ、調は貢上するというのである。これに対し、

d3　爰大臣曰。悔乎。早遣レ師矣。

と、馬子は軍の早く派遣されたことを嘆いたとある。続けて、

d4　時人曰。是軍事者。境部臣。安曇臣。先多得二新羅幣物一之故。又勧二大臣一。是以未レ待二使旨一而早征伐耳。

と、「時人」の言葉として、軍事は境部臣と安曇臣が新羅の「弊物」を得ようとして馬子に勧めて、使者の帰国を待たずに軍を出させたと記す。

この一連の記事は是歳条の次に十一月条が置かれており、不自然である[8]。井上光貞氏は岩崎本『日本書紀』が右の記事を推古三十年のこととしていることなどから、推古三十一年条の記事は推古三十年のことであるとした上で、その順序についても、

?月　朝廷、新羅征討を議し、穏健派の意見が通る　c2
?月　磐金等を新羅に派遣する　c3
七月　新羅使奈末智洗爾ら派遣を決定、日本新羅を伐つ。新羅屈す　c4・c5・c9
十一月　磐金等帰国。大臣ら、新羅を伐てる事を悔いる。大唐学問者僧恵斉・恵光等が帰国し、唐に通うべきことを奏す　d1・d3・b2

とする[9]。また『日本書紀』推古八年是歳条と類似した点があることから、鬼頭清明氏は推古三十一年是歳条と七月条はそれぞれ出典を異にする記事で、是歳条はその年紀が怪しいとし、東アジアの国際情勢から新羅征討が推古三十一年にあったかは疑問とする[10]。

いつ新羅征討が議論されたかである。まず鬼頭説についてであるが、確かに当時の東アジア情勢からは、新羅征討の機運が推古三十一年頃にあったとはいいがたい。しかし推古八年条とは登場人物が異なること、また倭国と新羅が全面的に衝突したわけではないために新羅が記録を残さなかったとも考え得ることから、別個の記事であり、推古三十一年頃に新羅征討軍は実際に派遣されたと考える。

となると、どのような順序で事が推移したかであるが、『書紀集解』（臨川書店、一九六九年による）は『長暦』を

参考にこの推古三十一年条に掲げる記事について、

三十年七月　新羅使奈末智洗爾ら派遣、仏像献ず　b1
　　　　　　この時、学問僧等帰国し、唐に通うべきことを奏す　b2
　　是歳　　新羅を伐つことを謀る　c2
　　　　　　新羅征討を議し、穏健派の意見が通る　c3
　　　　　　磐金等を新羅に派遣　c3
十一月　　　磐金帰国に及び倭国の軍至る……c6

の順であるとしている。この『書紀集解』の説は先の井上氏の説に影響したものであるが、『日本書紀』・井上説・『書紀集解』のいずれが正しいのか。

問題はいつ新羅使奈末智洗爾が派遣され、留学生等が帰国したのかである。『日本書紀』に当該記事前後の記事を拾うと、推古二十九年是歳条に「新羅遣二奈末伊弥買朝貢一」とあり、これから、推古二十九年に使者が来ていたことが知られる。その後の新羅と任那の関係を記したものは推古三十一年是歳条の「新羅伐二任那一。任那付二新羅一」（c1）であるが、背景に新羅がすでに占領していた任那地方の小規模の反乱を抑えたことがあったのかもしれない。これに対して「天皇将レ討二新羅一。謀及二大臣一。詢二于群卿一」（c2）となるのである。

この会議で穏健派の意見が通り、使者が派遣される。しかしこの一方で征新羅軍が派遣されたのである。となると問題はいつ新羅使が来たかである。新羅が任那を「伐」った（c1）が、このことの結果なのではないのか。任那に対して倭国が敏感に反応することは新羅も承知し、仮に小規模な反乱を抑えたにすぎないとしても倭国が反応する可能性はあり、それで先手を打って新羅使奈末智洗爾が送られ、それにともない留学生が帰国する。その留学生は唐に通うべしと奏するのであるが、しかし一方で会議が開かれるのである。すなわちそれが推古三十年か三十一年かは不

明であるが、

？　　新羅、任那を伐つ　　c1
七月　新羅使奈末智洗爾ら派遣、仏像献ず　　b1
　　　この時、学問僧等帰国し、唐に通うべきことを奏す　　b2
　　　新羅征討を議し、穏健派の意見が通る　　c2
　　　磐金等を新羅に派遣　　c3
？　　新羅奈末智洗遅等の派遣決定　　c4
？　　倭国新羅を伐つ軍の派遣、新羅、屈す　　c5・c9
十一月　磐金帰国に及び倭国の軍のいたるをみる　　c6
　　　磐金等帰国。大臣ら、新羅を伐てることを悔いる　　d1・d3

の順となろう。b1の新羅使奈末智洗爾ら派遣仏像と献ず記事と、c4の奈末智洗遅の来朝記事が重複している可能性は高いが、七月に来倭し、磐金等と帰国し（c3）、その磐金とともに再度来倭したと解する。

では蘇我氏の外交姿勢はいかなるものであったのか。この一連の記事について日野昭氏は蘇我大臣も武断派とみた上で、馬子は後に軍派遣の軽挙を後悔せざるを得なかったとする。[12]ここでまず問題となることは、田中臣の発言が馬子の意を受けてのことであったのかである。もしそうであれば、馬子は軍を派遣する意志はなかったものの、同族境部臣等に急ぎ促されてやむなく軍の派遣を承認したこととなる。[11][13]

この田中臣は『古事記』孝元天皇の段に建内宿祢の男蘇我石河宿祢が蘇我臣、川邊臣、田中臣、高向臣、小治田臣、櫻井臣、岸田臣の祖とされており、またこの田中臣は天武十三年（六八四）十二月に朝臣姓を賜っているが、[14]『新撰姓氏録』（佐伯有清『新撰姓氏録の研究　本文篇』吉川弘文館、一九六二年による。以下同じ）右京皇別には、

田中朝臣
　武内宿祢五世孫稲目宿祢之後也。

とあり、蘇我稲目の後裔氏族である。『蘇我石川両氏系図』（群書類従本による）に稲目の子供としてみえるなかに、田中臣として分出した人物はみあたらないから、稲目、もしくはその子である馬子の頃に同族関係が擬制されたと考えられ、その意味では馬子と深い関係にあったことが推測される[15]。

　したがって馬子の意を受けての発言であった可能性があり、馬子は慎重に新羅と接しようとしたものの、同族境部臣等に急ぎ促されて新羅出兵を急がされたのである。その背後には学問僧等が新羅使とともに帰国し、唐に通うべきことを奏したことがあろう。新羅使とともに帰国したことは唐の意向が反映されており[16]、これにより反新羅では都合の悪いことを悟ったのではないか。その意味では推古三十一年頃の蘇我馬子を武断派とみることは出来ず、反新羅ともいえないであろう。ただ、同族境部氏を抑えきれず、新羅出兵を認めたのである。

二　舒明朝の蝦夷の外交

　蘇我馬子は推古三十四年（六二六）五月に死去する[17]。この馬子の後を継いだその子蝦夷はいかなる外交方針で臨んだのか。

　注目されるのは遣唐使の派遣とその送使高表仁の扱いである。舒明二年（六三〇）八月に遣唐使が派遣される[18]。このことは唐へのあこがれの結果であるが、この遣唐使一行について『日本書紀』舒明四年八月条は、

　大唐遣高表仁送二三田耜一。共泊二于対馬一。是時学問僧霊雲。僧旻及勝鳥養。新羅送使等従之。

と、高表仁に送られて対馬に到着したことを記している。この一行は学問僧霊雲、僧旻や新羅送使をともなっていた

が、十月に難波に到着する。(19) その高表仁は舒明五年正月に帰国の途につくが、(20)『旧唐書』東夷伝倭国条は、

　貞観五年（六三一）、遣使献方物。太宗矜其道遠、勅所司無令歳貢。又遣新州刺史高表仁時節往撫之。表仁無綏遠之才。与王子争礼、不宣朝命而還。至二十二年、又附新羅奉表、以通起居。

と記し、また『新唐書』東夷伝日本条は、

　太宗貞観五年、遣使者入朝。帝矜其遠、詔有司毋拘歳貢。遣新州刺史高表仁往諭。与王争礼不平、不肯宣天子命而還。久之、更附新羅使者上書。

と記す。

『新唐書』東夷伝日本条の「久之、更附新羅使者上書」は、『旧唐書』東夷伝倭国条の「至二十二（貞観）年、又附新羅奉表、以通起居」との記事に対応するものであり、倭国が六四八年＝大化四年に新羅を介して唐に奉表し、起居を通じたことをさすが、注目されることは高表仁が「王子」ないし「王」と礼を争ったために「不宣朝命而還」・「不肯宣天子命而還」との結果を生んだと記されていることである。金鉉球氏は、高表仁が新羅支援を倭国に求めたことに対して倭国が肯んじなかったためとみている。(21) 六二四年＝武徳七年正月、朝鮮三国は唐から冊封を受けるものの、(22) 同年十月には百済が新羅に侵攻して六城を取り、(23) 翌年には新羅の入唐路を高句麗が塞いでいると新羅が唐に訴え、(24) 六二六年に唐は朱子奢を高句麗・新羅に遣わして新羅と和親することを促し、高句麗は謝罪するのである。(25) 新羅は唐を頼っていたのであり、それは六三〇年頃も同じであり、これに対して唐は新羅を支援し続けていたのであり、その支援を倭国にも求めたのである。

　これを倭国が拒否しようとした結果が、「不宣朝命而還」・「不肯宣天子命而還」との結果を生んだと金氏は考えたのであるが、氏のようにとらえるには、「朝命」・「天子命」の内容を倭国があらかじめ知っていることが前提となる。しかしその内容を倭国は知っていたのであろうか。

これを考える鍵は遣唐使が新羅を経由して帰国していることである。金氏は派遣された使者がどの路を通って帰国するかは、使者を受け容れた相手国が選択することであったとし、その上で、唐は倭国の意思を無視して新羅経由での帰国をしむけたとみている[26]。新羅を通っての帰国は唐の意向によるものでり、そうである以上、「朝命」・「天子命」は新羅を支援せよとの内容を含んでいる可能性がある。このことを汲み取って、「朝命」・「天子命」を述べさせないようにした結果が、高表仁が「王子」ないし「王」と「礼」を争うことにつながったと考える。

その「礼」について、金氏は唐は倭国の意思を無視して新羅経由での帰国をしむけたのであり、それは「礼」を失する行為であるとして、蘇我氏がそれをとがめたとみている[27]。しかし帰国について、それが相手国の援助の下に行われることであるからして、倭国が口を挟む余地のないことといわなければならない。そうであれば、別の理由を考えなければならないが、『大唐開元礼』の規定との関係が問われる。『大唐開元礼』（古典研究会『大唐開元礼　附大唐郊祀録』汲古書院、一九七二年による）は七三二年に完成するが、巻七十九には「蕃国王」に接する時の応接時の規定、巻第一百二十九には「遣使諸蕃宣労」の項目がある。『大唐開元礼』にみえる規定が、唐建国後間もない段階で存在したのか、また、それが実際に蕃国でどの程度実施できたのか不明であるが、これに類した規定が存し、それの適用を高表仁が実行しようとした場合、倭国の方式と合うかである[28]。これを口実とし、「礼」を争った可能性もあるのではないか。

これを主導したのは誰かである。「王子」・「王」と中国側の史料にはあるが、先にふれたように金氏は蘇我氏とみている。朝廷内で高表仁をいかに遇するかといったことについての論議が行われたとの記事がないことが注意される。そのことからすると、いかに高表仁と接するかについては異論が存しなかったのではないかと推測される。当時、政界第一の実力をもっていた蝦夷の意向が反映されたためであろう。その蝦夷が新羅支援を肯んじなかったために、高表仁と「礼」を争うことを通して、「朝命」・「天子命」を述べさせないままに帰国させることに成功したと考えられるのである。

このことの背後には蘇我氏の百済支援の姿勢があろう。引き続き、この時の蝦夷の外交方針は親唐ではあるものの、非新羅であり、親百済を持続したものであったといえよう。新羅と百済が争っているなかで新羅を支援することになると、その分、百済にとって不利となるからである。

ところで先の舒明四年の留学僧等の帰国から遅れること七~八年、遣隋使とともに派遣されていた学問僧等が新羅経由で倭国に帰国する。『日本書紀』舒明十一年九月条は大唐学問僧恵隠・恵雲が「新羅送使」に従って入京したとし、同十二年十月条は大唐学問僧清安・学生高向漢人玄理が新羅を「伝」って至るとする。

先にふれたように、倭国派遣の使節の帰国ルートは派遣先の国が決定することであった。この場合は留学僧等の帰国であるが、それが新羅経由での帰国なのである。そこに唐の意向が反映されていると考えられるが、その点からしても、この学問僧等が親唐・親新羅外交の展開を求めた可能性がある[29]。その留学僧等は国内で多くの者にその学んできたことを広めようとしていたことが注意される。南淵請安[30]は帰国後[31]、「周孔」を教えており、そこに鎌足らが通っていたのであり[32]、留学僧であった僧旻[33]は帰国後[34]、その堂に群公の子弟を集めて『周易』を読んでいたのである。『鎌足伝』によれば、中臣鎌足とともに蘇我入鹿も僧旻のもとで学んでおり、しかも入鹿は優秀であったのである[35]。

このように多くの者が留学僧等のもとに通い、学んでいたことはその外交に少なからず影響したのではないか。その意味ではこの舒明晩年の留学僧等の帰国後、親唐路線が倭国に広まったと考えられる。しかし蝦夷は百済系氏族を内部に抱えている以上、親新羅路線にまで踏み出せなかったのではないか。親唐ではあっても、親百済・非新羅外交の展開である。

二　皇極朝の外交

以上、舒明朝の外交については、親唐ではあっても、親百済・非新羅外交が展開されたことをみてきたが、『日本書紀』舒明十三年十月条は丁酉＝九日に舒明天皇が崩じたことを記している。その皇后であった皇極が即位することとなるが、この下で外交はいかに展開されたのか。

注意されることは、『日本書紀』皇極元年（六四二）正月条が皇極が蝦夷を引き続き大臣としたとし、続けて「大臣児入鹿自執二国政一。威勝二於父一。由レ是盗賊恐懾。路不レ拾レ遺」と記していることである。いつから入鹿が「国政」をとったかであるが、『日本書紀』は皇極二年十月条において「蘇我大臣蝦夷縁レ病不レ朝。私授二紫冠於子入鹿一。擬二大臣位一」と記している。このことから、この時、蝦夷から入鹿への交代がなされたことが知られるが、皇極元年条からは、これに先んじて国政に参加していた可能性のあることは否定できない。

その入鹿が蝦夷と全く同じ考えのもとに外交問題に取り組んだかである。蝦夷については優柔不断とされるが[36]、入鹿はこれとは性格を異にしていたようである[37]。これが正しいならば、対外政策も異なる可能性はある。すなわち、親百済外交をやめ、新羅寄りの外交を展開することも考えられるのである。その意味で注目されるのが入鹿が先にふれたように僧旻のもとに通っていたことである。このことはその外交に少なからず影響したのではないか。もっとも留学僧のもとに学んだからといって、入鹿が外交政策の変更までしたとは限らない。この点、山尾幸久氏は入鹿が漫然として親百済路線を採り続けたとは思えず、唐の要請を受けて新羅との友好関係を構築しようとしていたと説いている[38]。

しかし蘇我氏が内部に百済系氏族を抱えている以上、入鹿はその百済系氏族のことを考慮し、積極的に親新羅的な外交路線を採ることはできなかったとも考えられる。以下、このことを念頭に、皇極朝の外交について検討することとしたい。

1　翹岐の受け入れ

皇極朝の外交について考えるにあたって、まず注目されることは『日本書紀』皇極元年正月条が、

　百済使人大仁阿曇連比羅夫。従二筑紫国一乗二駅馬一来言。百済国聞二天皇崩一奉二遣弔使一。臣随二弔使一。共到二筑紫一。而臣望レ仕二於葬一。故先独来也。然其国者今大乱矣。

と記し、また皇極元年二月条において、舒明天皇の死に対して百済が派遣してきた弔使の傔人等が、

　今年正月。国主母薨。又弟王子児翹岐及其母妹女子四人。内佐平岐味。有二高名一之人卌余被レ放二於嶋一。

といったと記し、同年二月条において、

　召二翹岐一安二置於安曇山背連家一。

と、安曇山背連＝阿曇連比羅夫の家に翹岐が移ったこと、そして同年四月条において、

　太使翹岐将二其従者一拝レ朝。

と、翹岐＝豊璋[39]が倭国に迎えられた[40]と記し、また皇極二年四月条が、

　筑紫大宰馳駅奏曰。百済国主児翹岐弟王子共二調使一来。

と記していることである。

この一連の記事をいかに解するかについては、後述するように一致をみていない。それで改めて検討することとしたいが、まず皇極元年正月条の比羅夫の帰還時期からみていきたい。

これについては、百済の舒明に対する弔使とともに筑紫に到着し、それからは葬礼に参加するために駅馬を利用し

て戻ったと『日本書紀』皇極元年正月条にあることから、皇極元年正月のこととひとまず考えておきたい。比羅夫が百済に使者として派遣されていたとの記事はみあたらない。しかし、恐らく前年十月における舒明天皇の死を告げるために派遣され、百済の弔使とともに帰国し、筑紫到着後は舒明の葬礼に参加したいとの思いから、一人急いで帰国したのではないか。この点、山尾幸久氏[41]や鈴木英夫氏[42]は帰国が出発後三ヶ月足らずであることなどから、『日本書紀』の年紀を疑い、一年遅らせてとらえている。しかし帰国が出発後三ヶ月足らずであることを理由として、『日本書紀』の年紀を疑うことまでできるのであろうか。一年遅らせてとらえるのであれば、百済弔使と筑紫で分かれて急ぎ帰る必要があったか疑問である。

ここで注意されることは、皇極元年二月条において弔使の傔人等が「今年正月。国主母薨」といったとあることである。この記事が正月にかけられているのであるが、弔使の筑紫到着は正月のことであること、その弔使の傔人等が「今年正月」といっていることに注目するならば、これを一年遅らせたとしても正月のある日に百済を出発したことになる。比羅夫からすると、正月のある日に百済を出発し、筑紫に到着し、さらに飛鳥の地を踏んだのは正月二十九日のことであったのである。三十日以内に百済を出発して飛鳥に到着しているのであるから、仮に比羅夫が舒明の死を告げるために死の翌日すなわち前年の十月十日に百済に向かったとしても、三ヶ月余での往復は可能とみなくてはならない。とすれば、一年遅らせて考える必要はなくなる。皇極元年正月に比羅夫は帰国したのである。

その比羅夫が百済は「今大乱」と報告したのである。この「今大乱」については、弔使の傔人等が「今年正月」のこととして翹岐等が追放されたとの発言に通じ、これによれば、百済に内紛が起こり、反国王派が追放されたこととなる。これを日本古典文学大系本『日本書紀』補注や鈴木靖民氏[43]は百済に内紛が起こり、翹岐等の日本派が敗北した結果とする。また金鉉球氏は義慈王による日本派王子翹岐の粛正とし、それを蘇我氏が受け入れたとし、このために蘇我氏と百済の関係が悪化したとする[44]。

これとは視点を変えて石母田正氏は、（一）この「今大乱」とされる政変＝王子翹岐らの追放は倭国にとって不利な政変であって、蘇我氏が翹岐を保護し、遇しているのは、本国義慈王に対抗するためであろうとし、（二）その背景として先にふれた六四二年七月からの百済の新羅侵攻を重視し、この攻撃で百済は新羅の大耶城を抜いているが、この地はかつての任那の中央部の一国多羅国であり、（三）この百済の新羅侵攻は旧任那領の百済占領をもたらし、そのことは百済の倭国に対する地位の強化を意味し、それは両国間の不調となって結果し、この時期に百済からの調を欠くところとなるが、（四）その折に百済に内紛が起こり、翹岐等が追放されることとなったが、その翹岐の到着を皇極二年のこととみる。また西本昌広氏は、六四二年七月からの百済による旧任那の占領に対して、倭国は安曇比羅夫を派遣してこの領有を承認するのであり、その代償として王子豊璋などの入質を要求し、それに応じた百済はその質の早期返還を狙って内乱が発生したとの虚報を流したとみる。[45][46][47][48]

このように解するために石母田氏は翹岐の来倭を皇極二年のことと解し、また西本氏は当該時期の『日本書紀』の外交記事に一年のずれがあるとみて論を構成したのであるが、しかし渡辺康一氏や廣瀬憲雄氏は翹岐＝豊璋の来日を皇極元年正月と考え、翹岐の来日は任那領有承認の代償などとしてではなく、以後展開する新羅攻撃の前に倭国との友好関係強化のために百済が送ってきたとみている。[49][50]

比羅夫の帰還時期は、先にふれたようにそれは皇極元年正月のことであり、これによれば比羅夫は任那の中心地大耶城の占領前に帰国したのであり、そうであれば新羅攻撃と関係がなくなることとなる。この時、内乱を伝え、それにともなって翹岐が来日したのであれば、任那領有承認の代償として来倭したとはいえないこととなる。

ここで注目されるのは、百済の武王が在位四二年にして六四一年三月に薨じ、その太子であった義慈王が即位していることである。これ以後、百済において王族の動向が変化し、それを促進したのは「国主母」の死であり、また誰を皇太子とするかであった。この一方で、百済は六四二年七月以降の新羅への大規模攻撃を計画するのであるが、当[51][52]

時、百済は高句麗と和親状態になく、[53]その意味では倭国との関係は重要であった。これらのことから翹岐の来倭は倭国との友好関係を強化するためであって、それが皇極元年＝六四二年正月のことであっても不思議はない。

なお、『日本書紀』は皇極二年四月条において翹岐の来倭を記すが、これをどうとらえるかである。この点、先にふれたように金氏は義慈王による日本派王子翹岐の粛正とし、また石母田氏はこの王子翹岐らの追放は倭国にとって不利な政変であって日本派が追放されたと説いている。しかし弔使の傔人等が「今年正月」のこととして翹岐等が追放されたとの発言に注意したい。先にふれたように「今年正月」は舒明の死に対する弔使の言であることから、皇極二年のことではない。このことから、追放されるのであれば皇極元年のことで、翌年になっての追放では遅すぎるといわなければならない。したがって『日本書紀』皇極二年四月条の記事は誤りで、そのようにみると『日本書紀』皇極元年四月癸巳条の「太使翹岐将二其従者一拝レ朝」、同乙未条の「蘇我大臣於二畝傍家一喚二百済翹岐等一親対語話」などの記事も矛盾なく解することが出来る。

とすると、残る問題は翹岐等の来倭が内乱と結びつくかである。渡辺康一氏[54]や鈴木英夫氏[55]は百済で内乱が発生したとは考えられないものの、翹岐の太子からの降格はあり、質として派遣されたとみる。しかし義慈王が太子を立てるのは六四四年のことであるから[56]、太子候補の変更はあったかもしれないが、百済王室内で太子の変更がなされたとはいえない。したがって六四一年三月の武王の死後、王族の地位に変動が生じ、一部は宮廷から遠ざけられることとなったとみるべきで、それが百済に派遣されていた安曇比羅夫の「今大乱」、百済からの弔使の傔人の「有二高名一之人卌余被レ放二於嶋一」の言につながったものと考える。

ただこのように考えた場合、地位の保全のために追放の形を取ったと考えられないことではないが、倭国に居住させることまで必要であったかである。その意味では今後も倭国を百済側に繋ぎ止めようとしたことの一環であろう。質に外交官としての意味がある[57]ことを考慮するならば、翹岐は百済支援を求めて外交官的な一面を兼ね備えた「人質」として倭国に遣わされたのであろう。そしてそれを倭国は受け容れたのである。

2　百済の調

このように百済では国王の死にともなって政治情勢の変化があったのであるが、これを受けて倭国はいかなる方針で臨んだのであろうか。

皇極元年五月に調使として来倭した百済使者の帰国に際し、『日本書紀』は皇極元年八月条において、

賜三大舶与二同船三艘一。同船。母盧紀舟。

と、大船など四艘を賜与したことを記している。日本古典文学大系本『日本書紀』頭注によれば同船は「合木船」のことで、大型の船であるが、これらは使者の帰国のために用意したと考えられないではない[58]。しかしそのように考えるには大型船の数が多いように思われる。この年の七月には百済が新羅に侵入、四〇余城を取るが、五月に来た使者はいずれ新羅を攻撃する予定であることを告げ、このことの支援を求めたのではないか[59]。そうであるならば、帰国に際して大舶と同船三艘を賜与したことは百済支援のためであり、親百済政策を反映したものといえよう[60]。

この親百済政策の一方、翌年には百済より貢上された調の不備が詰問されている。皇極二年六月、百済より調使が派遣され、難波津に到着するのであるが[61]、その使者に対して『日本書紀』皇極二年七月条は、

遣二数大夫一於難波郡撿三百済国調与二献物一。於レ是大夫問二調使一曰。所レ進国調欠二少前例一。送二大臣一物。不レ改二去年所レ還之色一。送二群卿一物。亦全不二将来一。皆違二前例一。其状何也。大使達率自斯副使恩率軍善。倶答諮曰。即今可レ備。

と記す。百済からの調が前例より少なく、大臣に対する物は前年に受け取りを拒否して返した物と種類が同じで、群卿あての物はもってきていないことの理由を問いただし、これに対して百済使者は「今可レ備」と応えているのであ

る。

前年の百済支援とは異なり、この倭国が百済の調の不備を追求したことは、百済との関係悪化を招きかねないことであり、親百済政策を転換するとも受け取れる行為である。しかしこれについては、これまでの百済との関係を見直すということから発生したものではないことに注意すべきであろう。群卿あての物はもってきていないということからすると、群卿の私的経済とも連動した単純な動機によるとも考えられる。百済が新羅と戦っている現状をみて、百済にこのような要求をしても百済との関係悪化はないであろうと踏んだ上での行動であったのではないか。実際、百済使者が「今可ㇾ備」と応えていることからして、百済にしても、新羅との戦争のために経済的な余裕がないと推測されるものの、倭国との関係を保持しようとの姿勢がうかがわれ、大化元年七月の百済調使来倭の折には改善されるのである。百済が倭国の要求に応えるならば、倭国の百済支援姿勢は続くのである。[62][63]

百済は支援を求めて倭国の要求に応えつつ、関係の持続を望んでいることがうかがえるが、この一方、新羅との使者の往来はほとんどみえない。皇極元年二月に倭国が使者草壁吉士真跡を派遣し、三月辛酉（六日）に新羅が賀騰極使・弔使派遣し、九日後の庚午（十五日）に帰国するとみえるのみである。これに先立って来倭した高句麗の使者の場合、二月壬申（六日）に難波津に到着し、帰国の途につくのは二月癸丑（二十七日）であり、百済の場合は高句麗より早く来倭しているが、帰国は高句麗と同じ日であることからすると、新羅は慌ただしく帰国したというべきで、これは倭国の姿勢によるものである。すなわち、新羅は到着が遅く、その意味では、儀礼中心に使者を送り、その使者に対して倭国は高句麗・百済より冷淡に扱ったと言えよう。それには入鹿の姿勢が反映されているのではないか。百済に対しては、高い要求をしつつも、それに従う限り、冷淡には扱わず、新羅に対しては冷淡な扱いをしていたのである。[64][65]

学問僧等が親唐・親新羅外交の展開を求めた可能性はある。[66]しかし蘇我氏が内部に百済系氏族を抱えている以上、入鹿はその百済系氏族のことを考慮し、積極的に親新羅一辺倒の外交路線を採ることはできなかったとみておきたい。入鹿は親唐路線は否定したわけではないであろうが、遣唐使を派遣するならば、かつての高表仁のように親新羅外交の展開を求められる可能性があり、そのことを思うと、遣唐使の派遣をためらったのではないか。したがって入鹿の主導する外交路線には限界があったのであり、親唐・親新羅外交推進派からは否定されるものであったのである。

小　結

以上、推古朝末期から、乙巳の変にかけての倭国の外交がどのようなものであったのかをみてきた。一貫して外交を主導した蘇我大臣家の方針は親百済であり、また親唐であり、反新羅でもなかった。しかしこの方針では無理なことが鮮明になるのは、舒明晩年の留学僧等の新羅を通っての帰国であり、そこには唐の新羅を支援せよとの意志が込められていた。

それでも蘇我氏は親百済・親唐、非新羅路線を採り続けたのであるが、六四二年七月以降、朝鮮半島の情勢が変化する。それは六四二年七月の、百済が新羅の四〇余城を取り(67)、高句麗が新羅の唐への入朝路を断ち、これに対する新羅の唐への救援依頼(68)に対する唐の態度である。六四四年正月、唐太宗は高句麗に璽書を与えるのであるが、兵を引かなければ明年出兵し高句麗を討つと告げ、これに対して高句麗はすでに新羅を侵略していたので、急ぎ兵を還す一方、新羅との怨隙久しく、と返事しついに従わなかったのである(69)。この告諭を受けた百済は陳謝するものの(70)、高句麗が従わなかったことをことを受けて、六四四年七月に唐は行軍の準備を開始する(71)。一方新羅はその九月、百済に攻め込み、七城を取る(72)。六四五年正月、太宗自ら高句麗行軍を開始し(73)、新羅がこれに援軍を出すことになるが、この新羅が高句麗に出兵したことを聞いた百済は、新羅七城を取るのである[74]。

このように朝鮮半島では、六四二年七月以降、大規模な戦闘が開始されることになり、唐もそれに巻き込まれていくのであるが、しかし『日本書紀』皇極二年七月条が倭国には六四二年七月に百済から使者が来ていることを最後として、大化元年七月条まで使者の到来を記していないことからして、この情報が倭国にどの程度伝わっていたのか、疑問のあるところである。六四五年正月以降の唐皇帝の高句麗親征開始も倭国に直ちに伝わっていない可能性があるのである。このため、入鹿の外交方針は変わらなかったのではないか。入鹿は留学生のもとに学んでいるから、親唐・親新羅を完全に拒否することはないが、しかし内部に百済系氏族を抱えているため、反百済外交は展開できず、親百済外交を中心に外交を展開しようとしたのである[75]。

このことは親唐・親新羅外交を説く勢力からすると、不満の多いところであり、それが原因の一つとなって乙巳の変が起きることとなるのであるが、その後に誕生した孝徳朝の外交については次章を参照されたい。

註

（1）『日本書紀』は皇極四年六月条において、三国からの貢調の日に入鹿殺害が決行されたこと、その場から逃れ出た古人大兄が、入鹿が「韓人」に殺されたと人に告げたと記す。
（2）石母田正「国家成立史における国際的契機」（『日本の古代国家』岩波書店、一九七一年）、八木充「難波遷都と海外情勢」（『日本古代政治組織の研究』塙書房、一九八六年）、西本昌弘「東アジアの動乱と大化改新」（『日本歴史』四六八、一九八七年）。
（3）山尾幸久氏は「唐の羈縻政策と東アジア」（『古代の日朝関係』塙書房、一九八九年）において入鹿が旻法師のもとに通っていたことがあり、その旻から一番の評価を得ていたことから、入鹿が漫然と因襲的な親百済策を肯定していたとは思えず、唐の国家的力量を正当に評価し、唐が要請する新羅との友誼を進めようとしていたとみている。

（4）『隋書』倭国伝開皇二十年条。
（5）この点については拙稿「推古朝前半の外交とその推進者」（本書第Ⅲ部第一章）を参照されたい。
（6）『日本書紀』は推古二十九年二月条に死亡記事を掲げているが、「天寿国繡帳」などによれば推古三十年のことである。
（7）国史大系本は「及、或当作于」と頭注を付している。
（8）日野昭氏はこの不自然な配置について分析を行っている（『日本古代氏族伝承の研究』永田文昌堂、一九七一年）一五九～一六四頁。
（9）井上光貞「推古朝外交政策の展開」（『井上光貞著作集』第五巻、岩波書店、一九八六年、初出一九七一年）。
（10）鬼頭清明「推古朝をめぐる国際的環境」（『日本古代国家の形成と東アジア』校倉書房、一九七六年、初出一九七二年）。
（11）日野前掲註（8）書、九四頁。
（12）日野前掲註（8）書、一六〇頁。
（13）『蘇我石川両氏系図』（群書類従本による）に稲目の子供としてみえるなかに境部摩理勢がみえ、また『聖徳太子伝暦』舒明天皇元年条に「大臣（＝蝦夷）叔父蘇我境部臣垸瀬」（続群書類従本による）とあり、境部臣垸瀬＝摩理勢は蝦夷の叔父にあたると記されている。
（14）『日本書紀』天武十三年十二月条。
（15）この点については拙稿「推古朝末・舒明朝の政界と蘇我氏」（本書第Ⅰ部第三章）を参照されたい。
（16）金鉉球「多面外交の交代と蘇我氏の危機」（『大和政権の対外関係研究』吉川弘文館、一九八五年）。
（17）『日本書紀』推古三十四年五月条。
（18）『日本書紀』舒明二年八月条。
（19）『日本書紀』舒明四年十月条。
（20）『日本書紀』舒明五年正月条。
（21）金前掲註（16）論文。
（22）『旧唐書』高祖本紀武徳七年（六二四）正月条は「封高麗王高武為遼東郡王、百済王扶余璋為帯方郡王、新羅王金真平為

楽浪郡王」と記す。なお『三国史記』新羅本紀は真平王四十六年（六二四）三月のこととし、高句麗本紀は建武王＝栄留王七年（六二四）二月条に冊封を掲げている。

(23)『三国史記』百済本紀武王二十五年（六二四）十月条は「攻新羅速含……冗柵等六城取之」と記し、『三国史記』新羅本紀真平王四十六年十月条も同様に記している。

(24)『三国史記』新羅本紀真平王四十七年十一月条は、「遣使大唐朝貢。因訟高句麗塞路、使不得朝、且数侵入」と記す。

(25)『三国史記』新羅本紀真平王四十八年七月条は、「唐高祖遣朱子奢来。詔諭与高句麗連和」とし、『三国史記』高句麗本紀建武王九年条は「新羅百済遣使於唐上言。高句麗閉路。使不得朝。又屡相侵掠。帝遣散騎侍郎朱子奢。持節諭和。王奉表謝罪。請与二国平」と記す。

(26) 金前掲註（16）論文。

(27) 金前掲註（16）論文。

(28) 後世のことではあるが、宝亀六年（七七五）六月に任命された遣唐使（『続日本紀』宝亀六年六月辛巳条）は紆余曲折を経て宝亀八年六月二十四日に日本を出発し（『続日本紀』宝亀九年十月乙未条・同十一月乙卯条）、長安に到り、唐送使趙宝英らをともなって帰国の途につく（『続日本紀』宝亀九年十月乙未条・同十一月乙卯条・同十年二月乙亥条）。趙宝英は第一船に乗ったものの、遭難し、海に没死する（『続日本紀』宝亀九年十一月乙卯条・同十年二月乙亥条）が、しかし別船に乗った判官孫興進・秦怤期（『続日本紀』宝亀十年五月癸卯条）、またこれとも別の船に乗った高鶴林（『続日本紀』宝亀十一年正月己巳条）は京に向かう。この時、その道中をいかにするかが問題とされ、結局この時は「進退」の礼、「行列の次」は「別式」によることとして対処している（『続日本紀』宝亀十年四月辛卯条）が、孫興進ら唐客は唐のやり方、すなわち『大唐開元礼』の規定によって行進しようとしたのである。森公章氏は粟田寛氏の「石上宅嗣補伝」に収められている「大沢清臣本壬生官務家文書」（続日本古典全集所収『栗里先生雑著』三、現代思潮社、一九八〇年）から、石上宅嗣は事大主義的立場にもとづく賓礼をとるべきであると主張し、南面した唐使が北面した天皇に使旨を告げる形式をとるべきと主張し、結局これが受け容れられたと説く（『「白村江」以後』講談社、一九九八年、七〜一〇頁）。

(29) 金鉉球氏はこのことを強調している（前掲註（16）論文）。

(30)『日本書紀』推古十六年九月条は、裴世清の帰国にともなう遣隋使にしたがって派遣された「学問僧」のなかに「南淵漢人請安」がいたと記している。
(31)先にふれたように『日本書紀』舒明十二年十月条は「大唐学問僧清安」と記している。
(32)『日本書紀』皇極三年正月条。
(33)『日本書紀』推古十六年（六〇八）九月条は、裴世清の帰国にともなう遣隋使にしたがって「学問僧新漢人日文」等が派遣されたと記している。
(34)『日本書紀』舒明四年八月条によれば、この時、高表仁の一行とともに対馬に到着している。
(35)『鎌足伝』（沖森卓也他『藤氏家伝　鎌足・貞慧・武智麻呂伝　注釈と研究』吉川弘文館、一九九九年、による）は二三〜二四行にかけて、「我が堂に入る者、宗我太郎に如くは無し」と、宗我太郎＝入鹿は優秀であると記している（なおこれに続けて、鎌足はそれより優秀であると旻が語ったと記す）。
(36)横田健一「蘇我本宗家の滅亡と大化改新」（黛弘道編『古代を考える　蘇我氏と古代国家』吉川弘文館、一九九一年）。
(37)そのことを示すのは、先の『日本書紀』元年正月条の入鹿評や、『日本書紀』皇極二年十月条の「独謀レ将下廃二上宮王等一而立二古人大兄一為中天皇上」との記事である。
(38)山尾前掲註（3）論文。
(39)西本昌広氏が翹岐が豊璋であると説いてからは（「豊璋と翹岐」〈『ヒストリア』一〇七、一九八五年〉・「豊璋再論」〈『日本歴史』六九六、二〇〇六年〉）、宋浣範氏の反論（「七世紀の倭国と百済」〈『日本歴史』六八六、二〇〇五年〉）があるものの、翹岐＝豊璋ととらえられている（廣瀬憲雄「皇極期百済関係記事の再検討」〈『日本歴史』七八六、二〇一三年〉）。本章もこれに従う。
(40)なお、『日本書紀』は舒明三年三月条において「百済王義慈入二王子豊章一為レ質」と、豊章＝豊璋の入質を記しているが、しかし当時の百済は武王の時代であり、百済王義慈が質を入れたとの『日本書紀』の記事に信をおけない。しかしこの折の豊章の質としての来倭については、質に外交官としての意味があることを考慮する（山尾幸久『古代の日朝関係』塙書房、一九八九年、三八四頁、延敏洙「日本書紀の「任那の調」関係記事の検討」〈『九州史学』一〇五、一九九二年〉）、羅幸柱

「古代朝・日関係における「質」の意味」(『史観』一三四、一九九五年)ならば、一時的なものとしては認めうる可能性がある。

(41) 山尾幸久「大化改新直前の政治過程について(上)」(『日本史論叢』一、一九七二年)。
(42) 鈴木英夫「大化改新直前の倭国と百済」(『続日本紀研究』二七二、一九九〇年)。
(43) 鈴木靖民「皇極紀朝鮮関係記事の基礎的研究」(『日本古代国家の形成と東アジア』吉川弘文館、二〇一一年、初出一九七〇・一九七一年)。
(44) 金鉉球「対外関係と大化改新」(前掲註(16)書)。ただし金氏は、このために蘇我氏の百済寄りの姿勢は後退するが、新羅寄りにもなれなかったとみている。
(45) 『三国史記』百済本紀義慈王二年(六四二)七月条は「王親帥兵侵新羅。下獼猴等四十余城」と記し、八月条は「攻新羅大耶城。城主品釈与妻子出降」と記し、『三国史記』新羅本紀善徳王十一年七月条は「百済王義慈大挙兵。攻取国西四十余城」と記し、八月条において「百済将軍允忠領兵攻抜大耶城」と記す。
(46) 『三国史記』新羅本記真興王十六年(五五五)正月条は完山州を比斯伐(『日本書紀』神功四十九年三月条は比自炑)と改めたとある(『三国史記』地理志火王郡条には、もと比自火郡、真興王十六年に州をおき下州と名づけたが、二十六年にこれを廃し名を改め、今昌寧郡とある)が、同二十六年九月条には完山州を廃して大耶州を置いたとある。これより先、新羅は五三二年、金官国の来降を受け容れ(『三国史記』新羅本紀法興王十九年条)、五六二年、加耶が叛するもこれを討ち(『三国史記』新羅本紀真興王十九年九月条)、ほぼ任那を滅ぼすが、『日本書紀』は欽明二十三年(五六二)正月条において任那を新羅が討ち滅ぼしたとし、一説として二十一年に任那滅亡をいい、任那として加羅、安羅、斯二岐・多羅など一〇国をあげている。ここにかつて多羅が任那一〇国のなかの一国であったことが知られる。
(47) 石母田正『日本の古代国家』(岩波書店、一九七一年)五六頁。
(48) 西本前掲註(2)論文。
(49) 渡辺康一「百済王子豊璋の来朝目的」(『国史学研究』一九、一九九三年)。
(50) 廣瀬前掲註(39)論文。

(51)『三国史記』百済本紀武王四十二年三月条。
(52)『三国史記』百済本紀義慈王即位前紀には、「義慈王。武王之元子。雄勇膽決。武王在位三十三年。立為太子。……武王薨。太子嗣位」とある。
(53)『三国史記』百済本紀義慈王三年十一月条に「王与高句麗和親」とあり、この時に和親したのではないか。
(54)渡辺前掲註(49)論文。
(55)鈴木前掲註(42)論文。
(56)『三国史記』百済本紀義慈王四年正月条は「立王子隆為太子」と記している。
(57)山尾前掲註(40)書、三八四頁、延敏洙前掲註(40)論文、羅幸柱前掲註(40)論文。
(58)『日本書紀』欽明七年正月条は帰国する百済使人に「船一十隻」を賜ったと記す。
(59)なお、五月に来て直ちに新羅攻撃を倭国に告げたとは考えない。新羅に漏れる可能性があるからであり、それを告げたのは七月のことであろう。
(60)『日本書紀』欽明十四年六月条は百済に赴く使者に「同舟二隻」の他弓五〇張、箭五〇具を百済支援のために托している。
(61)『日本書紀』皇極二年六月条。
(62)『日本書紀』大化元年七月条。
(63)ただしこの大化元年七月には任那の調を提出するものの、なお不十分なものであった。廣瀬憲雄氏は任那の調を欠いていたとみる一方、百済の態度を倭国がとがめ、百済の調をも返却したとみている(前掲註(39)論文)が、任那の調は持参されていたのである。この事態打開のために使者が派遣されることとなる。
(64)なお、この使者派遣は高句麗の政変にともなうものであるが、この政変を『日本書紀』は皇極元年二月条に「去年」のこととして載せている。しかし、実際に政変が起きるのはこの皇極元年のことであり(『三国史記』高句麗本紀栄留王二十五年=皇極元年十月条は「蓋蘇文弑王」と記す)、使者派遣はこれに対応したものである。
(65)『日本書紀』は高句麗政変を知らせた高句麗使者を皇極元年二月条に掲げているが、実際は皇極二年六月に来た使者(『日本書紀』皇極二年六月条は「筑紫大宰馳駅奏曰。高麗遣レ使来朝。群卿聞相謂之曰。高麗自二己亥年一不レ朝而今年朝也」と記す）が告げたものと考えられ、その意味では皇極元年二月の使者は賀騰極使・弔使であると解する。なお「己亥年」は舒明十一年であり、それ以来の高句麗の来朝であると群卿は語りあったと『日本書紀』が記しているが、皇極元年の使者が賀騰極使・弔使であったことによるものであろう。

(66) 金前掲註（16）論文。

(67) 『三国史記』新羅本紀善徳王十一年（六四二）七月条は「百済王義慈大挙兵。攻取国西四十余城」と記し、同様の記事が『三国史記』百済本紀義慈王二年（六四二）七月条にみえる。

(68) 『三国史記』新羅本紀善徳王十一年八月条は「与高句麗謀欲取党項城。以絶帰唐之路。王遣使告急於太宗」と記す。

(69) 『三国史記』高句麗本紀宝蔵王三年（六四四）正月条は「遣使入唐朝貢。帝命司農丞相里玄奨賚璽書賜王曰。新羅委質国家。朝貢不乏。爾与百済。各宜戢兵。若更攻之。明年発兵撃爾国矣。玄奨入堺。蓋蘇文已将兵撃新羅。破其両城。王使召之。乃還。玄奨諭以勿侵新羅。蓋蘇文謂玄奨曰。我与新羅怨隙已久。……莫離支竟不従」と記し、同様の記事が『三国史記』新羅本紀善徳王十三年正月条にみえる。

(70) 『三国史記』百済本紀義慈王四年正月条は「遣使入唐朝貢。太宗遣司農丞相里玄奨告諭両国。王奉表陳謝」と記す。

(71) 『三国史記』は高句麗本紀宝蔵王三年正月条において高句麗が従わなかったとの報告を受けた太宗は、「蓋蘇文弑其君。賊其大臣。残虐其民。今又違我詔命。不可以不討」といったと記し、同年七月条において「帝将出兵」と記す。

(72) 『三国史記』新羅本紀善徳王十三年九月条は「王命庾信為大将軍。領兵伐百済。大克之。取七城」と記す。また『三国史記』百済本紀義慈王四年九月条も同様に記す。

(73) 『旧唐書』太宗本紀貞観十九年（六四五）正月条は「上親統六軍発洛陽」と記す。

(74) 『三国史記』百済本紀義慈王五年五月条は「王聞太宗親征高句麗、徴兵新羅。乗其間取新羅七城。新羅遣将軍庾信来侵」と記す。また『三国史記』新羅本紀善徳王十四年五月条は「太宗親征高句麗。王発兵三万。以助之。百済乗虚襲取国西七城」と記す。なお『旧唐書』東夷伝新羅条は貞観十七年（皇極二）のこととして「太宗親伐高麗。詔新羅纂集士馬、応接大軍。新羅遣大臣領兵五万人、入高麗南界、攻水口城、降之」と、その数が五万であったと記す。

(75) これに対して新羅は庾信を派遣してこれに抵抗することとなる。『三国史記』百済本紀義慈王五年五月条は百済は七城を取ったものの「新羅遣将軍庾信来侵」と記す。

(76)　乙巳の変は「三韓」の貢調使が拝朝する機会をとらえて実行されている（『日本書紀』皇極四年六月条）が、偽りの可能性があり、そうであれば、皇極四年六月には「三韓」の使者は来ていないといわなければならない。

(77)　この点については拙稿「乙巳の変の首謀者とその動機」（本書第Ⅰ部第四章、初出二〇〇九年）を参照されたい。

第三章　孝徳朝の外交とその主導者

問題の所在

乙巳の変によって蘇我大臣家が倒された後、皇極天皇が退位し、かわって即位した孝徳天皇の下にいわゆる改新政府が構築される。『日本書紀』孝徳即位前紀は孝徳が即位した後のこととして、

奉㆓号於豊財天皇㆒曰㆓皇祖母尊㆒。以㆓中大兄㆒為㆓皇太子㆒。以㆓阿倍内麻呂臣㆒為㆓左大臣㆒。以㆓蘇我倉山田石川麻呂臣㆒為㆓右大臣㆒。以㆓大錦管㆒授㆓中臣鎌子連㆒為㆓内臣㆒。

と記し、阿倍内麻呂臣（以下、とくに断らない限り、単に阿倍麻呂と表記する）を左大臣、蘇我山田石川麻呂臣（以下、とくに断らない限り、単に石川麻呂と表記する）を右大臣、中臣鎌子連（以下、とくに断らない限り、単に鎌足と表記する）を内臣としたとし、またその末尾において、

以㆓沙門旻法師。高向史玄理㆒為㆓国博士㆒。

と記し、沙門旻法師（以下、とくに断らない限り、単に旻と表記する）と高向史玄理の二人を国博士としたとする。

この改新政府の外交方針はいかなるものであり、またこれを主導していたのは誰であったか。

これについては、当初、親唐・新羅路線を採ったのか[1]、親百済路線であったのか[2]、それともどちらでもなかった

のか、(3)で論が分かれており、また孝徳天皇の晩年、中大兄皇子が飛鳥に遷ろうとしたことを親唐・新羅路線とみるか、(4)親百済路線採用とみるか(5)でも論が分かれている。(6)この背景には中大兄と孝徳のいずれが主導権を掌握していたとみるか、(7)また任那の調の処理をいかにみるか、(8)さらにはより巨視的に東アジアの動向をいかにとらえるかということが関係している問題であるが、以下、この問題について考えることとしたい。

一　改新政府構成員とそれぞれの外交方針

先に孝徳即位にともなう改新政府の主要構成員についてみたが、鎌足の内臣就任については、大錦冠が大化三年（六四七）の冠位であり、また当該時期に鎌足が国政に参加したとの記事のみあたらないことから疑問視されている。(9)旻の国博士についても他に「国博士」と記したものがないことから、これも疑問視されている。(10)とすると改新政府の主要構成員は、左大臣とされた阿倍麻呂、右大臣とされた石川麻呂と国博士とされた玄理となる。彼らの外交方針はいかなるものであったのであろうか。

左大臣阿倍麻呂についてであるが、大橋信弥氏は、阿倍氏は大和政権の対外交渉、外交担当「大夫」として難波に拠点をもち、吉士集団を指揮すると同時に、海外交渉と密接な北九州、越両地方の国造等と同族関係を結び、彼らの協力を仰いでいたと推測している。(11)吉士集団との関係、外交的性格は志田諄一氏も説いているところであるが、(12)これを受けて金鉉球氏は、孝徳は四天王寺あたりをも勢力下におき新羅との関係統括者でもあった阿倍氏など新羅系の人々を頼り、また対親唐・新羅外交推進のために難波に宮を移したとする。(13)阿倍麻呂はこのことからすると新羅との外交の中心に位置していた人物であったと考えられる。

しかし親新羅とは限らないのではないか。『日本書紀』は推古八年（六〇〇）から十一年にかけてと推古三十一年の二度にわたって新羅征討が計画ないし実行されたことを記している。[14]いずれの時も阿倍氏はこれに賛意を示していないが、このことは親新羅であったことによると受け取れないではない。しかし新羅征討に反対したとも記されておらず、親新羅であったとまでは断言できない。したがって阿倍麻呂は新羅外交とは関係が深いものの、親新羅で新羅寄りの外交を主張していたとまではいえないと考える。

右大臣石川麻呂については、『蘇我石川両氏系図』（群書類従本による）には蘇我蝦夷の兄弟に倉麻呂（一名雄当・雄正）があり、その子が倉山田石川麻呂である。[15]蘇我氏の一員であり、蘇我氏が古くから百済系氏族と密接な関係にあったことを考慮するならば、[16]親百済的な外交から離れることはできなかったものと考えられる。

玄理は留学経験があり、[17]その意味では唐を重視したと思われ、その唐が新羅と密接であることから親新羅的外交を主張したものと考えられる。

これに孝徳天皇と皇太子とされた中大兄が加わるのであるが、[18]即位時の孝徳の外交方針そのものをうかがわせるに足るものがない。しかし中大兄については、『日本書紀』皇極三年正月条が鎌足と中大兄は蘇我入鹿打倒計画を練るために「周孔」の教えを南淵先生のところに通ったと記しており、その南淵先生は隋唐に派遣されていた学問僧であることからして、[19]単純に考えるならば親唐に由来した親新羅的外交を主張したと考えられる。

このようにみてくると外交方針の不明な孝徳と、親新羅と考えられる中大兄の下に、親唐・親新羅を主張する人々と親百済を主張する人々の双方が改新政府を構成していたといえるが、問題はいずれの方針にもとづいて外交が展開されたのかである。親百済派も親唐は否定しないであろうから、より端的には親百済か親新羅いずれの方針による外交が展開されたのか。

この問題を考えるにあたって、大化初年には誰が権力を掌握していたかを考える必要がある。坂本太郎氏は皇太子となった中大兄に厩戸と同じように万機攝行の任が与えられていたとし、権力を掌握していたのは中大兄であったとみている。[20]この背景には中大兄が蘇我大臣家打倒の中心にあったとみることからきているが、八木充氏は孝徳の即位そのものを大化五年から白雉元年（六五〇）頃に求めており、[21]そうであれば、中大兄が主導権を握っていたこととなる。これに対して門脇禎二氏[22]や金鉉球氏[23]は東国国司の査定にともなう賞罰などが孝徳の命にもとづいて行われていることから、当初から孝徳が権力を掌握していたと説いている。[24]また遠山美都男氏は蘇我大臣家打倒の中心はあくまでも孝徳であったとみているが、[25]これによれば孝徳が当初から権力を掌握していたのである。

中大兄が主導権を掌握するのはいつからのことであったのかであるが、その主導権掌握の明確な一例は『日本書紀』白雉四年是歳条の記事にうかがうことができる。それには、

太子奏請曰。欲三冀二遷于倭京一。天皇不レ許焉。皇太子乃奉二皇祖母尊。間人皇后一并率二皇弟等一。往居二于倭飛鳥河辺行宮一。于レ時公卿大夫。百官人等皆随而遷。由レ是天皇恨欲レ捨二於国位一。令レ造二宮於山碕一。

とあり、倭京に皇太子が遷都することを奏請したものの孝徳は許さなかったが、それでも皇太子は母や孝徳皇后、皇弟を率いて飛鳥河邊行宮に往居したところ、公卿・大夫等もこれに随ったとある。孝徳の権力が空洞化し、中大兄が主導権を掌握していたことがうかがわれる。

しかし大化初年と白雉末年とでは事情が異なる可能性があり、当初から中大兄が権力を掌握していたと簡単にいえることではない。このことは皇極退位直後からの権力の所在を明らかにしなければ解決できないことを意味するが、右にふれたように異なった見解が示されているのである。孝徳が権力を掌握したのは即位当初からとみる見解と、白雉になってからとみる見解である。孝徳が当初から権力をもち、その晩年に中大兄に権力を奪われたとみるか、それとも退位したものの皇極がなお影響力をもち、その意を受けた中大兄が権力を保持していたものの、白雉年間にそれを孝徳はようやく凌いで権力を掌握したが、それも束の間のことで、再び中大兄が孝徳の晩年に権力を盛り返したとみるかである。

これを考えるにあたって注目したいのが難波遷都である。『日本書紀』は大化元年十二月条において

　天皇遷㆓都難波長柄豊碕㆒。

と、難波遷都のあったことを記す。しかし白雉元年十月条には「為㆑入㆓宮地㆒所㆓壊丘墓㆒及被㆑遷人者。賜㆑物各有㆑差。即遣㆓将作大匠荒田井直比羅夫㆒立㆓宮堺標㆒」とあること、また白雉二年十二月条に「天皇従㆓於大郡㆒遷㆓居新宮㆒。号曰㆓難波長柄豊碕宮㆒」とあることから、門脇禎二氏はこの記事を疑い、孝徳はまず隣接した外交の官舎に遷り、内廷と外廷の統一を目指し、独自の執政体制を固めた白雉年間から難波長柄豊碕宮の造営にのりだしたとし、難波遷都自体は乙巳の変以前からの路線の上にあると説く(26)。

ここで注目されるのが難波宮跡北西部から「戊申年」＝大化四年と記した木簡が出土していること(27)である。このことは、難波遷都の意向が早くから存在し、難波京建設も大化四年以前からなされていたことを示すものである(28)。おそらく『日本書紀』の遷都記事の掲げられている大化元年十二月には難波宮造営計画が公表されたのであり、先の『日本書紀』の難波遷都記事はこれを受けたものではないか。当時の孝徳の本拠がどこにあったかであるが、即位前の軽皇子としての宮は和泉ないし摂津にあった可能性が指摘されており(29)、これによれば、孝徳はみずからの本拠に近いところに遷都しようとしていたのであり(30)、実際、門脇氏の説くように大化元年十二月には難波に遷移していた可能性もあるのである。

これは権力の所在を明確にする行為に他ならないのではないか。このことについて金鉉球氏は、孝徳は新羅との外交統括者でもあった阿倍氏など新羅系の人々を頼るとともに対親唐・新羅外交推進のために難波に宮を移したが、後に百済寄りの姿勢をとった中大兄は百済支援のために宮を飛鳥に戻し、防禦を固めたとし、外交推進との関係から難波遷都を説いている(31)。しかし外交と難波遷都との関係は今一つ曖昧である。先に阿倍氏は新羅とは関係が深いものの、新羅寄りの政策を主張していたとはいえないことをみた。そうであれば、百済との外交をも進めるために、換言

するならば、朝鮮諸国との外交推進のために、その行程上に位置し、またその本拠に近い難波に孝徳が注目したことによるとも解し得る。したがって難波への遷都は外交方針によるとばかりはいえず、孝徳がその本拠に近い地を選んだことによるものであるものとみるのが妥当と考える。

　その意味では孝徳が大化当初年から主導権を掌握していたとみなすことができると考えるが、先にふれたように、八木充氏はこの孝徳の即位を白雉からとみている(32)。その論拠は、(一)難波長柄豊碕宮の造営や遷都は『日本書紀』白雉二年十二月条に「天皇従二於大郡一遷居二新宮一。号曰二難波長柄豊碕宮一」とあることなどから、白雉元年前後から具体化されたと考えたこと、(二)『日本書紀』白雉元年四月条の新羅貢調記事に「或本云。是天皇世。高麗。百済。新羅三国。毎レ年遣レ使貢献也」と注が付されているが、朝鮮三国の同時朝貢記事は『日本書紀』の即位年に多く、また「或本云」注に「是天皇世」とされていること、(三)『新唐書』日本伝には「永徽初、其王孝徳即位。改元曰白雉」とあることなどによる。

　しかし(一)については先述のように難波宮跡出土木簡に「戊申年」と記したものがあることが注意される。すでに大化四年には難波宮の造営がかなり進んでいる可能性があるのである。仮にこの点を譲るとしても、白雉元年十二月条の長柄豊碕宮への遷都は「大郡」からの遷居をいっているのであり、飛鳥からのそれではない。その大郡は東生郡に位置し(33)、『日本書紀』は白雉元年正月条において「味経宮」(分注に「阿膩賦」)に行幸し、その日のうちに還宮したと記しているが、『万葉集』から難波宮近くに味原宮があったことが知られる(34)。難波への遷都は孝徳の主導のもとにその即位当初から計画されていたのであり、即位した年の十二月には、飛鳥を離れて、それが門脇氏の説くように隣接した外交官舎であったとしても、難波の地に遷居するとともに、難波宮建設に着手していたのである。

　(二)については単純に『日本書紀』が注を付す箇所を間違えただけのことであろう。注意されることは、白雉元年四月条には「新羅。遣レ使貢レ調」と、新羅の貢調はみえるものの、高句麗、百済についての記述がないことである。この記事に対して先の八木氏が注目した「或本云」注が付されているのであるが、『日本書紀』大化元年七月条には「高麗。百済。新羅。並遣レ使進レ調。百済調使兼二領任那使一。進二任那調一」とあり、三国が揃って登場しているのである。三国そろっての朝貢は、当時の朝鮮半島の情勢からあり得ないと金鉉球氏は説く(35)が、しかし『日本書紀』の記載からすると、本来はこの大化元年七月条に付すべき注を白雉元年の新羅単独の朝貢記事に付したのではないか。『日本書紀』白雉元年条には先の四月の記事以外に外国から使節が来たことが記されていないことも、これを証すると考える。

（三）についてであるが、「永徽」は唐高宗の六五〇年からの元号である。先に示した『新唐書』日本伝の記事によれば、六五〇年に孝徳が即位して白雉と改元したこととなる。しかし唐への使者派遣は舒明二年（六三〇）八月の次が白雉四年五月になることに注意する必要がある。『旧唐書』倭国・日本伝には貞観二十二年（六四八）のこととして「附新羅奉表、以通起居」とあり、倭国が新羅に付して唐に奉表し、起居を通じたとあるが、この間に使者の往来はなく、それ故、倭国について記されていないという問題がある。唐にしてみれば、大化から白雉への改元を知らなかった可能性もあるのである。唐にあっては即位と改元が一体のものであることからして、孝徳即位と白雉改元が混同され、その白雉改元はこの白雉四年の遣使によって唐にはじめて知らされたために『新唐書』日本伝のような記述がなされたものと考える。

以上のようにみてくるならば、孝徳は大化元年に即位し、その年末にはほぼ権力を手中に収め、それをさらに強化するためにその本拠近くの難波に遷都したとみて問題はない。その意味では孝徳は即位当初から主体性を発揮していたといって差し支えない。門脇氏や金氏の提言は的を射ているのであり、孝徳はその即位直後の大化初年から権力を掌握していたのであるが、その晩年に中大兄が力をつけ、孝徳に対抗したのである。すなわち先にみたように、孝徳は晩年、中大兄等が大和に遷ったことを恨んでいるが、権力をいっさい掌握していなかったのであれば、恨むことではないはずであり、恨んだということはそれまで曲がりなりにも孝徳が権力を掌握していたことを示すものである。

また孝徳が白雉年間になってからようやく権力を掌握したというのであれば、中大兄が権力を掌握していたのに、何故そのままではなく、孝徳が権力をもつことができたのか不思議である。中大兄にすると、孝徳が権力を握ると、それは後に起こるであろう有間皇子との後継者争い(36)を招く危険なことである。その意味ではその危険を防ぐためにも孝徳を最後まで傀儡としておくのではないか。それなのに孝徳に権力を掌握されたというのであれば、そこに何らかの異変が起きていなければならない。

これについて注目されるのは、左右大臣の交代があったことである。『日本書紀』は大化五年三月条において左大臣阿倍麻呂＝内麻呂と右大臣石川麻呂があいついで死去したことを記している(37)。この二人の死の結果、巨勢徳陀古が左大臣、大伴長徳が右大臣に任じられることとなるが(38)、これによって権力構造に変化が起き、そのために主導権に変化が生じたと考えられるかである。しかし左大臣とされた巨勢徳陀古は乙巳の変において中大兄と行動しており(39)、その意味では中大兄寄りの人物である(40)。このような人物が登用されたにもかかわらず、中大兄が権力を孝徳に渡すのは不思議であり、したがって中大兄から孝徳への権力交代は考えがたいといわなければならない。

このようにみるならば、即位直後は仮に皇極に遠慮していたとしても、その年の十二月には孝徳は権力を掌握していたのである。

二　大化年間の外交

では実際の外交はどのように展開されたのか。いま『日本書紀』によって大化年間の外交関係記事を拾うと次の表12のようになる。

蘇我大臣家が権力を掌握していた段階の外交は、親百済であるが、反新羅でもないとの方針であった[41]。しかしこれでは無理なことが鮮明になるのは、六四二年七月以降のことである。『三国史記』によればこの時、百済が新羅の四〇余城を取り[42]、また高句麗も新羅に侵攻して唐への入朝路を断ち[43]、以後も両国は新羅侵略を続ける[44]。これに対して新羅は六四二年八月と六四三年九月の二度にわたり、高句麗・百済の非を唐に告げ、救援を要請する[45]。唐はこの新羅の要請を受け容れ、両国を叱責する。すなわち唐は六四四年正月、高句麗には兵を引かなければ明年出兵し高句麗を討つと告げ、これに対して高句麗は新羅との怨隙久しく、と返事し、ついに従わなかった[46]が、百済は唐の告諭を受けて陳謝する[47]。この高句麗の態度に対して六四四年七月に唐は行軍の準備を開始し[48]、翌年、太宗自ら高句麗行軍を開始するのであるが[49]、新羅がこれに援軍を出す。新羅が高句麗に出兵したことを聞いた百済は、六四五年五月に新羅に侵入し、七城を取るのである[50]。

この情報がいつ倭国に伝わったかである。六四二年の百済による新羅侵攻は翌年の皇極二年四月の百済調使の来倭時[51]には伝えられたと考えられるが、六四三年以降のことはいつ伝わったのか。入鹿殺害のために利用された「三韓」からの朝貢使が実際に来ていたかは何ともいいがたいところがあり[52]、こ

表12　『日本書紀』にみる大化年間の外交

年月	事項
大化元年　七月	・高句麗・百済・新羅遣使貢調 ・高句麗使に相継いで使者の派遣を求める ・百済使に任那の調の求め、また百済に三輪君東人等を派遣すること、鬼部達率意斯の妻子を送るよう告げる
十二月	・難波長柄豊碕遷都
大化二年　二月	・高句麗・百済・新羅遣使朝貢
九月	・小徳高向玄理を新羅に派遣し、質を求めるとともに任那の調を停止
大化三年　正月	・高句麗・新羅遣使貢調
是歳	・新羅、高向玄理等を送り返し、孔雀などを献上するとともに、金春秋を入質
大化四年　二月	・三韓に学問僧を派遣
五月	・小花下三輪君色夫等を新羅に派遣
大化五年　是歳	・新羅、沙喙部沙飡金多遂を質として派遣

れを除くと、後掲の表13にみるように『日本書紀』は皇極二年六月条における筑紫大宰の高句麗使到着報告、同条における百済進調船の難波停泊記事を記した後、大化元年七月まで使者の到来を記しておらず、このことからして、唐の新羅支援が伝わったのは大化元年七月のことと考えられるのである。[53]

しかしかねてよりの新羅と百済の争いが続いていたことは伝わっており、蘇我大臣家がその内部に百済系の氏族を取り込んでいることから、いずれ蘇我大臣家は百済支援策を採るのではないかと周囲からみなされていたと考えられる。これも原因の一つとして乙巳の変が生じたのであるが[54]、孝徳朝初期の政府には右大臣として石川麻呂が参画していることが注意される。先にふれたように石川麻呂は蘇我氏の出であり、その意味では百済寄りの外交を完全に放棄することには抵抗したであろうこと、このことが政府の外交に影響したであろうと考えられる。仮に親新羅的な外交を望み、百済との関係を弱体化させようと望む者がいたとしても、石川麻呂のためにそれを強調することは自ずと憚られることであったのではないか。

この点、金鉉球氏は新羅寄りの政策をとるべきとする勢力が蘇我大臣家を倒すことになったと強調するとともに、石川麻呂も新羅寄りであった説いている[55]。しかし石川麻呂は本当に新羅寄りであったのであろうか。これを断ずるだけの直接的な史料がみあたらないが、蘇我氏の一員であるから内部に百済系氏族を抱えていることを考えると、そうとは断言できないのではないか。仮に新羅寄りの態度をとることがあったとしても、根本には親百済があったものと推測する。その意味では石川麻呂は蘇我大臣家の外交方針に異を唱えて決起に参加したというよりも、蘇我大臣家の打倒そのものが目的であったのであり[56]、そのために蘇我大臣家に対して様々な不満をもつ各勢力に中臣鎌足が結集を呼びかけた時、彼も参加したのである[57]。鎌足が結集を呼びかけた勢力のなかには、親唐・親新羅的な外交策を採ることの必要を主張する者が多いとしても、親百済的な外交を望む者もいたのである。

とすれば、改新政府は蘇我大臣家打倒に加担した勢力の意向を汲んで、親新羅外交に配慮するようになったものの、一方ではなお親百済外交をも継続したと考えられることとなる。みてみよう。

先にふれたように大化元年七月に百済の貢調使が来倭する。『日本書紀』大化元年七月条は、

高麗。百済。新羅。並遣レ使進レ調。百済調使兼二領任那使一。進二任那調一。唯百済大使平縁福遇レ病。留二津館一而不レ入二於京一。……又詔二於百済使一曰。明神御宇日本天皇詔旨。始我遠皇祖之世。以二百済国一為二内官家一。譬如二三絞之綱一。中間以二任那国一属二賜百済一。後遣下三輪栗隈君東人観中察任那国堺上。是故百済王随レ勅悉示二其堺一。而調有レ闕。由レ是返二還其調一。任那所レ出物者。天皇之所二明覧一。夫自レ今以後。可四具題三国所二出調一。汝佐平等。不レ易レ面来。早須明報。今重遣二三輪君東人。馬飼造一。闕レ名。

と、三国からの貢調、百済使が任那の使者も兼任し、任那の調を持参したこと、その百済に対して詔が発せられたことを記している。その詔の内容であるが、廣瀬憲雄氏は傍線部の調を「任那国」の調と解し、この時の百済の使者は任那の調を「闕」いていたのであり、それを倭国はとがめ、百済の調をも返却したとみている[58]。しかしこの時の百済の使者は、六四二年七月からの侵攻によって百済が新羅から任那の地を奪い返し、その領有を認めてもらいたいがために任那の調を持参してきたのであり、そのこと自体は蘇我大臣家の百済寄りの姿勢のなせる業である[59]。これより先の百済からの使者は任那侵攻中の皇極二年六月のことであり[60]、したがって大化元年七月の使者は任那領有を反映し、任那の調を持参してきたのである[61]。しかし任那の調を持参したとはいえ、百済の調と混然とし、任那の調としては欠けるところがあったために調全体を返却したのである。この一方で三輪君東人が派遣されるのであり、その目的は百済に対して任那の調の提出を促すことである。新羅寄りであるならば、百済の任那領有を否定的にとらえ、任那の調を受け取らないでおくということも考えられるが、しかし今後の提出を求めたのである。このことは百済の任那領有を承認するもので、そのことは百済の行為の是認である。親百済的といってよい。

このように百済に任那の調の持参を求めたことは百済の任那領有を認めることに他ならないが、金鉉球氏は、(一)

百済義慈王即位後に発生した百済内紛[62]は百済義慈王が対新羅強硬論者で、穏健派を追放したものであり、（二）義慈王は新羅出兵に際して倭国の援助を期待したがかなわなかったこともあり、倭国との関係が悪化したとし、（三）また大化期には百済からの使者はいずれも新羅使とともに来ていたと記されており、百済へは使者が派遣された形跡がないことをもって、百済からの使者の来日を疑い、また大化四年二月の三韓に学問僧を送ったとの記事にも新羅とともに派遣されていることをもって疑いの目を向け、百済と倭の間に交渉がなかったと説いている[63]。

この金氏の説によるならば、親百済的な態度は疑われることになる。その意味で注意されることは、大化二年九月に倭国が新羅へ使者を派遣し、入質すべきことと任那調の停止を告げていることである。すなわち『日本書紀』は大化二年九月条において、

遣二小徳高向博士黒麻呂於新羅一而使レ貢レ質。遂罷二任那調一。

と記し、新羅に貢質を求める一方で、これまでことある毎に求めてきた任那の調を求めないと告げたのである。

小徳である高向玄理の派遣は、従来に比して高い冠位を保持し[64]、また国博士であることからして、高い使命を帯びていたと考えられるが、貢質を求めたことについてはいかに考えられるか。山尾幸久氏は「質」は「王の身代わりのことで、外交関係において相手国を裏切らない保証を与えた上で、とくに強い政治的・軍事的な協力を働きかける」存在とし[65]、延敏洙氏も質については援助を求める側が差し出すもので、そこに人質としての意味はなく、したがって人質と結びつけてこの条の解釈はできないと説く[66]。また羅幸柱氏は質を服属の最高の証ととらえることはできず、当時の国家間の外交目的遂行のための重大な任務を帯びた性格の存在ととらえている[67]。これらによれば「質」の貢上を求めたことは、倭国と新羅の外交を推進するためのものであったといえ、親新羅外交と結びつく。

では任那の調の停止はいかにとらえられるか。これについては先にふれた新羅が領有していた任那地方が百済の領有下に置かれたことが関係しよう。その意味では、新羅の任那調停止策は新羅が任那を失ったことを反映した現実的

な外交といえようが、延敏洙氏は質についての解釈から、人質と結びつけてこの条の解釈はできないとし、任那の調の存在自体も否定されると説く(68)。金鉉球氏も、すでに任那が滅亡して時間を経過していることから新羅の任那の調代納は虚構と断じている(69)のであるが、しかし森公章氏が説くように倭国としても百済の任那地方の回復策に連動する形で新羅に任那の調などを求めていた(70)という現実からみると、あながち完全な虚構と決めつけるわけにはいかない。その意味では、新羅が任那地方を失った今、任那の調を求めることは現実的に無理で、このことを反映したものであるが、しかしそれを免除した分だけ、新羅寄りの外交に転じたといえよう。実質的な意味がほとんどない任那の調を新羅に求めることはそれまでも行われてきたのであり、それならば以後も継続することは可能である。それを改めたということは、わずかではあるが新羅に有利な外交策に転じたのである。したがって大化二年九月に派遣された高向玄理は、それまでの外交方針を倭国が以後転換し、新羅と協調することを伝え(71)、さらには対唐外交を打開するために遣わされたと考えられるのである(72)。

ここに百済・新羅双方に配慮した外交策が採られたといえるのであるが、先の表12をみて気づかれるのは、当該時期における新羅との往来の増加である。いま参考までに舒明朝から皇極朝にかけての朝鮮三国との使者の往来記事を『日本書紀』から拾うと次の表13のようになるが、これと比べて新羅との往来の増加は明らかであろう。

先の百済に対する任那の調の要求はその地の領有の承認であり、新羅の領土失地を認める反新羅的な行為である。百済寄りの態度といえるのであるが、新羅との往来の増加については、その背景には唐との関係修復への仲介を期待したことがあろう。唐との関係は舒明二年に派遣された遣唐使が舒明四年十月に唐の使人高表仁をともなって帰国するが、高表仁が新羅応援を求めたことに対して倭国が肯んじなかったために唐との関係が途絶することとなる(73)。その唐との交流を再開するために、当時唐と親しかった新羅に仲介を求めたのであり、必然的に新羅との往来が増加することとなる。この新羅との往来の増加、しかもそれが任那の調免除という親新羅的な行為をともなったことにより、

表13　『日本書紀』にみる舒明・皇極朝における朝鮮三国の使者の往来

年	月	事　項
舒明元年	三月	・高句麗・百済朝貢
	九月	・高句麗・百済使者帰国
三年	三月	・百済、王子を入質
七年	六月	・百済朝貢
十年	是歳	・百済・新羅・任那朝貢
十一年	九月	・大唐学問僧、新羅送使とともに帰国
十二年	十月	・百済・新羅朝貢使来倭
皇極元年	正月	・百済弔使、来倭
	二月	・高句麗使人難波に泊す
		・津守連大海を高句麗に、国勝吉士水鶏を百済に、草壁吉士真跡を新羅に、坂本吉士長兄を任那に派遣
		・高句麗使人・百済使人帰国
	三月	・新羅、賀騰極使と弔使派遣、帰国
	五月	・百済の調使、難波に泊す
	八月	・百済使者帰国に際し、大舶と同船三艘を賜う
		・高句麗・新羅使人帰国
	十月	・新羅、賀騰極使と弔使、壱岐嶋に泊す
二年	四月	・百済調使来倭
	六月	・高句麗使来朝
		・百済調使の船、難波に泊す

注　重複記事と思われるものや来朝記事がないのに帰国記事が記されている場合でも、『日本書紀』の記事のままに掲げている。

先にふれたように大化四年＝貞観二十二年に倭国が新羅を介して唐に奉表し、起居を通じることになったととらえることができるのではないか。倭国は新羅との交流を通して、唐との国交回復を画策したのであり、百済一辺倒の外交方針を転換したものといえるのである。

　この一方、表12・13からは、大化期における百済との往来の減少がみてとれる。問題はこの百済との往来の減少は百済との関係を断とうとまでしていたと考えられるかである。確かに唐の姿勢からすると、新羅を応援することを倭国に求めてくることは予想され、また新羅も倭国が百済との交流を続けるならば、唐との仲介を拒否する可能性のあることは予想されるところではある。しかし百済が倭国への援助期待を断念したわけではないであろうから、交渉は継続されたのではないか。また石川麻呂が政権中央にいたため、百済との外交は前代よりは使者の往来は少なくなったとしても、継続の意志はあったとみるのが妥当であろう。

これについて注意されることは、『日本書紀』白雉元年是歳条が、

遣二倭漢直県。白髪部連鐙。難波吉士胡床於安芸国一使レ造二百済船二隻一。

と、百済船二隻の建造が命じられたことを記していることである。この前後に百済との往来は記録されていないから、この目的は不明であるが、このことはそこに何らかの接触があったことを示すものである。

このような外交を主導したのは誰かであるが、それは孝徳ではないか。先に任那調を百済に対して求める一方で新羅に対してはこれを免除したことをみたが、それは親百済的な行為にもとづく側面があった。もし留学生寄りで親新羅である中大兄が権力を掌握していたのであれば、百済の任那調貢献は新羅の領土を奪ったことを承認した結果であるから、新羅を支援する意志を込めてこれを受け取ることはしなかったのではないか。しかし百済の任那領有を認めて、百済に任那調の提出を求めているのである。これは新羅寄りではなく、したがってそれを推進したのは中大兄ではないこととなる。とすれば、石川麻呂の意向を受けた孝徳といえよう。先にふれたように石川麻呂は百済系氏族と関係が深かったが、このことがこれに関係したのであろう。

しかし親百済一辺倒の外交であったのでもない。注意されることは、先にふれたように六四八年に倭国が新羅を介して唐に奉表し、起居を通じていることである。起居は天皇の行動記録であることからして、その提出は孝徳の意向によるものであると考えられる[74]が、それを新羅を介して行ったことは、孝徳が親百済一方で、親新羅的外交をも容認していたことを示すものであり、その親新羅外交は後述する白雉年間の遣唐使派遣のことを考慮するならば、次第に強化されつつあったのである。

親新羅外交が強化されつつあったからといって、しかし反百済に転じたとまではいえない。なお石川麻呂が右大臣として存在していることに配慮して、そこまではしなかったのではないか。『日本書紀』大化四年二月条には「於二三

韓国一遣二学問僧一」とあり、百済にも学問僧が派遣されたことが記されている。「三国」とあることから金鉉球氏は疑っているが(75)、しかし親新羅の一方で親百済外交が展開されていたのであれば、疑うほどのことではなく、百済との外交は継続されていたのである。

このように孝徳の意向の下に、双方に配慮した外交が展開され、それは次第に親新羅に傾きつつあったのである。しかし先にふれたように大化五年三月、石川麻呂は死去する。中大兄がその裏で策動した可能性が説かれているが(76)、結果として孝徳は百済に配慮した外交から解放されることになる。石川麻呂死去直後の大化五年五月、倭国は新羅に使者を送り(77)、新羅もこれに応えるかのように、この年、「質」を入れてくる(78)のである。この入質の背景にはこの年の八月に新羅が百済によって攻められた(79)ことがあろうが、しかし倭国との協調姿勢を示したものであり、それは倭国の態度変更に応じたものであったといえるのではないか。

三　白雉年間の外交

しかしこの親新羅的な外交は白雉期に入ってから、またもや変化する。大化期とは違い、新羅に対する強硬な態度が目立つようになるのである。当該時期の外交関係記事を『日本書紀』を中心に拾うと次の表14のようになる。百済支援と結びつく行為と新羅に対する強硬な態度、また、新羅を利用する態度が混在していることが注意される。

対新羅強硬策を唱えたのは左大臣巨勢臣徳太である。『日本書紀』白雉二年是歳条は、

新羅貢調使知万沙飡等。著二唐国服一泊二于筑紫一。朝廷悪二恣移一レ俗。呵嘖追還。于レ時巨勢大臣奏請之曰。方今不レ伐二新羅一。於レ後必当有レ悔。……

と記す。彼は先にふれたように入鹿打倒の際に中大兄と行動を共にし、石川麻呂等の死後に左大臣に任じられた人物

である。その彼が新羅に対して強硬策を説いているのであるが、この発言は中大兄が対新羅強硬派に転じたことを受けて、その意を汲んでの発言である可能性がある。

金鉉球氏が説いたように、孝徳が石川麻呂の死によって新羅により接近しようとしたため、それに対抗するべく中大兄は親百済に転じたのではないか(80)。すなわち、孝徳と中大兄の間には政権の主導権をめぐって確執が生じたことは、先にふれたように白雉末年の対立に明らかとなる。この白雉末年の対立に先立ち、この白雉初頭頃より、中大兄は孝徳に対抗するべく、孝徳の中立的ないし親新羅的な外交方針に異を唱え、親百済外交を推進することにしたのではないか(81)。

中大兄がかつては中国より帰還した留学生の影響を受け、一時、親唐・親新羅外交を主張したことに疑いはないであろう。それは蘇我大臣家に抗するためでもあり、また留学生等が親唐外交を説いたからに他ならない。しかし蘇我大臣家を打倒した今、かつての蘇我大臣家と同じ外交方針で臨んだとしても問題なく、しかもそれは伝統的な外交策への回帰に他ならず、これに共鳴する者も少なからず存在していたのではないか。親唐・親新羅的な孝徳に対抗するためにも、中大兄は敢えて親百済に転じたのである。

ところで白雉元年には先にみたように百済舶二隻を造らせたのであるが、

表14　『日本書紀』からみた白雉年間の外交

年	月	事項
白雉元年	四月	・新羅遣使朝貢
	是歳	・百済舶二隻建造
白雉二年	六月	・百済、新羅朝貢
	是歳	・新羅貢調使、唐服を着するにより追還。左大臣巨勢臣、新羅を征討すべしと奏請
白雉四年	五月	・遣唐使派遣
	六月	・百済、新羅朝貢
白雉五年	二月	・前年の遣唐使が帰国しないうちに新羅道を取り遣唐使が派遣
	七月	・遣唐使が百済・新羅送使とともに帰国
	是歳	・高句麗・百済・新羅、弔使派遣

白雉四年五月には遣唐使が派遣され(82)、その遣唐使が帰国する前の白雉五年二月には新たに遣唐使として高向玄理が派遣されている(83)。また『三国史記』百済本紀義慈王十三年（＝白雉四年）八月条は「王与倭国通好」と、百済が倭国と好を通じたと記しており、やや矛盾した記事がみえるが、いかに解すべきなのであろうか。

まず白雉元年の百済船二隻建造からみたいが、先にふれたようにその目的は不明である。しかしこの百済船二隻は、百済に行くための船もしくは百済に賜与される船のいずれかと考えられることから、親百済にもとづく行為に他ならない。これを誰が主導したかであるが、孝徳がなお、親新羅の一方で親百済の態度をとり続けたことの結果である可能性の高いことは先にふれたが、しかし中大兄が親百済の態度を鮮明にし、その結果である可能性もある(84)。

では二度の遣唐使派遣はいかに考えられるであろうか。白雉四年五月の遣唐使は二艘からなるが、『日本書紀』によれば、一艘は吉士長丹を大使、吉士駒を副使とし(85)、学問僧、学生等一二一人が乗船し、もう一艘は高田首根麻呂を大使、掃守連小麻呂を副使とし、学問僧等一二八人が乗船している。前者は西海路をとった(86)が、西海路については新羅道(87)との関係から百済経由の航路であると考えられ、百済を経由したのである。後者については『日本書紀』白雉四年七月条に「被レ遣二大唐一使人高田根麻呂等。於二薩摩之曲。竹島之間一合レ船没死。……」とあり、朝鮮半島を経由せず、直接唐に向かったものの、難破したことが知られる。

この遣唐使について金鉉球氏は、（一）第一回の遣唐使派遣後時に留学生等の派遣を要請したものの、その遣唐使を送ってきた高表仁が新羅応援を要請したために唐と対立することとなり、留学生等の派遣ができなくなっていたが、（二）それが今回ようやくかなったが、その背景には六四八年に新羅を通して起居を通じたことによって両国関係が修復したことによるとし、（三）それを取りもったのが新羅の金春秋であり(88)、白雉四年の遣唐使実現の背景には新羅応援の受諾があったと説く(89)。新羅応援の受諾まで本当に決心したかは別に、新羅との外交修復は認められる。

しかしこの使節一行の帰国する前にまた、白雉五年二月に高向玄理を大使とする遣唐使が、先にふれた新羅道を取って派遣されるのである。(90) 何があったかであるが、注意されることは、この二度の遣唐使派遣の間に百済が倭国に朝貢し、また先にみたように倭国との間に「通好」関係を構築していることである。すなわち、『日本書紀』白雉四年六月条は、

百済。新羅。遣レ使貢レ調献レ物。

と記し、百済が新羅とともに朝貢し、その八月には百済が倭国と「通好」したのである。先の新羅との関係修復とこの百済と倭国との関係修復をいかに考えるかである。

新羅との関係修復については、孝徳が新羅との関係を重視したことを受けて、白雉四年に遣唐使が派遣されることになったと考えられる。しかしこれを快く思わない中大兄がこれに対抗するべく、百済と通じる動きをみせ、それが百済が倭国と「通好」することにつながったのではないか。それが何時のことかであるが、白雉四年六月に百済が朝貢してきたことが注意される。この折に密かに通じたのではないか。これについて金鉉球氏は新羅とともに記されている百済からの使者派遣記事は疑問とし、また使者一行の詳細が記されていない記事も疑問とする。(91) とすると、百済からの使者派遣はなかったこととなり、いつ交渉したのか不明となるが、山尾幸久氏は白雉四年の遣唐使は一隻が南路、一隻が北路をとり、北路を取った一隻は途中、百済で孝徳の百済に対する特別の意志を伝えたことが「通好」につながったとみている。(92)

遣唐使を乗せた一艘が百済経由で唐に向かったことは、百済にしてみると倭国からの久しぶりの接触であり、そのことが「通好」記事につながったと解されないではない。しかし孝徳の当時の姿勢すなわち、唐との友好関係の完全な回復を行う意図のもとに遣唐使を派遣したこととは矛盾しているといわなければならない。この点、注意されることは、白雉四年五月に遣唐使が出発しているにもかかわらず、三ヶ月後の八月に百済に到着し、そのことが「通好」記事につながったとみるには、時間がかかりすぎることである。もし、遣唐使が百済に立ち寄り、その折りに百済支

援を伝えたのであれば、八月の記事では遅いからである。

後の斉明五年（六五九）七月に派遣された遣唐使の一員の記した「伊吉連博徳書」によれば、この遣唐使船は七月三日に難波の三津浦を出発し、八月十一日に筑紫の大津浦を発して九月十二日に百済の南に到着している。[93] 一ヶ月で日本海を横断し、百済に到着しているのである。また『日本書紀』皇極元年正月乙酉（＝二十九日）条が「百済使人大仁阿曇連比羅夫。従二筑紫国一乗二駅馬一来言。百済国聞二天皇崩一奉二遣弔使一。臣随二弔使一。共到二筑紫一。而臣望レ仕二於葬一。故先独来也。然其国者今大乱矣」と記し、皇極元年二月条において、舒明天皇の死に対して百済が派遣してきた弔使の傔人等が「今年正月。国主母薨」といっていると記していることからして、おそらく阿曇連比羅夫は正月のある日に百済を出発し、筑紫に到着し、さらに飛鳥の地を踏んだのは正月二十九日のことであったのである。[94] このように一ヶ月での百済から飛鳥への到着日数の事例があることを考慮するならば、斉明五年の遣唐使の一ヶ月余での日本海横断はゆったりしたものと考えられ、そこに台風からの避難などが想定されているのであるが、[95] このことからすると、白雉四年五月に遣唐使が出発しているにもかかわらず、三ヶ月後の八月に百済に到着し、そのことが「通好」記事につながったとみることはできない。八月にはすでに百済を通過している可能性が高いからである。

その意味で注目されるのは、先の白雉四年六月の百済の来倭記事である。先にふれたようにこの記事を金氏は疑うが、この時、偶然に新羅・百済両国の使者が同時期に来倭したのではないか。[96] この百済からの使者に対して、孝徳政権ないし中大兄は遣唐使派遣のことを告げた可能性がある。唐が親新羅であることからして、これは倭国が親新羅的な態度をとりかねないことを告げたことになる。

しかし中大兄はこれとは別に親百済であることを伝えたのではないか。この中大兄の態度は孝徳と異なるものであり、それが如実に現れるのは白雉四年の倭京へ遷ることを中大兄が申し出て、それが許されないままに孝徳皇后まで引き連れて強行したことであるが、この中大兄の態度を使者は好意的に解釈し、それを百済本国にもち帰り、それが八月の「通好」との記事につながったものと考える。

このように、白雉四年六月の百済からの使者に中大兄がその意志を伝え、使者が帰国後そのことを報告したことが「通好」記事につながったと考えたのであるが、これは孝徳の意志に反する。このことを知った孝徳は、新羅との関係修復、さらには唐との関係構築が本意であり、百済との関係を強化するとは受け取らないで欲しいと伝えるために、先の遣唐使の帰国を待たず、再び遣唐使を送ったのではないか。百済寄りの路線を採ることはないと示すためにも新羅道を取って唐に向かったのである。そして唐はこの白雉四年・五年の遣唐使のいずれかに対して新羅との関係修復さらには唐との関係修復を態度で示せと、倭国に「兵を出し新羅を援けしむべし」との爾書を授けたのである。(97)

孝徳は当初、中立であったかもしれない。しかし留学生等派遣のことで新羅を通じて起居を通じたことが、孝徳を親新羅・親唐へと舵を切らせたのである。これをみた中大兄は金鉉球氏が説いたように、当初は留学生等との関係から新羅寄りであったが、孝徳への対抗心から百済寄りに変化したのであり、(98)その親百済的態度は斉明朝に引き継がれるのである。

小　結

孝徳の権力志向が乙巳の変につながったのであるが、孝徳の下で策動した鎌足が、蘇我大臣家に対抗するためにいろいろな立場の人々を糾合せざるを得ず、百済系氏族と関係の深い蘇我石川麻呂をも引き込んだため、変後に即位した孝徳の外交路線は新羅・百済のいずれかに偏ったものではなかった。しかし石川麻呂が殺害されてからは親新羅へと向かい、新羅の仲介のもとに遣唐使を派遣するに至る。

この孝徳の姿勢に対し、もとは親新羅派であった中大兄は孝徳との違いを鮮明にするために親百済の態度をとるようになるのである。

乙巳の変は外交路線をいかにするかという対立のみにもとづくものではなかったこと、そして変後の外交も政治権力の争いにより、変化したことを確認して本章を終えることとしたい。

註

（1）金鉉球「多面外交の交代と蘇我氏の危機」・「対外関係と大化改新」（ともに『大和政権の対外関係研究』吉川弘文館、一九八五年）。

（2）山尾幸久「百済復興戦期の日朝関係」（『古代の日朝関係』塙書房、一九八九年）、西本昌広「東アジアの動乱と大化改新」（『日本歴史』四六八、一九八七年）。

（3）鬼頭清明氏は改新政府は半島での抗争に不介入とする方針を採っていたとする（「七世紀後半の東アジアと日本」〔『日本古代国家の形成と東アジア』校倉書房、一九七六年〕一二〇～一二七頁）。

（4）『日本書紀』白雉四年是歳条。

（5）山尾幸久氏は、中が飛鳥帰京を望んだのは、親新羅政策のためであるとみている（前掲註（2）論文）。

（6）石母田正氏（「国家成立史における国際的契機」〔『日本の古代国家』岩波書店、一九七一年、六二～六四頁〕）や金鉉球氏（「孝徳天皇と中大兄皇子の権力闘争と三国連合体制の後退」前掲註（1）書）は、それは唐の百済攻撃に対して、倭国が唐からの攻撃に対する防衛姿勢の現れと解しているが、それは中大兄が百済寄りであったことを示す。

（7）通説では改新政府は中大兄が主導権を握っていたとみているが、門脇禎二氏（「「大化改新」から壬申の乱へ」〔『「大化改新」史論』下巻、思文閣出版、一九九一年、初出一九八一年〕）や金鉉球氏（前掲註（6）論文）は、当初から孝徳が実権を掌握していたとし、また八木充氏は孝徳の即位を大化五年から白雉元年とみており（「七世紀中期の政権とその政策」〔『日本古代政治組織の研究』塙書房、一九八六年、初出一九七五年〕）、これらによれば中大兄が必ずしも権力を掌握していたとはいえないこととなる。

（8）『日本書紀』は大化二年九月条において、それまで頑強に新羅に求めていた「任那調」を今後は納める必要のないことことを告げている。これを通説では質を取ることと、任那調停止ととらえている（末松保和『任那興亡史』（吉川弘文館、一九四九年、二一二頁）が、金鉉球氏はすでに任那は滅亡して時間が経過しており、新羅の任那の調代納は虚構であるとし、その目的は別のところにあったとする（「日・羅・唐の三国連合体制の成立」前掲註（1）書）。

（9）岸俊男氏は「たまきはる内の朝臣」（『日本古代政治史研究』塙書房、一九六六年）において、大錦冠は追記とみる一方、内臣については他には『日本書紀』天智三年十月条に「中臣内臣」とみえるのが初例であることから　本当に任命されたか疑問とし、八木充氏も「乙巳の変後の政権構成」（前掲註（7）書、初出一九七三年）において、当該時期においては鎌足の国政参画を記したものが全くみあたらないことなどから内臣は疑問とする。なお、森公章氏は「中臣鎌足と乙巳の変以降の政権構成」（『日本歴史』六三四、二〇〇一年）において、『日本書紀』が天智三年五月是月条に記す蘇我連（＝連子は石川麻呂の弟、石川氏の祖、斉明・天智朝の大臣）の死を待って、鎌足は政事中枢に参加したとみている。

（10）八木前掲註（9）論文。

（11）大橋信弥「吉士舞について」（『日本古代の王権と氏族』吉川弘文館、一九九六年、初出一九七五年）。

（12）志田諄一「阿倍臣」（『古代氏族の性格と伝承』雄山閣、一九七四年）。

（13）金前掲註（1）「対外関係と大化改新」。

（14）『日本書紀』推古八年二月条・是歳条、推古九年十一月条、推古十年二月条・四月条、推古十一年四月条、推古三十一年是歳条・十一月条。

（15）なお『公卿補任』は蘇我馬子の孫、雄正の子とする。

（16）蘇我氏のために働いた王辰爾の孫膽津（『日本書紀』欽明三十年＝五六九年正月条）や東漢直駒（『日本書紀』崇峻五年＝五九二年十一月条）は、いずれも百済系氏族の一員である。

（17）『日本書紀』は推古十六年（六〇八）九月条においてこの時派遣された留学生の一人に高向漢人玄理がいたことを記し、舒明十二年（六四〇）十月条においてその帰国を記している。

（18）『日本書紀』孝徳即位前紀。

（19）『日本書紀』推古十六年九月条にはこの時、隋に派遣された学問僧のなかに南淵漢人請安がみえ、舒明十二年十月条には唐より学問僧清安等が帰国したと記す。
（20）坂本太郎『日本全史』２（東京大学出版会、一九六〇年）七一頁。
（21）八木前掲註（7）論文。
（22）門脇前掲註（7）論文。
（23）金前掲註（6）論文。
（24）『日本書紀』大化二年三月甲子条・辛巳条。
（25）遠山美都男『大化改新』（中央公論社、一九九三年）。なお、私はその意を受けた鎌足がその参謀として動いたとみている（拙稿「乙巳の変の首謀者とその動機」本書第Ⅰ部第四章、初出二〇〇九年）。
（26）門脇禎二「いわゆる「難波遷都」について」（前掲註（7）書、初出一九七二年）。なお、後述するように八木充氏も大化元年の遷都を疑っている。
（27）『木簡研究』二二（二〇〇〇年）所収難波宮跡出土一一号木簡。
（28）平城宮建設にあたっては、まず中心部がつくられ、次第に周囲へ及んだこと（『続日本紀』和銅四年＝七一一年九月条）が注意される。
（29）軽皇子の本拠の軽の宮について、遠山美都男氏は和泉郡にあったとし（前掲註（25）書、第三章）。笹川尚紀氏は三島郡に近い地にあったとする（「皇極朝の阿倍氏」〔『史林』八七―一、二〇〇四年〕）。
（30）『日本書紀』皇極三年正月条からは孝徳に「寵妃阿倍氏」が存在し、その阿倍氏の勢力地の一つに四天王寺近くの地があり、大化元年七月条には阿倍倉梯麻呂大臣の女小足媛との間に有馬皇子が生まれたと記されていることも、孝徳の本拠が阿倍氏の本拠である難波付近にあったことを示す。
（31）金鉉球前掲註（1）「対外関係と大化改新」・前掲註（6）論文。
（32）八木前掲註（9）論文。
（33）『摂津志』（日本古典全集本による）一所収「摂津国」の「建置沿革」の項において、東生郡について「上古難波小大郡」、西成郡について「上古難波小郡」とし、また三「東生郡」の「古蹟」部の項において「高津宮」について「大坂安国寺坂北有小祠。此蹤一名難波宮、又大宮、又大郡宮、又忍照宮」とする。

(34)『万葉集』九二八番には神亀二年（七二五）十月の難波行幸に際して「……長柄の宮に　真木柱　太高敷きて　食国を治めたまへば　沖つ鳥　味経の原に　もののふの　八十伴の男は　廬して　都なしたり　旅にはあれども」（日本古典文学大系本による）との歌が詠まれており、また一〇六二番からも難波宮近くに味経宮があったことがうかがわれる。『倭名類聚抄』にも東生郡味原郷がみえているが、『続日本紀』延暦四年（七八五）正月庚戌条には摂津国の鯵生野などを掘って三国川に通じさせたとある。この付近には典薬寮の牛牧である味原牧が存在し、そのことは味経宮との関連を予想させる。

(35)金前掲註（8）論文。

(36)『日本書紀』斉明四年（六五八）十一月条に詳しい。

(37)『日本書紀』大化五年三月条。なお、阿倍麻呂の死因は書かれていないが、石川麻呂については皇太子を殺害しようとしているとの讒言によって自殺に追い込まれたことによるとする。

(38)『日本書紀』大化五年四月条。

(39)『日本書紀』皇極四年六月条。なお、入鹿殺害後、遺体が蝦夷のもとに送られた折、蝦夷のもとに結集していた集団が軍陣を設けようとしたが、中に命じられた巨勢臣徳太が降伏を呼びかけ、それが功を奏したと記す。

(40)なお、『日本書紀』皇極元年十二月条はこの時、舒明の葬礼が行われたことを記しているが、大伴長徳＝馬飼は蘇我大臣に代わって誄をしており、その意味では蘇我氏寄りの人物といえよう。

(41)この点については拙稿「乙巳の変前夜における倭国の外交と蘇我氏」（本書第Ⅲ部第二章）を参照されたい。

(42)『三国史記』百済本紀義慈王二年（六四二）七月条。

(43)三国史記』新羅本紀善徳王十一年（六四二）八月条。

(44)『三国史記』百済本紀義慈王三年一一月条は「王与高句麗和親。謀欲取新羅党項城。以塞入朝之路。遂発兵攻之」と記し、新羅本紀善徳王十一年八月条も高句麗が党項城を取って唐への路を断ったこと、また百済が大耶城を抜いたことを記している。

(45)『三国史記』新羅本紀善徳王十一年八月条・十二年九月条。なお高句麗本紀は宝蔵王二年九月条に掲げる。

(46)『三国史記』高句麗本紀宝蔵王三年（六四四）正月条は「遣使入唐朝貢。帝命司農丞相里玄奨賚璽書賜王曰。新羅委質国家。朝貢不乏。爾与百済。各宜戢兵。若更攻之。明年発兵撃爾国矣。玄奨入堺。蓋蘇文已将兵撃新羅。破其両城。王使召之。乃還。玄奨諭以勿侵新羅。蓋蘇文謂玄奨曰。我与新羅怨隙已久。……莫離支竟不従」と記す。

(47)『三国史記』百済本紀義慈王四年正月条は「遣使入唐朝貢。太宗遣司農丞相里玄奨告諭両国。王奉表陳謝」と記す。

(48)『三国史記』は高句麗本紀宝蔵王三年正月条において高句麗が従わなかったとの報告を受けた太宗は、「蓋蘇文弑其君。賊其大臣。残虐其民。今又違我詔命。不可以不討」といったと記し、同年七月条において「帝将出兵」と記す。

(49)『旧唐書』太宗本紀貞観十九年（六四五）正月条は「上親統六軍発洛陽」と記す。

(50)『三国史記』百済本紀義慈王五年五月条は「王聞太宗親征高句麗、徴兵新羅。乗其間取新羅七城」と記し、『三国史記』新羅本紀善徳王十四年五月条も同様に記す。

(51)『日本書紀』皇極二年四月条は「筑紫大宰馳駅奏曰。百済国主児翹岐弟王子共二調使一来」と記している。なお『日本書紀』は皇極元年四月条に翹岐の拝朝記事を掲げており、これに信をおくならば、皇極二年四月の記事は翹岐をともなわない調使の来倭記事と考えられる。

(52)『日本書紀』皇極四年六月条は「中大兄密謂二倉山田麻呂臣一曰。三韓進調之日。必将使三卿読二唱其表一。遂陳下欲レ斬二入鹿一之謀上」と記す。なお先にふれたように三国そろっての朝貢は、当時の朝鮮半島の情勢からあり得ないと金鉉球氏が説いている（前掲註（1）「対外関係と大化改新」）が、後述するようにその可能性は否定しきれない。しかし入鹿殺害のために虚構された可能性もある。

(53)その意味では唐の大規模な高句麗遠征は入鹿殺害に直結しない。

(54)石母田氏（前掲註（6）論文）や八木充氏（「難波遷都と海外情勢」前掲註（7）書）は、乙巳の変は親百済派の蘇我大臣家と、唐の朝鮮半島問題介入強化を受けて親新羅・唐路線をとろうとする中大兄一派との対立から発生したとし、山尾幸久氏（「唐の羈縻政策と東アジア」前掲註（2）書）は逆に唐・新羅寄りの政策をとろうとした蘇我大臣家に対して、百済と親しい軽がクーデターを起こしたものとみる。また鬼頭清明氏（前掲註（3）論文）は六四二年の百済の旧任那地域の占領を前にして、任那の調にこだわる蘇我大臣家と、それを放棄してでも百済・新羅からの朝貢維持を図り、半島での抗争から中立の立場をとろうとした中大兄一派の抗争とし、金鉉球氏（前掲註（1）「対外関係と大化改新」）は百済からの先進文化の摂取に困難が生じたため、唐・新羅から先進文化の摂取はかろうとした勢力が、百済にこだわる蘇我氏を排除したとし、西本昌弘氏（前掲註（2）論文）は倭は一貫して親百済政策をとっていたが、六四二年の東アジアの大変動を契機に内政・外交にわたる改革を志向したものの、この方針に反する行為をとろうとした蘇我大臣家を討滅したとみる。

(55) 金前掲註（1）「対外関係と大化改新」。

(56) 門脇禎二氏は『「大化改新」論』（徳間書店、一九六九年）第二章第三節・第三章第一節において、蘇我大臣家と石川麻呂との間に確執があったことを指摘している。

(57) 拙稿前掲註（25）論文。

(58) 廣瀬憲雄「皇極期百済関係記事の再検討」（『日本歴史』七八六、二〇一三年）。

(59) 仮に翹岐の来倭が義慈王による日本派の粛正としても、その翹岐を受け入れたことは百済の全面的な否定とならないと考える。

(60) 『日本書紀』皇極二年六月条。

(61) 『日本書紀』に「進二任那調一」とある以上、持参していないとはいえない。廣瀬氏は先にふれたようにこれを任那の調を欠いていたと解したが、しかし名目上は持参していたのである。

(62) 義慈王の即位は六四一年三月の武王の死を受けてのことである（『三国史記』百済本紀）が、『日本書紀』皇極元年＝六四二年二月条は百済弔使の傔人等が「今年正月。国主母薨。又弟王子児翹岐及其母妹子四人。内佐平岐味。有二高名一之人卌余被レ放二於嶋一」といったという。何らかの内紛が生じていた可能性のあることがうかがわれる。

(63) 金前掲註（8）論文。

(64) 舒明二年（六三〇）に派遣された遣唐使は大仁である（『日本書紀』舒明二年正月条）。また皇極元年に帰国した安曇連比羅夫も大仁である（『日本書紀』皇極元年正月条）。

(65) 山尾前掲註（2）書、三八四頁。

(66) 延敏洙「日本書紀の「任那の調」関係記事の検討」(『九州史学』一〇五、一九九二年)。
(67) 羅幸柱「古代朝・日関係における「質」の意味」(『史観』一三四、一九九五年)。
(68) 延前掲註(66)論文。
(69) 金前掲註(1)「対外関係と大化改新」・前掲註(8)論文。
(70) 森公章「加耶滅亡後の倭国と百済の「任那復興」策について」(『東洋大学文学部紀要』史料科篇二七、二〇〇一年)。
(71) 延前掲註(66)論文、金前掲註(8)論文。
(72) 鈴木英夫「七世紀中葉における新羅の対倭外交」(『國學院雑誌』八一―一〇、一九八〇年)、鈴木靖民「七世紀東アジアの争乱と変革」(田村晃一・鈴木靖民編『新版古代の日本』第二巻〔『アジアからみた古代日本』〕角川書店、一九九二年)。
(73) 金前掲註(1)「多面外交の交代と蘇我氏の危機」。
(74) 中大兄が孝徳にかわって提出した可能性はあるが、先にふれたように当時の孝徳は権力を掌握していることからして、あり得ないことと考える。
(75) 金前掲註(8)論文。
(76) 金前掲註(8)論文。
(77) 『日本書紀』大化五年五月条。
(78) 『日本書紀』大化五年是歳条は「新羅王遣二沙喙部沙飡金多遂一為レ質。従者卅七人」と記す。
(79) 『三国史記』新羅本紀真徳王三年(六四九)八月条は「百済将軍殷相率衆来。攻陥石吐等七城」とし、これに対して将軍庾信等を派遣して撃退したと記し、『三国史記』百済本紀義慈王九年(六四九)八月条は「精兵七千」で新羅石吐等七城を取ったものの、庾信等の逆襲にあったと記す。
(80) これには新羅が対百済戦において劣勢であることも預かるであろう。
(81) 金前掲註(8)論文。
(82) 『日本書紀』白雉四年五月条。
(83) 『日本書紀』白雉五年二月条。

(84) ただ、中大兄が単独でそのような船二隻の建造を命じることができたかということまで考えると、少なくとも孝徳の承認のもとになされた可能性は否定できない。

(85) 金鉉球氏はこの二人の吉士を新羅系とする（前掲註（1）「対外関係と大化改新」）。しかし吉士を新羅系と断定はできない。加藤健吉氏は渡来系の人々により吉士集団が形成され、そのキシは族長・首長を意味する古代朝鮮語に由来するもので、その出身地を新羅に限定することは適切でないとみている（『吉士と西漢氏』白水社、二〇〇一年、第一章一三～一八頁）。とすると外交官僚としての立場での派遣であろう。

(86) 『日本書紀』白雉五年七月条には「西海使吉士長丹等。共二百済。新羅送使一泊二于筑紫一」とあり、筑紫に到着したこと、また続けて「是月。褒下美西海使等奉二対唐国天子一。多中得文書宝物上。……」とみえる。

(87) 『日本書紀』白雉五年二月条に唐に派遣された高向玄理一行は「新羅道」を取って入唐したとある。

(88) 金春秋は『日本書紀』大化三年是歳条からこの時来倭していること、『三国史記』新羅条、『旧唐書』太宗本紀貞観二十二年条から六四八年冬には唐派遣されていたことが知られる。

(89) 金前掲註（8）論文。

(90) 『日本書紀』白雉五年二月条は「分二乗二船一。留連数月。取二新羅道一泊二于萊州一。遂到二于京一奉観天子二」とある。

(91) 金前掲註（1）「多面外交の交代と蘇我氏の危機」。

(92) 山尾前掲註（2）書、四〇五頁。

(93) 『日本書紀』斉明五年七月条。

(94) この点、山尾幸久氏（「大化改新直前の政治過程について（上）」〔『日本史論叢』一、一九七二年〕）や鈴木英夫氏（「大化改新直前の倭国と百済」〔『続日本紀研究』二七二、一九九〇年〕）は帰国が出発後三ヶ月足らずであることなどから、『日本書紀』の年紀を疑い、一年遅らせてとらえている。しかし帰国が出発後三ヶ月足らずであることを理由として、『日本書紀』の年紀を疑うことまでできるかは疑問である。この点の詳細については拙稿前掲註（41）論文を参照されたい。

(95) 日本古典文学大系本『日本書紀』頭注。

(96) 先にふれたように金鉉球は同時朝貢記事を疑うが、偶然に重なることはあり得る。また別々に来倭したとしても、それを迎える倭国は相手国の意向に配慮することなく、一括して遇することもあったと考える。

(97)『新唐書』日本伝は、白雉改元記事などに続けて「時新羅為高麗、百済所暴、高宗賜璽書、令出兵援新羅。未幾孝徳死」と記す。

(98) 金前掲註（6）論文。

結語にかえて

本書は倭国末期、すなわち崇峻朝から天武朝にかけての政治構造を冠位、氏族動向などから分析したものである。第Ⅰ部の「王家と氏族と政治からみた政治構造」においては、王権の政治運営が、蘇我大臣家を中心とした体制から、次第に王族の参加がなされ、ついには蘇我大臣家が倒されてからは王族の登円に至ったという視点から、当時の政治構造の変化について論じた。

第Ⅱ部の「身分と冠位からみた政治構造」では第Ⅰ部とも関わるが、王家は氏族との違いをいかに規定しようとしたのかという視点から、当初は王族は蘇我大臣家とともに冠位授与の対象とはされていなかったものが、政治参加とともに王族にも冠位が授与される過程を政治運営とも絡めて論じた。またこれとの関係で、天皇号についても論じた。

第Ⅲ部の「外交と政治からみた政治構造」においては、崇峻朝から孝徳朝にかけての外交を主導したのは誰であったのかということから、誰が当該時期の政権運営を掌握していたかをみたものであるが、蘇我大臣家から王家内部の主導権争いに変化していくことを論じた。

王権が次第に強化されたこと、それは蘇我大臣家が健在な時にも少しずつ進展したのであった。それは大王とその側近の臣下で進められた統治制度、換言すれば蘇我大臣家と大王による執政体制に王族が参加することに他ならないが、その完結のために蘇我大臣家を倒す必要があると感じられ、様々な口実を用いた中臣鎌足の功の下に遂行されたのであった。この過程を反映して当初は王族は蘇我大臣家とともに冠位授与の対象外であったが、王族の政治参加に応じて王族にも官職が与えられるとともに冠位が授与されるに至ったことがうかがわれる。それは中国王朝に対する積極的な王号の試用ともなって現れるのであるが、また外交にしても蘇我大臣家の主導から、王族内部の方針の対立を含みながらも大王・王族の主導する外交へと変化したのである。

本書が扱った時代を経て律令国家の誕生をみることとなるが、この律令国家の政治構造を天皇専制とみるか貴族合議制とみるかで論が分かれている。これを念頭に論を進める必要もあったであろうが、律令国家の政治構造についての私見は「天平期の改革と律令制」（『大阪学院大学　人文自然論叢』六七・六八、二〇一四年）で述べたように律令国家成立当初のそれは天皇専制国家と考えており、それと本書の分析視角は矛盾するものではない。

*

勤務校の紀要などに発表してきた原稿などに少しずつ書きためてきていた原稿を加えて構成した。それぞれ独立した論文として想を練り、また、時には一つの論文が余りに長くなったために二つに分け、後にできたものを先に発表したりしたこともあったが、それを一冊にまとめることとしたために、一部重複する箇所ができてしまった。ご寛恕願いたい。

なお、既発表のものとの関係を示すと、第Ⅰ部第一章「崇峻殺害前後の政治状況と蘇我氏」は栄原永遠男・西山良平・吉川真司編『律令国家史論集』（塙書房、二〇一〇年）に発表したものを大幅に加筆改変したものである。また第四章「乙巳の変の首謀者とその動機」は『大阪学院大学　人文自然論叢』五八（二〇〇九年）、第五章「改新詔と大化期の改革」は『大阪学院大学　人文自然論叢』六九・七〇合併号、二〇一五年）に発表したが、一部改変している。

第Ⅱ部第一章「冠位十二階の実態とその背景」は『日本歴史』八二一（二〇一六年）に発表したもので、また第五章「推古朝と君主号」は原題「日本における天皇号の使用開始」（『大阪学院大学　人文自然論叢』三六、一九九八年）を全面的に書き直したものである。第Ⅲ部第一章「推古朝前半の外交とその推進者」は原題「推古朝前半の外交とその主体」（『大阪学院大学　人文自然論叢』六五、二〇一二年）を大幅に加筆改変したもので、以外は新稿である。

新稿が多いということについては若干の理由がある。本来ならば学会誌などに発表の上で、それをまとめる形で出版するというのがとるべき方法であることは承知しているが、理由の一つは学会誌などの許量枚数を超えるものが多いということである。今一つの理由は学会誌に今後、少しずつ発表するとかなりの時間を要するであろうが、それを待つだけの余裕がないと感じたためである。かの北斎や鉄斎は七〇歳を越えてますます健筆を振るったし、七〇歳を過ぎてますます意気軒昂な人も多い。七〇歳近くに達した私もあやかりたいとは思うものの、その自信はあまりない。

また、体調のことから教壇に立つことに苦痛を覚えるようになったために定年をやや前にして職を辞したのであるが、時間に余裕ができ、少しずつため込んできた原稿を見直したり、新たに考える余裕ができことも一因する。余りに多くの原稿をため込んでいると、次の段階に進みがたく感じたためである。

これらの理由によって、非力を承知の上で、同成社のご厚意によりこの度、出版することとした次第である。末尾ではあるが、出版を御快諾してくださった佐藤涼子社長、編集・校正などにご協力いただいた山田隆氏に感謝するばかりである。

二〇一七年七月

初校を終えて　著　者

倭国末期政治史論《わこくまっきせいじしろん》

■著者略歴■

中田興吉（なかだ　こうきち）

1948年　富山県に生まれる

1971年　京都大学文学部卒業

1983年　神戸大学文化学研究科博士課程単位取得退学

1983年　神戸大学より学術博士号授与

1983年４月　大阪学院大学奉職

2016年３月　大阪学院大学退職

現　在　大阪学院大学名誉教授

主な著書

『日本古代の家族と社会』（清文堂、2007年）

『「大王」の誕生』（学生社、2008年）

『倭政権の構造　王権篇』（岩田書院、2014年）

『倭政権の構造　支配構造篇』上・下（岩田書院、2014年）

2017年10月５日発行

著　者　中田興吉

発行者　山脇由紀子

印　刷　亜細亜印刷㈱

製　本　協栄製本㈱

発行所　東京都千代田区飯田橋4-4-8　（〒102-0072）東京中央ビル　㈱同成社

TEL 03-3239-1467　振替 00140-0-20618

ISBN978-4-88621-761-5 C3021